EDITH STEIN GESAMTAUSGABE

17

EDITH STEIN GESAMTAUSGABE

Herausgegeben im Auftrag des
Internationalen Edith-Stein-Instituts Würzburg
von Klaus Mass OCD

Unter wissenschaftlicher Mitarbeit von
Hanna-Barbara Gerl-Falkovitz
Lehrstuhl für Religionsphilosophie und
vergleichende Religionswissenschaft der
Technischen Universität Dresden

17

Wege der Gotteserkenntnis

Edith Stein

Wege der Gotteserkenntnis

Studie zu Dionysius Areopagita und Übersetzung seiner Werke

bearbeitet und eingeleitet von
Beate Beckmann und Viki Ranff

HERDER

FREIBURG · BASEL · WIEN

Diese Sonderausgabe wurde realisiert mit freundlicher Unterstützung der Provinzen des Teresianischen Karmels (OCD) in Deutschland und Österreich sowie der Edith Stein Gesellschaft Deutschland.

Neuausgabe 2025 der 3. Auflage 2013

Hermann-Herder-Straße 4, D-79104 Freiburg

www.herder.de
produktsicherheit@herder.de

Umschlaggestaltung: Finken & Bumiller, Stuttgart
Satz: SatzWeise, Bad Wünnenberg
Schrift: Minion und Abadi
Printed in Germany

ISBN 978-3-451-02637-9
ISBN E-Book (PDF) 978-3-451-83897-2

Geleitwort

Zu Beginn des Jahres 2003 konnte das Internationale Edith Stein Institut in Würzburg den Band 18 (Kreuzeswissenschaft) der Edith Stein Gesamtausgabe der Öffentlichkeit vorstellen, nun folgt zur Jahresmitte Band 17 (Wege der Gotteserkenntnis). Damit sind, seit Beginn unserer Bemühungen, 9 Bände der Edition erschienen. Sowohl die Sektion „Biographische Schriften“ ist abgeschlossen als auch, mit dem hier vorliegenden Band, die erste Abteilung der „Schriften zu Mystik und Spiritualität“.

Mit *Wege der Gotteserkenntnis* erhält der Leser einen besonderen Einblick in die Geisteswerkstatt der Autorin. Es handelt sich um die Summe ihrer Auseinandersetzung mit dem „ersten christlichen Mystiker“. Edith Stein hat sich über viele Jahre hinweg immer wieder intensiv mit dem Areopagiten beschäftigt. In der Begegnung mit Dionysius kann sich auch der heutige Leser – wie einst Edith Stein – mit den Grenzen der „Sprachspiele“ theologischer Rede auseinandersetzen. Mystische Theologie erweist sich als ein dynamisches Wechselspiel zwischen stetiger Enthüllung und Verhüllung. Erst wenn der Theologe zum Mystiker wird, ist ihm eine adäquate Gottesrede möglich, da er Gott nicht auf den Gegenstand sein Rede reduziert, sondern Gott sein läßt.

Für die Bearbeitung des vorliegenden Bandes ist Frau Dr. Beate Beckmann, die sich gemeinsam mit Schwester Maria Amata Neyer OCD bereits um den Band 16 der Gesamtausgabe große Verdienste erworben hat, und Frau Dr. Viki Ranff herzlich zu danken.

Würzburg, den 16.06.2003 *P. Klaus Mass OCD*

Danksagung

Für die sachkundige Mitarbeit an diesem Band danken wir Holger Ebelt, Evi Hofmann, Sr. Dr. Sophia Karwarth, René Kaufmann M. A., Thomas Kreibich, Steffi Maass M. A. und Christoph Richter.

Inhalt

Erster Teil
Wege der Gotteserkenntnis

Edith Stein
Wege der Gotteserkenntnis

Die *Symbolische Theologie* des Areopagiten und ihre sachlichen Voraussetzungen

Zweiter Teil
Edith Steins Übersetzungen der Schriften des Dionysius Areopagita

Dionysius Areopagita:
Von den göttlichen Namen

Dionysius Areopagita:
Himmlische Hierarchie

Dionysius Areopagita: Kirchliche Hierarchie

Dionysius Areopagita: Mystische Theologie

Dionysius Areopagita: Briefe

Anhang

Abkürzungen

A. a. O.	am angegebenen Ort
Anm.	Anmerkung
AT	Altes Testament
Bd. / Bde.	Band /Bände
Br.	Brief
cf.	confer (lat.) = vergleiche
d. h.	das heißt
d. i.	das ist
ep.	epistola (lat.) = Brief
ESAK	Edith Stein Archiv Köln
ESGA	Edith Stein Gesamtausgabe (2000–2012)
ESW	Edith Steins Werke (1950–1998)
EÜ	Einheitsübersetzung der Bibel
evtl.	eventuell
f.	folgend
ff.	folgende
hl.	heilige(r)
hrsg.	herausgegeben
Hs	Handschrift
Jg	Jahrgang
Kap./Cap.	Kapitel
M.	Mater (= Mutter Oberin)
m. E.	meines Erachtens
MPG	Migne, Patrologia Graeca, Paris 1855 ff.
NT	Neues Testament
OCD	Ordo Fratrum Discalceatorum / Sororum Discalceatarum Beatae Mariae Virginis de Monte Carmelo (Unbeschuhte Karmeliten / Karmelitinnen)
OP	Ordo Fratrum Praedicatorum (Predigerorden = Dominikaner)
OSU	Ordo Sanctae Ursulae (Ursulinen)
p.	pagina (lat.) = Seite
P.	Pater
passim	an einigen anderen Stellen
PTS	Patristische Texte und Studien
s.	siehe
S.	Seite
SJ	Societas Jesu (Gesellschaft Jesu = Jesuiten)
sc.	scilicet (lat.) = nämlich
sic!	so!
s. o.	siehe oben
s. u.	siehe unten

Ts	Typoskript / Maschinenschrift
u. a.	unter anderem
u. dergl.	und dergleichen
u. s. f.	und so fort
usw.	und so weiter
v.	von
z. B.	zum Beispiel
z. T.	zum Teil

Siglen

AMP	Stein, Edith, *Der Aufbau der menschlichen Person. Vorlesungen zur philosophischen Anthropologie,* ESGA 14, Freiburg 2004 (früher ESW XVI)
EES	Stein, Edith, *Endliches und ewiges Sein. Versuch eines Aufstiegs zum Sinn des Seins. Anhang: Martin Heideggers Existentialphilosophie. Die Seelenburg,* ESGA 11/12, Freiburg 2006 (früher ESW II)
EPh	Stein, Edith, *Einführung in die Philosophie,* ESGA 8, Freiburg 2004 (früher ESW XIII)
EES	Stein, Edith, *Endliches und ewiges Sein. Versuch eines Aufstiegs zum Sinn des Seins,* ESW II, Freiburg/Basel/Wien 1986; Orig. 1935/36 [ESGA 11 und 12]
EPh	Stein, Edith, *Einführung in die Philosophie,* ESW XIII, Freiburg/Basel/Wien 1991 [ESGA 8]
JPPF	*Jahrbuch für Philosophie und phänomenologische Forschung* (hrsg. v. E. Husserl u. a.) Halle 1913–1930
KW	Stein, Edith, *Kreuzeswissenschaft. Studie über Johannes vom Kreuz,* ESGA 18, Freiburg 2003 (früher ESW I)
NFG	Stein, Edith, „Natur, Freiheit und Gnade“ (Titel fälschlicherweise bisher im Druck: „Die ontische Struktur der Person und ihre erkenntnistheoretische Problematik“), in: *Welt und Person,* ESW VI, Freiburg 1962, 137–197 [ESGA 9]
PA	Stein, Edith, *Potenz und Akt. Studien zu einer Philosophie des Seins,* ESGA 10, Freiburg 2005
PE	Stein, Edith, *Zum Problem der Einfühlung,* München 1980 [ESGA 5]
PK	Stein, Edith, „Psychische Kausalität“, in: *Beiträge zur philosophischen Begründung der Psychologie und der Geisteswissenschaften* (Nachdruck) Tübingen 1970, 2–115; Orig. in: *JPPF* V, Halle 1922 [ESGA 6]
SBB II	Stein, Edith, *Selbstbildnis in Briefen* II *(1933–1942),* ESGA 3, Freiburg [2]2006 (früher ESW IX)
WGE	Stein, Edith, *Wege der Gotteserkenntnis,* ESGA 17, Freiburg 2003. Früher in: *Erkenntnis und Glaube,* ESW XV, Freiburg/Basel/Wien 1993, 65–127

Editorische Hinweise

Mit spitzen Klammern ⟨ ⟩ versehene Einfügungen im Text wie in den Fußnoten kennzeichnen editorische Hinweise, Ergänzungen oder Verdeutlichungen.

Steins Manuskript-Auszeichnungen durch Wellenlinien bei Bibelzitaten und Kapitelüberschriften, ferner Unterstreichungen wurden in Kursivschrift wiedergegeben, Randanstreichungen in der Anmerkung notiert.

Steins ersatzlose Manuskript-Durchstreichungen, korrigierende Formulierungen über oder hinter durchgestrichenen Passagen sowie nachträgliche Einfügungen wurden in den Drucktext übernommen.

Zeichensetzung und Rechtschreibung wurden stillschweigend bereinigt.

Erster Teil (Wege der Gotteserkenntnis):

Eine von Stein komplett durchgestrichene Manuskriptseite wird als S. ~~25~~ bezeichnet.

Von Stein durchgestrichene Passagen werden in Anführungszeichen in den Fußnoten wiedergegeben.

Zweiter Teil (Dionysius-Übersetzungen):

Griechische Begriffe in Klammern wurden identisch aus dem Manuskript übernommen.

Die durch Auslassungspunkte gekennzeichneten Auslassungen der Übersetzerin wurden genau so wiedergegeben, desgleichen Steins eckige Klammern [ ] für Ergänzungen des Textes und runde Klammern ( ) für erklärende Zusätze.

Manuskript-Marginalien einschließlich Bibelstellen erscheinen als Anmerkung, sofern es sich nicht um Kapitelüberschriften handelt.

Marginale Kapitelüberschriften des Manuskripts wurden in der Druckfassung hinter der Kapitel- oder Paragraphenziffer als Überschrift eingefügt.

Erster Teil
Wege der Gotteserkenntnis

Einführung

von Beate Beckmann

1. *Aufschwung zur Mystik über Symbolzusammenhänge*

„Gott will durch die, zu denen Er auf dem Gipfel des Berges spricht, zu denen sprechen, die sie unten zurückgelassen haben. [...] Und Er spricht zu den andern als ‚symbolischer Theologe' – durch die Natur, durch die innere Erfahrung und durch seine Spuren in Menschenleben und Weltgeschehen – und macht es ihnen dadurch möglich, die Sprache der Theologen zu verstehen."[1]

Mit ihrer Berufung in den Karmel hat sich Edith Stein seit ihrem Klostereintritt 1933 auf den Weg gemacht, den „Gipfel des Berges" zu ersteigen – den symbolischen Ort der Gottesbegegnung schlechthin: Im *Alten Testament* ist der Berg Sinai oder Horeb der Ort, an dem Gott zu Mose aus dem brennenden Dornbusch spricht; im *Neuen Testament* ist der Berg Tabor der Ort der Verklärung Jesu, durch die seine Jünger mit seiner Göttlichkeit konfrontiert werden. In diesen übernatürlichen oder begnadeten Begegnungen ist jeweils Erkenntnis für die menschliche Vernunft mitgegeben: Mose erkennt den Namen Gottes, die Jünger erkennen die Göttlichkeit des Menschen Jesus von Nazareth. Stein interessiert sich für den entsprechenden Erkenntniswert bzw. -gewinn, den ein Mensch erhält, wenn er sich in verschiedenen Stufen, den natürlichen und dann auch den gnadenhaften, an Gott annähert – und umgekehrt, wenn sich Gott ihm nähert. Damit wählt Stein eine philosophische Fragestellung, die Frage nach dem Erkenntnisgewinn durch Bildersprache oder *Symbolische Theologie* (im Anschluß an Dionysius Areopagita)[2], die als Fragestellung an der Schnittstelle zwischen Philosophie und Theologie zu verorten ist. Die Ausdrucksweise durch Symbole dient der Vermittlung von Gottes-*Erkenntnis* an „die andern", an die Nicht-Mystiker und auch die Noch-Nicht-Gläubigen, für die die Gottes-*Erfahrung* der Mystiker stellvertretend vorausgesetzt wird.

Stein knüpft mit diesem Gedankengang an ihre Darstellung der *Seelenburg* von Teresa von Avila an, die sie als Anhang an ihr großes Werk *Endliches und ewiges Sein* geplant hatte[3]: Während es bei Teresa von Avila allerdings

---

[1] *WGE*, S. 58.
[2] Vgl. zu Dionysius die folgende Einführung in die Übersetzungen von Viki Ranff, S. 78 ff.
[3] Kurz: *EES*, ESGA 11/12, Freiburg 2006, S. 501–521.

eher um den Weg in die „Seelenburg" geht, um einen „Abstieg ins Innere" der menschlichen Seele als den Ort der Gottesbegegnung, wählt Stein im vorliegenden Werk aus den Jahren 1940/41 das Bild des „Aufstiegs auf den Berg", das sie in ihrem letzten Werk 1941/42 über Johannes vom Kreuz *(Kreuzeswissenschaft)*[4] noch einmal deutlicher konturieren wird. Mit Dionysius' *Symbolischer Theologie* – „Theologie" bedeutet hier „Wort Gottes", und „Theologen" sind diejenigen, „die das Wort Gottes verkünden" – soll der Übergang von der natürlichen zur übernatürlichen Welt nachgezeichnet werden. Unter „Symbolen" werden in diesem Zusammenhang Bilder verstanden, die der natürlichen Erfahrungswelt entnommen sind und mit denen die biblischen Autoren Gott bezeichnen, um ein Verständnis seines übernatürlichen Wesens zu ermöglichen. Darüber hinaus kann dieser Überschritt zu einer „geheimnisvollen Berührung mit der übernatürlichen Welt"[5] führen bis zur geistigen Vereinigung mit Gott.[6] Kern der außerordentlichen oder mystischen Erfahrung ist dabei für Stein das „Gefühl", daß „Gott gegenwärtig ist", „man fühlt sich im Innersten von Ihm, dem Gegenwärtigen, berührt"[7].

Wir haben hier eine „sachliche Darstellung" – wie Stein ihre Untersuchung nennt – der dionysischen Lehre mit Steinschen Ergänzungen vorliegen, die sich auch als Mystagogie lesen läßt.[8] Stein zeigt den pädagogischen Wert der Bildersprache auf, die erlernt werden kann, und leitet damit an, sich selbst für Gottesbegegnungen zu öffnen. Allerdings werden nicht zwangsläufig alle Christen oder Suchenden zu mystischen Menschen, die im Besitz von stufenweiser Gotteserkenntnis wären – wie auch Erkenntnis durch die fünf Sinne nicht von allen Menschen gleich gut erlernt wird.[9] Menschen, die eher im Sinnlichen als im Geistigen zu Hause sind – für Stein eine Typenfrage, keine Wertung –, haben einen leichteren Zugang zum Reich Gottes über vermittelnde sinnliche Bilder, die sie geistig auffassen können.[10] Stein greift das Beispiel des Feuers auf, das Dionysius im Anschluß an Dtn 4, 11 ff. und Ps 18, 31a verwendet: „Denn der Herr, dein Gott, ist verzehrendes Feuer. Er ist ein eifersüchtiger Gott." – „Vollkommen ist Gottes Weg, das Wort des Herrn ist im Feuer geläutert." Zum Verständnis des Symbols des Feuers ist einerseits die Anlage des Menschen überhaupt vor-

---

[4] *Kreuzeswissenschaft. Studie über Johannes vom Kreuz*, ESGA 18, Freiburg 2003 [früher ESW I, Freiburg 1951], kurz: *KW.*

[5] *WGE*, S. 70 f. (Anhang, Hs II, B, 1.).

[6] Vgl. *WGE*, S. 72 (Anhang, Hs II, B, 1.).

[7] *WGE*, S. 45.

[8] Die *Symbolische Theologie* „will eine ‚Cheiragogia' sein, ein ‚An-der-Hand-Führen'." *WGE*, S. 51; 72 (Anhang, Hs II, B, 1.).

[9] Vgl. *WGE*, S. 53.

[10] Vgl. *WGE*, S. 72 (Anhang, Hs II, B, 1.).

auszusetzen, „der religiöse Sinn“[11], der es ermöglicht, daß von sinnlicher Wahrnehmung auf geistige Zusammenhänge geschlossen werden kann: vom Feuer zur inneren Leidenschaft Gottes. Andererseits ist für den Vollzug des Schließens eine Formung und Anleitung durch andere geistlich erfahrene Menschen nötig, damit die geistigen Bilder erfaßt werden. Letztlich sind alle Bilder, Symbole und vermittelnden Worte, durch die Menschen mit Gotteserkenntnis zu anderen sprechen, durch ein ursprüngliches Sprechen, nicht Schweigen begründet: „Alles Sprechen *von* Gott hat ein Sprechen Gottes zur Voraussetzung.“[12]

2. Aufbau dieses Bandes und Einordnung innerhalb der Edith Stein Gesamtausgabe

Steins Beschäftigung mit Dionysius ist durch die Verarbeitung von umfassender Sekundärliteratur[13] begleitet, aber auch durch ihre eigene Überset-

---

[11] *WGE*, S. 41, 53.

[12] *WGE*, S. 58. Vgl. dazu Balthasar, Hans Urs von, „Christliche und nichtchristliche Meditation“, in: *Theologisches Jahrbuch* (1979) 78–89.

[13] Die Din A5-Notizhefte P/C I 3,2 und P/C I 1 und P/C II 1 in ESAK enthalten Exzerpte Steins zu folgender Literatur:

P/C I 3,2:

1. Stiglmayr, Josef, *Das Aufkommen der Pseudo-Dionysischen Schriften und ihr Eindringen in die christliche Literatur bis zum Laterankonzil 649. Ein zweiter Beitrag zur Dionysius-Frage. IV. Jahresbericht der Stella matutina zu Feldkirch*, Feldkirch 1895. (Notizheft, S. 1–45)
2. Stiglmayr, Josef, „Aszese und Mystik des sogenannten Dionysius Areopagita“, in: *Scholastik* 2 (1927) 161–207. – (S. 46–75)
3. Feder, Alfred, „Des Aquinaten Kommentar zu Pseudo-Dionysius' *De Divinis Nominibus*. Ein Beitrag zur Arbeitsmethode des hl. Thomas“, in: *Scholastik* 1 (1926) 320–351. – (S. 79–90)
4. Stephanou, E., „Les derniers essais d'identification du pseudo-Denys l'Aréopagite“, in: *Échos d'Orient* XXXI (1932) 446 ff. – (S. 91–108)

Dazu die referierten Aufsätze von Stiglmayr, Josef, „Um eine Ehrenrettung des Severus von Antiochien“, in: *Scholastik* 7 (1932) 52–67 und J. Lebon ⟨„Le pseudo-Denys l'Aréopagite et Sévère d'Antioche“ in: *Revue d'histoire ecclésiastique* 26 (1930) 880–915⟩.

5. Stephanou, E., „Compte-rendu über 3 neue Arbeiten des Mgr. Athenagoras“, in: *Échos d'Orient* XXXIII (1934) 125–127. – (S. 108–109)
6. Mager, Alois, *Mystik als Lehre und Leben*, Innsbruck 1934. – (S. 110–160, erste Hälfte)

P/C I 1: Exzerpte zu:

1. Stiglmayr, Josef, Artikel „Dionysius“, in: *Lexikon für Theologie und Kirche* (2. Aufl.) hrsg. v. M. Buchberger, Freiburg 1931, Bd. III, 534 f. (Notizheft, S. 127)
2. Linhardt, Robert, *Die Mystik des hl. Bernhard von Clairvaux*, München 1924. – (S. 128–135)

zungsarbeit. Die bisher unveröffentlichten Arbeitsübersetzungen des gesamten vorliegenden Werkes des Dionysius sollen dem Leser innerhalb der ESGA nicht vorenthalten werden, weil sie zu den ersten Übertragungen des Dionysius Areopagita ins Deutsche gehören.[14] Steins Latein- und Griechisch-Kenntnisse ermöglichten es ihr, Korrekturen am Migne-Text[15] vorzunehmen, der nicht wenige Flüchtigkeitsfehler des Übersetzers Balthasar Corderius SJ (1592–1650) vom Griechischen ins Lateinische enthält. Um dem Leser einen leichteren Zusammenhang zwischen dem Dionysischen Original und der Steinschen Interpretation zu bieten, wurden die Übersetzungen nicht gesondert veröffentlicht, sondern diesem vorliegenden Band organisch eingefügt. Eine eigene Einleitung von Viki Ranff weist auf Steins Einordnung als Dionysius-Übersetzerin hin.[16]

Zur Begegnung zwischen Gott und Mensch in der mystischen Erfahrung gehört die Reflexion über „göttliche und menschliche Freiheit".[17] Damit greift Stein auf das Grundthema ihres anderen religionsphilosophischen Aufsatzes „Natur, Freiheit und Gnade" (ESGA 9) zurück, den sie im Som-

---

3. Puech, Henri-Charles, „La ténèbre mystique chez le Pseudo Denys l'Aréopagite et dans la tradition patristique", in: *Études Carmélitaines* 23, II (Oct. 1938) 33 ff. (Notizheft, S. 147–151)
4. Théry, Gabriel, „Denys au Moyen Age: L'Autre de la Nuit Obscure", in: *Études Carmélitaines* 23, II (Oct. 1938) 68 ff. (Notizheft, S. 152 f.)
5. P. Louis de la Trinité, „L'obscure du feu d'amour", in: *Études Carmélitaines* 23, II (Oct. 1938) 7 ff. (Notizheft, S. 153)

P/C II 1:

1. Mager, Alois, *Mystik als Lehre und Leben* (Fortsetzung) – (S. 1–52)
2. Ball, Hugo, *Byzantinisches Christentum. Drei Heiligenleben*, München und Leipzig 1923 (Dionysius Areopagita S. 63 ff.) – (S. 53–64. 152–211)
3. Hipler, Franz, *Dionysius der Areopagite. Untersuchungen über Echtheit und Glaubwürdigkeit der unter diesem Namen vorhandenen Schriften*, Regensburg 1861 – (S. 65–83)
4. Koch, Hugo, *Der pseudepigraphische Charakter der dionysischen Schriften.* ⟨*Theologische Quartalschrift* 77 (1895) 353–420⟩ – (S. 83–93)
5. Koch, Hugo, *Pseudodionysius Areopagita in seinen Beziehungen zum Neuplatonismus und Mysterienwesen,* ⟨Mainz 1900⟩ – (S. 93–152)

Weiteres Exzerpt:

Stiglmayr, Josef, „Der Neuplatoniker Proclus als Vorlage des sogenannten Dionysius Areopagita in der Lehre vom Übel", in: *Historisches Jahrbuch* 16 (1895) 253–273 und 721–748.

[14] Vgl. Einführung von Viki Ranff, S. 78 ff.

[15] Jacques-Paul Migne (1800–1875), bedeutendster französischer Verleger von theologischer Literatur im 19. Jh., der den *Patrologiae cursus completus* in der *Series Latina* (1841–64) und *Series Graeca* (1857–66) herausgab, was trotz erheblicher Mängel wie Druckfehler, Auslassungen usw. zur Erneuerung der Patrologie beitrug.

[16] Vgl. auch den Br. *515* (2. 7. 1937, *SBB II*) von S. Janssen, der Steins Übersetzungstext mit dem Migne-Text vergleicht und Abweichungen feststellt.

[17] *WGE*, S. 55.

mer 1921 als Reflexion ihrer Konversion verfaßt hatte.[18] Auch *Endliches und ewiges Sein* (ESGA 11/12) zählt zu den religionsphilosophischen Werken, allerdings fehlt hierin der direkte Bezug auf die innere mystische Gottesbegegnung, die Stein erst im Anhang über *Die Seelenburg* von Teresa von Avila (1936, ESGA 12) ergänzend behandelt.[19] Als zeitliches und sachliches Bindeglied zwischen Steins Arbeiten über die Thesen der karmelitischen „Ordenseltern" Teresa von Avila und Johannes vom Kreuz (*Kreuzeswissenschaft*, 1941/42, ESGA 18) erscheint die dionysische Darstellung von positiver (auch symbolischer), negativer und mystischer Theologie äußerst geeignet. Denn die negative Theologie als Vorbereitung der mystischen Theologie, in der es um die persönliche Begegnung des Menschen mit Gott geht, muß ihr als eine Vorarbeit für die Studie über Johannes vom Kreuz naheliegend erschienen sein. Der sachliche Zusammenhang mit der negativen Theologie des Johannes vom Kreuz liegt u. a. darin, daß Dionysius in seinem Werk *Über die göttlichen Namen* Sinnliches zurückweist, um zur eigentlichen Begegnung mit Gott zu gelangen, was Stein vor allem im „ausgemusterten" Teil ihres Aufsatzes (Hs II, B, II. hier als Anhang S. 73 ff.) behandelt. Ähnliches verlangt Johannes vom Kreuz, in dessen Werken Stein die „Nächte" der Sinne, des Geistes und des Glaubens freilegt. In den Umkreis der vorliegenden Arbeit zu Dionysius als Vater der abendländischen Mystik gehören zudem auch Steins eigene spirituelle Aufzeichnungen aus den Exerzitien und weitere kleine Reflexionen (*Geistliche Texte I* und *II*, ESGA 19/20).

3. Zur Quellen-Lage

Im Edith Stein Archiv Köln (ESAK) befinden sich in der Kladde (Din A 5) P / A I 6 die Handschriften Hs I und Hs II (alte gestrichene Fassung). Desweiteren enthält die Mappe (Din A 4) P / A I 6 die Maschinenschrift I und II (Typoskript = Ts; es handelt sich um zwei Durchschriften). Ab Teil II, 4c (Übernatürliche Erfahrung Gottes, S. 44 ff.) wurde eine neue Fassung eingelegt, die Seitenzahlen entsprechend korrigiert. Steins handschriftliche Korrekturen im Ts I wurden in den Erstdruck in der *Tijdschrift voor Philosophie*

---

[18] Kurz: *NFG*. Bisher unter dem falschen Titel „Die ontische Struktur der Person und ihre erkenntnistheoretische Problematik" in ESW VI (*Welt und Person*, Freiburg 1962) abgedruckt. [ESGA 9].

[19] Maria Ernst schrieb am 19. 3. 1942 an Edith Stein (ESGA 3, *SBB II*, Br. *728*), daß sie den Dionysius-Aufsatz als Ergänzung zu *Endliches und ewiges Sein* lese, da er die dort offen gebliebenen Fragen beantworte.

(8. Jg., Heft 1, Februar 1946) übernommen. Die Hs II ist ausführlicher hinsichtlich der „natürlichen Gotteserkenntnis“. Die „Phänomenologie des Unglaubens bzw. des Atheismus“ (S. 68–71) enthält hier schöne Ergänzungen zum eigentlichen Text. Die Deutung der göttlichen Namen wurde völlig herausgenommen. Aber das Wesentliche aus der Hs II über die Bildverweise findet sich auch im von Stein autorisierten Text. Die Kladde P / A II 6, 2 enthält zusätzlich noch eine frühere Fassung mit dem Titel „Glaube – Erfahrungserkenntnis Gottes – Offenbarung – Inspiration“ (acht handschriftliche Seiten, Bleistift), die jedoch mit leichten Abwandlungen in die Endfassung der entsprechenden Kapitel eingegangen ist und daher als Variante hier nicht eigens aufgenommen wird, bis auf kleine Stellen, in denen die Bleistift-Notizen tatsächlich Sinn-Ergänzungen aufweisen.[20] Notizen auf dem Einschlagblatt der Maschinenschrift (in der Mappe P / A I 6) enthalten die Bemerkungen des Redaktors P. Johannes Hirschmann SJ[21] (wie z. B. „zu scharf“, s. S. 23 oder „S. 28–34 neu“), die tatsächlich ausgeführt wurden, z. B. ersetzte Stein den früheren Abschnitt II. 4c „Erfahrungserkenntnis Gottes“ (Hs-S. 28–34, s. u. S. 44 ff.) durch differenziertere Überschriften und Ausführungen.

4. Der Dionysius-Aufsatz als Auftragsarbeit und Reflexion des Karmellebens

Direkt nach Beendigung ihres zweijährigen Arbeitens an *Endliches und ewiges Sein* (und den dazugehörigen Anhängen zu Heidegger und zu Teresa von Avila) von Mitte 1935 bis Juni 1937[22] richtet Stein eine Anfrage an den Bibliothekar der Dominikaner in Köln, Sigisbald Janssen, ob es wohl eine neuere Arbeit zu Dionysius Areopagita gebe.[23] Daraus läßt sich schließen,

---

[20] Vgl. *WGE*, S. 49.

[21] Johannes Hirschmann SJ (1908–1981), Bibliothekar in der Ordenshochschule der Jesuiten in Valkenburg (NL), 1950–76 Professor für Moral- und Pastoraltheologie in St. Georgen / Frankfurt a. M.

[22] Zur Datierung von *EES*: Br. 391 an Conrad-Martius vom 21. 5. 1935: „In den letzten Tagen war unser P. Provinzial bei uns und hat mir aufgetragen, die Arbeit über Akt und Potenz für den Druck fertig zu machen. Ich habe sie natürlich sofort vorgeholt und mit der Durchsicht begonnen.“ Abschluß: Br. *514*, Ernst Groer an Edith Stein, 25. 6. 1937 (s. u. Anm. 23).

[23] Am 25. 6. 1937 (Br. *514* von Ernst Groer) wird erwähnt, ihr fertiges Manuskript *EES* werde zum Tippen abgeholt, und bereits am 2. 7. erhält sie einen Antwortbrief von Janssen auf ihre Anfrage (Br. *515*). Er verneint die Frage und teilt ihr das Ergebnis seiner Literatur-Recherche mit. Einige der angegebenen Werke hat Stein dann tatsächlich zitiert. Zudem hat Stein ihm wohl einen Teil ihrer Dionysius-Übersetzungen geschickt, die demnach schon während ihrer Arbeit an *EES* entstanden sein müssen. Er stellt „kleinere Abweichungen“ zwischen Steins Text und dem Migne-Text fest.

daß sie während ihrer Ausarbeitung von *Endliches und ewiges Sein* und auch vorher durch die Thomas-Übersetzung und -Rezensionen[24] auf den geheimnisvollen Kirchenvater Dionysius aufmerksam wurde und ihm eine weitere Arbeit widmen wollte. In *Endliches und ewiges Sein* behandelt sie Dionysius' Lehre in ihrem Kapitel über die „Möglichkeit einer philosophischen Behandlung der Engellehre".[25] Sie konstatiert, daß Dionysius als Theologe, nicht als Philosoph verfährt, aber die „Begriffswelt der griechischen Philosophie wie ein natürliches Geistesorgan handhabt".[26] Stein urteilt: „Die sogenannten areopagitischen Schriften sind ein überwältigender Lobgesang auf die Größe und Liebe Gottes, durchweht und bis in den sprachlichen Ausdruck hinein geprägt vom Geist heiliger Ehrfurcht."[27] Auf den konfessionellen Aspekt, daß Stein nämlich mit Dionysius einen Autor des byzantinisch-griechischen Denkens rezipiert, scheint sie nicht so sehr Wert zu legen wie Hugo Ball. Mit seinem berühmten Opus *Byzantinisches Christentum*, aus dem sich Stein ausführliche Notizen macht, besinnt er sich auf die Situierung des Evangeliums im Orient.[28]

Im Spätsommer 1937 wird Stein in ihrer wissenschaftlichen Arbeit unterbrochen, weil sie eine sterbenskranke Mit-Schwester pflegt und dann den Pfortendienst an der Winde übernimmt. Am 12.12.1937 schreibt sie an ihre Freundin M. Petra Brüning OSU, Oberin der Ursulinen in Dorsten: „Ob ich noch einmal etwas Größeres schreiben kann, weiß ich nicht. Vorläufig scheinen mir ganz andere Aufgaben bevorzustehen."[29] Eine weitere Pause entsteht in Folge der Reichskristallnacht (9.11.1938) durch die Übersiedelung am Ende des Jahres 1938 nach Echt / Holland, wo sie zunächst an kleineren geistlichen Texten (Katharina Esser, Marie-Aimée de Jésus)[30] und an der

---

[24] Stein, Edith, *Des hl. Thomas Untersuchungen über die Wahrheit,* Bd. I, in deutscher Übertragung von Edith Stein, Breslau 1931 (ESW III, Freiburg 1952) [ESGA 23] – *Des hl. Thomas Untersuchungen über die Wahrheit,* Bd. II, in deutscher Übertragung von Edith Stein, Breslau 1932 (ESW IV, Freiburg 1952) [ESGA 24] – Stein, Edith, „Rezension: Die Deutsche Summa. Gottes Dasein und Wesen, Bd. 1 der Deutschen Thomas Ausgabe", in: *Die christliche Frau* 32 (1934) 245–252 und 276–281. – Stein, Edith, „Rezension: Die Deutsche Summa, 25. Band: Die Menschwerdung Christi", in: *Die christliche Frau* 33 (1935) 26–28 und 118–120 [ESGA 9].

[25] *EES*, S. 323 ff. (§ 5. Die geschaffenen reinen Geister).

[26] Ebd., S. 326 f.

[27] Ebd., S. 326, Anm. 42.

[28] Ball, Hugo, *Byzantinisches Christentum*, München 1931, S. 71 f., wirft Luther vor, er habe den Orient in der Kirche negiert. Diese Passage exzerpiert auch Stein, P / C II 1, 57.

[29] Br. 535.

[30] „Eine deutsche Frau und große Karmelitin. Mutter Franziska von den unendlichen Verdiensten Jesu Christi, OCD (Katharina Esser) 1804–1866", in: *Ganzheitliches Leben. Schriften zur religiösen Bildung*, ESW XII, Freiburg 1990, 139–150 [ESGA 19/20]. – „Ein auserwähltes Gefäß der göttlichen Weisheit. Sr. Marie-Aimée de Jésus aus dem Karmel der Avenue de Saxe in Paris, 1839–1874", in: *Verborgenes Leben. Hagiographische Essays, Meditationen, geistliche Texte*, ESW XI, Freiburg 1987, 101–120 [ESGA 19/20].

Autobiographie *Aus dem Leben einer jüdischen Familie* arbeitet.[31] Doch Marvin Farber,[32] mit dem Stein auf Vermittlung von Malvine Husserl hin in Kontakt gekommen war,[33] ermutigt sie dann 1940 zur Mitarbeit an seinem neugegründeten *Journal of Philosophy and Phenomenological Research*, der neuen Phänomenologen-Zeitschrift, die als Organ der amerikanischen Phänomenologischen Gesellschaft und als Wiederaufnahme von Husserls *Jahrbuch für Philosophie und phänomenologische Forschung* u. a. durch emigrierte Phänomenologen (z. B. Fritz Kaufmann) verstanden wurde.[34] Für diese Zeitschrift ist Steins Dionysius-Veröffentlichung ursprünglich geplant, nicht – wie in *Erkenntnis und Glaube* (ESW XV) angegeben – für *The Thomist*, wo sie dann posthum im Vol. IX, 3 vom Juli 1946, sogar nach der holländischen Veröffentlichung (Februar 1946), für die Stein selbst noch Farber um Erlaubnis gebeten hatte, erscheinen sollte.[35]

Da Stein trotz ihrer Bedenken, daß es für eine Ordensfrau „nicht sinnvoll" sei, einer „Phenomenological Society" anzugehören,[36] als Gründungsmitglied aufgenommen wird und das Journal kostenfrei erhält,[37] läßt sie sich doch erweichen, über eine Mitarbeit nachzudenken.[38] Kurz darauf, am 17. 11. 1940, schreibt sie an Mutter Johanna van Weersth OCD (Priorin im Beeker Karmel), daß sie daran sei, „Material für eine neue Arbeit zu sammeln, da u⟨nsere⟩ l⟨iebe⟩ Mutter ⟨in Echt⟩ wünscht, daß ich mich wieder wissenschaftlich betätige, soweit sich das in unseren Lebensverhältnissen und unter den gegenwärtigen Umständen tun läßt. Ich bin sehr dankbar,

---

[31] ESGA 1, Freiburg 2002.

[32] Marvin Farber (geb. 1901 in Buffalo / USA, gest. 1980 in Buffalo), Studium in Harvard, Berlin, Freiburg (bei Husserl, 1923–24), Lehrtätigkeit an der University of Buffalo, Präsident der 1939 gegründeten „International Phenomenological Society, New York", hatte an der University of Buffalo Kontakt zum Husserl-Schüler und Freund Edith Steins Fritz Kaufmann, der ebenfalls dort (und an der Northwestern University) Philosophie lehrte (geb. 1891 in Leipzig, gest. 1959 in Zürich), Studium in Berlin, Leipzig und Göttingen bei Husserl, bis 1933 Lehrtätigkeit in Freiburg, 1933 Lehrbeauftragter an der Hochschule für die Wissenschaft des Judentums in Berlin, 1936 Emigration in die USA.

[33] Br. *561* von Malvine Husserl (28. 7. 1938). Anfang 1940 erinnert Frau Husserl nochmals daran, Stein könne sich in Verbindung mit Farber setzen, da inzwischen das Heft 1 der Zeitschrift *Philosophy and Phenomenological Research* erschienen sei. (Br. *651* von Malvine Husserl).

[34] Br. *657* (28. 2. 1940) von Marvin Farber.

[35] In Br. 704 (12. 9. 1941) an Farber schlägt Stein vor, daß Kaufmann die Korrekturen übernehmen könne, und bittet um Erlaubnis, den Aufsatz in einer holländischen Übersetzung erscheinen zu lassen. Vor der amerikanischen Veröffentlichung wurde der Artikel direkt nach dem Ende des Zweiten Weltkriegs zum Druck vorbereitet durch Walter Biemel, den Husserl-Archiv-Mitarbeiter, und auf deutsch veröffentlicht in: *Tijdschrift voor Philosophie.* 8. Jg., Nr. 1 (Feb. 1946) 27–74, mit einer Vorbemerkung von Dr. Lucy Gelber (S. 27–31).

[36] Br. 664 (4. 4. 1940) an Farber.

[37] Br. *672* (9. 5. 1940) von Farber.

[38] Br. 676 (4. 11. 1940) an Farber.

daß ich noch einmal etwas tun darf, ehe das Gehirn völlig einrostet."[39] Stein kann im April 1941 Farber melden, daß sie einen Beitrag mit dem Arbeitstitel „Wege der Gotteserkenntnis. Nach der Lehre des Areopagiten" schicken wird:

> „Ich denke, Sie haben den Rahmen weit genug gespannt, um so etwas aufzunehmen. Meine Vorgesetzten lassen mir volle Freiheit; aber es versteht sich ja von selbst, daß ich nichts schreiben kann, was mit unserem Leben nichts zu tun hätte."[40]

Demnach wollte Stein ursprünglich Dionysius' Einfluß auf das Karmelleben auch noch in einem Teilkapitel untersuchen, wie neben dieser Briefstelle auch eine kleine Notiz im ESAK verrät.[41] Explizit kam dieser Plan allerdings nicht zustande.

Stein arbeitet eng mit der Jesuiten-Hochschule in Valkenburg, dem Ignatius-Kolleg, zusammen.[42] Ab 24.4.1941 pflegt sie regen Austausch über Dionysius mit P. Johannes Hirschmann SJ, der auch ihr geistlicher Begleiter ist. Er leistet ihr freundliche, konstruktive Kritik, gibt ihr auch seine sachlichen Anfragen zu Dionysius mit auf den Forschungsweg und wird ihr „Redaktor",

---

[39] Br. 678.

[40] Br. 686 (4.4.1941) an Farber.

[41] B I 36a enthält eine vorläufige Gliederung des Aufsatzes:
„Areopagitische Fragen:
1. Das Geheimnis des Ursprungs der areopagitischen Schriften
2. ‚Theologie' im Sinne des Areopagiten
3. ‚Mystik' im Sinne des Areopagiten
4. ‚Mystische Theologie'
5. Ihr Fortwirken in unserm Orden"

[42] Am 23.3.1941 erhält Stein aus der Bibliothek der Jesuiten-Hochschule in Valkenburg Bescheid von Heinrich Keller zu Literatur-Anfragen, z.B. zu Hugo Ball, a.a.O. Vgl. Br. *685*. Vgl. auch Br. *687* (5.4.1941) von Wilhelm Joist. (P. G⟨abriel⟩ Théry, Études Dionysiennes. Hilduin Traducteur de Denys. Paris 1932 u. 1937 (II. Teil). Der 2. Teil enthält die erste lat. Dionysius-Übersetzung durch Hilduin, 1. Hälfte des 9. Jhs.; P/C II 1, ESAK).
In den Notizen Steins, die noch im ESAK erhalten sind, finden sich zum Themenkreis folgende Exzerpte oder Literatur-Zettel:
2 Zettel Exzerpte zu: P. Aloisius Lieske, *Die Theologie der Christusmystik Gregors von Nyssa*, Münster 1943 (P / A II B, 1).
1 Zettel: „Literatur:
Hessen, J⟨ohannes⟩, *Platonismus und Prophetismus*, München 1939.
Santeler, J⟨osef⟩, *Der Platonismus in der Erkenntnislehre des Hl. Thomas v. Aquin*, Innsbruck 1939.
Otto, Rudolf, *Das Gefühl des Überweltlichen*, ⟨München⟩ 1932.
Usener, ⟨Hermann⟩, *Vorträge und Aufsätze*, ⟨Leipzig⟩ (2) 1914, 57ff. (Religiöse Formenlehre; Verbildlichung im Mittelpunkt).
Chantepie de la Saussaye, ⟨Pierre Daniel⟩, *Lehrbuch* ⟨der Religionsgeschichte, *Freiburg*⟩ 1887.
Lévy-Bruehl, ⟨Claude⟩, *Das Denken der Naturvölker*⟨, Wien 1921⟩.
Unger, R⟨udolf⟩, *Hamanns Sprachtheorie im Zusammenhang seines Denkens*, München 1905 (P / A II P, 16).

dessen Notizen im ESAK erhalten sind.[43] Stein mußte den Teil II. 4. des Aufsatzes tatsächlich nochmals umarbeiten, als Hirschmann am 21.8.1941 eine ausführliche Kritik lieferte.[44] Wenig später, am 11.9., erteilt Hirschmann bereits das „nihil obstat",[45] so daß am 12.9.1941 das Manuskript in die USA geschickt werden kann.[46] Kurz darauf, am 8.10.1941,[47] bestellt Stein bereits Literatur zu Johannes vom Kreuz und geht sofort zum nächsten Thema über, das sich auch inhaltlich gut anschließt: „V⟨ater⟩ Johannes gab auch wieder Anlaß zu einigen Ausführungen über Symbol"[48], schreibt sie am 10.4.1942.

Farber schickte das Manuskript zunächst zur Übersetzung an Rudolf Allers,[49] der an der Zeitschrift *The Thomist* mitarbeitete. Danach scheint die Herausgeberschaft der Phänomenologen-Zeitschrift entschieden zu haben, daß der „Rahmen" wohl doch nicht „weit genug" für Steins recht spezifische, innerchristliche Darstellung sei, so daß Steins Anliegen, als Gründungsmitglied der amerikanischen „Phenomenological Society" einen Beitrag zum „Phenomenological Research" zu leisten, letztlich doch nicht erfüllt wurde. Allerdings war sie sich zuvor selbst unsicher über die entsprechende Adressatengruppe ihres Werkes: „Ob es für die Zeitschrift geeignet ist, kann ich selbst schwer beurteilen", schreibt sie selbstkritisch an Farber.[50]

Was hätte an Steins Arbeit aber für eine phänomenologische Fachzeitschrift dennoch von sachlichem Interesse sein können? Erkenntnistheoretisch wäre wohl die „symbolische Zeichentheorie" zu nennen. Die Beziehung zwischen dem Symbol und dem Bezeichneten läßt sich sachlich auf Grund der Kategorie „Ähnlichkeit" und personal auf Grund einer ausgebildeten Anlage erkennen, wohl besser „einfühlen"[51]. Daß Gott als Gott nicht unmittelbar gesehen werden kann, weist nach Stein nicht auf eine Schwäche der Leistung des Bildverhältnisses hin, sondern liegt an Gott als Gott, bzw. in der „Eigentümlichkeit des *Gottes*bildes".[52] Es herrscht also nach Stein eben kein Bilderverbot in Bezug auf die menschliche Annäherung an Gott und

---

[43] Am 16.6.1941 wird das Manuskript getippt. Im Brief an Petra Brüning vom 13.6.1941 (Br. 697) erwartet sie noch das „strenge Urteil" von P. Hirschmann und seinem Mitbruder P. Alois Lieske.

[44] Br. *702*.

[45] Br. *703*.

[46] Br. 704 an Farber.

[47] Br. 705 an Johanna van Weersth.

[48] Br. 734 an Maria Ernst.

[49] Rudolf Allers (1883 Wien – 1963 Hyattsville / MD / USA, tätig an den Universitäten München, Salzburg, Wien, 1938 in die USA emigriert) kannte Stein aus Wien 1931, als sie dort den Vortrag „Natur und Übernatur in der Formung einer Heiligengestalt" hielt (über die hl. Elisabeth), [ESGA 19/20].

[50] Br. 704 (12.9.1941).

[51] Vgl. Steins Doktorarbeit *Zum Problem der Einfühlung*, München 1980 (Orig. Halle 1917); kurz: *PE*, ESGA 5.

[52] *WGE*, S. 38.

damit wohl auch religionsphilosophisch kein Sprach- oder Denkverbot. Vielmehr ist es dem Bild als Bild – und damit auch dem Gottesbild – eigentümlich, erkannt zu werden. So wird es möglich, aus dem Erkannten das eigentlich Dargestellte wiedererkennen zu können. Damit gehört die Erkennbarkeit des Dargestellten aus dem Bild mit zum Wesen des Gottesbildes. Nur aus der Kenntnis des Ur-Bildes läßt sich ein Bild gestalten, in dem das Ur-Bild für andere Betrachter wiederzuerkennen ist. Stein zeigt hier den Zusammenhang zwischen der Leib- bzw. Natur-Nähe der Sprache und dem lebendig-gefühlten Bewußtsein dieses Zusammenhangs.[53] Der Sinn der Bildersprache ist nach Stein letztlich ein theologischer bzw. pädagogischer:

> „das Heilige vor den entweihenden Blicken der Menge zu verbergen und es denen zu enthüllen, die nach Heiligkeit streben, die sich von der kindischen Denkweise freigemacht und die nötige Geistesschärfe zum Schauen der einfachen Wahrheiten erworben haben."[54]

Stein geht aber von einer Theorie der „Besichtigung", der kognitiven Betrachtung von Bildern, über zu einer Theorie der existentiellen „Begegnung". Sie beschreibt mit Dionysius einen anthropologisch „ganzheitlich" zu nennenden Erkenntnisprozeß, in den auch emotionale Komponenten, „Gemütserlebnisse", einbezogen werden, und der in die personale Begegnung einmündet: „Im Grunde ist dies das Ziel aller Theologie: den Weg zu Gott selbst freizumachen."[55]

5. Wege der Gotteserkenntnis in früheren Werken

Stein thematisiert Erkenntnisbedingungen, um das, was den Blick verstellt, durchschauen zu können. Sie hat dazu bereits in früheren Werken „Wege der Gotteserkenntnis" zusammengestellt und analysiert:[56]

---

[53] „Je naturnäher eine Sprache noch ist, je konkreter das Denken, um so lebendiger werden diese Zusammenhänge noch gefühlt." *WGE*, S. 67 f. (Anhang, Hs II, B, I.).

[54] *WGE*, S. 30.

[55] *WGE*, S. 51

[56] Zum einen gliedert sie ähnlich wie Thomas von Aquin Gotteserkenntnis in einen zweifachen Weg: den des Glaubens und den des philosophischen Schlußfolgerns aus der natürlichen Vernunft heraus („Was ist Philosophie? Ein Gespräch zwischen Edmund Husserl und Thomas von Aquino", in: *Erkenntnis und Glaube*, ESW XV, Freiburg 1993, 19–48; S. 24 f. [ESGA 9]. Und: *EES*, S. 104 f.). An anderen Stellen (*NFG*, S. 137 ff. und *Potenz und Akt*, ESW XVIII, Freiburg 1998, S. 18 [ESGA 10], kurz: *PA*) geht sie – wie auch in der vorliegenden Arbeit – von jeweils drei Wegen aus: Neben dem Weg der natürlichen Erkenntnis, zu der u. a. das philosophische Schlußfolgern und das Symbol-Verhältnis der *Symbolischen Theologie* gehört, wird der Weg des Glaubens differenziert in einen gewöhnlichen und einen außergewöhnlichen (mystischen oder übernatürlichen).

„So wird man sagen müssen, daß die Sphäre des absoluten Seins als eine zweite transzendente[57] Sphäre zu setzen ist [neben der äußeren Realität, die die erste transzendente Sphäre bildet]; es führt zu ihr von der immanenten her ein dreifacher Weg: der des *mystischen Schauens*, der des *Glaubens*, der des *logischen Verfahrens*. Der erste ist zwingend, aber er ist kein allgemeiner Weg; der zweite steht jedem offen, aber der Wille muß ans Ziel helfen; der dritte ist der Weg der natürlichen Erkenntnis, den jeder Vernünftige gehen könnte [...]“. [58]

Noch bevor Stein selbst gläubige Christin wird, beschreibt sie Gotteserlebnisse, denen gewisse philosophisch relevante Erkenntnisse zu entnehmen seien. Bereits in ihrer Dissertation *Zum Problem der Einfühlung*[59] weist Stein darauf hin, daß „religiöse Erlebnisse“, die Stein nur in *Psychische Kausalität*[60] und *Individuum und Gemeinschaft*[61] mit diesem Begriff bezeichnet, als eine Grundlage für eine phänomenologische Religionsphilosophie verstanden werden können. Stein spricht vom „Einwirken göttlicher Gnade“[62], vom „Einströmen göttlicher Kraft“[63], wenn es um das religiöse Erlebnis geht. Dabei wird die Existenz „Gottes“ zunächst in Klammern gesetzt, denn auch ein Nicht- oder Noch-nicht-Gläubiger kann als „Leervorstellung“ Gotteserkenntnisse im weitesten Sinne des Wortes gewinnen:

„Was dagegen meiner eignen Erlebnisstruktur widerstreitet, das kann ich mir nicht zur Erfüllung bringen, ich kann es aber noch in der Weise der Leervorstellung gegeben haben. Ich kann selbst ungläubig sein und doch verstehen, daß ein anderer alles, was er an irdischen Gütern besitzt, seinem Glauben opfert. Ich sehe, daß er so handelt, und fühle ihm als Motiv seines Handelns ein Wertnehmen ein, dessen Korrelat mir nicht zugänglich ist, und schreibe ihm eine personale Schicht zu, die ich selbst nicht besitze. So gewinne ich einfühlend den Typ des ‚homo religiosus‘, der mir wesensfremd ist, und ich verstehe ihn, obwohl das, was mir dort neu entgegentritt, immer unerfüllt bleiben wird.“[64]

---

[57] „Transzendent“ meint in phänomenologischem Sinn „bewußtseins-transzendent“, das Bewußtsein übersteigend, im Gegensatz zu „bewußtseins-immanent“, dem Bewußtsein innewohnend.
[58] *PA*, S. 17 f. [ESGA 10]; Herv. d. Verf.
[59] Vgl. Anm. 51.
[60] „Psychische Kausalität“ (kurz *PK*), in: *Beiträge zur philosophischen Begründung der Psychologie und der Geisteswissenschaften*, Tübingen: Niemeyer, ²1970 (Orig.: *Jahrbuch für Philosophie und phänomenologische Forschung – JPPF* – 1922, Bd. 5), S. 43. Der Begriff steht sicher im Anschluß an Reinachs Aufzeichnungen, da sie diese auch an anderen Stellen von *PK* zitiert.
[61] „Individuum und Gemeinschaft“, in: *Beiträge zur philosophischen Begründung der Psychologie und der Geisteswissenschaften*, Tübingen: Niemeyer, ²1970 (Orig.: *Jahrbuch für Philosophie und phänomenologische Forschung – JPPF* – 1922, Bd. 5), S. 191.
[62] *PE*, S. 55.
[63] *PK*, S. 76.
[64] *PE*, S. 129.

Stein legt eine Tiefenschicht bzw. eine „personale Schicht" frei, die beim religiösen Bewußtsein vorhanden ist, die dagegen das agnostische Bewußtsein „nicht besitzt". Diese starke Negativformulierung wird von Stein in weiteren Analysen relativiert. Die „personale Schicht" wird dann eher als „nicht erreichbar" bezeichnet, weil die Person in ihrer eigenen Tiefenschicht bisher nicht vom göttlichen Eingreifen berührt worden ist oder die Berührung nicht wahrgenommen hat, weil sie eher „an der Oberfläche" lebt. Ein anderer Weg der Gotteserkenntnis ist der über das Erlebnis von Kraftlosigkeit und neuer Kraftzufuhr:

„Dieser Zustand [des Ruhens in Gott] ist mir etwa zuteil geworden, nachdem ein Erlebnis, das meine Kräfte überstieg, meine geistige Lebenskraft völlig aufgezehrt und mich aller Aktivität beraubt hat. [...] An ihre Stelle tritt nun das Gefühl des Geborgenseins, des aller Sorge und Verantwortung und Verpflichtung zum Handeln Enthobenseins. Und indem ich mich diesem Gefühl hingebe, beginnt nach und nach neues Leben mich zu erfüllen und mich – ohne alle willentliche Anspannung – zu neuer Betätigung zu treiben. Dieser belebende Zustrom erscheint als Ausfluß einer Tätigkeit und einer Kraft, die nicht die meine ist und, ohne an die meine irgendwelche Anforderungen zu stellen, in mir wirksam wird."[65]

Einen weiteren Weg der natürlichen Gotteserkenntnis über die innere Erfahrung zeigt Stein in der Deskription des Geborgenheitserlebnisses.[66] Die hier vorgenommene Deutung des Erlebnisses knüpft an Steins Analyse-Schritte an: 1. *Gehalt* des Erlebnisses (Noema), 2. *Erleben* des Gehalts (Noesis), 3. *Bewußtsein* vom Erleben oder Reflexion:[67]

„In dem Gefühl der Geborgenheit, das uns oft gerade in ‚verzweifelter' Lage ergreift, wenn unser Verstand keinen möglichen Ausweg mehr sieht und wenn wir auf der ganzen Welt keinen Menschen mehr wissen, der den Willen oder die Macht hätte, uns zu raten und zu helfen, [...] in diesem Gefühl der Geborgenheit werden wir uns [sic!] der Existenz einer geistigen Macht inne, die uns keine äußere Erfahrung lehrt. Wir wissen nicht, was weiter aus uns werden soll, vor uns scheint ein Abgrund zu gähnen und das Leben reißt uns unerbittlich hinein, denn es geht vorwärts und duldet keinen Schritt zurück; aber indem wir zu stürzen meinen, fühlen wir uns ‚in Gottes Hand', die uns trägt und nicht fallen läßt."[68]

Die Gotteserkenntnisse, die Stein ihren Deskriptionen nach bereits als Atheistin zuteil werden, finden sich reflektiert erst hier in *Wege der Gotteserkennt-*

---

[65] *PK*, S. 76.
[66] *Einführung in die Philosophie*, ESGA 8, Freiburg 2004 (kurz: *EPh*) im Kapitel über die Fremderkenntnis: II. Die Probleme der Subjektivität. c) Die Erkenntnis von Personen. 2. Die Erfahrung der fremden Psyche und des seelisch-geistigen Lebens. Erfahrungen ohne Vermittlung äußerer Erscheinungen. S. 157–174.
[67] Vgl. *PK*, S. 14 f.
[68] *EPh*, S. 171 f.

nis in einer Analyse des Atheismus und der „mannigfaltigsten Spielarten eines ‚undogmatischen Glaubens'".[69]

6. *Natur, Gnade, Mystik*

Ihre Theorie der Mystik begründet Stein durch ihr gesamtes Werk hindurch in der „natürlichen Gotteserkenntnis". Die „Stufen" der Gotteserkenntnis beginnen ganz unten am „Berg", nämlich dort, wo der natürliche Verstand noch ohne Hilfe der Belehrung durch die positive Theologie und die Heilige Schrift sich Gott nähern kann. Denn Stein geht von der Prämisse aus: In „seinem Inneren wie in der äußeren Welt findet der Mensch Hinweise auf etwas, was über ihm und allem ist, wovon er und wovon alles abhängt. Die Frage nach diesem Sein, das Suchen nach Gott gehört zum menschlichen Sein."[70] Zunächst hatte Stein bei Dionysius keinen Ansatz zur natürlichen Gotteserkenntnis gefunden: Sie drückt ihren Zweifel aus, ob Dionysius überhaupt eine solche für möglich hielt.[71] Nach erneuter Durchsicht seines Werkes las sie dann aber doch implizite Hinweise auf eine natürliche Gotteserkenntnis. Stein scheint also gerade auf diese Stufe der Gotteserkenntnis Wert zu legen, wie sich auch noch in der *Kreuzeswissenschaft*, ihrem auf die *Wege der Gotteserkenntnis* folgenden und letzten Werk, erkennen läßt. Sogar bei Johannes vom Kreuz sucht sie nach natürlichen Wegen zu Gott, um die Abgründigkeit der Differenz zwischen Gott und Mensch nicht einfach hinzunehmen. Es erweisen sich zwar nach Johannes vom Kreuz alle geschaffenen Dinge als untauglich, um durch sie zu Gott zu gelangen, obwohl sie, so schiebt Stein in eigenen Worten ein – wohl um dem Relationspessimismus seine Härte zu nehmen und die Seinsentsprechung aufrecht zu erhalten –, „in einer *gewissen* Beziehung zu Gott" stehen und „eine *gewisse* Spur Gottes" an sich tragen.[72]

Natürliche Gotteserkenntnis läuft laut Steins früheren Werken immer über Erkenntnis innerlicher Vorgänge ab, ähnlich dem augustinischen Ansatz. Nun geht es eher um Naturerkenntnis außerhalb des Menschen, über Teil-Erkenntnis von Gottes Eigenschaften durch sinnliche Erfahrungen, mit denen sich auf Grund der Kategorie „Ähnlichkeit" Gottes Wesen vergleichen läßt und so wiederzuerkennen ist. Innerhalb des Glaubenslebens wirkt dann

[69] *WGE*, S. 71 (Anhang, Hs II, B, I.). Vgl. dazu auch: Beckmann, Beate, *Phänomenologie des religiösen Erlebnisses. Religionsphilosophische Überlegungen im Anschluß an Adolf Reinach und Edith Stein*, Würzburg 2003.
[70] *Aufbau der menschlichen Person*, ESGA 14, Freiburg 2004 (kurz *AMP*) S. 32.
[71] *WGE*, S. 39, Anm. 69, vgl. auch S. 60 (Anhang, Hs II, A).
[72] *KW*, S. 53 (Herv. d. Verf.).

die *Symbolische Theologie*, Aussagen über Gott werden durch Symbole und Bilder getroffen und verstanden. Hirschmann hatte Stein gebeten, auch die „Gotteserkenntnis aus dem Wunder" zu thematisieren, die jedoch völlig herausfällt aus Steins Analyse.[73] Wenn Stein das „Übernatürliche" meint, dann immer das Verborgene, nicht so sehr das spektakulär Sichtbare, wie es im materiell-offensichtlichen Wunder zum Ausdruck kommt.

In der negativen Theologie werden die erhaltenen Erkenntnisse der positiven und symbolischen Theologie nochmals auf ihre Begrenztheit hin durchschaut: Immer sind die Aussagen über Gott ihm letztlich eher unähnlich als ähnlich, das Geheimnis und die Verborgenheit um ihn größer als unsere Erkenntnis und die bereits erhaltene Offenbarung. Nach dieser Phase der negativen Theologie erst ist der Weg frei für die mystische Theologie, die Begegnung mit Gott selbst. Natürliche Gotteserfahrung und Glaube zielen beide letztlich darauf hin, in die übernatürliche Erfahrung einzumünden, sich in ihr verwandelt wiederzufinden; das kann so sein, muß aber nicht. Nicht alle Christen werden zu Mystikern, sie hätten aber, nach Steins phänomenologischer Analyse, die Potenz dazu. Stein könnte demnach wohl Karl Rahners vielzitiertem Wort vom Christen der Zukunft zustimmen, der „entweder ein Mystiker sei oder kein Christ mehr".[74]

Wie aber steht es mit Steins eigenen mystischen Erfahrungen in der Begegnung mit Gott? Hinweise dazu finden wir in ihren Briefen: Am Anfang ihrer Arbeit zu Dionysius bemerkt Stein, daß sie noch immer „ganz unten am Berge" sei, was den mystischen „Aufstieg zum Berge Karmel" betrifft.[75] Am 10.4.1942 schreibt sie an Maria Ernst:

---

[73] Br. *702* (21.8.1941). Hirschmann rät ihr, vom „Nyssenischen beim Areopagiten, das ja sehr stark ist, und seiner eigenartigen Betonung der Endlichkeit für die Konstitution geschaffenen Erkennens überhaupt (+ Primat des ‚Lebens') in die aktuelle Problematik mitvorzudringen." (Ebd.) Allerdings wäre diese Linie der Betonung der Endlichkeit für die Konstitution der Erkenntnis wohl eher bei Max Scheler als bei Edmund Husserl zu verfolgen. Weiterführend dazu empfiehlt Hirschmann Erich Przywaras *Analogia entis* (München 1932) und Karl Rahners *Geist in Welt* (Innsbruck 1939) und *Hörer des Wortes* (München 1941). Für die Symboltheologie empfiehlt Hirschmann Aloisius Lieske, *Die Theologie der Logosmystik bei Origenes* (Münster 1938), Hieronymus Menges, *Die Bildlehre des Johannes von Damaskus* (Münster 1938), Ernst Cassirer, *Philosophie der symbolischen Formen* (*Die Sprache*, Berlin 1923; *Das mythische Denken*, Berlin 1925; *Phänomenologie der Erkenntnis*, Berlin 1929), die Stein ausführlich rezipierte (P / A II 6, 1); Hermann Friedmann, *Die Welt der Formen* (München 1930) und Eudo Colecestra Mason, *Lebenshaltung und Symbolik bei R. M. Rilke* (Weimar 1939).

[74] Vgl. Rahner, Karl, „Frömmigkeit früher und heute", in: *Schriften zur Theologie* VII *(Zur Theologie des geistlichen Lebens)*, Köln [2]1971, S. 22; wieder aufgenommen in: „Elemente der Spiritualität in der Kirche der Zukunft", in: *Schriften zur Theologie* XIV *(In Sorge um die Kirche)*, Köln 1980, S. 375.

[75] Br. 678 (17.11.1940) an Mutter Johanna van Weersth.

„Bei dieser Arbeit [*Wege der Gotteserkenntnis*] hatte ich außerdem in großer Erschöpfung oft das Gefühl, daß ich gar nicht zu dem durchstoßen konnte, was ich sagen und fassen wollte. Ich dachte schon, daß es immer so bleiben würde. Aber jetzt [bei der Ausarbeitung der *Kreuzeswissenschaft*] fühle ich wieder viel mehr Kraft zum Gestalten."[76]

Grundsätzlich hielt Stein es für möglich, „ohne eigene entsprechende Erfahrung [...] die Schriften der Mystiker [zu] verstehen [...], ohne selbst Mystiker zu sein."[77] Sie thematisiert die Frage, ob Mystik nur für wenige Menschen möglich sei, läßt sie aber unbeantwortet und streicht sie sogar.[78] Einerseits ist das für sie ein Problem der *menschlichen* Freiheit, wie sie mit dem Dominikaner Garrigou-Lagrange[79] zeigt, andererseits eine Frage der Berufung und damit der *göttlichen* Freiheit, wie sie die „Ordenseltern" thematisieren. In einem Brief vom 20.10.1938 schreibt Stein dazu:

„Garrigou-Lagrange hat mit allem Nachdruck zu zeigen versucht (und viele sind ihm darin gefolgt), daß es [das mystische Leben] nur die Entfaltung der 3 göttlichen Tugenden sei und alle Christen dazu berufen. Zu dem *Wesentlichen* daran nämlich, zur Vereinigung mit Gott. Außerordentlich sei nicht diese, sondern nur das in manchen Fällen Hinzukommende: Ekstasen, Visionen u. dergl. Daß tatsächlich nur wenige dahin gelangen, wird mit Hindernissen auf Seiten des Menschen erklärt. Unsere hl. Ordenseltern sind nicht ganz dieser Ansicht. Jedenfalls betonen beide zum Trost für die nicht mystisch Begnadeten, daß das Entscheidende die Vereinigung mit Gott durch den Willen sei, d.h. die Gleichförmigkeit mit dem göttlichen Willen."[80]

Aus Hirschmanns Briefen kann man sehen, daß Stein mit ihm die Frage

---

[76] Br. 734. – Nicht nur ihre Mitschwester Maria Ernst im Karmel zu Köln nahm den Aufsatz wahr, er sollte vielmehr für alle Männer- und Frauenklöster vervielfältigt werden. Vgl. Br. *748* (4.7.1942) Heribert Altendorfer an Antonia Engelmann.
[77] *WGE*, S. 71 (Anhang, Hs II, B, I.).
[78] *WGE*, S. 38, Anm. 68.
[79] In P / A II H (30.): 1 Zettel:
„Literatur:
P. de Roton⟨, Placide⟩ OSB, *Les Habitus. Leur caractère spirituel*, Paris (La Bergerie) 1934.
E⟨berhard⟩ Welty, *Gemeinschaft und Einzelmensch nach den Grundsätzen des hl. Thomas von Aquin*⟨, Salzburg 1935⟩.
(P. Damasus), Christliche Philosophie ⟨*La philosophie chrétienne,*⟩ *Juvisy* ⟨11. September⟩ *1933.*
⟨Adolf⟩ Donders fragen wegen Theologie des Hl. Paulus. Psyche und Pneuma.
(Prat, ⟨Ferdinand, *La théologie de Saint Paul*⟩ *Die Theologie des hl. Paulus,* ⟨*Paris 1908*⟩).
Lebreton, ⟨Jules⟩, *Ursprünge des christlichen Dogmas von der Trinität* ⟨*Histoire du dogme de la Trinité*, Paris 1910–28 (zwei Bände)⟩ und ⟨Réginald Garrigou-⟩Lagrange, ⟨*Mystik und christliche Vollendung,* Augsburg 1927; *Der Sinn für das Geheimnis und das Hell-Dunkel des Geistes,* Paderborn 1937; *Dieu, son existence et sa nature,* Paris 1923⟩ (über den Logos. ⟨Jacques⟩ Maritain, ⟨*Die Zukunft der Christenheit.* Mit einem Vorwort von Balduin Schwarz, Einsiedeln 1938⟩ – Schwarz)".
[80] Br. 568 an Callista Kopf (20.10.1938).

diskutierte, inwieweit Dionysius als der „Vater der abendländischen Mystik" spezifisch christliche Elemente enthält oder auch entbehrt:[81]

> „Zwar tritt, wie Sie gut sehen, das Personale des Logos bei ihm zurück [...], aber doch nicht so, daß seine Logosmystik nicht noch ‚spezifisch christlich' gedeutet werden kann und muß. Aber das Pneuma tritt [...] unverhältnismäßig stark zurück, während das Verhältnis zu ihm im Liebesleben der christl⟨ichen⟩ Mystik stark in den Vordergrund rückt (auch beim hl. Johannes v. Kreuz). Diese Beobachtung entwertet natürlich nichts vom Positiven, das D⟨ionysius⟩ gibt."[82]

Stein spricht diese Probleme in ihrem Aufsatz nicht direkt an, sondern ergänzt Dionysius' Schwachstellen durch ihre eigenen Reflexionen: Seine *Theologie* impliziere, daß philosophisches Forschen mit Hilfe des natürlichen Verstandes möglich, wenn auch gefährlich und anfällig für Irrtümer sei.[83] Seine *Symbolische Theologie* setze voraus, daß es zunächst zu einer personalen Begegnung gekommen sein muß, damit Erkenntnis möglich wird.[84]

Hirschmann sieht den Unterschied zwischen Dionysius und der christlichen Mystik, wie er sie in den Karmel-Heiligen Teresa von Avila und Johannes vom Kreuz findet, in der Einheits-Theologie des Dionysius gelegen: „Bei aller Betonung der mystischen Einswerdung mit dem Vater betont die christliche Mystik doch ebenso stark das Nicht-ein*er*-werden mit ihm [...]."[85] Nach Hirschmann ist wohl hinsichtlich der mystischen Phänomene vom „Areopagiten her gerade ihr unterscheidend Christliches nicht sichtbar".[86] Damit weist Hirschmann auf einen wunden Punkt hin: die Verflochtenheit mit dem Neuplatonismus. Hugo Ball, den Stein ausführlich rezipierte, sieht

---

[81] Ob die christliche Agape anstelle des Logos nicht zu sehr in den Hintergrund trete, „trinitarisch die Anerkennung der Person des Hl. Geistes, des Lebensprinzips geistlichen (und darum auch mystischen) Lebens [...]? [...] Liegt hier nicht die Gefahr einer idealisierenden *Logi*sierung des Pneuma und der Agape?" Br. *689* (30.4.1941) S. 467. Vgl. auch Br. *696* (1.6.1941).

[82] Ebd.

[83] *WGE*, S. 39, Anm. 69; und S. 60 (Anhang, Hs II, A).

[84] Auf Hirschmanns Anfrage nach der „Heilsbedeutung der Fleischwerdung des Logos" geht Stein nicht ein (Br. *689*, 30.4.1941, S. 467). Hirschmann vermutete, daß „in Abwertung der Mystik der Sinnlichkeit [...] und [...] trotz der Anerkennung des symbolartig pädagogischen Wertes derselben" (ebd.) bei Dionysius wohl eine geringe Wertung der menschlichen Seite Christi gesehen werde – eine Frage, der Stein für ihren erkenntnistheoretisch interessierten Teil nicht nachgegangen ist.

[85] Ebd.

[86] Weitere Fragen hat Hirschmann zum Sündenverständnis, zur Eucharistie und ihrem Opfercharakter, zum Verhältnis von Individuum und Gemeinschaft. (Ebd.) Hirschmann sieht das Problem bei Dionysius darin, daß er eine „jedem Idealismus als solchen immanente *epoché* gegenüber dem Gesamt der Wirklichkeit" vornehme. (Br. *696* (1.6.1941) S. 481) Er hält jegliche Einheitsposition für gefährlich: „Diese epoché ist bei ‚totalitären' Systemen [...] etwas gefährlich: Sie verkürzt leicht jenen ‚Unterschied' in der Einheit, den die Liebe, die personale, doch ebenso als solchen bestehen läßt." (Ebd.)

in Dionysius einen Denker des Ausgleichs zwischen neuplatonischer Gnosis und Christentum, da Dionysius z. B. die Begriffe „Urgott" und das Bild der „Himmelsleiter" für seinen Hierarchie-Gedanken verwendet. Dionysius bediene sich des Neuplatonismus als „einer Methode zur Aufhellung biblischen Dunkels"[87] und bekämpfe die Gnosis, sei aber selbst Gnostiker geblieben im Sinne des Paulus, der in den dritten Himmel emporgehoben wird (2 Kor 12,2).[88] Stein selbst nimmt im Unterschied zu Ball dazu nicht Stellung, sie hält sich aus Gnosis-Spekulationen heraus, da es ihr eher um „Begegnung" und „Erleben der Gegenwart Gottes" geht. Aber es scheint, als greife sie die Polemik des Dionysius gegen anthropomorphe Gottesvorstellungen in den *Göttlichen Namen* auf, und diese Fragen mögen es sein, die sie zur Weiterarbeit an Johannes vom Kreuz über Dionysius hinaus drängten.[89]

7. Mystagogie als Phänomenologie des spirituellen Lebens

Die Suche nach persönlicher Begegnung mit dem „Gegenstand" des Glaubens: mit Gott, bleibt für Stein der Ziel- und Angelpunkt ihrer Untersuchung. Gerade im Charakter der Begegnung liegt die Möglichkeit, daß die existentielle Sehnsucht nach Nähe zur (in christlicher Dogmatik geglaubten) personalen Wahrheit, Jesus Christus, in der mystischen (Liebes-)Vereinigung ihr Ziel finden kann. Hier ist der Ort der Mystik, in der das Erkenntnisverlangen schweigt und in das schweigende Verlangen nach liebender Vereinigung umschlägt. Aber auch über diesen Bereich läßt sich noch sinnvoll sprechen, wie Stein in ihrer Studie zu Johannes vom Kreuz zeigt, auch wenn dabei aufgrund fehlender eigener Erlebnisse keine vollständig erfüllte Einfühlung in diese Vorgänge möglich sein mag. Allerdings bleibt bei all diesen Erlebnissen Gott der „verborgene Gott". Hier kann somit nur von mittelbarer Erkenntnis gesprochen werden, die jedoch ebenfalls eine übernatürliche Erfahrung und damit vom Glauben unterschieden ist.

Nur für wenige Menschen ist die Erkenntnis und Kenntnis Gottes durch die Durchkreuzung aller Erkenntnisse in der speziell gewählten Kreuzesnachfolge Christi in mystischer Lebensweise bis hin zur intimen bräutlichen Vereinigung der Seele mit Gott erfahrbar.[90] Die Seltenheit der mystischen Erfahrung und die Tatsache, daß auch religiöse Erlebnisse nicht von jedermann erlebt oder als solche erkannt werden, weisen auf den Aspekt der

[87] Ball, *Byzantinisches Christentum*, a. a. O., S. 83.
[88] Dionysius würde aus der Gnosis drei wesentliche Elemente übernehmen: 1. die Dreiteilung der religiösen Welt, 2. die Lehre vom Aufstieg, 3. die Betonung der jenseitigen Bereiche.
[89] Br. *696* (1. 6. 1941) von Hirschmann.
[90] Vgl. *KW*, S. 144.

Freiheit des menschlichen Empfängers wie des göttlichen Gebers dieser Gaben, d. h. der religiösen Erlebnisse, hin. Es ist die Möglichkeit von Freiheit in religiösem Erleben, auf die Stein in ihrem eigenen Leben und auch für das anderer großen Wert legte:

> „Der Glaube ist eine Gabe, die angenommen werden muß. Göttliche und menschliche Freiheit begegnen einander darin."[91]

Die Korrespondenz zwischen Stein und Hirschmann läßt die Spekulation zu, ob Stein sich vielleicht in Zukunft stärker der Religionsphänomenologie zugewendet hätte, um eine Phänomenologie des spirituellen Lebens, auch des Karmellebens, zu akzentuieren. Stein nahm in diesem Zusammenhang die Werke der Religionsphänomenologen Chantepie de la Saussaye[92] und Van der Leeuw[93] wahr und wird von Hirschmann aufgefordert, gerade ihr naheliegende spirituelle Phänomene wie Gebet, Opfer, Reinigung, Glaube, Liebe, Jungfräulichkeit, Gelübde und Ordensleben phänomenologisch-sachlich zu betrachten.[94] Wäre ihr Schicksal nicht durch die Macht der Gestapo beendet worden, hätte Stein sicher noch einiges beitragen können zu einer Religionsphänomenologie, die religiöse Erlebnisse zu verstehen, zu reflektieren und nach ihrem Wesen zu strukturieren sucht. So bleibt immerhin Steins „sachliche Darstellung" der dionysischen *Symbolischen Theologie* in religionsphilosophisch-phänomenologischer Weise, die letztlich auch als eine spirituelle Anleitung und Einladung zur Begegnung mit Gott gelesen werden kann.

---

[91] *WGE*, S. 55.

[92] Chantepie de la Saussaye, Pierre Daniel, *Lehrbuch der Religionsgeschichte*, Freiburg 1887.

[93] Van der Leeuw, Gerardus, *Phänomenologie der Religion*, Tübingen 1933. Hirschmann schickt den Band an Stein, wie er ihr am 1. 6. 1941 schreibt (Br. *696*).

[94] Br. *702* (21. 8. 1941) von Hirschmann.

Edith Stein
Wege der Gotteserkenntnis.

Die *Symbolische Theologie* des Areopagiten
und ihre sachlichen Voraussetzungen

I. Vorbereitende Erwägungen

1. Die Areopagitica[1]

Als vornehmlich bewegende Kräfte, die das abendländische Denken des Mittelalters geformt haben und, von ihm vermittelt, als lebendiges Erbe noch in unserer Zeit fortwirken, lassen sich drei große geistige Strömungen unterscheiden. Dabei ist als feste Grundlage der Offenbarungsgehalt der Heiligen Schrift vorausgesetzt. Jene Strömungen sind verschiedene Mittel, eben diesen Gehalt zu erfassen, innerlich anzueignen, das Wort Gottes „einzubilden" in die Früchte menschlicher Geistesarbeit und so ein lebendiges Ganzes aus Gottes- und Menschenweisheit zu gewinnen. Im Lebenswerk des hl. Thomas von Aquin sind die Wirkungen dieser drei Strömungen deutlich sichtbar, und vielleicht haben sie auf keinem andern Wege größeren Einfluß auf die späteren Zeiten geübt: Ich meine das *griechische Denken*, namentlich das *aristotelische*, die Lebensarbeit des hl. *Augustinus* und das Vermächtnis des *„Areopagiten"*. Wenn man diese Namen nennt, ist sofort ersichtlich, daß es sich nicht um streng getrennte Strömungen handelt: Augustinus und Dionysius haben ihrerseits – jeder auf seine Weise – die Formung durch das griechische Denken erfahren; in ihnen hat sich schon einmal jene große Auseinandersetzungsarbeit vollzogen, die dann einige Jahrhunderte später mit ihrer Hilfe aufs neue in Angriff genommen wird. Eben darum ist ihr Einfluß ein wesentlich anderer als der unmittelbare der griechischen Philosophen.

Daß der „Areopagit" mit seinem Einfluß neben Aristoteles und Augustin gestellt wird, mag manchem überraschend klingen, dürfte aber nicht übertrieben sein. Heute scheint die quellenmäßige Erkenntnis seiner Gedanken nicht über einen Kreis von Fachgelehrten und vereinzelte „Liebhaber" hinauszugehen. Aber seine Wirkung reicht weiter als das Wissen darum, weil er vom 9. bis ins 16. Jahrhundert eine beherrschende Stellung im abendländischen Denken eingenommen hat, nachdem er bereits seit dem 6. Jahrhundert in der Kirche als Autorität anerkannt war, als eine der großen Führergestalten, auf die man in den entscheidenden Geisteskämpfen um die reine

[1] ⟨Das Werk des (Pseudo-)Dionysius Areopagita: *Himmlische Hierarchie, Kirchliche Hierarchie, Über die mystische Theologie, Über die göttlichen Namen, Briefe.* Vgl. S. 78 ff.⟩

Glaubenslehre schaute. In den Schriften der letzten Jahrzehnte, die sich mit ihm befassen, stößt man immer wieder auf die Bemerkung, daß er diesen maßgebenden Einfluß hauptsächlich seinem Namen verdanke. Ich habe ihn bisher den „Areopagiten" genannt. Das ist eine Verlegenheitsauskunft. Seine Schriften sind unter dem Namen „Dionysius" Ende des 5. Jahrhunderts aufgetaucht (d. h. seit dieser Zeit haben wir Zeugnisse dafür und aus früherer Zeit keine). Als den Areopagiten hat er selbst sich nicht bezeichnet. Aber da er den Apostel Paulus seinen Lehrer nannte und seine Werke einem „Mitpriester Timotheus" widmete; da er an einigen Stellen als Augenzeuge von Ereignissen spricht, unter denen man von altersher die Sonnenfinsternis beim Tode Christi und den Tod der Gottesmutter verstand[2]; da außerdem seine Briefe sämtlich an Personen gerichtet sind, die Namen aus der Apostelzeit tragen, hat man den Schluß gezogen, daß es sich um keinen andern Dionysius handle als um den Areopagiten, von dessen Bekehrung die Apostelgeschichte berichtet.[3]

Anfängliche Zweifel an diesem Ursprung sind allmählich verstummt und erst zur Zeit des Humanismus wieder laut geworden.[4] Gründliche Untersuchungen über die geistige Umwelt, die aus der Eigenart der „Areopagitica" zu schließen ist, haben vor einigen Jahrzehnten zu dem fast allgemein angenommenen Ergebnis geführt, daß diese Schriften nicht aus der Apostelzeit stammen können.[5] Die meisten Sachkundigen sehen heute das Ende des 5. Jahrhunderts als Entstehungszeit an. Seither ist es üblich geworden, den Verfasser „Pseudo-Dionysius Areopagita" zu nennen. Ich habe mich mit den Anführungszeichen begnügt, um anzudeuten, daß ich den Verfasser der „Areopagitica" nicht für den Paulusjünger vom Areopag halte. Wenn ich von nun ab einfach Dionysius oder der Areopagit sage, habe ich wohl kein Mißverständnis mehr zu befürchten. Wer es ist, der sich durch diesen Namen kundgibt oder dahinter verbirgt, darüber möchte ich keine Vermutung aussprechen.[6] Und solange man den Verfasser nicht kennt, wird man auch

---

[2] ⟨Vgl.⟩ VII. Brief ⟨an Polykarp (81–167), Bischof v. Smyrna, Schüler des Apostels Johannes⟩, § 2, bei Migne, Jacques-Paul, *Patrologia Graeca* ⟨Cursus completus. Series Graeca, *Paris 1857ff.*⟩, 3, S. 1080f. ⟨s. u. S. 258⟩ und *De divinis nominibus*, Kap. III, § 2, *MPG*, 3, S. 681ff. ⟨s. u. S. 102.⟩

[3] ⟨Vgl.⟩ Apg 17, 33f. ⟨„So ging Paulus aus ihrer Mitte weg. Einige Männer aber schlossen sich ihm an und wurden gläubig, unter ihnen auch Dionysius, der Areopagit, außerdem eine Frau namens Damaris und noch andere mit ihnen."⟩

[4] ⟨Zunächst hatte Stein „zur Zeit der Reformation" geschrieben, wie dem Blatt mit den Korrekturen des Zensors Johannes Hirschmann zu entnehmen ist, vgl. P / A I 6 – Kladde (ESAK).⟩

[5] Vor allem kommen hier in Betracht die Arbeiten von P. J⟨osef⟩ Stiglmayr und H⟨ugo⟩ Koch. Sie sind verzeichnet bei O⟨tto⟩ Bardenhewer, *Geschichte der altchristlichen Literatur*, Freiburg Br. 1924, Bd. IV.

[6] ⟨Im Anschluß wurde von Stein folgender Absatz und eine dazugehörige Anmerkung gestrichen, weil sie von J. Hirschmann als „zu scharf" kritisiert wurde: „Das Geheimnis

nicht mit Sicherheit feststellen können, in welcher Absicht er den Namen des Areopagiten angenommen hat.

Die Ernüchterung der Enttäuschten hat ihm nach der „Demaskierung" Zorn und Entrüstung über den „Betrug" eingetragen. Man hat dazu aufgefordert, sich von seinem Einfluß möglichst schnell und gründlich freizumachen. Andererseits wird der Unbefangene bei der Begegnung mit diesem Unbekannten sich sofort im Bannkreis eines überragenden Geistes fühlen: Seine übelwollenden Kritiker werben wider Willen für ihn, sobald sie ihm selbst das Wort geben. Und immer wieder wird gegenüber dem Vorwurf der „Pseudepigraphie"[7] die Erwiderung des Johannes Skythopolis (6. Jh.)[8] angeführt: Wer diese Werke einem Schriftsteller aus späterer Zeit zuschreibe, der müsse ihn für einen ganz verzweifelten Menschen halten, wenn er solche Dinge lügnerisch von sich behaupte (es folgt die Aufzählung der Stellen, die den Verfasser als Zeitgenossen der Apostel und in naher Verbindung mit ihnen erscheinen lassen) – schon bei einem ganz gewöhnlichen Menschen wäre so etwas abgeschmackt und verwerflich, wieviel mehr bei einem durch Charakter und Wissen so ausgezeichneten Mann![9] Wie es möglich ist, die Schriften einer späteren Zeit zuzuweisen, ohne einen Stein auf den Verfasser zu werfen, das kann hier nicht erörtert werden.[10]

Als unbestreitbare Tatsache liegt vor uns das „corpus Dionysiacum"[11]: vier größere Schriften und zehn Briefe (das Abendland allein besitzt davon 23 griechische und 32 lateinische Manuskripte). Und in ungewöhnlich klarem Licht sehen wir den Eintritt dieses corpus in das mittelalterliche Geistesleben und sein Wirken darin.[12] Wenn es Legende ist, daß der Areopagit

---

dieses Unbekannten und die abenteuerlichen Versuche, dahinter zu kommen, gehören zu den erstaunlichsten Phänomenen der Geistesgeschichte. Sie erinnern in etwa an den Streit um Shakespeare. Verdiente Forscher tragen mit Ameisenfleiß einen Berg von gelehrtem Material zusammen; und dann bauen sie darauf ein Kartenhaus, das bei einem leisen Fingerdruck einstürzt. (Anm.: Ich denke dabei etwa an Franz Hipler, *Dionysius der Areopagite*, Regensburg 1861, der beweisen wollte, daß D. nicht für den Areopagiten habe gelten wollen, und den Versuch von P. J⟨osef⟩ Stiglmayr SJ, Severus von Antiochia als Verfasser der Areopagitica zu erweisen (*Scholastik* Bd. 3, 1928); vgl. dazu die Kritik von J. Lebon: Le pseudo-Denys l'Aréopagite et Sévère d'Antioche (*Revue d'histoire ecclésiastique* 26, 1930, p. 880–915).) Es besteht wohl wenig Aussicht, daß das Dunkel sich jemals erhellen wird."⟩

[7] ⟨Der Vorwurf, daß ein antiker Autor sein Werk unter einen falschen Namen gestellt habe.⟩

[8] ⟨Bischof, nach 536 bis um 548, Metropolit von Palaestina Secunda, verfasste kleinere Kommentare zu den Werken des Dionysius Areopagita.⟩

[9] Vgl. *MPG*, 4, 21–22 im Prolog des Maximus Confessor. ⟨580–662, griech. Kirchenvater.⟩

[10] Ich verweise auf Hugo Ball, „Dionysius Areopagita", in: *Byzantinisches Christentum. Drei Heiligenleben*, S. 61 ff., München und Leipzig 1923.

[11] ⟨Werkbestand des Dionysius Areopagita.⟩

[12] Die Herausstellung dieser Tatsachen ist das Verdienst der vorbildlich exakten Arbeiten

der erste Bischof von Paris gewesen sei und in Saint-Denis begraben liege, so ist es geschichtliche Tatsache, daß von der Abtei Saint-Denis aus die Areopagitica ihren Siegeszug im lateinischen Abendland begonnen haben. Es ist indessen nicht die Absicht, hier die Wirkung dieser Schriften in ihrem geschichtlichen Lauf zu verfolgen, es soll vielmehr ein Ausschnitt aus ihrer eigentümlichen Gedankenwelt gegeben werden, der etwas von ihrer sachlichen Bedeutung aufleuchten läßt, und zwar von einem Gesichtspunkt, der für den Philosophen nicht minder von Belang ist als für den Theologen.

2. *Die areopagitische Seins- und Erkenntnisordnung*

Es geht ein Leitmotiv durch alles, was uns von Dionysius überliefert ist. *Albertus Magnus* hat es im Prolog seines Dionysius-Kommentars[13] in einem kurzen Wort des Predigers[14] ausgesprochen: Ad locum, unde exeunt flumina, revertuntur, ut iterum fluant.[15] Das ist einmal als eine *Ordnung des Seins* zu verstehen: Von Gott als dem Ersten geht alles Seiende aus und wendet sich zu Ihm wieder zurück. Das „iterum fluere"[16] nach der Vereinigung bedeutet keine Trennung, sondern ein Sichherabneigen zu dem Tieferstehenden, um es auch emporzuführen. Darin liegt ein weiteres Grundgesetz des dionysischen Weltbildes eingeschlossen: die Stufenordnung, die er *Hierarchie* nennt. Er selbst hat sie bestimmt als „die gesamte Ordnung der vorhandenen heiligen Dinge".[17] Ihre Aufgabe ist, alles Geschaffene zum Schöpfer zurückzuführen.[18]

Wie das Gesetz des Ausgehens und Zurückkehrens selbst, dem sie eingegliedert ist, ist sie nicht nur eine Ordnung des Seins, sondern auch eine *Ordnung des Erkennens*. Aus dem unzugänglichen Licht, das durch seinen überhellen Glanz den Ur-Seienden für die Geschöpfe verhüllt, trifft ein

von P. G⟨abriel⟩ Théry, OP. Vgl. *Études Dionysiennes. Hilduin Traducteur de Denys*, I, 1932; II, 1937, Vrin, Paris. Der II. Bd. enthält die Textangabe der Übersetzung Hilduins, der ersten lateinischen Dionysius-Übersetzung.

[13] ⟨Albertus Magnus (1193–1280), Dominikaner, Kirchenlehrer, Lehrer des Thomas von Aquin, wirkte u.a. in Köln, Hildesheim, Freiburg i. Br., Regensburg, Straßburg u. Paris. – *Opera omnia*, Bd. XIV, S. 1 ff.⟩ Ausgabe Borgnet, Paris 1892. ⟨*Alberti Magni Super Dionysium de divinis nominibus*, hrsg. v. Paulus Simon, Münster 1972. *Alberti Magni Super Dionysii Mysticam theologiam et Epistulas*, hrsg. v. Paulus Simon, Münster 1978. *Alberti Magni Super Dionysium de caelesti hierarchia*, hrsg. v. Paulus Simon, Münster, 1993. *Alberti Magni Super Dionysium de ecclesiastica hierarchia*, hrsg. v. Maria Burger, Münster 1999.⟩

[14] Koh 1,7b.

[15] ⟨Zu dem Ort, von dem die Flüsse ausgehen, kehren sie zurück, um wiederum auszufließen.⟩

[16] ⟨Von neuem fließen.⟩

[17] ὁ πᾶς τῶν ὑποκειμένων ἱερῶν λόγος, *Kirchliche Hierarchie*, Kap. I, § 3, *MPG*, 3, S. 373. ⟨s. u. S. 195.⟩

[18] ⟨Vgl. zu diesem Abschnitt auch *EES*, S. 327 (Die Engellehre des Areopagiten).⟩

Strahl, der ihnen faßbar ist, die ersten, Ihm zunächststehenden Wesen, die höchsten reinen Geister, erleuchtet sie und wird, vielfach gebrochen, weitergegeben zu den tieferstehenden Ordnungen bis hinab zu den niedersten Geschöpfen, die noch der Erleuchtung fähig sind. In gewissem Sinn ist das alles Seiende. Denn wenn auch nicht alle Dinge die göttliche Erleuchtung in *der* Weise aufnehmen können, daß ihnen dadurch – wie den geschaffenen Geistern, Engeln und Menschen – Erkenntnis Gottes und freies Hinstreben zu Ihm möglich würde, so sind doch auch die niedrigsten Geschöpfe, die vernunftlosen und selbst die leblosen, dazu tauglich, als *Werkzeuge* und *Sinnbilder* geistigen und göttlichen Seins und Wirkens zu dienen. In diesem Sinn gehören sie also in die hierarchische Seins- und Erkenntnisordnung hinein und kommen auch in den areopagitischen Schriften von der *himmlischen*[19] und von der *kirchlichen Hierarchie*[20] zur Sprache. *Träger* des hierarchischen Wirkens aber, Sendboten Gottes, um himmlisches Licht durch die Schöpfung zu tragen, sind nur die himmlischen Geister und die geweihten Stände der Kirche.

3. *Die Stufen der „Theologie"*

Es soll nun versucht werden, aus dem großen Zusammenhang, den die einleitenden Worte andeuten wollten, etwas von dem zur Abhebung zu bringen, was die areopagitischen Schriften über die *Gotteserkenntnis* enthalten – nur um *diese Erkenntnis* ist es Dionysius im Grunde zu tun. Er selbst hat einen kurzen Überblick gegeben in seiner Schrift von der *Mystischen Theologie*[21] – einem „opusculum" dem Umfang nach, denn sie umfaßt nur wenige Seiten, aber schwerwiegend durch ihren Inhalt und ihre unübersehbare Wirkung. Ihr vor allem verdankt er den Namen „Vater der Mystik". Man darf sich darunter keinen „Traktat über Mystik", keine „Theorie der Mystik" im heutigen Sinn vorstellen. Um dies Mißverständnis von vornherein auszuschließen, muß klargemacht werden, was der Areopagit unter *Theologie* versteht: keine Wissenschaft, keine systematische Lehre von Gott. Die Dionysiusforscher betonen, daß er mit „Theologie" die *Heilige Schrift* meine – „Gottes Wort" – und mit *Theologen* ihre Verfasser, die heiligen Schriftsteller.

Das ist sicher richtig – schon beim Durchblättern der Areopagitica kann man sich davon überzeugen, daß jene Ausdrücke meist in dieser Bedeutung gebraucht werden. Aber es scheint mir den Sinn nicht zu erschöpfen. Und gerade der Name *Mystische Theologie* weist auf das hin, worauf es ankommt,

---

[19] ⟨*MPG*, 3, S. 119 ff. S. u. S. 159 ff.⟩
[20] ⟨*MPG*, 3, S. 369 ff. S. u. S. 193 ff.⟩
[21] *MPG*, 3, S. 997 ff. ⟨S. u. S. 245 ff.⟩

weil damit – wie bald gezeigt werden soll – kein *Reden* von Gott mehr bezeichnet wird. Wenn Dionysius Daniel, Ezechiel oder auch den Apostel Petrus Theologen nennt, so will er damit nicht bloß und, wie ich glaube, nicht einmal in erster Linie sagen, daß sie die Verfasser der nach ihnen genannten Bücher oder Briefe sind, sondern daß sie (nach unserm Sprachgebrauch) *inspiriert* sind: Sie *sprechen von Gott*, weil sie *von Gott ergriffen* sind, oder *Gott spricht durch sie*. In diesem Sinn sind auch die Engel Theologen und der höchste aller Theologen ist Christus, das lebendige Wort Gottes. Ja, wir werden schließlich dazu geführt werden, Gott den „Ur-Theologen" zu nennen. Die verschiedenen „Theologien", die in der Schrift von der *Mystischen Theologie* unterschieden werden, sind demnach keine „Disziplinen" oder Fächer, sondern *verschiedene Weisen, von Gott zu sprechen*, und – darin ausgedrückt – *verschiedene Wege oder Weisen des Gotterkennens* (oder Nicht-Erkennens); die *mystische Theologie* selbst stellt die *höchste Stufe* dar.

Den Namen *Mystische Theologie* könnte man vielleicht am besten wiedergeben mit *„Geheime Offenbarung"*. Gott wird nur erkannt, indem Er sich offenbart; und die Geister, denen Er sich offenbart, geben die Offenbarung weiter. Erkennen und Künden gehören zusammen. Aber je höher die Erkenntnis ist, desto dunkler und geheimnisvoller ist sie, desto weniger ist es möglich, sie in Worte zu fassen. Der Aufstieg zu Gott ist ein Aufstieg ins Dunkel und Schweigen.[22] Am Fuß des Berges ist es noch möglich, sich ausführlicher zu äußern. So hat es Dionysius selbst in den Schriften getan, die der *positiven Theologie*[23] gewidmet waren, d.h. in den Abhandlungen, die sich mit den hauptsächlichen Glaubenswahrheiten beschäftigten, über die uns die Heilige Schrift unterrichtet: vor allem mit der Lehre von der Trinität und Inkarnation, die er in den *Theologischen Grundlinien*[24] behandelt habe; dann mit dem Sinn der göttlichen Namen, die von Geistigem hergenommen sind – ihnen galt die Schrift von den *Göttlichen Namen*[25], während die *Symbolische Theologie* die Bezeichnungen untersuchte, die von sinnenfälligen Dingen auf das Göttliche übertragen sind. (Eine Schrift unter diesem Titel

---

[22] Das Bild der Bergbesteigung ist von dem Aufstieg Moses' zum heiligen Berg genommen (Ex 19⟨, 3 ff.⟩), den der Areopagit nach Vätertradition im mystischen Sinn auslegt (*Mystische Theologie*, Kap. I, § 3, *MPG*, 3, S. 999 ff.) ⟨S. u. S. 247.⟩

[23] Die „positive" Theologie ist hier im Gegensatz zur „negativen" verstanden, nicht wie heute im Gegensatz zur „natürlichen" oder „spekulativen".

[24] Diese Schrift ist nicht erhalten. Die Kritiker glauben nicht, daß sie überhaupt existiert habe; ebensowenig die andern, die er erwähnt, die aber nicht überliefert sind. Vgl. Hugo Koch, „Der pseudepigraphische Charakter der dionysischen Schriften", in: *Theol*⟨ogische⟩ *Quartalschrift*, Tübingen 1895 (77) 353–420.

[25] Nach Scheeben, Matthias, *Dogmatik*, I, 423, Freiburg i. Br. 1873, das „reichste, ex professo die ganze Lehre *de Deo uno* behandelnde Werk aus der patristischen Zeit." (Dies Urteil bezieht sich auf die genannte Schrift zusammen mit dem Kommentar des Maximus Confessor). ⟨ex professo = von Amts wegen; de Deo uno = Über den einen Gott.⟩

ist uns so wenig erhalten wie die genannten *Theologischen Grundlinien.*) Der Areopagit spricht von den Geheimnissen der Trinität und Inkarnation im II. Kapitel der Schrift *De divinis nominibus*[26], um die *Unterschieds*-Theologie von *Einheits*-Theologie abzugrenzen; jene behandelt das, was den *einzelnen Personen* eigen ist, diese, was der *ganzen Gottheit* zukommt; zusammenhängende Ausführungen im hier festgelegten Sinn der *Symbolischen Theologie* sind enthalten im II. und XV. Kapitel der *Himmlischen Hierarchie*[27] sowie im IX. Brief (an Titus)[28]; ein durchgeführtes Beispiel in *De divinis nominibus*, Kap. IX, § 5.[29]

Diese Art der Betrachtung – von der bekannten Sinnenwelt ausgehend – ist die niederste, und hier kann man in die Breite gehen. Dionysius bezeichnet es geradezu als eine Entspannung des Geistes, als er in der *Himmlischen Hierarchie* von der rein geistigen Schau hinabsteigt „in die Weite der vielfältigen, verschieden gearteten Gestalten (der Engel)"[30]. Je einfacher der Gegenstand ist – und er ist um so einfacher, je geistiger er ist –, desto mehr kann mit einem Blick umspannt werden: mit einem *geistigen* Blick, zu dem der Geist sich kraftvoller zusammenfassen muß als bei Betrachtung der Sinnenwelt, und desto mehr läßt sich mit kurzen Worten sagen. So war schon in den *Theologischen Grundlinien* und den *Göttlichen Namen* eine kürzere Behandlung möglich als in der *Symbolischen Theologie.* Nun aber in der *Mystischen Theologie* werden wir, „beim Eintauchen in die Dunkelheit über allen Verstand, nicht nur Wortkargheit, sondern vollständige Wortlosigkeit und Verständnislosigkeit treffen".[31] Der Weg dahin ist das Verfahren der *Negation*: die Annäherung an Gott durch die Verneinung dessen, was Er nicht ist. Sie ist auch in dem Sinn Aufstieg, daß sie mit dem Niedersten beginnt.

In der positiven Theologie mußte umgekehrt vorgegangen werden. Um von dem, was im Grunde über alle Setzung ist, etwas festzustellen, mußte man mit dem beginnen, was ihm näher verwandt ist. Denn Er ist in höherem Maß Leben und Güte als Luft oder Stein. Dagegen muß die Verneinung bei dem anfangen, was größeren Abstand von Ihm hat: Gilt es doch in höherem Grade, daß Er nicht trunken ist oder nicht zürnt, als daß Er nicht genannt und nicht erkannt wird. So steigt die negative Theologie die Stufenleiter der Geschöpfe empor, um auf jeder Stufe festzustellen, daß der

---

[26] *MPG*, 3, S. 635 ff. ⟨S. u. S. 92 ff.⟩
[27] *MPG*, 3, S. 135 ff. und S. 325 ff. ⟨S. u. S. 161 ff. und 185 ff.⟩
[28] A. a. O., S. 1103 ff. ⟨S. u. S. 269 ff.⟩
[29] A. a. O., S. 913 f. ⟨S. u. S. 144 f. Zusätzlich an dieser Stelle in Hs I, nicht ins Ts übernommen: „Wenn man den Sinn der ‚Theologie' nicht auf Worte beschränken, sondern auf jede Darstellung von Göttlichem ausdehnen wollte, so wäre die ganze Schrift *Über die kirchliche Hierarchie* heranzuziehen. Wir sind aber hier schon aus rein äußeren Gründen genötigt, uns auf den engeren Sinn zu beschränken."⟩
[30] A. a. O., ⟨*Himmlische Hierarchie*, Kap. XV, § 1.⟩ S. 327–328. ⟨S. u. S. 185.⟩
[31] A. a. O., ⟨*Mystische Theologie*, Kap. III.⟩ S. 1033–1034. ⟨S. u. S. 248.⟩

Schöpfer hier nicht zu finden ist.[32] Sie geht weiter und prüft alle die Namen, die Ihm die positive Theologie gegeben hat, und muß von allen sagen, daß ihr Sinn den über allem Sinn Erhabenen nicht deckt. Sie muß schließlich sich selbst aufheben, da die Verneinung Ihn so wenig trifft wie die Behauptung. „Und wenn wir von dem, was nach Ihm kommt, etwas behaupten oder verneinen, so setzen wir Ihn weder noch leugnen wir Ihn; denn Er ist über jede⟨r⟩ Setzung als die vollkommene und einzige Ursache aller Dinge und über jeder Verneinung als die Überlegenheit des über allem einfach Abgelösten und jenseits von allem.“[33]

So geben die positive und die negative Theologie mit der Vollendung des Aufstiegs der mystischen Theologie Raum, die in völligem Verstummen in die Vereinigung mit dem Unaussprechlichen eingeht. Sie selbst stellen die Stufen dar, die zum Gipfel emporführen, und zwar zunächst als zwei verschiedene Wege,[34] den Schöpfer vom Geschöpf her zu bestimmen. Ihr Gegensatz ist kein ausschließlicher. Sie ergänzen einander auf allen Stufen. Die positive Theologie beruht auf der Seinsentsprechung zwischen Schöpfer und Geschöpf – der *„analogia entis“*, wie es Thomas im Anschluß an Aristoteles ausgedrückt hat;[35] die negative darauf, daß neben der *„similitudo“*[36] eine *„maior dissimilitudo“*[37] besteht, wie ebenfalls Thomas immer wieder betont hat. Sie fallen zusammen auf dem Gipfel in der „mystischen Theologie“, in der Gott selbst seine Geheimnisse entschleiert, aber zugleich die Undurchdringlichkeit des Geheimnisses spürbar macht.

---

32 ⟨Vgl. Augustinus, *Bekenntnisse*, Einsiedeln ^{3}1994, S. 244 ff. (Zehntes Buch, 2. Auf der Suche nach Gott. VI, 9.)⟩

33 A. a. O., ⟨*Mystische Theologie*, Kap. V.⟩ S. 1047–1048. ⟨Anders als in ihrer eigenen Arbeitsübersetzung: „Überlegenheit des schlechthin Abgelösten von allem und jenseits des Alls.“ S. u. S. 250.⟩

34 ⟨Ab hier folgte die durchgestrichene S. ~~17~~, Anhang, Hs II, A, S. 60⟩.

35 Vgl. Aristoteles, *Metaphysik* Δ ⟨IV, 1003b5; V 1016b⟩ und Thomas von Aquin, *De veritate*, q 1 a 10 ad 1 in contra (*Des hl. Thomas Untersuchungen über die Wahrheit.* In deutscher Übertragung von Edith Stein, Bd. I, S. 27, Breslau 1931). An derselben Stelle auch die „maior dissimilitudo“ ⟨vgl. ESW III, S. 33; ESGA 23⟩.

36 ⟨Ähnlichkeit.⟩

37 ⟨Größere Unähnlichkeit.⟩

II. Symbolische Theologie

1. Ausführungen über „Symbolische Theologie“ aus den Areopagitica

Als unterste Stufe der positiven Theologie hat der Areopagit die *Symbolische Theologie* genannt. Es wurde schon erwähnt, daß die Schrift über diesen Gegenstand, auf die er wiederholt verweist, nicht erhalten ist. Wir müssen versuchen, aus dem, was in den überlieferten Schriften davon ausgeführt ist, ein Bild zu gewinnen.[38]

Die ausführlichste Äußerung darüber in den erhaltenen Schriften finden wir im IX. Brief an Titus;[39] die heiligen Schriftsteller haben die geheimnisvolle und für Ungeweihte unzugängliche Wahrheit in Rätselbildern dargestellt. So zeigt sich ja auch die ewige Wahrheit selbst, der Quell des Lebens in den göttlichen Geheimnissen (d. h. im Sakrament des Altars) unter der Hülle sinnlicher Gestalten verborgen. Diese Bildersprache bedarf der Auslegung, weil sie gröblich mißdeutet werden kann: Wenn man etwa den „Schoß Gottes“, aus dem der Sohn hervorgeht, oder den „Hauch seines Mundes“ im buchstäblichen Sinn auffassen wollte, oder Gottes „Zorn“, „Rausch“ oder „Schlaf“. Die Heilige Schrift ist voll von solchen kühnen Bildern, die bei den Unverständigen Anstoß erregen können. Wer aber die darin verborgene Schönheit zu schauen vermag, wird sie voll gottoffenbarenden Lichtes finden. Das ist eben der Zweck dieser Bildersprache: das Heilige vor den entweihenden Blicken der Menge zu verbergen und es denen zu enthüllen, die nach Heiligkeit streben, die sich von der kindischen Denkweise freigemacht und die nötige Geistesschärfe zum Schauen der einfachen Wahrheiten erworben haben.

So haben die heiligen Lehrer des Alten wie des Neuen Bundes von Gott in entsprechenden Bildern gekündet; die Engel haben göttliche Dinge in Rätselbildern dargestellt. Jesus selbst hat in Parabeln gesprochen und das Hei-

---

[38] ⟨Ab hier streicht Stein in Hs I die Seiten ~~18~~ bis ~~25~~ und schließt unten auf S. ~~25~~ (17a) an mit „Die ausführlichste Äußerung …“. Die gestrichene Passage befindet sich in Hs II, hier Anhang A, S. 60–63.⟩

[39] ⟨Vgl.⟩ *MPG*, 3, S. 1103 ff. ⟨S. u. S. 269–275.⟩ Die „Briefe“ des Areopagiten sind wohl nicht als Briefe im eigentlichen Sinn aufzufassen, sondern als kleine Abhandlungen in dieser zwangslosen ⟨sic!⟩ Form, in der sich leicht Ergänzungen zu den großen Schriften bieten ließen.

ligste Sakrament im Bild des Gastmahls übergeben. Es entspricht auch der menschlichen Natur, auf solche Weise das Licht göttlicher Erkenntnis zu erlangen. Denn unser Leben ist zugleich geteilt und ungeteilt; und der Teil der Seele, der frei ist von der Notwendigkeit, sinnliche Eindrücke zu empfangen, konnte zum einfachen und innerlichen Schauen göttlicher Bilder bestimmt werden; dem Teil aber, der den Eindrücken unterworfen ist, entspricht es, durch typische Sinnbilder zu den göttlichen Dingen emporgerichtet zu werden.[40]

Nach den Worten des hl. Paulus ist die ganze sichtbare Weltschöpfung vor das unsichtbare Wesen Gottes hingestellt.[41] Deshalb betrachten die heiligen Schriftsteller manche Dinge nur im Hinblick auf die bürgerlichen Verhältnisse und die Gesetze, andere in vollkommener Reinheit; die einen auf menschliche Weise, die anderen überirdisch und vollkommen. Bisweilen halten sie sich an die augenscheinlichen Gesetze, ein andermal an verborgene Satzungen. Man muß sich über die gewöhnliche Auffassung erheben und auf die Weise, die dem Heiligen ziemt, in den Sinn der heiligen Zeichen und Bilder einzudringen suchen: z. B. das Bild des Feuers zu verstehen suchen, das die Heilige Schrift bald für Gott selbst verwendet,[42] bald für Gottes Wort,[43] ja auch für die himmlischen Geister, aber hier und dort nicht ganz im gleichen Sinn.

Die nähere Ausführung und Deutung dieses Bildes wird nicht an dieser Stelle gegeben, sondern in der *Himmlischen Hierarchie*[44]: Bei der Schilderung der Engel wird von feurigen Rädern und feurigen Lebewesen gesprochen; von feuergleich blitzenden Männern, von Haufen feuriger Kohlen und von Feuerströmen, die mit gewaltigem Brausen daherfließen. Die Thronen ⟨sic!⟩ werden feurig genannt, und der Name der Seraphim wird als „die Brennenden" gedeutet. Dies bevorzugte Bild soll die Gottähnlichkeit der himmlischen Geister zum Ausdruck bringen. Daß es aber so gern für Gott selbst verwendet wird, muß darin begründet sein, daß das Feuer vieles an sich hat, was es zur Veranschaulichung des göttlichen Wesens geeignet macht: Das „sinnenfällige Feuer ist, wenn man es so sagen darf, in allen Dingen, geht durch alle rein hindurch und wird von allem ⟨sic!⟩ aufgenommen; und obwohl es ganz leuchtend ist, ist es doch zugleich verborgen und bleibt unbekannt, wenn es nicht auf einen Stoff trifft, in dem es seine Kraft offenbaren kann; es ist unmeßbar und unsichtbar, beherrscht alles und führt alles, worin es ist, dazu, seine eigene Leistung zu vollbringen; es hat die Kraft

[40] ⟨Vgl.⟩ A. a. O., ⟨IX. Brief an Titus,⟩ § 1 ⟨*MPG*, 3, S. 1103 ff.; s. u. S. 269 ff.⟩
[41] Gemeint ist wohl Röm 1, 20.
[42] Dtn 4, 11 ff. u. 24. ⟨„Denn der Herr, dein Gott, ist verzehrendes Feuer. Er ist ein eifersüchtiger Gott."⟩
[43] Ps 18, 31a. ⟨„Vollkommen ist Gottes Weg, das Wort des Herrn ist im Feuer geläutert."⟩
[44] Kap. XV, § 2, *MPG*, 3, S. 327 ff. ⟨S. u. S. 186.⟩

zu verändern und gibt allem, was ihm nahekommt, an sich selbst Anteil; es erneuert alles durch die Lebenswärme und erleuchtet durch offen hervorzuckende Blitze ...; es hat die Kraft zu scheiden, ist unwandelbar, steigt nach oben, durchdringend ...; stets beweglich, bewegt es sich selbst und anderes; hat die Kraft, anderes in sich zu fassen, ohne selbst umfaßt werden zu können; bedarf keines andern ...; in jedem aufnahmefähigen Stoff offenbart es sein erhabenes Wesen ...; soviel es sich leuchtend mitteilt, es wird doch nicht vermindert".[45] Unverkennbar sind in dieser Schilderung des Feuers die Anklänge an die Darstellung der göttlichen Weisheit[46]: die unbildliche und die bildliche Redeweise erläutern sich wechselseitig.

Den *Weisheitsbüchern* ist auch das Bild vom *Mischkrug* entnommen, das Dionysius im IX. Brief ⟨an Titus⟩ behandelt[47]: Die Heilige Schrift sagt von der gütigen Weisheit, daß sie einen geheimnisvollen Mischkrug aufstelle und seinen heiligen Trank ausspende; vorher aber setze sie feste Speisen hin, und mit erhobener Stimme lade sie freundlich die ein, die ihrer bedürfen. Doppelte Speise also spendet die göttliche Weisheit: eine feste und dauerhafte und eine flüssige und ausgegossene, und im Mischkrug teilt sie ihre vorsorgende Güte mit. Denn der Mischkrug, der rund und offen ist, dient als Sinnbild der allumfassenden Vorsehung, die alles zugleich durchdringt und umschließt. Wie sie im Hinausgehen zu allen Dingen doch in sich selbst bleibt, feststehend in der unbeweglichen Selbigkeit, so steht auch der Mischkrug beharrlich und fest. Es heißt aber, die Weisheit baue sich ein Haus und setze darin feste Speisen vor[48], Becher und einen Mischkrug, damit es für alle, die göttliche Dinge geziemend erwägen, deutlich sei, wie sie für alle Dinge der vollkommene Urheber des Seins und des Wohlseins ist, zu allem ausgeht und im All wird und alle Dinge umgibt; und wiederum ist derselbe (Urheber) in überragendem Sinn in sich selbst und durchaus nicht und in keiner Weise in irgendeinem Dinge, sondern getrennt von allen, derselbe in sich selbst auf dieselbe Weise und ewig seiend, bestehend und bleibend, immer auf dieselbe Weise sich verhaltend, niemals aus sich selbst herausgehend und seinen eigenen Sitz und seine unbewegliche Wohnung und seinen häuslichen Herd verlassend; sondern darin (oder: in sich selbst) verharrend vollbringt sie (die Weisheit) das gesamte und vollkommene Vor-

---

[45] ⟨Ebd., § 3, S. 186f.; von der Arbeitsübersetzung unwesentlich abweichend.⟩

[46] ⟨Vgl.⟩ Weish 7, 22ff. ⟨„In ihr ist ein Geist, gedankenvoll, heilig, einzigartig, mannigfaltig, zart, beweglich, durchdringend, unbefleckt, klar, unverletzlich, das Gute liebend, scharf, nicht zu hemmen, wohltätig, menschenfreundlich, fest, sicher, ohne Sorge, alles vermögend, alles überwachend und alle Geister durchdringend, die denkenden, reinen und zartesten."⟩

[47] Spr 9, 2ff. heißt es, daß die Weisheit Wein mischt; der Mischkrug selbst ist nicht erwähnt. ⟨„Sie hat ihr Vieh geschlachtet, ihren Wein gemischt und schon ihren Tisch gedeckt." S. u. S. 273.⟩

[48] ⟨Vgl. Spr 9, 1.⟩

sehungswirken, gleichzeitig zu allem ausgehend und in sich verharrend, zugleich immer stehend und bewegt und nicht stehend und bewegt, sondern sozusagen das Wirken ihrer Vorsehung im Beharren und das Beharren in der Vorsehung zugleich auf naturgemäße und die Natur übersteigende Weise besitzend.[49]

„Was aber ist die feste und die flüssige Speise? Denn es heißt von der gütigen Weisheit, daß sie diese zugleich spende und vorsehe. Die feste Speise, glaube ich, bedeutet die geistige und dauernde Vollendung, gemäß der in steter und kraftvoller, einheitlicher und ungeteilter Erkenntnis am Göttlichen Anteil haben die geistigen Sinne jener, denen der göttliche Paulus, aus der Weisheit schöpfend, Anteil gibt an der wahrhaft festen Speise.[50] Die flüssige Speise aber, glaube ich, bedeutet jene ausgebreitete und ausströmende Lehre, die bestrebt ist, zu allem hinauszugehen, und durch Mannigfaltiges, Vielerlei und Geteiltes ihre Zöglinge in einer ihnen sich anpassenden Güte zur einfachen und unwandelbaren Gotteserkenntnis führt. Darum werden auch jene geistlichen und göttlichen Worte mit Tau und Wasser verglichen sowie mit Milch, Wein und Honig, weil sie lebenzeugende Kraft haben wie das Wasser, wachstumsfördernde wie die Milch, neubelebende wie der Wein, zugleich reinigende und bewahrende wie der Honig: Dies nämlich schenkt die göttliche Weisheit ihren Anhängern, ihnen Überfluß an reichlichen und unvergänglichen Genüssen gewährend. ... Das nämlich heißt wahrhaft speisen; und darum wird sie zugleich als lebenspendend und männerernährend ⟨oder kinder-⟩[51], als neubelebend und vollkommenheitwirkend ⟨sic!⟩ gepriesen."[52]

Eine verwandte Ausdrucksweise ist es, wenn von der „Trunkenheit" Gottes gesprochen wird, um jene unaussprechliche Überfülle an allem Guten anzudeuten, die – im Sinn der Ursächlichkeit – in Gott ist, ehe Er sie ausspendet. „Das Vonsinnensein aber, das zur Trunkenheit gehört, muß auf das Überragen Gottes bezogen werden: daß Er alle Sinne übersteigt, über alles Erkennen und Erkanntwerden, ja auch über alles Sein erhaben ist."[53] So bedeutet auch das Gastmahl der Heiligen im Himmelreich die einmütige Gemeinschaft der Heiligen im Genuß der göttlichen Güte und die Fülle der Güter, die sie genießen; ihr Liegen das Ausruhen von allen Mühen, die Unverletzlichkeit ihres Lebens, den Wandel im Licht und im Reich der Leben-

[49] ⟨Vgl.⟩ IX. Brief ⟨an Titus⟩, § 3 ⟨*MPG*, S. 1109 f.; s. u. S. 273.⟩
[50] ⟨1 Kor 3, 1–3; Hebr 5, 12–14.⟩
[51] ⟨Einfügung in Steins Arbeitsübersetzung, s. u. S. 274. Im Migne wird „κουροτρόφος" mit „parvulos" (knaben- oder kinder-) übersetzt.⟩
[52] A. a. O., § 4⟨, S. 1109 ff.; s. u. S. 274.⟩
[53] ⟨A. a. O., § 5, S. 1111 ff.; s. u. S. 274 f.⟩

digen, … da Jesus sie erfreut und ihnen ihre Plätze anweist, selbst ihnen dient und ihnen ewige Ruhe und die Fülle aller Güter spendet."[54]

Am Schluß des Briefes folgt noch eine kurze Erklärung für das „Schlafen" und „Erwachen" Gottes. Der göttliche Schlaf bedeutet das in Gott, was über alles erhaben ist und unmitteilbar an die Dinge, die von der Vorsehung gelenkt werden. Sein Erwachen sei die Aufmerksamkeit, die Gottes Vorsehung denen zuwendet, die der Erziehung und Erlösung bedürfen.[55]

An anderer Stelle sucht Dionysius die Ausdrucksweise der *Symbolischen Theologie* klarzumachen, indem er zeigt, wie man sich schon im Bereich des Geschöpflichen Unsichtbares durch Sichtbares nahezubringen suche: Man könne sich die Seele nach Art einer körperlichen Gestalt denken und ihr Teile zusprechen, obwohl sie im eigentlichen Sinne unteilbar sei; die „Teile" seien dann anders zu verstehen als bei körperlichen Dingen: Man würde als Haupt die geistige Erkenntniskraft bezeichnen, als Nacken die Meinung (weil sie zwischen Vernunft und Unvernunft stehe), usw., d. h. die Namen der Körperteile sinnbildlich für die seelischen Fähigkeiten benützen. Ähnlich könne man von Gottes Breite, Länge und Tiefe sprechen, um sein Ausgehen zu allen Dingen, seine über alles sich erstreckende Macht und seine allem Seienden unfaßbare Verborgenheit und Unerkennbarkeit anzudeuten.[56]

2. Der unmittelbare und der mittelbare Sinn der symbolischen Namen

Es soll nun versucht werden, aufgrund dieser Bruchstücke den Sinn dessen herauszustellen, was als *Symbolische Theologie* bezeichnet wird. Nach den kurzen Angaben in der *Mystischen Theologie*[57] handelt es sich dabei um die Übertragung der Namen von sinnenfälligen Dingen auf Göttliches.[58] Wir müssen nun prüfen, was es für sinnenfällige Dinge sind, deren Namen übertragen werden, worauf sie übertragen werden, schließlich wie das „Übertragen" zu verstehen ist: welche Beziehung zwischen dem mittelbar und dem unmittelbar Bezeichneten es rein sachlich sowie auf Seiten des Hörenden und des Redenden voraussetzt.

An der eben genannten Stelle sind eine ganze Reihe von „Übertragungen"

---

[54] A. a. O., § 5⟨, S. 1111 ff.; s. u. S. 274 f.; in der Arbeitsübersetzung steht statt „aller Güter spendet": „alles Schöne zuerteilt und zuströmen läßt."⟩

[55] ⟨Vgl.⟩ a. a. O., § 6⟨, S. 1113–1114; s. u. S. 275.⟩ – ⟨Hieran schloß sich die durchgestrichene S. ~~33~~ an, dann Hs II 34, 35 ff., vgl. Anhang, Hs II, B, I. S. 64 ff.: „Die angeführten Bruchstücke einer *Symbolischen Theologie* …".⟩

[56] ⟨Vgl.⟩ *De divinis nominibus*, Kap. IX, § 5, *MPG*, 3, S. 913 f. ⟨S. u. S. 145; vgl. S. 65, Anhang, Hs II, B, I.⟩

[57] Kap. III, *MPG*, 3, S. 1053 f. ⟨S. u. S. 248 f.⟩

[58] τίνες αἱ ἀπὸ τῶν αἰσθητῶν ἐπὶ τὰ θεῖα μετωνυμίαι.

aufgezählt: Formen, Gestalten, Teile, Werkzeuge, Orte, Schmuck, leidenschaftliche Erregung, Trauer und Zorn, Trunkenheit und Taumeln, Eide, Flüche, Schlaf und Erwachen. Einige davon sind uns in den ausgeführten Beispielen begegnet. Zum Teil sind es Gegenstände äußerer Wahrnehmung, Dinge und dingliche Eigenschaften (so der Mischkrug, die Gestalten von Brot und Wein, die räumlichen Erstreckungen sowie das Feuer), z.T. aber auch leiblich-seelische Zustände und Vorgänge (Schlaf und Erwachen, Trunkenheit, Zorn u. dgl.), soziale Akte[59] (Eid, Fluch) und Begebenheiten (das Hochzeitsmahl und anderes, wovon in den Parabeln der Schrift die Rede ist).

Die symbolische Redeweise holt demnach ihre Ausdrücke aus dem Gebiet der äußeren und der inneren Erfahrung sowie aus dem, was man mit dem Wort „Lebenserfahrung" bezeichnet und worin sehr Verschiedenes zusammenwirkt. Es sind also die „sinnenfälligen Dinge" nicht in strengem Sinne zu nehmen. Gemeint ist offenbar all das, was uns aus der alltäglichen Erfahrung so vertraut ist, daß wir es sofort vor dem geistigen Auge haben, wenn es mit Namen genannt wird. Diese Namen nun werden in der symbolischen Redeweise benützt, um etwas anderes zu bezeichnen, was uns nicht aus der alltäglichen Erfahrung vertraut ist. Das, worauf sie übertragen werden, nennt Dionysius „das Göttliche". Auch dies ist wieder ein sehr allgemeiner Ausdruck, in dem mancherlei zusammengefaßt ist. Das zeigt einmal der Gebrauch, den der Areopagit sonst von diesem Wort macht. (Er verwendet es nicht nur für Gott selbst und für das, was zu Gottes Wesen gehört, sowie für die von Gott eingesetzten Sakramente – die göttlichen Geheimnisse –, sondern nennt auch Engel und Menschen „göttlich", besonders den Bischof,[60] spricht von „göttlicher Freude" bei der Mönchsweihe[61] u.s.f. Man kann fast auf jeder Seite seiner Schriften Beispiele finden. Es gehört zu den Lieblingsworten, die seinen Stil kennzeichnen.)

Es geht auch aus den Beispielen hervor: Das Feuer ist Bild für Gott selbst, für Gottes Wort, für die Engel. Der Mischkrug ist Sinnbild der göttlichen Vorsehung; Speise und Trank sind Bilder für verschiedene Formen der Belehrung bzw. des Anteils an der göttlichen Weisheit, die man dadurch gewinnt; sie sind auch die Gestalten, in denen der Gottmensch selbst sich verhüllt darbietet: Hier ist nicht mehr das gesprochene Wort Sinnbild, sondern die sichtbar gegenwärtigen Gestalten; und was sie bedeuten, ist nicht nur

---

[59] ⟨Den Begriff des „sozialen Akts" leitet Stein her von Reinach, Adolf, „Nichtsoziale und soziale Akte", 1911, in: Reinach, Adolf, *Sämtliche Werke Band I*. München 1989, S. 355–360; ders., § 3 Die sozialen Akte, in: „Die apriorischen Grundlagen des bürgerlichen Rechts" (1913), in: *Sämtliche Werke I*, S. 158–169; vgl. *PK*, S. 52.⟩

[60] Z.B. *Kirchliche Hierarchie*, Kap. V, § 5, *MPG*, 3, S. 505f. ⟨S. u. S. 224.⟩

[61] ⟨Vgl.⟩ A.a.O., Kap. VI, § 4, *MPG*, 3, S. 535f. ⟨S. u. S. 232f.⟩

verstehbarer Sinn, sondern gegenwärtige Wirklichkeit. Aber das betrifft schon die Beziehung zwischen dem Sinnbild und dem, worauf es hinweist.

Vorläufig suchen wir nur das zu fassen, worauf die *Symbolische Theologie* durch die vertrauten Bilder aus der Erfahrungswelt hinführen will. Es ist eine Mannigfaltigkeit, die wir am treffendsten vielleicht bezeichnen als das „*Reich Gottes*“. Es hat seinen Seinsgrund und seinen einheitgebenden und beherrschenden Mittelpunkt in Gott selbst. Er ist auch das eigentliche und letzte Ziel, auf das es der *Symbolischen Theologie* ankommt. Aber es gehen Wirkungen von Ihm aus und in die geschaffene Welt ein, die etwas von seinem Wesen an sich haben (d.h. „göttlich“ sind) und das, worin sie Aufnahme finden, „göttlich“ machen. All diese „Ausstrahlungen“ des göttlichen Wesens, all das, was an Gottähnlichem in den Geschöpfen lebt und sie mit Gott zur Einheit des Reiches Gottes zusammenschließt, ist so wenig mit Händen zu greifen und mit leiblichen Augen zu sehen wie Gott selbst. Darum muß es den Menschen, die in der Welt der natürlichen Erfahrung verhaftet sind, durch Bilder aus dieser ihnen bekannten Welt nahegebracht werden.

3. Symbol als Bild

Wie ist aber eine solche Bildersprache möglich? Das heißt, was ist sachlich vorausgesetzt, damit sie gesprochen und verstanden werden kann? Um darüber Klarheit zu gewinnen, müssen wir zunächst untersuchen, in welchem Sinne hier von „Bild“ gesprochen wird. Nach allem, was bisher gesagt wurde, liegt schon nahe, daß auch dies nicht eindeutig ist. Es ist gut, wenn wir wieder von den Ausdrücken ausgehen, die der Areopagit selbst gebraucht. Er schließt die wiedergegebene Aufzählung von „Bildern“ mit der zusammenfassenden Wendung: „καὶ ὅσαι ἄλλαι τῆς συμβολικῆς εἰσι θεοτυπίας ἱερόπλαστοι μορφώσεις“[62] („… und soviel andere heilig gebildete Gestaltungen symbolischer Gottesvorbildung es noch gibt“[63]).

Wenn wir von dem Wort „*Symbol*“ ausgehen, so liegt in der ursprünglichen Bedeutung das Bildverhältnis noch nicht notwendig darin. Von den verschiedenen Bedeutungen, die das „Zusammenwerfen“ im griechischen Sprachgebrauch angenommen hatte, liegen hier am nächsten die des „*Er-*

[62] *Mystische Theologie*, Kap. III, *MPG*, 3, S. 1033B ⟨S. u. S. 248; Steins Arbeitsübersetzung lautet: „und was sonst noch an geistig faßbaren Gottesnamen genannt wird.“⟩

[63] Selbstgebildete Zusammensetzungen wie θεοτυπία und ἱερόπλαστοι gehören auch zu den areopagitischen Stileigentümlichkeiten. Die Übersetzung ist immer ein Wagnis, aber ein unentbehrlicher Notbehelf. τύπος ist „Vorbild“ in dem Sinn, in dem man von Vorbildern Christi im A.T. spricht: nicht als das Urbild, sondern vielmehr das Uneigentliche, durch das sich das Eigentliche ankündigt.

kennungszeichens“ (als Erkennungszeichen der Christen hieß das Glaubensbekenntnis „Symbol“), *Kennzeichens* und schließlich *Zeichens*. Daß wir uns darunter ein *Bild* zu denken haben, sagen die andern Ausdrücke, die an dieser Stelle verwendet werden. Sie besagen ein Dreifaches: daß es sich um etwas „*Gebildetes*“ handelt, d.h. etwas, das jemand geformt oder gestaltet hat wie der Künstler ein Werk (das liegt in „τύπος“, wie auch in „πλαστός“); daß es infolgedessen eine anschaulich faßbare „*Gestaltung*“ (μόρφωσις) ist und daß es *auf Gott hinweist* wie ein *Vorbild* auf seine *Erfüllung* oder ein *Abbild* auf das *Urbild*.

Unter dem „*Gebildeten*“ oder „*Gestalteten*“ ist wiederum ein Doppeltes zu verstehen: Zunächst ist an das zu denken, womit die „Theologie“ an uns herantritt, also an die *Worte*, in denen die Heilige Schrift von Gott und göttlichen Dingen spricht; sodann an das, was die Worte unmittelbar zum Ausdruck bringen, d.h. die *Dinge*, die genannt werden (wie das Feuer oder der Mischkrug); *Begebenheiten*, die erzählt werden (z.B. in den Parabeln), oder die *Handlungen*, in denen die Propheten oft anschaulich zur Darstellung bringen, was sie verkünden sollten, so wie auch Christus nicht nur durch seine Worte, sondern auch durch sein Tun die göttliche Wahrheit offenbarte und wie die Kirche durch ihre liturgischen Handlungen etwas zu verstehen gibt[64].

4. *Das Bildverhältnis und seine Voraussetzungen beim Sprechenden und Verstehenden*

Es wäre eine reizvolle Aufgabe zu untersuchen, wie die Worte auf den Zweck hin geformt sind, uns ein *Bild* anschaulich vor Augen zu stellen, und es zugleich *so* vor Augen zu stellen, daß es über sich hinausweist auf das, was die Worte *mittelbar* ausdrücken und die Bilder darstellen sollen. Aber wir müssen uns das hier versagen und gleich das Bildverhältnis zu fassen suchen, das zwischen dem mittelbar und unmittelbar in den Worten Ausgedrückten besteht. Wenn Moses sagt: „der Herr, dein Gott, ist ein verzehrendes Feuer, ein eifernder Gott“[65], so ist in gewissem Sinn er, der „Theologe“, der Bildner oder Gestalter.[66] Er zaubert durch sein Wort das Bild des Feuers vor uns hin.

---

64 ⟨Ab hier in Hs I durchgestrichener Abschnitt: „; schließlich an die *Gestalten*, in denen Christus sich zeigt. (Die liturgischen Handlungen und auch die mannigfaltigen bildlichen Darstellungen der göttlichen Personen und des Heilsgeschehens sind – in einem etwas erweiterten Sinne – auch *Symbolische Theologie*; in diesem Sinn wäre auch die Schrift des Areopagiten über die *Kirchliche Hierarchie* z⟨um⟩ gr⟨oßen⟩ T⟨eil⟩ für die *Symbolische Theologie* auszuwerten, aber wir wollen uns hier doch auf den engeren Sinn des Gottes*wortes* beschränken.)“⟩

65 Dtn 4, 24.

66 Mit noch größerem Recht könnte der Geist Gottes so genannt werden, der den Theo-

Es ist sein „Gebilde" – nicht das Feuer schlechthin –, weil es in einer bestimmten Weise, von einer bestimmten Seite her, eben als „verzehrendes" Feuer gefaßt ist. Es soll in diesem Fall in dem „Bilden" oder „Gestalten" keine Willkür ausgedrückt werden. Es ist viel eher zu denken, daß er das Bild so gestaltet hat, weil es sich ihm aufgedrängt, weil es sich „in ihm" so gestaltet hat. Es hat sich ihm als *Gottesbild* aufgedrängt, weil er Gott so erfahren hat. Es besteht eine Ähnlichkeit, eine sachliche Gemeinsamkeit zwischen dem Unaussprechlichen, das ihm begegnet ist, und dem „verzehrenden Feuer". Hier liegt ein *Bildverhältnis* im eigentlichen Sinne vor: ein Anschauliches, wie es in sinnlicher Wahrnehmung begegnen kann, stellt etwas anderes dar auf Grund einer sachlichen Gemeinsamkeit, die es möglich macht, im einen das andere wiederzuerkennen. Daß das Dargestellte grundsätzlich nicht sinnlich angeschaut werden kann, gehört nicht zum Bildverhältnis als solchen, sondern zur Eigentümlichkeit des *Gottes*bildes. Die Erkennbarkeit des Dargestellten aus dem Bilde gehört zum Bild als solchen und eben auch darum zum Gottesbild.

Damit jemand etwas zum Bild eines andern gestalten könne, muß er das andere, das *Urbild* kennen. Aus einer Kenntnis Gottes heraus muß der Theologe (immer in dem areopagitischen Sinn des Gotteskünders) seine Gottesbilder gestalten. Worauf kann diese vorausgesetzte Kenntnis Gottes beruhen? An sich kommen als mögliche Quellen, aus denen eine Kenntnis Gottes geschöpft werden kann, in Betracht eine *natürliche Gotteserkenntnis*; der *Glaube* als der *„gewöhnliche" Weg übernatürlicher Gotteserkenntnis;* schließlich eine *übernatürliche Erfahrung*[67] *als „außerordentlicher" Weg übernatürlicher Gotteserkenntnis.*[68]

---

logen leitet, ihn Wort und Bild finden läßt, wenn Er es ihm nicht geradezu vorspricht und zeigt.

[67] Unter diesem Titel ist noch Verschiedenes zusammengefaßt (vgl. S. 29 ff.). ⟨Hier: 44 ff.; 4c.⟩

[68] ⟨Durchgestrichene Anmerkung im Ts: „In dieser Scheidung von ‚gewöhnlichem' und ‚außergewöhnlichem' Weg soll keine Stellung zu der Streitfrage genommen werden, die in der wissenschaftlichen Erörterung in den letzten Jahrzehnten eine so große Rolle gespielt hat: ob mystische Erfahrung ein Vorrecht weniger Auserwählter sei oder grundsätzlich allgemein zugänglich. Auch die Forscher, die sie grundsätzlich als die allgemein erreichbare Frucht des Gnadenlebens ansehen, leugnen doch nicht, daß sie tatsächlich in verhältnismäßig wenigen Fällen vorkommt. Andererseits darf das ‚außerordentlich' nicht so verstanden werden, als handle es sich um einen Seitenweg ohne grundsätzliche Bedeutung. Vielmehr wird uns die Untersuchung dahin führen, daß die Erfahrungserkenntnis (der Theologen) das sachlich Erste und Grundlegende ist, was den ‚gewöhnlichen' Weg möglich macht, daß überdies in *aller* Gotteserkenntnis ein Ansatz dazu steckt." ⟩

a) Natürliche Gotteserkenntnis

Was die Auffassung des Areopagiten angeht, so habe ich nicht den Eindruck, daß er eine natürliche Erkenntnis als mögliche Quelle für seine Theologie in Betracht zieht.[69] Sie soll aber als rein sachliche Möglichkeit hier kurz zur Sprache kommen. Wir verstehen heute unter „natürlicher Theologie" eine Gotteslehre, die durch den natürlichen Verstand aus der natürlichen Erfahrung gewonnen ist. Ihr Kernbestand sind die Beweise für das Dasein Gottes und die Lehre von Gottes Wesen und Eigenschaften, die sich aus der Erkenntnis der geschaffenen Welt ableiten läßt. Ihr Verfahren ist begriffliches Denken, hat aber – wie alles begriffliche Denken und damit alles wissenschaftliche Verfahren – eine Anschauungsgrundlage. Anschauung ist dabei in einem sehr weiten Sinne genommen: eben als Gegensatz zum begrifflichen Denken, das etwas Gegebenes voraussetzt. In dieser Weite umfaßt es sinnliche und geistige Anschauung und innerhalb der ersten gegenwärtig gebende und vergegenwärtigende.

Naturwissenschaftliches Denken hat als ursprünglich gebende Anschauung die sinnliche Wahrnehmung zur Voraussetzung (zunächst als äußere Wahrnehmung verstanden). Was diese vor Augen stellt, ist die sinnenfällige *Welt* und eben damit sehr viel mehr als eigentlich „in die Sinne fällt".[70] Wahrnehmung greift immer hinaus über das, was hier und jetzt in die Sinne

[69] Ob er eine natürliche Gotteserkenntnis überhaupt für möglich gehalten hat, scheint mir nach seinen Äußerungen eine schwer entscheidbare Frage. (Anders verhält es sich mit seinem tatsächlichen Verfahren.) Die meisten Stellen klingen so, als wolle er sie mindestens als einen gefährlichen Weg ausschließen, wenn auch nicht geradezu als unmöglich bezeichnen. (Vgl. *Mystische Theologie*, Kap. I, § 2, *MPG*, 3, S. 999f. ⟨S. u. S. 246.⟩; *Über die göttlichen Namen*, Kap. I, § 1, *MPG*, 3, S. 585ff. ⟨S. u. S. 86f.⟩) Wenn er im IX. Brief an Titus (*MPG*, 3, S. 1105f. ⟨s. u. S. 271, § I.⟩) von der „geheimen und verhüllten" Theologie eine *„offenkundige"* und *„leichter verständliche"* unterscheidet, die „philosophisch beweisend" vorgehe, so entspricht das dem Unterschied des Verfahrens, das er in der *Symbolischen Theologie* und in der Behandlung der *geistigen* Gottesnamen eingeschlagen hat. Die Theologie der Gegenwart rechnet *beide* Wege zur „natürlichen Theologie". (Vgl. Scheeben, *Dogmatik* I, 482.) Das ist thomistisch gedacht. Aber ich weiß nicht, ob es möglich ist, Dionysius in diesem Sinne zu lesen. ⟨Bei Corderius in *MPG* steht an dieser Stelle „ad mysteria pertinentem", und so lautet auch Steins Arbeitsübersetzung: „unaussprechlich und verhüllt; offenkundig und leichter faßlich"; „symbolisch und die Geheimnisse betreffend", s. u. S. 271. Stein hat sich also in der Übersetzung einzelner Stellen für diesen Aufsatz eher an eine lateinische Übersetzung angelehnt, wohl an die von Hilduin, aber nicht selbst an Corderius im Migne, dessen griechischen Text sie aber wohl für diesen Aufsatz in Valkenburg gegenlesen läßt (s. Einführung, S. 5, Anm. 16 und S. 7, Anm. 23). Für die meisten Zitate verwendet Stein hier allerdings ihre eigene Arbeitsübersetzung, wie ihre übersetzerischen Bemerkungen im aussortierten Fragment Hs II, A zeigen. Vgl. Anhang, S. 60.⟩

[70] ⟨Vgl. *PA*, S. 249ff.; vgl. *EPh*, S. 83; vgl. *KW*, S. 130.⟩

fällt, und zwar in mehrfacher Hinsicht. Es ist ihr einmal in leer-anschaulicher Weise „mitgegeben", was gegenwärtig nicht in die Sinne fällt, was aber grundsätzlich in die Sinne fallen kann und im Fortgang der Wahrnehmung erreichbar ist. Es ist aber auch vieles mitgegeben, was niemals in die Sinne fallen und auch durch keine sinnliche Wahrnehmung jemals erreicht werden kann.

Das ist einmal der „innere" Aufbau und die Gesetzlichkeit der raumkörperlichen Natur als solcher, wie sie die mathematische Naturwissenschaft begrifflich-exakt zu fassen sucht. Um nur ein Beispiel zu nennen: Wir nehmen „Ursächlichkeit" wahr, obwohl sie niemals in die Sinne fallen kann. Und diese in der sinnlichen Wahrnehmung selbst liegende Auffassung der Welt als einer „*wirk*lichen" (im ursprünglichen Wortsinn) ist Voraussetzung für alles Suchen nach Kausalgesetzen. Der Naturwissenschaftler geht dieser Art von Verweisungen nach und sieht von anderen ab; und dieses Absehen ist wesentlich für das, was er unter „Natur" versteht: ein Abstraktum im Verhältnis zur Fülle der sinnlich wahrgenommenen Welt.

Zu dieser Fülle gehört noch ein anderes „Inneres" als das, dem die exakte Wissenschaft nachgeht. Unter dem, was mit den äußeren Sinnen wahrgenommen wird, ist „Belebtes" und „Beseeltes".[71] Leben und Seele sind in äußerer Wahrnehmung „mitgesehen", aber sie können niemals in eigentlichem Sinne von außen gesehen werden. Sie sind jedoch von „innen" her eigentlich erfahren; und das, was wir in der äußeren Welt mitauffassen, kann in gewisser Weise zur Deckung kommen mit dem, was wir innerlich erfahren.

Aber auch abgesehen von dem, was den Lebe- und Seelenwesen besonders eigen ist, gehört zur Fülle der sinnlich wahrgenommenen Welt mehr, als sich mit naturwissenschaftlichen Methoden fassen läßt. Sie ist „unsere Welt", in der wir zu Hause sind, in der wir leben und uns bewegen, mit der wir „umzugehen" wissen. Und sie ist die „Natur", an der wir uns freuen, die wir lieben, vor der wir in Entzücken und Bewunderung, in Schauer und Ehrfurcht stehen: ein sinnvolles Ganzes, das zu uns „spricht" mit tausend Stimmen, das als Ganzes und in jedem seiner Teile sich uns offenbart und doch immer ein Geheimnis bleibt.

Eben diese Welt ist es, die mit allem, was sie offenbart und was sie verbirgt, noch über sich selbst als Ganzes hinausweist auf Den, der sich durch sie „geheimnisvoll offenbart". *Diese* Welt mit den Verweisungen, die über sie

---

[71] Wenn Biologie und Psychologie „exakt" vorgehen, d.h. nach Art der mathematischen Naturwissenschaft, dann fassen sie Leben und Seele durch deren körperliche Bedingungen oder Auswirkungen. Darum handelt es sich jetzt nicht. Der Körper ist wohl in den hier gemeinten Verhältnissen Zugang, aber nicht als „Körper", sondern als „Leib", dem Leben und Beseeltheit „anzusehen" sind.

selbst hinausführen, ist die Anschauungsgrundlage für die Beweisführungen der natürlichen Theologie. Sie ist auch mögliche Anschauungsgrundlage für die Bildersprache, für die Wortschöpfungen und zugleich für das Verständnis der *Symbolischen Theologie.* Der Sänger der Psalmen vernimmt Gottes Stimme in der Natur. Freilich kennt er Gott nicht *nur* daher. Vielmehr findet er Gott in allen Dingen, weil er *glaubt* und weil Gott in seinem Inneren zu ihm spricht. Aber für manche Bilder ist es doch nicht von der Hand zu weisen, daß sie rein aus der Anschauung der Natur geschöpft sein könnten. „Die Stimme des Herrn erschallt über den Wassern …“[72] Das Donnergrollen als Äußerung einer höheren Macht aufzufassen, ist dem Menschen natürlich. Darum drängt sich das Bild von der „Stimme Gottes“ auf und kann auf Verständnis rechnen. Die *symbolische Redeweise* ist hier der Ausdruck wirklicher oder vermeintlicher *symbolischer Erkenntnis.* Und wo eine solche Erkenntnis vorliegt, da leistet das Bild mehr, als daß es ein schon vorher Bekanntes, aber nicht Gegenwärtiges vergegenwärtigt, so daß es darin wiedererkannt werden kann. Es führt zur Erkenntnis des noch Unbekannten.

Der „Theologe“ lernt Gott aus dem Bilde kennen. Das Bild ist in diesem Fall nicht *sein* Gebilde, sondern Gottes Gebilde. Gott hat sich in seinem Gebilde abgebildet und gibt sich dadurch zu erkennen. Daß Er nicht zuvor schon bekannt ist und darum nicht „wiedererkannt“ wird, hebt den Begriff des Bildes als *Ab*bild nicht auf. Man kann ja durch ein gutes Porträt auch einen Unbekannten kennenlernen, nicht nur einen Bekannten darin wiedererkennen. Und man kann es einem guten Porträt ansehen, daß es ein *Porträt* ist und daß es ein *gutes* Porträt ist.[73] Wenn dies nicht jedermann kann, sondern nur der, der „Sinn“ dafür hat und ein geschultes Auge, so ist es doch eine sachliche Möglichkeit. Und gerade da scheint mir das, was wir heute unter „Symbol“ verstehen, am eigentlichsten erfüllt, wo eine anschauliche Gestalt als „Sinn-Bild“ aufgefaßt ist und das Bild uns einen bislang unbekannten Sinn erst erschließt.

Demnach ist Gott der *Ur-Theologe.* Seine *Symbolische Theologie* ist die ganze Schöpfung. Die Theologen im Sinn des Areopagiten, die heiligen Schriftsteller, sind die Menschen, die das ursprüngliche Verständnis für diese „natürliche Offenbarung“ haben; es ist ihnen gegeben, die Bildersprache Gottes zu verstehen und in die menschliche Sprache zu übersetzen, um andere auf diesem Weg der *Symbolischen Theologie* zu Gott zu führen. Es darf wohl angenommen werden, daß sie schon von Natur aus „Gefäße der Erwählung“ sind, d. h. in ungewöhnlichem Maße das besitzen, was wir „religiösen Sinn“ nennen. Ebenso können besonders günstige Umstände in ihrer

---

[72] Ps 29, 3.
[73] ⟨Vgl. unten im Anhang, Hs II, B, I., S. 67.⟩

natürlichen Umgebung dazu führen, diesen „Sinn“ zu entwickeln und ihren Blick zu schärfen. Das darf aber nicht dahin mißverstanden werden, als sei die natürliche Offenbarung *nur* für diese Auserwählten zugänglich. Der ganze Sinn ihrer Sendung setzt vielmehr voraus, daß auch andere Gott auf diesem Wege finden können. Das ist für das Verständnis *ihrer* Bildersprache erforderlich. Ihre Aufgabe ist es nur, dazu anzuleiten, daß die, die ihre Worte hören, durch die Natur hindurchzusehen lernen. (Es ist daran zu erinnern, daß schließlich selbst die sinnliche Wahrnehmung erlernt werden muß und nicht von allen gleich gut erlernt wird.)

Für die Bild- und Wortschöpfungen der *Symbolischen Theologie* wie für ihr Verständnis ist die natürliche Gotteserkenntnis nur *eine* mögliche Grundlage. Sie ist sehr viel breiter, als es an Hand des einen Beispiels angedeutet werden konnte. Es wurde ja schon erwähnt, daß die Bilder nicht nur der äußeren Erfahrung entlehnt werden, sondern auch der inneren. Wenn Moses sagt: Der Herr ist ein verzehrendes Feuer, ein *eifernder* Gott,[74] so erläutert er das „äußere“ Bild durch ein „inneres“. Für die Sprache der Psalmen ist offenbar die Erfahrung des göttlichen Waltens im eigenen Schicksal wie im großen Weltgeschehen von sehr großer Bedeutung. Hiermit und ebenso mit den Parabeln ist freilich das Gebiet der sinnlichen Wahrnehmung verlassen. Das „Bild“ ist hier ein ideelles, das eine höherstufige geistige Durchdringung der ursprünglichen Erfahrungsgegebenheiten voraussetzt. Ihre Behandlung muß späteren Untersuchungen vorbehalten werden. Überhaupt ist es in diesem engen Rahmen nicht möglich, die verschiedenen möglichen Wege natürlicher Gotteserkenntnis und ihre Bedeutung für die *Symbolische Theologie* in ihrer Eigenart und Unterschiedenheit herauszuarbeiten. Wir müssen uns vorläufig mit dem Hinweis begnügen, daß in der natürlichen Gotteserkenntnis schon eine reichlich fließende Quelle zu sehen ist, aus der die *Symbolische Theologie* schöpfen kann.

b) Glauben

Wie weit ihr Einfluß reicht und ob sie *tatsächlich* jemals allein wirksam ist, wird sich kaum feststellen lassen. Die „Theologen“ stehen ja doch alle auf dem Boden des *Glaubens*. Für die heiligen Schriftsteller des A.T. ist Gott wohl in erster Linie der Gott Abrahams, Isaaks und Jakobs,[75] der Gott ihrer Väter, von dessen Großtaten sie von Jugend auf haben erzählen hören, in dessen Dienst sie erzogen sind. „Glaube“ ist hier nicht im weiten Sinn des

---

[74] ⟨Dtn 4, 24.⟩
[75] ⟨Ex 3, 6.⟩

„*belief*"[76] genommen, sondern im engen der *fides*[77], des Annehmens und Festhaltens der *übernatürlichen Offenbarung*. Unter übernatürlicher Offenbarung ist die Selbstmitteilung Gottes durch das *Wort* im eigentlichen Sinne verstanden, vornehmlich die Mitteilung der in Gott verborgenen Geheimnisse Gottes, die der natürlichen Erkenntnis aus sich nicht zugänglich sind. (Von dem, was an natürlich Erkennbarem tatsächlich im Inhalt der Offenbarung enthalten ist, können wir hier absehen.)

Das *Wort Gottes* ist *Offenbarung* übernatürlicher Wahrheit und zugleich *Ansprache*, die den Glauben als Annehmen und Festhalten der offenbarten Wahrheit fordert. Der Glaube verdient den Namen *Erkenntnis*, sofern er den Besitz der Wahrheit verleiht; aber er ist *dunkle* Erkenntnis, sofern die Überzeugung, die er einschließt, sich nicht auf Einsicht in die gläubig angenommene Wahrheit gründet. Wenn vom „Wort" Gottes und von „Ansprache" die Rede ist, so soll damit nicht gesagt sein, daß bei aller übernatürlichen Offenbarung ein förmliches und unmittelbares Sprechen Gottes in Menschenweise vorliegt. Wort und Ansprache Gottes ist auch das Wort seiner Sendboten, der Propheten und Apostel, das sich in seinem Namen an die zum Glauben Berufenen richtet, also in erster Linie die Heilige Schrift. Wenn wir nun hier von den heiligen Schriftstellern selbst als von „Gläubigen" sprechen, so geschieht dies in dem Sinne, daß sie vor ihrer außerordentlichen Berufung ein Glaubensleben geführt haben und auch nach ihrer Berufung nicht aufhören, aus dem Glauben zu leben. Das höhere Licht, das sie empfingen, ist kein beständig fließendes, sondern eine plötzliche und vorübergehende Erhebung über den gewöhnlichen Zustand, wenn es auch dauernde Nachwirkungen zurückläßt.

In unserem Zusammenhang kommt es nur darauf an, daß der Glaube an und für sich, unabhängig von den außerordentlichen Erleuchtungen, eine mögliche Quelle für die Bildersprache der *Symbolischen Theologie* ist. Wenn der Psalmensänger die Geschicke des auserwählten Volkes überdachte, wie sie ihm aus der heiligen Geschichte vertraut waren – die wunderbaren Verheißungen und Gnadenführungen Gottes, den immer erneuten Abfall des Volkes und die folgenden schrecklichen Strafgerichte –, so konnten sich ihm wie von selbst die Bilder von Gott als dem „Vater der Waisen"[78] und dem „treu sorgenden Hirten"[79] aufdrängen und andererseits von dem zürnenden Richter, der die Seinen „preisgibt wie Schlachtschafe" und sich in Zornesglut gegen sie erhebt.[80] Und wiederum konnte die Sprache auf Grund des Glaubens verstanden werden: Das Volk, das die Psalmen hörte und mitsang,

---

76 ⟨belief (engl.): „Glauben" im alltäglichen Sinne von „Meinen".⟩
77 ⟨fides (lat.): Glauben an übernatürliche Offenbarung.⟩
78 Ps 68, 6.
79 Ps 23.
80 ⟨Vgl.⟩ Ps 44, 12; Ps 78, 21 und 31.

stand ja in derselben Überlieferung wie der heilige Sänger selbst. Er sprach aus, was in den Herzen lebte, oder weckte, was darin schlief.

c) Übernatürliche Erfahrung Gottes

1) Offenbarung, Inspiration und übernatürliche Gotteserfahrung

Aber letztlich weist der Glaube als Annahme des verkündeten Gotteswortes auf etwas anderes zurück. Wenn Gott *durch* seine Sendboten spricht, so muß ihr Wort, um als *Sein* Wort aufgenommen zu werden, durch irgendetwas vor gewöhnlichen Menschenworten ausgezeichnet sein, sie selbst als Gottesboten ausweisbar.[81] Für den schlicht gläubigen Menschen genügt als Ausweis die Tatsache, daß etwas in der Heiligen Schrift steht, es gehört zu seinem Glauben, daß die Heilige Schrift Gottes Wort ist, daß ihre Verfasser „inspiriert" sind, d.h. vom Geist Gottes geleitet. Es ist nicht seine Sache, diese Inspiration nachzuprüfen, auch nicht zu fragen, wie dieses oder jenes Wort „in die Heilige Schrift hineingekommen ist". Aber es muß für beides eine Feststellungsmöglichkeit geben.

Die zweite Frage, die der Bibelkritik, brauchen wir hier nicht anzuschneiden. Wir dürfen annehmen, daß etwas als echtes Schriftwort gesichert ist. Es gilt dann nicht nur dem schlicht Gläubigen, sondern auch dem (sc. gläubigen) Theologen (im modernen, nicht im dionysischen Sinn) als inspiriert und als Offenbarung. Als Offenbarung – das besagt, daß Gott uns dadurch etwas mitteilen will. Als inspiriert – d.h., daß Gott den Schriftsteller angetrieben hat, es niederzuschreiben, und evtl. eine Person, deren Worte mitgeteilt werden, angetrieben hat, sie zu sprechen. Muß der Inspirierte, der Werkzeug einer göttlichen Offenbarung ist, wissen, daß er es ist, muß er sich selbst als Erleuchteten wissen, muß er selbst eine Offenbarung empfangen haben? Es sind wohl Fälle denkbar, in denen nichts davon vorhanden ist: Es ist nicht unmöglich, daß jemand eine Offenbarung ausspricht, ohne es zu wissen – ohne eine Offenbarung von Gott empfangen zu haben, auch ohne ein Bewußtsein davon, daß er im Namen Gottes spricht, und ohne sich in dem, was er sagt und wie er es sagt, vom Geist Gottes getragen zu fühlen; er kann meinen, daß er nur einer eigenen Einsicht Ausdruck gebe und in Worten, wie sie ihm gut dünken. So sagt Kajaphas im Hohen Rat: „Ihr wisset nichts und bedenket nicht, daß es besser für euch ist, daß *ein* Mensch für das

[81] ⟨In Hs I, erste Fassung dieses Abschitts, stand stattdessen: „Wenn Gott *durch* seine Sendboten spricht, so muß Er doch zuerst einmal *zu* ihnen gesprochen, sie als Sendboten bestellt haben; sie müssen vor ihm gestanden und ihre Sendung von Ihm erhalten haben. Dieses Stehen vor Gott ist es, was wir als *Erfahrungserkenntnis Gottes* bezeichnet haben."⟩

Volk stirbt und nicht das ganze Volk zu Grunde geht."[82] Und Johannes fügt hinzu: „Dies sagte er aber nicht aus sich selbst, sondern, da er in diesem Jahr Hoherpriester war, weissagte er, daß Jesus für das Volk sterben werde. ..." Kajaphas hat also im Namen Gottes und auf göttlichen Auftrag[83] gesprochen, ohne es zu wissen und zu wollen. Johannes aber weiß es, daß Kajaphas Gottes Wort gesprochen hat, und weiß wohl auch sich selbst von Gott erleuchtet, als er dies niederschreibt. Weiß er von der prophetischen Bedeutung der Kajaphasworte durch eine Offenbarung, die ihm – Johannes – darüber zuteilgeworden ist? Das ist wohl möglich. Es kann aber auch sein, daß die Erfüllung jener Worte im Tode Jesu und der Blick auf den ganzen Zusammenhang des Erlösungswerkes ihm ihren prophetischen Charakter aufleuchten ließen.

Der Fall, in dem ein Mensch Werkzeug göttlicher Offenbarung ist, ohne es zu wissen und zu wollen, ist sicher kein Normalfall. Wir stellen daneben die große Vision des Isaias:[84] Der Prophet schaut den Herrn auf dem Thron der Herrlichkeit, spricht mit Ihm von Mund zu Mund und empfängt Worte, die er an sein Volk weitergeben soll. Das Sehen und Hören ist hier wohl im wörtlichen Sinn zu verstehen. Was der Prophet schildert, ist nicht als sinnbildliche Darstellung von etwas aufzufassen, was er rein geistig geschaut hätte. So ist hier wiederum Gott der „symbolische Theologe", der sich selbst, den Unfaßbaren, im sichtbaren Bild und in Menschenworten kundgibt. Er offenbart sich dem Menschen, der vor Ihm steht, und gibt ihm seine Sendung. Isaias empfängt bewußt die Offenbarung und die Sendung. Und wenn er vor das Volk hintritt, weiß er, daß es „Gottes Wort" im strengen Sinn ist, das er verkündet. Offenbarung und Inspiration und das Bewußtsein von beidem sind hier vereint.

Wir fragen nun: Was gibt dem Propheten die Gewißheit, daß er vor Gott steht? Das Schauen mit den Augen oder mit der Einbildungskraft gehört nicht notwendig dazu. All das kann fortfallen, und es kann doch die innere Gewißheit vorhanden sein, daß es Gott ist, der spricht.[85] Diese Gewißheit kann auf dem „Gefühl" beruhen, daß Gott gegenwärtig ist; man fühlt sich im Innersten von Ihm, dem Gegenwärtigen, berührt. Das ist es, was wir Gottes*erfahrung* im eigentlichsten Sinn nennen. Sie ist der Kern alles mysti-

---

[82] Joh 11, 49 ff.

[83] ⟨In Hs I abweichend: „Antrieb"; im Ts von Stein nicht korrigiert.⟩

[84] Jes 6.

[85] ⟨Im ersten Entwurf Hs I, S. 49 stand an dieser Stelle: „Dann müssen wir wiederum Gott selbst als den ‚Theologen' auffassen, der sich selbst, den Unfaßbaren, im sichtbaren Bild und im Menschenwort kundgibt. Es muß aber mit dieser symbolischen Kundgebung eine andere, eigentümlichere Hand in Hand gehen, damit sie recht verstanden wird: eine *innere* Begegnung, die dem Propheten die Gewißheit gibt, daß es *Gott* ist, den er schaut und mit dem er spricht."⟩

schen Erlebens,[86] die Begegnung mit Gott von Person zu Person. Es kann dazu – als außerwesentliche Begleiterscheinung – eine sinnliche Vision wie die des Isaias hinzukommen. Ist andererseits eine solche Vision denkbar ohne eigene innere Gotteserfahrung? Es ist nicht unmöglich, daß der Prophet den Herrn vor sich sähe oder Seine Worte hörte, ohne auf mystische Weise innerlich von Ihm berührt zu werden. So ist es offenbar bei dem Knaben Samuel, der Gottes Rufen hört, ohne es als *Gottes* Rufen aufzufassen.[87] Er erkennt also Gott nicht. Im Fall der Isaias-Vision könnte man wohl sagen, der wunderbare Charakter der Erscheinung und die Übereinstimmung dessen, was er sieht und hört, mit dem, was er aus dem Glauben von Gott weiß, könnten ihn ohne inneres Berührtwerden zu der Überzeugung kommen lassen: Es ist Gott selbst. Diese Deutung ist nicht als unmöglich abzuweisen, erscheint aber doch als eine etwas künstliche Konstruktion. Wenn von dem kleinen Samuel gesagt wird: Er kannte den Herrn noch nicht, so scheint mir das darauf hinzuweisen, daß Eli Gott kannte und daß Samuel Ihn nun kennenlernen sollte. *Nach* der Offenbarung, die er empfangen hat, macht es durchaus den Eindruck, daß er jetzt den Herrn kennt – nicht durch Schlüsse und durch verstandesmäßige Erwägungen, sondern durch persönliche Begegnung, durch Erfaßtwerden im Innersten, die das Kind zum Propheten erweckt hat.[88] In solchem echten Sendungserlebnis sind Inspiration, Offenbarung und das Bewußtsein davon mit eigentlicher Gotteserfahrung verbunden. Zwischen dieser Fülle und dem Grenzfall einer Offenbarung ohne Wissen und Wollen sind mannigfache Zwischenstufen möglich.

Um wieder von unten zu beginnen: Es kann Inspiration vorhanden und als solche bewußt sein, ohne daß eine Offenbarung an den Inspirierten vorliegt: Der hl. Schriftsteller weiß sich vom Geist Gottes getrieben, etwas zu sagen oder zu schreiben; auch *wie* er es auszudrücken hat, kann Eingebung und als solche erfahren sein; aber *was* er mitzuteilen hat, ist für ihn keine Offenbarung; es sind Ereignisse, um die er aus[89] Erfahrung weiß, oder sittliche Wahrheiten, die er mit dem natürlichen Verstande einsieht. (Die geschichtlichen Bücher der Heiligen Schrift und die Spruchbücher sind teilweise so entstanden zu denken.) Das Umgekehrte – eine Offenbarung ohne Inspiration – ist als unmöglich zu bezeichnen. Wo Gott sich selbst oder eine verborgene Wahrheit enthüllt, da geschieht es durch Seinen Geist; und wenn

---

[86] ⟨In Hs I, S. 50, im Ts ausgelassen: „(denn das ‚Mystische' ist in seinem Wesentlichen nichts anderes als diese ‚geheimnisvolle Offenbarung' Gottes im Innersten der Seele)."⟩

[87] 1 Sam 3, 1 ff.

[88] Wir wollen diese Deutung durchaus nicht als die einzig mögliche hinstellen, aber doch als eine mögliche; und in dieser Auffassung ist die berichtete Begebenheit eine gute Anschauungsgrundlage für das, was gezeigt werden soll.

[89] ⟨In Hs I zugefügt, im Ts ausgelassen: „natürlicher".⟩

ein Mensch bestellt wird, andern eine solche Wahrheit zu übermitteln, muß er vom Geist Gottes geleitet sein. Die göttliche Wahrheit kann ihm als rein geistige aufleuchten, ohne daß er Worte hört oder etwas sieht. Und es kann ihm selbst überlassen bleiben, in welche Worte[90] er das kleidet, was er sagen soll. Vernimmt er in Worten, was ihm offenbart wird, oder wird ihm ein Bild gezeigt, so ist es wiederum möglich, daß er Bild und Wort nur weiterzugeben hat, ohne sie selbst zu verstehen. Es kann ihm aber auch der geistige Sinn erschlossen werden, durch innere Erleuchtung oder durch beigefügte erklärende Worte.

2) Persönliche und mittelbare Gotteserfahrung

In all diesen Fällen liegt mehr vor als natürliche Gotteserkenntnis und auch etwas, was über den Glauben hinausgeht, aber noch nicht überall eine persönliche Erfahrungserkenntnis Gottes. Es ist zunächst zu fragen, ob überhaupt dabei immer von einer Erkenntnis Gottes zu sprechen ist. Man darf wohl sagen: Überall, wo Erfahrung[91] als solche erlebt wird, da wird sie auch als von Gott kommend aufgenommen. Leuchtet eine göttliche Wahrheit in „übernatürlichem Licht" auf, d.h. deutlich unterschieden von der natürlichen Erkenntnis und in ihren Zusammenhang einbrechend, so wird das Licht als „göttliches Licht" aufgefaßt. Werden Worte gesprochen oder erscheint eine Gestalt, und gibt sich der Redende oder Erscheinende nicht als Gott selbst, sondern als ein Engel oder Heiliger, so kommt er doch als Bote Gottes. Der Empfänger der Offenbarung weiß sich durch diesen Boten – oder auch durch eine „intellektuelle Vision" – unter göttlicher Einwirkung. (Dasselbe gilt auch von einer bewußten Inspiration, wenn sie nicht etwa als vielleicht dämonische erfahren ist.) Aber man steht dabei nicht vor dem Herrn, Gott bleibt der verborgene Gott. Isaias aber hat Gott selbst geschaut und Sein Wort vernommen; und wenn wir den Bericht recht deuten, so ist er im Innersten gewiß geworden, daß Gott selbst zugegen sei. Und nur wo das vorliegt, können wir von einer persönlichen Erfahrungserkenntnis Gottes sprechen.

Wir nannten dies „Gefühl der Gegenwart Gottes" den Kern aller mystischen Erfahrung. Es ist aber nur der Anfang, die niederste Stufe des mystischen Gebetslebens. Von hier bis zum Gipfel der „eingegossenen Beschauung", bis zur dauernden Vereinigung mit Gott, gibt es verschiedene Stufen und Übergänge. Jede höhere Stufe ist eine reichere und tiefere Selbstoffenbarung und Selbsthingabe Gottes an die Seele; für die Seele ein immer tieferes und umfassenderes Eindringen und Kennenlernen Gottes, das von ihrer

90 ⟨In Hs I, erste Fassung: „und Bilder".⟩
91 ⟨In Hs I, erste Fassung: „Offenbarung" statt „Erfahrung".⟩

Seite eine immer restlosere[92] Übergabe verlangt. Im Verhältnis zu jenen Offenbarungen, in denen sich nicht Gott selbst erschließt, sondern nur eine einzelne Wahrheit oder auch ein einzelnes, der natürlichen Erkenntnis unzugängliches Ereignis enthüllt wird, hat die persönliche Erfahrungserkenntnis den Charakter der Unmittelbarkeit: in dem Sinn, in dem das selbst Gegenwärtige unmittelbar erfahren genannt wird im Vergleich zu dem, was nur in seinen Wirkungen miterfaßt oder durch Boten vergegenwärtigt ist. Aber Gott ist nicht in der Weise „unmittelbar angeschaut“ wie das, was in die Sinne fällt, oder auch wie das, was der Geist einsichtig erkennt.

Die persönliche Begegnung mit dem Herrn nennen wir Gotteserfahrung im eigentlichsten Sinn. Doch auch die erwähnten Formen mittelbarer Erkenntnis sind als übernatürliche *Erfahrung* in Anspruch zu nehmen und dadurch vom Glauben unterschieden. Alle Formen übernatürlicher Erfahrung – aber das persönliche Kennenlernen im besonderen Maße – verhalten sich zum Glauben wie im natürlichen Bereich die eigene Erfahrung zum bloßen Wissen auf Grund von Belehrung: als eine *Erfüllung* von etwas bisher nur gedanklich, ohne eigene ursprüngliche Kenntnisnahme Erfaßtem. Auch der mittelbaren Erfahrungserkenntnis gegenüber ist die persönliche Begegnung als eine Erfüllung ausgezeichnet: in dem Sinn, in dem das selbst als gegenwärtig Erkannte dem bloß mittelbar Erkannten oder Vergegenwärtigten Erfüllung gibt. Und auch die persönliche Begegnung gibt keine letzte Erfüllung, sondern weist noch über sich hinaus auf eigentlichere Erfüllung in höherstufiger mystischer Erfahrung und schließlich in der visio beatifica.[93] (Ob auch dem seligen Schauen noch etwas von Unerfülltheit anhaftet, weil es nicht Schauen Gottes ist, wie Er selbst sich schaut – darüber soll hier nichts gesagt werden.)

3) Über-natürliche Gotteserfahrung, Glaube und natürliche Gotteserkenntnis

Der *natürlichen Gotteserkenntnis* gegenüber hat in gewissem Sinn schon der *Glaube* Erfüllungscharakter; freilich nicht wie das Selbsterfahren zum bloß Gewußten, vielmehr wie das *verstandesmäßig klar* Erfaßte gegenüber dem nur dunkel „Geahnten“ (wenn wir unter natürlicher Gotteserkenntnis das „Miterfassen“ einer höheren Macht in der schlichten natürlichen Erfahrung verstehen und noch nicht die natürliche Theologie) oder wie eine *inhaltliche Bereicherung* des Wissens (sofern der Glaube uns über Gott etwas Neues sagt im Verhältnis zur natürlichen Erfahrung und natürlichen Theologie);

---

[92] ⟨In Hs I, erste Fassung: „vollständigere“.⟩
[93] ⟨Lat. = glückselige Schau (von Gottes Angesicht nach dem Tod).⟩

schließlich wie die *Bekräftigung* dessen, was man schon wußte, durch eine höhere Autorität. Dagegen ist der Übergang von der natürlichen Gotteserkenntnis zur übernatürlichen Gotteserfahrung dem persönlichen Bekanntwerden mit einem Menschen zu vergleichen, dessen Existenz man zuvor nur in gewissen Wirkungen verspürt und evtl. aus diesen Wirkungen erschlossen hat. Der Glaube kann für diesen Übergang eine Brücke bilden. Denken wir uns aber den Übergang von der natürlichen Gotteserkenntnis zur übernatürlichen Gotteserfahrung ohne Vermittlung durch den Glauben, d.h. als Begnadung eines zuvor Ungläubigen, und wird diese Erfahrung „angenommen", so werden sich die verschiedenen Arten der Erfüllung darin verbinden, und das Ganze wird viel stärker den Charakter einer inneren Erschütterung und Umwandlung haben.[94]

Alle Arten der Gotteserkenntnis sind durch die Intentionen, womit sie über sich selbst hinausweisen, einander zugeordnet und letztlich – sofern wir bei der irdischen Erkenntnis stehenbleiben – auf die Gotteserkenntnis hingeordnet. Das besagt nicht, daß natürliche Gotteserkenntnis und Glaube die übernatürliche Erfahrung zeitlich voraussetzten; auch nicht, daß sie sachlich ihren Rechtsgrund darin hätten, sondern daß ihrem eigenen Wesen nach in ihnen ein Abzielen darauf liegt und die Möglichkeit, sich in jener neuen Erkenntnisweise umgewandelt wiederzufinden.

4) Bedeutung der übernatürlichen Erfahrung für die *Symbolische Theologie*

Es müßte geklärt werden, was unter übernatürlicher Erfahrung Gottes zu verstehen ist, um festzustellen, was sie für die *Symbolische Theologie* (immer in dem areopagitischen Sinn der Bildersprache von Gott) leisten kann. Inspiration, „unpersönliche" Offenbarungen und Visionen können, im Verhältnis zur natürlichen Gotteserkenntnis und zum Glauben, neue Bilder eröffnen und zugleich die Gewißheit verleihen, daß es „treffende" Bilder sind. Was der Prophet hört und schaut, ist gleichsam die Hohe Schule der *Symbolischen Theologie*: Hier werden dem heiligen Schriftsteller Bilder und Worte an die Hand gegeben, um das Unsagbare zu sagen und das Unsichtbare sichtbar zu machen. Aber wichtiger noch ist das innere Berührtwerden von Gott ohne Wort und Bild. Denn in dieser persönlichen Begegnung findet das intime Kennenlernen Gottes statt, das erst die Möglichkeit gibt, „das Bild nach dem Original zu gestalten". Es können sich auf dieser Grundlage Bilder und Worte aufdrängen, die geeignet sind, Gott so darzustellen, wie man Ihn kennengelernt hat. Die intime Kenntnis gibt auch einen Maßstab

[94] ⟨In der ersten Fassung des Kapitels 4.c folgt hier der Nebensatz: „weil zugleich mit der Erfahrung der Glaube ‚eingegossen' wird."⟩

der Beurteilung oder ein richtiges „Gefühl", wenn der Theologe in bewußt formender Darstellung angemessene Bilder und Worte sucht.

Fragen wir nun wieder, was für das *Verständnis* solcher aus den letzten Quellen geschöpften Bildersprache vorausgesetzt ist, so wird das *eigentlichste* Verständnis der haben, der selbst schon eine Erfahrungserkenntnis Gottes besitzt. Nur er hat die Möglichkeit, *seinen* Gott, den er persönlich kennt, in den „Porträts" wiederzuerkennen. Aber auch auf Grund des Glaubens und selbst der natürlichen Gotteserkenntnis ist schon ein gewisses Verständnis möglich. Wer aus und in lebendigem Glauben Gott kennt und liebt, der wird begierig sein, Ihn von immer neuen Seiten und in neuen „Zügen" kennenzulernen, und wird immer wieder zur Heiligen Schrift greifen, die ihm das ermöglicht. In gewissem Sinn findet auch hier ein Wiederkennen statt. Der Gläubige hat ja schon ein „Bild Gottes" und bringt es mit den neuen Bildern zur Deckung, in denen er Gott dargestellt findet. Eben dadurch wird es ihm möglich, *sein* „Bild" aus diesen Bildern um neue Züge zu bereichern. (In diesen Wendungen ist „Bild" in verschiedenem Sinn gebraucht. Wenn ich von „meinem Gottesbild" spreche, so ist damit keine Zweiheit von Bild und Dargestelltem bezeichnet, sondern es bedeutet Gott, so wie ich Ihn kenne und meine.) Damit wird der Boden des Glaubens nicht verlassen; es ist ein Fortschreiten innerhalb des Glaubens, deutlich unterschieden von einem rein natürlich-verstandesmäßigen Erfassen des Wortsinnes, aber auch von der Erfahrungserkenntnis Gottes.

Wenn ein Ungläubiger die Heilige Schrift liest – etwa in philologischer oder religionswissenschaftlicher Absicht –, so lernt er dadurch *Gott* nicht kennen, sondern nur die Gottesauffassung der Schrift und derer, die sie gläubig annehmen.[95] Es sei denn, daß durch das, was er liest, der Glaube in ihm geweckt wird – aber dann ist es ein Übergang von der einen Einstellung zur andern.

Auch innerhalb des Glaubens gibt es noch verschiedene Weisen des Verstehens und Kennenlernens. Wer gläubig die Heilige Schrift liest, der nimmt alles, was er liest, „im Glauben" an, d.h. als offenbarte Wahrheit; aber damit ist keineswegs gesagt, daß er alles *lebendig-seelisch* erfaßt, es kann weitgehend ein leeres, erlebnismäßig unwirksames Erfassen des Wortsinnes sein.[96] Man spürt deutlich den Unterschied, wenn einem plötzlich eine oft gelesene Schriftstelle „in einem neuen Licht aufgeht" – in einem Licht, das uns entweder an Gott etwas zeigt, was uns bisher verborgen war, oder ⟨was uns⟩[97] in

[95] Das gilt sowohl für den Gottesleugner als für den, der wohl an Gott glaubt, aber nicht an ein offenbartes „Wort Gottes".

[96] Dieser Gegensatz deckt sich keineswegs mit dem Unterschied von „lebendigem" und „totem" Glauben, der durch Besitz oder Verlust des Gnadenstandes bedingt ist.

[97] ⟨Fehlt im Ts, aber in Hs I vorhanden.⟩

der eigenen Seele ⟨verborgen war⟩[98]; wir können auch von einer göttlichen Forderung ganz persönlich getroffen werden, die uns bisher nicht klar war; oder es können bisher getrennt erfaßte Glaubenswahrheiten in ihrem Zusammenhang aufleuchten. All das ist möglich im „Licht des Glaubens". Unsere Gotteserkenntnis wird dadurch bereichert, unser Verhältnis zu Gott vertieft und besser geordnet, aber wir stehen damit noch nicht vor Gott selbst. Doch kann auch das geschehen: Es kann ein Wort der Schrift mich so im Innersten treffen, daß ich mich darin von Gott selbst angesprochen fühle und Gottes Gegenwart spüre. Das Buch und der heilige Schriftsteller oder der Prediger, den ich gerade höre, sind verschwunden – *Gott selbst spricht*, und Er spricht zu *mir*. Dann ist der Boden des Glaubens – nicht eigentlich verlassen, aber ich bin für den Augenblick darüber erhoben zur Erfahrungserkenntnis Gottes.

Im Grunde ist dies das Ziel aller Theologie: den Weg zu Gott selbst freizumachen. Der Areopagit hat es ausdrücklich auch als Ziel seiner *Symbolischen Theologie* bezeichnet: Sie wendet sich an einen auserwählten Kreis und will bei denen, die ihm angehören – d.h. bei denen, die schon eine gewisse Erleuchtung erfahren haben und die darum nach Heiligkeit streben, mehr erreichen als Belehrung über den Glaubensinhalt. Indem sie ihnen durch ihre Bilder eine übersinnliche Welt enthüllt, will sie sie anleiten, sich von der sinnlichen Welt mehr und mehr frei zu machen, und dahin bringen, daß sie der sinnlichen Bilder schließlich gar nicht mehr bedürfen. Sie will sie „an der Hand führen"[99], zunächst vom Sinnenfälligen zum Geistigen und Übersinnlichen und zuletzt zum höchsten Gipfel, zur Einigung mit dem Einen. Das Letzte steht freilich nicht in ihrer Macht, sondern ist Gottes Sache, sie kann nur in der Richtung dahin führen.[100]

Wenn aber die Erfahrungserkenntnis als „Erfüllung" des Glaubens bezeichnet wurde, so war darin ausgesprochen, daß der Glaube auf dasselbe hinzielt, was in der Erfahrungserkenntnis zur Gegebenheit kommt. Das gehört allgemein zum Verhältnis von „Intention" und „Erfüllung". Wenn ich mit eigenen Augen etwas sehe, was ich bisher nur vom Hörensagen kannte, etwa ein berühmtes Kunstwerk oder eine schöne Stadt, so hat das, was ich

---

[98] ⟨Fehlt im Ts, aber in Hs I vorhanden.⟩

[99] *Himmlische Hierarchie*, *MPG* 3, S. 121f., Kap. I, § 2. ⟨S. u. S. 160f., in der Arbeitsübersetzung „um durch sie hinaufgeführt zu werden"; vgl. unten, Anhang, Hs II, B, I., S. 72.⟩

[100] ⟨Hier wurde folgender Abschnitt aus Hs I im Ts am Seitenende abgeschnitten: „Die Erhebung zur Erfahrungserkenntnis Gottes ist in gewissem Sinn eine Durchbrechung des Glaubenslebens. Und doch ist es wiederum keine Durchbrechung, weil das Bisherige nicht durchgestrichen wird, vielmehr in dieser neuen Erkenntnisweise erst seine Erfüllung findet: Es ist derselbe Gott, an dessen Gegenwart ich bisher ‚blind' geglaubt habe und den ich jetzt als gegenwärtig ‚spüre'. (Freilich ist es nur eine vorläufige Erfüllung, ein vorübergehender Vorgeschmack dessen, was uns als Anschauung Gottes im Glorienlicht verheißen ist.)"⟩

jetzt leibhaft vor mir habe, doch vorher schon zu meiner geistigen Welt gehört. Durch das, was man mir erzählte oder was ich las, war es in gewisser Weise schon bis zu mir vorgedrungen, und ich war innerlich davon berührt. Gerade das gibt der Erfüllung dann ihre Bedeutung. Und das gilt erst recht beim Glauben.

Darum gilt uns ja die Heilige Schrift als „Wort Gottes", weil damit Gott an uns herantritt, sich zu erkennen gibt, seine Forderungen stellt. Freilich ist es, solange ich es nur rein im Glauben annehme, nur das „in seinem Namen" gesprochene Wort. Er ist nicht spürbar gegenwärtig, spricht nicht in eigener Person. Und doch komme ich schon durch dies übermittelte Wort mit Ihm in Verbindung, werde innerlich davon ergriffen. Und gerade dies, womit der Glaube über sich selbst hinausgeht – der hl. Thomas nennt ihn „den Anfang des ewigen Lebens in uns"[101] –, macht es, daß wir „Gott wiedererkennen", wenn Er plötzlich seine Gegenwart spüren läßt oder gar sich sichtbar zeigt, und daß wir auch ohne eigene Erfahrungserkenntnis verstehen können, was andere aus eigener Gotteserfahrung heraus sprechen.

Was hier vom Glauben gesagt wurde, darf in gewisser Weise schon für die natürliche Gotteserkenntnis in Anspruch genommen werden. Wenn jemand ohne Unterweisung im Glauben aufgewachsen ist, aber empfänglich ist für die Spuren Gottes in der Natur, im eigenen Inneren und im Menschenleben, dann kann er seine Verfehlungen als „Sünde" empfinden und einen Verlust, der ihn trifft, als „Strafe Gottes". Ihm ist es verständlich, wenn von Gott gesagt wird, daß Er im Zorn auffährt und daß Er ein verzehrendes Feuer ist. So unvollkommen und unbestimmt die natürliche Gotteserkenntnis ist, so sehr sie der Berichtigung und Bereicherung, der Klärung und Verdeutlichung durch den Glauben bedarf, so liegt doch auch in ihr schon ein Hinzielen auf das, was in der Erfahrungserkenntnis Gottes Wirklichkeit wird; auch in ihr findet eine gewisse Begegnung mit Gott statt, die ein „Wiedererkennen" ermöglicht, wenn es einmal dahin kommt, daß Er vor einem steht.

5. *„Symbolische Theologie" als verbergende Hülle*

Wenn der Kreis derer, die grundsätzlich die Bildersprache der *Symbolischen Theologie* verstehen können, so groß ist, hat es dann überhaupt noch Sinn zu sagen, daß sie „das Heilige vor den Augen entweihender Blicke der Menge verberge"?[102] Bleiben überhaupt noch Menschen übrig, denen sie unverständlich ist? Zweifellos – denn vor jener großen Mißdeutung der Bilder,

---

[101] *De Veritate*, q XIV a 2 corp. (*Untersuchungen über die Wahrheit* II, S. 9, Breslau 1932) ⟨ESW IV, S. 7; ESGA 24.⟩
[102] Siehe oben ⟨S. 30.⟩

von der der Areopagit spricht, ist die Heilige Schrift heute so wenig sicher wie zu seiner Zeit. Und wo keine falsche Deutung erfolgt, kann doch völlige Verständnislosigkeit vorliegen. Das hat mancherlei Gründe.

Wenn wir von „Verweisungen" gesprochen haben, durch die „unsere Welt" auf mannigfache Art über sich selbst hinausführt, so sind doch diese Verweisungen nicht so völlig unübersehbar und eindeutig, daß man durch sie unfehlbar ans Ziel gelangen müßte. Wie schon erwähnt wurde, spricht hier, ähnlich wie auf anderen Gebieten, natürliche Anlage und Anleitung durch die menschliche Umgebung eine Rolle. Wer „keinen praktischen Sinn" hat, der sieht den Dingen nicht an, „wozu sie gut sind" und wie man mit ihnen umgehen muß. Wenn er nicht gut „angelernt" wird, so wird er immer etwas rat- und hilflos in der äußeren Welt stehen. Ähnlich gibt es auch einen Mangel an „religiösem Sinn", und wenn ihm nicht durch eine gute Erziehung abgeholfen wird, so ist es wohl möglich, daß ein Mensch blind bleibt gegenüber den Verweisungen, die aus der Welt zu Gott führen.[103]

Für ihn ist dann – ohne besondere Gnadenhilfe – auch die Heilige Schrift ein Buch mit sieben Siegeln. Er bleibt bei dem unmittelbaren Sinn der Worte stehen und kann durch die Bilder nicht hindurchsehen. Er weiß nicht mit der „maior dissimilitudo" zu rechnen und kommt zu einer unwürdigen Gottesvorstellung oder auch, wenn ihn diese Vorstellung abstößt, gerade dadurch zur Gottlosigkeit. Es kann auch sein, daß er nicht Gott selbst, aber das Zeugnis der Schrift verwirft.

Wenn es nicht als unmöglich abzuweisen ist, daß jemand ohne persönliche Schuld ungläubig (im Sinne einer völligen Unkenntnis Gottes) sein könnte und dadurch unzugänglich für die Bildersprache der Heiligen Schrift, so ist doch nicht *jede* menschliche Schuld abzuweisen. Wenn wir von der Erbsünde hier absehen und von der Trübung des Geistes, die sie zur Folge hat, so wächst doch kein Mensch völlig abgeschnitten von andern auf, und es fällt der „Gesellschaft" zur Last, wenn sie ihm das Zeugnis schuldig geblieben ist, das ihm die Augen öffnen konnte. In den meisten Fällen wird aber auch der „Ungläubige" selbst mit verantwortlich sein für seine Blindheit. Es kann ja kaum jemand so leben, daß nicht irgendwelche Zeugnisse von Gott ihn erreichen würden. Wenn er sich ihnen gegenüber verschließt oder wenigstens sich nicht die Mühe nimmt, ihnen nachzugehen,

---

[103] Die kirchliche Lehre, daß der menschliche Geist mit seinen natürlichen Kräften zu einer Erkenntnis Gottes gelangen *könne*, besagt nicht, daß jeder unter allen Umständen dahin gelangen *müsse*. Wenn der hl. Paulus (Röm 1, 20) auf Grund der Erkennbarkeit Gottes aus der Schöpfung die Heiden für unentschuldbar erklärt, so ist dabei an die *Gesamtheit* zu denken, in der es jedenfalls nie an den nötigen Hilfen gefehlt hat, nicht an jeden Einzelnen; ferner sieht er die Schuld darin, daß sie trotz tatsächlich vorhandener Gottes-*erkenntnis* nicht zur rechten Gottes-*verehrung* kamen (Röm 1, 21). Es kann aber auch beim Einzelnen die Blindheit eine verschuldete sein. (Darüber bald etwas im Texte). ⟨Vgl. S. 53 f., 68 ff.⟩

so ist das seine eigene Schuld, und wenn in der Folge die „Verblendung" eintritt, d.h. statt des bloß tatsächlichen Nicht-Erkennens die Unfähigkeit zu erkennen, so fällt auch das auf ihn zurück. Erst recht natürlich, wenn es sich nicht nur um tatsächlichen Unglauben handelt, sondern um grundsätzliche Gottlosigkeit oder Gottesfeindschaft.

Wie so etwas möglich ist, haben wir hier nicht zu untersuchen. Wir suchen zu verstehen, wie es möglich ist, daß die *Symbolische Theologie* Gott verbergen kann, statt Ihn zu offenbaren. Bei dem „schuldlos Ungläubigen" leuchtet es ein, daß er tatsächlich nicht durch den Schleier sehen kann. Doch er wird nicht zu denen gehören, die nicht sehen *sollen.* Vielmehr scheint es im Sinne der „Theologie" zu liegen, daß man ihn lehrt zu sehen. Wer aus Trägheit und Stumpfheit des Geistes oder Leichtfertigkeit zu keiner Gotteserkenntnis kommt, bei dem ist schon eher das Nicht-Sehen-Können als Strafzustand zu begreifen. Vor allem aber ist das Geschlagenwerden mit Verblendung zu verstehen bei Böswilligen, die nicht glauben *wollen* und die Heilige Schrift lesen, um sie selbst als Waffe gegen die offenbarte Wahrheit zu benutzen.[104]

Wir suchten zu zeigen, daß in jeder echten Gotteserkenntnis Gott selbst an den Menschen herantritt, wenn auch nicht in jeder als gegenwärtig spürbar wie in der Erfahrungserkenntnis. In der natürlichen Erkenntnis ist es ein Herantreten im Bild und Werk und mannigfaltiger Wirkung; im Glauben ist es persönliche Selbstkundgebung durch das Wort. Aber dem Sicherschließen steht bei aller Erkenntnis von Personen die Möglichkeit gegenüber, sich zu *ver*schließen – auch die Möglichkeit, sich hinter das eigene Werk zurückzuziehen. Es besagt dann noch etwas, hat noch eine sachliche Bedeutung, aber es öffnet nicht mehr den Zugang zur Person, vermittelt nicht mehr die Berührung eines Geistes mit dem andern. Gott will sich von denen finden lassen, die Ihn suchen. Er will also zunächst einmal gesucht werden. So ist es verständlich, daß die natürliche Offenbarung nicht unabweisbar klar und eindeutig ist, sondern ein Anreiz zum Suchen. Die übernatürliche Offenbarung antwortet auf die Fragen, die durch die natürliche angeregt werden. Der Glaube ist schon ein Finden und entspricht einem Sich-finden-Lassen:

[104] Wir haben ein Zeugnis dafür, daß Dionysius wohl in der Tat an so etwas gedacht haben mag. Im VII. Brief (an Bischof Polykarp) § 2, *MPG*, 3, S. 1079f. ⟨s. u. S. 256f.⟩, erwidert er auf den Vorwurf des Sophisten Apollophanes, daß er unlauterer Weise die Lehren der griechischen Philosophen gegen sie selbst verwerte, mit dem Gegenvorwurf, die Hellenen suchten die göttliche Weisheit gegen Gott zu benutzen. (Der Einzelfall, den der Areopagit an jener Stelle behandelt, ist freilich kaum im Sinne eines Mißbrauches der Heiligen Schrift aufzufassen, aber die Bemerkung ist wohl allgemein zu verstehen: Sie beleuchtet die Geisteskämpfe der Zeit, in der heidnische und christliche Schriftsteller einander wechselseitig die Waffen aus der Hand nahmen.)

nicht bloß in dem Sinn, daß Gott uns durch sein Wort etwas über sich sagen läßt, sondern daß Er selbst sich dadurch finden läßt.

Der Glaube ist eine Gabe, die angenommen werden muß. Göttliche und menschliche Freiheit begegnen einander darin. Aber es ist eine Gabe, die auffordert, mehr zu verlangen: Als dunkle und uneinsichtige Erkenntnis erweckt er die Sehnsucht nach unverhüllter Klarheit, als vermittelte Begegnung das Verlangen nach unmittelbarer Begegnung mit Gott; ja selbst der Inhalt des Glaubens erweckt das Verlangen: durch die Verheißung des seligen Schauens. Auf der andern Seite ist es nun verständlich, wenn Gott sich vor denen zurückzieht, die der Aufforderung zum Suchen nicht nachkommen, die stumpfsinnig vor seinen Selbstbezeugungen stehenbleiben oder darin nicht Ihn suchen, sondern Mittel für ihre Zwecke, ja sogar gegen Ihn. Wer das Wort Gottes nicht als *Gottes* Wort annimmt, für den wird es zum toten Wort. Es weist nicht mehr lebendig über sich hinaus auf den Zusammenhang, aus dem es stammt, das Reich des göttlichen Geistes. Die Heiden können in manchen seiner Bilder eine Bestätigung ihres Götzenglaubens finden; die Dialektiker entdecken Widersprüche zwischen verschiedenen Stellen; die Moralisten und Pädagogen stoßen sich an vielem, weil sie von dem verborgenen Sinn nichts ahnen.

6. Stufen der Verhülltheit und Enthüllung

„Der verborgene Sinn“ – er kann mehr und minder tief verborgen sein. Es ist früher darauf hingewiesen worden, daß der Areopagit unter dem Namen „Symbol“ sehr Verschiedenes zusammenfaßt: sichtbare Bilder des Unsichtbaren, die aber doch in einem echten Bildverhältnis dazu stehen (wie das „verzehrende Feuer“); andere Bilder, bei denen die Beziehung nicht unmittelbar anschaulich faßbar ist, sondern durch denkendes Vergleichen hergestellt ist und durch Nachdenken herausgefunden werden muß (so ist etwa das Verhältnis des Mischkrugs zur göttlichen Vorsehung). Wir würden in solchen Fällen heute eher von Allegorie als von Symbol sprechen. Es wurden auch Beispiele genannt, bei denen das Symbol gar nichts Sinnenfälliges mehr war. So ist es bei den Parabeln. An das Gleichnis vom Sämann hat Jesus selbst auf Verlangen der Jünger die Erklärung angefügt.[105] Vorher schloß er seine Erzählung mit der Mahnung: „Wer Ohren hat zu hören, der höre!“ Darin war schon zu verstehen gegeben, daß der eigentliche Sinn nicht an der Oberfläche liege und daß es nicht jedem gegeben sei, ihn zu finden. Es muß beim Anhören des Gleichnisses zunächst einmal der unmittelbare Sinn der Erzählung scharf erfaßt werden. Schon das erfordert eine angespannte

[105] ⟨Vgl.⟩ Mt 13, 3 ff.

zusammenfassende Geistestätigkeit. Darüber hinaus muß aber erkannt werden, daß dieses ganze Gedankengebilde in bestimmter Richtung über sich hinausweist; es muß ein „Typus" – im Sinne einer allgemeinen Form – daran zur Abhebung gebracht werden und muß als Richtschnur dienen, um hinter diesem ein anderes Gedankengebilde aufzubauen, in dem dieselbe Form mit einem andern Sinngehalt wiederkehrt, und zwar mit dem von dem Erzähler gemeinten Sinngehalt.

Zu einem solchen Auffinden und Nachschaffen sind schon bei menschlichen Gleichnisreden nicht viele fähig; um wieviel weniger, auch bei bestem Willen, wenn Gott spricht! Nicht einmal die Jünger konnten es, obgleich es ihnen „gegeben war, die Geheimnisse des Himmelreichs zu verstehen."[106] Der Herr mußte ihnen den geheimen Sinn erschließen. Ähnlich hat er später die Emmausjünger gelehrt, die messianischen Weissagungen der Propheten in ihrem Verhältnis zu seinem Leiden und zu seiner Verherrlichung zu verstehen.[107] Nach der Herabkunft des Heiligen Geistes[108] vermochten die Apostel selbst solche Auslegungsarbeit zu leisten.[109]

Die Mannigfaltigkeit symbolischer Verhältnisse wird hier nur kurz erwähnt, um anzudeuten, daß es verschiedene Weisen und Stufen der Verborgenheit gibt. Ihnen entsprechen verschiedene Weisen und Stufen symbolischer Erkenntnis. Im eigentlichen Bildverhältnis wird der allgemeinste Zugang eröffnet. In den Parabeln wird die göttliche Wahrheit dargeboten wie in einem verschlossenen Schrein. In vielen Fällen wird es den Menschen überlassen, selbst den Schlüssel zu suchen. Manchmal wird der Schlüssel hinzugegeben: als beigefügte Erklärung oder als innere Erleuchtung. Es kann auch sein, daß einzelnen oder ganzen Ständen ein „Schlüsselamt"[110] übertragen wird: die Gabe und Aufgabe der Schriftauslegung.

Von hier aus eröffnet sich das Verständnis für die Bedeutung der areopagitischen „Hierarchien": daß Gott sich in erster Linie den reinen Geistern offenbart, deren natürliche Fassungskraft größer ist als die unsere und bei denen das göttliche Licht auf keine inneren Widerstände trifft; daß sie das

[106] Mt 13, 11.
[107] ⟨Vgl.⟩ Lk 24, 25 ff.
[108] ⟨Pfingstereignis; vgl. Apg 2, 1 ff.⟩
[109] ⟨Durchgestrichen in Hs I, S. 67: „Symbol als geheimnisvolle Offenbarung, Offenbarung und zugleich verbergende Hülle war und ist auch die Menschheit Christi im Verhältnis zu seiner Gottheit*; wenige Zeitgenossen vermochten es, die Hülle zu durchdringen. Das gilt erst recht von den Gestalten des Brotes und Weines, in denen Gottheit und Menschheit geheimnisvoll offenbart und so dicht verhüllt sind. *Anm.: Von der theologischen Trinitäts-, Schöpfungs- und Erlösungslehre her dürfte sich zeigen lassen, daß wir darin das Ur-Symbol vor uns haben."⟩
[110] ⟨Jesus verheißt Petrus in Mt 16,19: „Ich will dir die Schlüssel des Himmelreichs geben", zusammen mit der Binde- und Lösegewalt in geistlichen Dingen, die den anderen Jüngern ebenfalls verheißen ist. Das Amt der Verfügungsgewalt wird auch auf die Lehr- und Leitungsmacht (Lehramt) bezogen (Lk 11, 52: „Schlüssel der Erkenntnis").⟩

Amt erhalten, das empfangene Licht weiterzugeben, und daß ihr Amt sich fortsetzt in der „kirchlichen Hierarchie“ – in menschlichen Ordnungen, deren Mitglieder zu engelgleichem Leben und Dienst berufen sind.[111] Sie sollen mit gereinigtem Geist die göttlichen Geheimnisse empfangen und verwalten. Dazu gehört auch die Verkündigung und Deutung des göttlichen Wortes. Und wie es verschiedene Weisen und Stufen des Verhülltseins gibt, so gibt es verschiedene Weisen und Stufen der Enthüllung, eine Abstufung der Ämter und eine Abstufung des Ausgeschlossenseins und Zugelassenwerdens.

Schlußbemerkung: Die „Symbolische Theologie“ und die andern „Theologien“

Die Mannigfaltigkeit der Symbole bedingt eine Abstufung schon innerhalb der *Symbolischen Theologie.* Sie setzt sich fort in den andern *Theologien*, die der Areopagit davon unterscheidet. Die „geistigen Gottesnamen“ (das Gute, das Seiende, das Eine usw.) sind schon in ihrem unmittelbaren Sinn nicht ohne weiteres zugänglich. So wenden sie sich schon damit an einen auserwählten Kreis. Ihre nähere Untersuchung muß herausstellen, in welchem Verhältnis sie zu Gott stehen und wie durch sie Gott erkannt wird. Es dürfte sich zeigen lassen, daß hier kein bloßes Zeichen- oder Abbildverhältnis vorliegt, aber immer noch eine „geheimnisvolle Offenbarung“.[112] Darum bedarf auch diese „positive“ Theologie der Ergänzung und Berichtigung durch eine „negative“. Und in beiden wird sich wieder etwas von dem aufweisen lassen, was alle Gotteserkenntnis zur Gotteserkenntnis macht: die persönliche Begegnung mit Gott. Wo dies schließlich zum eigenen Erlebnis wird, und zwar nicht mehr vermittelt durch Bilder und Gleichnisse, auch nicht durch Ideen – durch nichts mehr, was sich noch mit Namen nennen läßt –, da haben wir erst die „geheimnisvolle Offenbarung“ im eigentlichsten Sinn, die *„mystische Theologie“*, die Selbstoffenbarung Gottes im Schweigen. Sie ist der Gipfel, zu dem die Stufen der Gotteserkenntnis emporführen.[113]

---

[111] Dionysius betont einerseits, daß uns die Offenbarung durch die Engel zuteil wird (*Himmlische Hierarchie*, Kap. IV, § 4, *MPG*, 3, S. 181 f. ⟨s. u. S. 166.⟩); andererseits, daß Christus das Haupt beider Hierarchien sei und jeder auf ihre Weise Anteil am göttlichen Leben gebe: den Engeln auf rein geistige Weise, den Menschen durch das Priestertum und die Symbole der Liturgie (*Kirchliche Hierarchie*, Kap. I, § lff., *MPG*, 3, S. 369 ff. ⟨s. u. S. 194 ff.⟩). Dabei tritt das vermittelnde Amt der Engel zurück: Es heißt von den Spitzen der Hierarchie, daß sie von Gott selbst die „heilige Gabe“ empfangen, ohne daß dabei eine Vermittlung der Engel erwähnt würde (a. a. O., Kap. I, § 5, *MPG*, 3, S. 375 f. ⟨s. u. S. 195.⟩).

[112] Das ist wohl im Sinn des Areopagiten gedacht, obwohl er diese Theologie von der *symbolischen* als „offenkundige“ von der „geheimen“ unterscheidet (*MPG*, 3, ⟨IX. Brief an Titus, § I,⟩ S. 1105 f. ⟨s. u. S. 271.⟩). ⟨Vgl. S. 39, Anm. 69; S. 60.⟩

[113] ⟨Durchgestrichen im Ts: „Weil aber auf allen Wegen ⟨in Hs I, erste Fassung, stattdes-

So können wir wiederum sagen: Gott ist der *Ur-Theologe*. Alles Sprechen *von* Gott hat ein Sprechen Gottes zur Voraussetzung. Sein eigentlichstes Sprechen ist das, wovor die menschliche Sprache verstummen muß, was in keine Menschenworte eingeht, auch in keine Bildersprache.[114] Es ist ein Ergreifen dessen, an den es ergeht, und verlangt als Bedingung des Vernehmens die persönliche Übergabe. Ein solches Ergreifen ist aber in der Regel verbunden mit der Bestellung zum „Theologen". Gott will durch die, zu denen Er auf dem Gipfel des Berges spricht, zu denen sprechen, die sie unten zurückgelassen haben. Darum läßt Er sich herab, zu ihnen, durch sie und auch ohne ihre Vermittlung in Menschenworten und in Menschen faßlichen Bildern zu sprechen. Er gibt seinen Theologen die Worte und Bilder, die es ihnen möglich machen, anderen von Ihm zu sprechen. Und Er spricht zu den andern als „symbolischer Theologe" – durch die Natur, durch ihre innere Erfahrung und durch seine Spuren in Menschenleben und Weltgeschehen – und macht es ihnen dadurch möglich, die Sprache der Theologen zu verstehen.

Anmerkung

Was auf diesen Blättern zur Darstellung kam, ist nur eine erste Sicht der Problematik, wie sie sich ergibt, wenn man versucht, mit einem Minimum an theologischen Voraussetzungen zu arbeiten. Wollten wir dem Gedanken: „Gott – der Ur-Theologe" nun *theologisch* nachgehen, so müßten wir das eigentlichste Sprechen Gottes, das Sprechen des Göttlichen Wortes, zur Grundlage nehmen. Als das Ur-Symbol aber wäre das menschgewordene Wort ins Auge zu fassen.

---

sen: Stufen⟩ der Gipfel sich ankündigt und richtunggebend ist, darum ist die mystische Theologie sachlich grundlegend für alle Gotteserkenntnis.")

[114] ⟨Durchgestrichen in Hs: „Anm.: Von dem innergöttlichen Sprechen, dem Sprechen des Göttlichen Wortes, reden wir hier nicht. Bei einer Durchführung der hier nur angedeuteten Gedankenreihen müßte es mit hereingezogen werden, aber bei nur flüchtiger Erwähnung könnte es schwerlich im rechten Sinn verständlich gemacht werden."⟩

⟨Anhang⟩

⟨Zwei separate Fragmente, A und B, wurden von Stein aus ihrer ersten Handschrift (Hs I) herausgenommen und von Lucy Gelber in ESW XV mit „Handschrift II" (Hs II) betitelt. Der Teil A umfaßt die Hs-S. 17–24 (hier S. 60–63), der Teil B (nochmals in I. und II. gegliedert) enthält die Hs-S. 35–58 (hier S. 64–76). Stein strich den Teil A, der ursprünglich hier auf S. 30 (s. o.) seinen Platz hatte, und gestaltete den Inhalt – es geht darin um die natürliche Gotteserkenntnis – später in ein eigenes, neues Kapitel um (s. o. S. 39–42). Das zweite Fragment B umfaßt die gestrichenen Hs-S. 35, 36, 36a, 36b, 36c, 36d, 36e, 37–58 und handelt von der *Symbolischen Theologie* und ihren Bildverhältnissen. Dieser Teil (Fragment Hs II, B, I., hier S. 64–76) wurde teilweise umgearbeitet zu S. 34 (Anm. 55) bis S. 38. Der darauf folgende „II." Teil (hier im Anhang B, II., S. 64–76) fiel ganz aus Steins Untersuchung heraus; es geht dabei um Dionysius' Schrift *Von den göttlichen Namen* und um die Transzendentalien. Die Hs-S. 25–34, die zwischen diese zwei Fragmente gehören, sind nicht verlorengegangen, wie die Herausgeber in *Erkenntnis und Glaube* (ESW XV) vermutet hatten, sondern wurden von Stein als „Hs I, S. 17a–25c" umbenannt und in den gedruckten Text eingearbeitet (hier: S. 30–34).⟩

⟨Fragment Hs II, A⟩[115]

Wenn man von Thomas herkommt, so liegt die Frage nahe, ob eine solche Gotteserkenntnis niederer Stufe als rein *natürliche* möglich sei. Thomas und mit ihm das höchste kirchliche Lehramt haben diese Frage entschieden bejaht. Dionysius scheint die Möglichkeit an einer Stelle[116] anzuerkennen: Im IX. Brief (an Titus) unterscheidet er von der *geheimen und verhüllten Theologie* eine *offenkundige* und *leichter verständliche*; jene sei *symbolisch* und *bilde zur Vollkommenheit* (τελεστικῄ; Corderius[117] sagt: beziehe sich auf die Geheimnisse; *MPG*, 3, 1106); diese *gehe philosophisch beweisend* vor. Die eine überzeugt von der Wahrheit des Gesagten, die andere handelt und befestigt durch ihre unlehrbaren Führungen in Gott.[118] Im einleitenden Kapitel der *Mystischen Theologie* dagegen ermahnt er Timotheus (wie an vielen andern Stellen), seine Lehre vor Uneingeweihten geheim zu halten, d. h. vor Menschen, die glauben, „daß sie mit ihrer natürlichen Erkenntnis von dem wüßten, der die Dunkelheit zu seinem verborgenen Aufenthalt gemacht hat."[119] Erst recht vor jenen, die „die höchste Ursache aller Dinge nach dem Letzten unter dem Seienden kennzeichnen und sagen, diese übertreffe in nichts ihre eigenen gottlosen, vielgestaltigen Gebilde."[120] Freilich muß man bedenken, wen der Areopagit bei diesen Worten im Auge hat. Unter der

---

[115] ⟨Anschluß an oben S. 29, vgl. Anm. 34: „So geben die positive und die negative Theologie mit der Vollendung des Aufstiegs der mystischen Theologie Raum, die in völligem Verstummen in die Vereinigung mit dem Unaussprechlichen eingeht. Sie selbst stellen die Stufen dar, die zum Gipfel emporführen, und zwar zunächst als zwei verschiedene Wege," weiter hier an dieser Stelle in Hs II, gestrichene S. ~~17~~ „den Schöpfer vom Geschöpf her zu bestimmen – wenn wir nur die tieferen Stufen ins Auge fassen und von den höchsten absehen, auf denen Gott, positiv, seine eigenen Geheimnisse entschleiert und, negativ, die Undurchdringlichkeit des Geheimnisses spürbar macht. In diesem Sinn ergänzen sich beide Wege auf allen Stufen. Ihr Gegensatz ist kein ausschließlicher. Die positive Theologie beruht auf der Seinsgemeinsamkeit zwischen Schöpfer und Geschöpf – der analogia entis, wie es Thomas im Anschluß an Aristoteles ausgedrückt hat; die negative darauf, daß neben der ‚similitudo' eine ‚maior dissimilitudo' besteht, wie ebenfalls Thomas immer wieder betont hat." Hierauf fortlaufend im Text oben.⟩

[116] ⟨Statt „an einer Stelle" hatte Stein zunächst „nicht" geschrieben und dann gestrichen.⟩

[117] ⟨Corderius, Balthasar SJ (1592–1650), Exeget und Patristiker, bekannt und „berüchtigt" für seine nicht immer fehlerfreie Übersetzung in *MPG*.⟩

[118] ⟨*MPG*, 3, IX. Brief an Titus, § 1, S. 1106, hier: S. 271. Vgl. S. 39, Anm. 69.⟩

[119] ⟨*Mystische Theologie*, Kap. I, § 2, *MPG*, 3, S. 999 f. S. u. S. 246.⟩

[120] *Mystische Theologie*, Kap. I, § 2, *MPG*, 3, S. 999 f. ⟨S. u. S. 246⟩

ersten Klasse dürften die Gnostiker zu verstehen sein, die beanspruchen, die höchsten Geheimnisse durchdringen zu können, unter der zweiten die Heiden mit ihrer Vergötzung der sinnenfälligen Welt. Die Stellungnahme dagegen brauchte noch keine Abweisung einer natürlichen Gotteserkenntnis zu sein, die sich ihrer eigenen Grenzen bewußt ist.

Läßt sich vielleicht Ähnliches auch von den Einleitungsworten der Schrift von den *Göttlichen Namen* sagen? Dionysius betont hier, daß er das Wort Gottes zur Richtschnur nehme und das, was es von Gott sage, *„nicht mit überredenden Worten menschlicher Weisheit"*[121] als wahr erweisen wolle, sondern im *„Erweis der Kraft,*[122] die der Geist den Theologen eingehaucht hat und die uns mit unaussprechlichen und unbekannten Dingen auf unaussprechliche und unbekannte Weise verbindet, in einer Vereinigung, die alle Kraft und alles Vermögen unseres schließenden Denkens oder geistigen Verstehens übersteigt." Man dürfe es „nicht wagen, über die über-selbständige (ὑπερουσίου) und verborgene Gottheit etwas zu sagen oder zu denken, was uns nicht in der Heiligen Schrift durch Gott offenbart ist".[123] Diese Worte und noch viele andere Stellen, die in immer neuen Wendungen die Unsagbarkeit, Undenkbarkeit und Unnennbarkeit Gottes betonen, könnten so gedeutet werden, als sei eine natürliche Gotteserkenntnis ganz auszuschließen und die Heilige Schrift die einzige Quelle des Wissens um Gott, soweit es uns überhaupt erreichbar ist. Es muß aber hier jedes Wort sehr genau erwogen und mit andern Stellen zusammengehalten werden; man muß auch das Verfahren in Betracht ziehen, das der Areopagit tatsächlich geübt hat. Er warnt vor dem „Wagnis", unabhängig von den Worten der Schrift etwas über Gott zu sagen. Er verlangt etwas später eine „heilige Scheu, die sich kein Forschen gestattet".[124] Liegt darin nicht eingeschlossen, daß ein solches Forschen an sich wohl möglich sei, aber eine gefährliche Sache? So entspricht es auch der sachlichen Auffassung des Verhältnisses von Schöpfer und Geschöpf, wie wir sie bei Dionysius finden: daß er neben der „maior dissimilitudo" doch eine gewisse „similitudo" gelten läßt. Und wenn er auf der einen Seite versichert, daß zu Gottes verborgener Unendlichkeit keine Spur führe, so betont er doch sofort danach, daß nichts von dem, was ist, „ganz ohne Anteil am Guten" sei.[125] Das Gute aber ist für ihn der erste aller Gottesnamen.[126] So steckt in jedem Seienden etwas, was es geeignet macht, als Sprungbrett zu dienen zu dem „Ur-Seienden" und „Über-Seienden", der Güte in Person, die

[121] 1 Kor 2,4.
[122] ⟨1 Kor 2,4b⟩
[123] *De divinis nominibus*, Kap. I, § 1, *MPG*, 3, S. 585 ff. ⟨S. u. S. 86, Arbeitsübersetzung: „über-wesentliche".⟩
[124] A. a. O., Kap. I, § 3, *MPG*, 3, S. 589 f. ⟨S. u. S. 87.⟩
[125] ⟨Vgl.⟩ A. a. O., Kap. I, § 2, *MPG*, 3, S. 587 f. ⟨S. u. S. 87.⟩
[126] ⟨Vgl.⟩ A. a. O., Kap. IV, § 1, *MPG*, 3, S. 693 f. ⟨S. u. S. 104.⟩

es ins Dasein gerufen hat. Solcher Sprung ist eine geistige Tat und nur für erleuchtete Geister möglich. Wie alles Sein von dem kommt, der das Sein selbst ist, und alle Güte von dem, der die Güte selbst ist, so alle Erleuchtung von dem, der das Licht selbst ist. Gott mißt den geschaffenen Geistern das Maß der Erleuchtung zu, das ihrem Fassungsvermögen entspricht. Über dieses Maß hinaus dürfen sie nicht streben, sonst stürzen sie in die Tiefe. Die Frage, ob es eine natürliche Gotteserkenntnis gibt, spitzt sich jetzt dahin zu, ob es ein „natürliches Licht" gibt, d.h. ein zur Natur des geschaffenen Geistes gehöriges, das ihn ohne jeweilige besondere Erleuchtung den Weg vom Geschöpf zum Schöpfer finden läßt, oder ob es einer eigenen Erleuchtung dazu bedarf. Nach Dionysius leuchtet uns der Glanz des göttlichen Lichtes in der Heiligen Schrift auf. Zum Schauen dieses Lichtes werden wir herangebildet durch die heiligen Gesänge, zu denen die Heilige Schrift selbst anregt (d.h. durch die Liturgie der Kirche). So werden wir fähig, Gott zu erfassen und zu preisen, „soweit Er sich selbst über sich selbst in der Heiligen Schrift geäußert hat. Z.B. daß Er aller Dinge Ursache, Urgrund, Wesen und Leben ist, Rückberufung und Auferstehung derer, die von Ihm abgefallen sind, Neubildung und Neuformung derer, die das göttliche Bild in sich ausgelöscht haben, ... Sicherheit für die Stehenden, ... Licht der Erleuchteten, vollkommenheitgebender Vollendungsgrund der Vollkommenen ..."[127] In diesen Beispielen steht neben eigentlichen Glaubensgeheimnissen auch etwas, was nach thomistischer und kirchlicher Auffassung der natürlichen Erkenntnis zugänglich ist: Gott als Ursache aller Dinge. Der Areopagit macht hier augenscheinlich keinen grundsätzlichen Unterschied zwischen Gegenständen natürlicher und übernatürlicher Gotteserkenntnis. Müssen wir seine Worte so auffassen, daß ohne die Hilfe der Heiligen Schrift und der Hierarchie[128] der Menschengeist sich überhaupt nicht zum Göttlichen erheben könne? Dionysius scheint die Auffassung vertreten zu haben, daß es eine Sicherung gegen gefährliche Irrtümer auf anderm Wege nicht gebe. Daß es auf rein natürlichem Wege nicht möglich sei, überhaupt den Gedanken eines Gottes zu fassen, kann er nicht meinen; dagegen spricht die vorher erwähnte Scheidung zwischen symbolischer und philosophischer Theologie; ferner die Tatsache, daß er inmitten der mannigfaltigsten Götterkulte und Häresien lebte und sich damit auseinandersetzte: Sie alle haben ja eine Gottesidee und Gotteslehre. Aber weil sie das wahre Licht verschmähen, das ihnen auf verordnetem Wege gesandt wird, verfehlen sie die Wahrheit. Wie ist es mit dieser Auffassung vereinbar, daß sich der Areopagit neben der Heiligen Schrift und der Überlieferung sowie heiliger Schriftsteller, die selbst

---

[127] A.a.O., Kap. I, § 3, *MPG*, 3, S. 589f. ⟨S.u. S. 87f.⟩

[128] Es ist bereits erwähnt worden, daß Engel und Priester die göttliche Erleuchtung zu den Menschen tragen. (Vgl. S. 10). ⟨Hier: S. 26.⟩

auf dieser Grundlage aufbauten, augenscheinlich noch ganz anderer Quellen bedient? Als seine Kritiker die Entdeckung machten, daß seine Schriften nach Inhalt und Form weitgehende Übereinstimmungen mit neuplatonischen Schriftstellern, besonders mit Proclus zeigen – vor allem der große Exkurs über das Böse im IV. Kapitel des *Divinis nominibus*[129] mit des Proclus' Schrift *De malorum subsistentia*[130] –, nahmen sie das als Beweis seiner Unehrlichkeit. Die Berufung auf die Heilige Schrift und das Verschweigen der benützten heidnischen Schriftsteller erschien vielen als Gipfelpunkt der Heuchelei. Wir sind nicht der Ansicht, daß zu solcher Entrüstung Grund vorhanden ist. Das ganze „corpus Dionysiacum" handelt von Gottes Offenbarung und will zum Verständnis der Offenbarung führen und damit auf den Weg zu Gott. Die Heilige Schrift ist dabei Führer, aber sie selbst bedarf der Auslegung, und bei dieser Auslegungsarbeit verschmäht der Areopagit die Hilfsmittel nicht, die sich ihm in der ihm selbst und seinem Leserkreis vertrauten Gedankenwelt der zeitgenössischen Philosophie, ja sogar in den außerchristlichen religiösen Lehren und Kulten darbieten. Wenn er aber außerhalb der Heiligen Schrift und der kirchlichen[131]

[129] ⟨S. u. S. 115ff.⟩

[130] ⟨Proklos Diadochus, *De malorum subsistentia. – Über die Existenz des Bösen*. Übers. u. erl. v. Michael Erler, Meisenheim an der Glan 1978.⟩

[131] ⟨Ab hier durchgestrichen S. ~~25,~~ fehlt in ESW XV, S. 112: „Lehre brauchbare Hilfsmittel findet, so muß doch der Menschengeist auch ohne diese übernatürlichen Lichtquellen schon die Möglichkeit haben, etwas von Gott zu erfassen. Eben das ist es, worauf es in unserem Zusammenhang ankommt. Dionysius hat mit der Weitherzigkeit seines ‚Lehrers' Paulus ‚alles geprüft und das Gute behalten' ⟨1 Thess 5, 21⟩. Wenn ihm dabei Heilige Schrift und kirchliche Überlieferung Prüfstein und Maßstab des ‚Guten' waren, so durfte er trotz der Benützung anderer Hilfsmittel auf sie als die allein maßgebenden Führer hinweisen.
Als unterste Stufe der positiven Theologie hat Dionysius die *Symbolische Theologie* bezeichnet: das Aufsteigen zu Gott durch Namen, die von sinnenfälligen Dingen hergenommen sind." Die Fortsetzung dieses Abschnitts: „Die ausführlichste Äußerung …", findet sich oben im Text S. 30ff.; II.1., vgl. Anm. 38.⟩

⟨Fragment Hs II, B, I.⟩

[132] nicht mehr sinnenfällige, sondern unsichtbare und geistige.

Daß es sich um echte Verweisungen handle, nicht um eine willkürlich angeheftete Zeichensetzung ohne sachliche Grundlage – dieser Anspruch liegt schon in dem Wort „Bild". Das Bild muß ja, um als solches erkannt zu werden, mit dem, was es abbildet, etwas gemeinsam haben, wie es Dionysius für das Feuer behauptet.[133] Andererseits müssen diese Verweisungen nicht so unabweisbar aufdringlich sein wie die innerhalb der Sinnenwelt weiterführenden. Wie wäre es sonst möglich, daß so viele Menschen „Augen haben und nicht sehen", „Ohren haben und nicht hören"[134]? Wie könnte dieselbe Sprache, die den einen die göttliche Wahrheit offenbart, zugleich eine Hülle

---

[132] ⟨Gestrichener Abschnitt, Hs II, S. 33/34 ist gleich dem Ende von Hs I, 1, S. 25, fehlt in ESW XV, S. 112: „Die angeführten Bruchstücke einer *Symbolischen Theologie* dürften ausreichen, um sich ihren Sinn klar zu machen. Es wird damit zunächst die Redeweise der Heiligen Schrift bezeichnet, die sich der sinnenfälligen Dinge bedient, um dadurch zu dem hinzuleiten, was nicht mit den Sinnen wahrnehmbar ist. Damit eine solche Bildersprache gesprochen und verstanden werden könne, ist eine eigentümliche Auffassungsweise der sinnlichen Welt vorausgesetzt; eine andere als die der gewöhnlichen sinnlichen Wahrnehmung und Erfahrung, die nicht über den Zusammenhang der sinnlichen Welt hinausgeht. Wie jede einzelne sinnliche Wahrnehmung über sich selbst hinausweist und wie im Verfolgen dieser Hinweise der Wahrnehmende oder richtiger die Gemeinschaft der im Wechselverkehr stehenden Wahrnehmenden stufenweise zur Erfahrung einer ‚Natur' und zur Erkenntnis ihrer Gesetze gelangt – so scheint jede einzelne Wahrnehmung und der gesamte Wahrnehmungszusammenhang über sich selbst hinauszuweisen und in eine andere ‚Welt' hineinzuweisen: eine"
Fortsetzung findet sich oben auf dieser Seite. Es handelt sich um die herausgekürzte Fortsetzung von oben im Text S. 34, Anm. 55.⟩

[133] In den verschiedenen Redewendungen, die in Betracht kommen, ist allerdings das „Bild"-Verhältnis mehr und minder eigentlich zu verstehen. (Vgl. die folgenden Seiten.)

[134] ⟨Jes 6,9 f.: „Da sagte er: Geh und sag diesem Volk: Hören sollt ihr, hören, aber nicht verstehen. Sehen sollt ihr, sehen, aber nicht erkennen. Verhärte das Herz dieses Volkes, verstopf ihm die Ohren, verkleb ihm die Augen, damit es mit seinen Augen nicht sieht und mit seinen Ohren nicht hört, damit sein Herz nicht zur Einsicht kommt und sich nicht bekehrt und nicht geheilt wird." – Mk 4,9–12: „Und Jesus sprach: Wer Ohren hat zum Hören, der höre! Als er mit seinen Begleitern und den Zwölf allein war, fragten sie ihn nach dem Sinn seiner Gleichnisse. Da sagte er zu ihnen: Euch ist das Geheimnis des Reiches Gottes anvertraut; denen aber, die draußen sind, wird alles in Gleichnissen gesagt; denn sehen sollen sie, sehen, aber nicht erkennen; hören sollen sie, hören, aber nicht verstehen, damit sie sich nicht bekehren und ihnen nicht vergeben wird."⟩

sein, die sie vor andern verbirgt? Eine ganze Reihe von Fragen sind hier miteinander verflochten. Die *Symbolische Theologie* als Bildersprache von Gott und göttlichen Dingen setzt einmal ein bestimmtes Verhältnis zwischen der sinnenfälligen und der nicht-sinnenfälligen Welt voraus (wobei unter der nicht-sinnenfälligen viel Verschiedenes verstanden werden kann). Sie setzt andererseits eine bestimmte Verfassung bei denen voraus, die sich dieser Sprache – redend oder verstehend – bedienen.

Unter der nicht-sinnenfälligen Welt kann einmal die „natürlich-geistige" Welt verstanden werden. „Natur" ist dann nicht im modernen Sinn genommen: als Gegenstand der Naturwissenschaft, als raum-körperlich-dingliche Welt und im Gegensatz zum „Geist", sondern in dem Sinn, in dem Aristoteles „φύσις" und die Scholastik „natura" sagt: als die einem Ding innere und eigene Grundlage seines Beschaffenseins und Verhaltens und im Gegensatz zur „Übernatur" oder „Gnade". Die natürlich-geistige Welt – d.i. die Welt der persönlichen Geister, des „Sinnes" und der geistigen Werke – ist natürlich erfahrbar, d.h. mit den Erkenntniskräften, die in die Natur der geschaffenen Geister gelegt sind. Das Übernatürliche ist unmittelbar nur zu erfassen durch Erhöhung der Natur und gnadenhafte Erleuchtung.[135]

Es ist deutlich, daß in diesem Fall – ebenso wie in dem des Mischkrugs – kein eigentliches Bildverhältnis vorliegt. Es besteht wohl eine gewisse sachliche Gemeinschaft zwischen dem, was mittelbar, und dem, was unmittelbar durch die Worte ausgedrückt wird, und darum ist es mehr als ein rein willkürlich festgesetztes Zeichenverhältnis; aber die Ausdrucksweise ist keine aus der Anschauung geschöpfte und darum auch nicht rein auf Grund der Anschauung verständliche: Sie ist in denkender Vergleichung begründet, und ihr Sinn muß „erraten" oder erklärt werden. Es liegt das vor, was wir heute als „Allegorie" vom „Symbol" als dem eigentlichen „Sinn-*Bild*" unterscheiden. Die Heilige Schrift ist reich an allegorischen Wendungen und die Schriftauslegung der Väter wie schon die ältere rabbinische reich an allegorischer Deutung. Dionysius befaßt diese allegorische Redeweise *mit* unter *Symbolischer Theologie*, aber sie ist nicht allein damit gemeint. Das zeigt die

---

[135] ⟨Der folgende Abschnitt wurde von Stein gestrichen: „Dionysius gibt selbst ein Beispiel für symbolische Redeweise im Bereich der natürlichen Erfahrung (um daran die Ausdrucksweise der *Symbolischen Theologie* klar zu machen): Man könne die Seele nach Art einer körperlichen Gestalt denken und ihr Teile zusprechen, obwohl sie im eigentlichen Sinn unteilbar sei; die ‚Teile' seien dann anders zu verstehen als bei körperlichen Dingen: Man würde als Haupt die geistige Erkenntniskraft bezeichnen, als Nacken die Meinung (weil sie zwischen Vernunft und Unvernunft stehe) usw., d.h. die Namen der Körperteile als Sinnbilder für die seelischen Fähigkeiten benützen. (Ähnlich könne man von Gottes Breite, Länge und Tiefe sprechen, um sein Ausgehen zu allen Dingen, seine über alles sich erstreckende Macht und seine allem Seienden unfaßbare Verborgenheit und Unerkennbarkeit anzudeuten.) Anm.: *De divinis nominibus*, Kap. IX, § 5, *MPG*, 3, S. 913f. ⟨S. u. S. 145⟩". Vgl. S. 34.⟩

Ausführung über das Feuer, das als echtes Symbol gefaßt ist. Auch die räumlichen Dimensionen haben etwas von echtem Symbolwert im Verhältnis zum Göttlichen – nur die bestimmte Deutung, die der Areopagit ihnen gibt, ist ihnen nicht unmittelbar-anschaulich zu entnehmen, sondern hat allegorischen Charakter. Es darf wohl allgemein ausgesprochen werden, daß Symbolverhältnisse die sachliche Grundlage für allegorische Ausdrucksweise und Deutung bilden. Es wäre nicht möglich, Bezeichnungen zwischen Sichtbarem und Unsichtbarem „herzustellen", wenn nicht das Sichtbare von sich aus über sich selbst hinauswiese und das Unsichtbare nicht Eigentümlichkeiten hätte, die sich im Sichtbaren widerspiegeln. Man würde nicht darauf verfallen, den seelischen Kräften die Namen von Körperteilen beizulegen, wenn nicht der Leib eine „Sprache" spräche, die in der mannigfaltigsten Weise von Seelischem Zeugnis ablegt (wir kommen bald darauf zurück), und wenn er nicht auch in seinem Aufbau eine Rangordnung zeigte, die einer verwandten auf seelischem Gebiet entspricht. Die göttliche Lehre ließe sich nicht mit fester und flüssiger Speise vergleichen, wenn es ihr nicht eigen wäre, aufbauend in die Seele einzugehen und von den einen in dieser, von den andern in jener Form leichter und besser aufgenommen zu werden. Symbolverhältnisse sind nicht allgemein und notwendig auf allegorische Auswertung angewiesen. Sie sind in sich verständlich und können einen „natürlichen Ausdruck" finden. So ist es etwa, wenn man von „glühendem" Eifer oder „brennendem" Verlangen spricht. Allegorische Deutung ist dort nahegelegt, wo aus dem Anschaulichen eine Sinnfülle spricht, die verschiedene (einander nicht ausschließende) Auffassungen zuläßt. Die Allegorie gibt dann eine Festlegung in bestimmter Richtung, die gerade durch ihre Eindeutigkeit eine Verarmung bedingt. Die ganze sinnenfällige Natur spricht eine Symbolsprache: Wenn die Lilie zum Sinnbild der Reinheit, das Veilchen zum Sinnbild der Bescheidenheit gleichsam konventionell ernannt worden ist, so sind das Allegorien, die im anschaulichen Charakter dieser Blumen vorgezeichnet und daraus ohne weiteres zu verstehen sind. Aber es „spricht" uns auch noch anderes aus dem „Antlitz" dieser Blumen „an", was in den landläufigen Allegorien nicht zum Ausdruck kommt. Und alles, was uns daraus anspricht, läßt sich überhaupt nicht in Worten ausdrücken. Wir treffen in der „Natursymbolik" auf etwas, was geeignet ist, uns einen engeren und eigentlicheren Sinn von „Symbol" aufzuschließen. Der allgemeine Sinn war der eines Sinnenfälligen, das als Sinnbild eines Nicht-Sinnenfälligen dient und den sprachlichen Ausdruck dafür liefert. In den erwähnten Beispielen handelte es sich dabei meist um zwei bekannte Dinge, die um einer gewissen sachlichen Gemeinsamkeit willen in diese Beziehung treten konnten. Wir können den Eifer „glühend" nennen, weil wir den Eifer und das an ihm, was wir mit „glühend" wiedergeben, aus Erfahrung kennen. Wir kennen auch die Bescheidenheit und das, was sie dem Veilchen ähnlich macht. Aber die symbolische Beziehung setzt nicht notwendig zwei bekannte Beziehungsträger voraus; ja vielleicht ist der Sinn des „Symbols" gerade dort am eigentlichsten erfüllt, wo das Bekannte uns zu einem Unbekannten hinführt. In gewissem Sinn liegt das schon vor in der Symbolik des menschlichen Leibes. Seine ganze äußere Erscheinung weist über sich selbst hinaus auf etwas, was dadurch erschlossen wird. Alle Erkenntnis seelischen Seins und Lebens ist wesentlich darauf aufgebaut. Ohne „Ausdruck" gäbe es keinen Zugang zu fremdem seelischen Sein; und wenn zum Verständnis der Ausdruckserscheinungen die innere Erfahrung des eigenen seelischen Seins wesentlich beiträgt, so ist die Selbsterfahrung doch ihrerseits von der Fremderfahrung abhängig. Erfahrung von seelischem Sein erwächst in Wechselbedingtheit von Selbsterfahrung und Fremderfahrung als sinnlich-geistige. Einen Körper als menschlichen Leib auffassen, heißt alles, was an ihm Gestalt und Bewegung ist, als „Ausdruck" auffassen, alles „Äußere" als Symbol eines „Inneren". Das „Sinn-Bild" wird als solches verstanden. Das äußerlich Wahrgenommene (Gesichtszüge, Mienenspiel u. dgl.) weist über sich hinaus auf etwas, was ganz anderer Art ist und doch mit ihm etwas gemeinsam hat, was die Ausdrucksbeziehung und das Verständnis des Ausdrucks möglich macht. Es gehört zu diesem eigentümlichen Verhältnis, daß ein Unbekanntes zugänglich wird durch ein Bekanntes, ohne daß das Verhältnis beider vorher bekannt sein müßte. Um zu erkennen, wer in einem Porträt dargestellt ist, muß man den Dargestellten kennen. Aber es ist möglich, einen Unbekannten durch sein Porträt kennenzulernen. Und einem guten Porträt ist es „anzusehen", daß es ein *Porträt* ist (keine Schöpfung bloßer Phantasie), und daß es ein *gutes* Porträt ist.[136] Freilich kann das nicht jedermann. Der Blick muß dafür geschult und geübt werden. Auch die Bildersprache des leiblichen Ausdrucks muß erst allmählich erlernt werden (wie schließlich auch die sinnliche Wahrnehmung). Und es erlernen sie nicht alle gleich gut; es gibt Menschen, die besonders dafür veranlagt sind und es weiter darin bringen als andere.[137]

Weil menschliches Erkennen mit Hilfe der Symbolzusammenhänge vom Sinnenfälligen zum Geistigen fortschreitet, darum ist es der menschlichen Sprache natürlich, die Namen von sinnenfälligen Dingen und Geschehnissen auf geistige zu übertragen: Wir sprechen von „heller" Freude, von „schwarzem Verhängnis", von „loderndem Zorn". Je naturnäher eine Sprache noch ist, je konkreter das Denken, um so lebendiger werden diese Zu-

---

136 ⟨Vgl. S. 41.⟩

137 ⟨Ab hier durchgestrichener Absatz: „Aber all das bleibt im Bereich des Natürlichen. Es könnte als Beispiel für symbolisches Erfassen und das Verstehen der *Sprache* im eigentlichen und engeren Sinn herangezogen werden. Aber ihr Aufbau ist zu kompliziert, um sie in diesem engen Rahmen zu betrachten. Ebenso kann nur darauf hingewiesen werden, wie unerläßlich symbolische Erkenntnis für alles ästhetische Betrachten der Welt sowie für das Schaffen, Verstehen und Genießen von Kunstwerken ist."⟩

sammenhänge noch gefühlt. Wie aber ist es möglich, von den Dingen der Erfahrung aus zu etwas zu gelangen, was jenseits aller Erfahrung liegt? Wenn die Kirche und ihre heiligen Lehrer von einer natürlichen Gotteserkenntnis sprechen, so meinen sie damit eine Sache des denkenden Verstandes, der von den Wirkungen auf eine erste Ursache, von der zweck- und gesetzmäßigen Ordnung des Weltalls auf einen zwecksetzenden und gesetzgebenden Ordner schließt. Aber darum handelt es sich in der *Symbolischen Theologie* nicht. Wenn Moses Gott ein verzehrendes Feuer nennt, so beruht das weder auf einem Schlußverfahren des natürlichen Denkens, noch will es dazu anregen. Er hat Gott „erfahren", hat vor Ihm gestanden und ist von Ihm ergriffen worden. Und was er dabei erfahren hat, das kann er nicht anders wiedergeben als in diesem Bild. Wer Gott „kennt", der wird es verstehen. (Wie man einen Bekannten in einem Porträt wiedererkennt oder in etwas „Bezeichnendem", was von ihm erzählt wird.) Wer Ihn nicht kennt, d.h. noch nicht so unmittelbar mit Ihm in Berührung gekommen ist, der kann Ihn daraus kennenlernen, wie man einen Unbekannten durch ein gutes Porträt kennenlernt oder durch einen bezeichnenden Zug, der von ihm erzählt wird. Dafür ist freilich schon in mehrfacher Hinsicht ein Verständnis vorausgesetzt: Man muß sich „auf Bilder verstehen" und „auf Menschen verstehen", um aus Bildern Menschen kennenzulernen. Man muß einen Blick haben für jene Verweisungen, die aus dieser Welt in eine „jenseitige" hinüberweisen, um durch eine symbolische Redewendung Gott kennenzulernen. Und muß ein gewisses Verständnis dafür haben, was mit „Gott" gemeint ist. (Beides ist übrigens auch vorausgesetzt, um einen Gottesbeweis führen und verstehen zu können.) Ist dieses vorausgesetzte Verständnis ein „natürliches" oder ein Geschenk der Gnade? Die Heilige Schrift nennt den Gottesleugner einen „Toren". (Dixit *insipiens* in corde suo: non est Deus.[138]) Sie scheint damit auszudrücken, daß der Mensch mit gesundem Verstande Gottes Dasein erkenne, daß es abnorm sei, es zu leugnen. Und wenn im Römerbrief (1, 20) gesagt wird, das Unsichtbare Gottes sei seit der Schöpfung der Welt aus den Werken geistig erkennbar, so verstehen wir das im Sinne jenes Hinausweisens des Sichtbaren über sich selbst: als natürliche Offenbarung Gottes an den Menschengeist als solchen. Danach würde es keiner Erhebung über die Natur bedürfen, um über die sichtbare Welt hinauszugelangen, sondern eines Hinabsinkens unter die Natur, um die „jenseits" weisende Sprache der sichtbaren Welt nicht mehr zu verstehen. Daß Millionen Menschen „Atheisten" sind, spricht nicht dagegen.[139] Der „Athe-

---

[138] Ps 1, 1 und 53, 2. ⟨Der Tor spricht in seinem Herzen: es gibt keinen Gott.⟩

[139] Das Folgende ist nicht als Versuch eines Gottesbeweises oder einer Widerlegung des Atheismus aufzufassen – beides liegt außerhalb unseres Rahmens –, sondern als ein Weg, um das aufzudecken, was eine *Symbolische Theologie* ihrem Sinn nach voraussetzt.

ismus“ ist bei Verschiedenen vielleicht in sehr verschiedenem Sinn zu nehmen. Meint man damit das Leugnen des Daseins Gottes, so gehört selbst dazu, daß man mit dem Wort Gottes einen Sinn verbindet und dem Anspruch nach sogar denselben Sinn wie die Gottesgläubigen, denn man will ja eben das leugnen, was sie glauben. Worauf gründet sich dieser Anspruch? Vielleicht ist der Atheist selbst früher gläubig gewesen und erinnert sich noch, was er damals unter „Gott“ verstand. Aber wie ist er ursprünglich zu dem Verständnis gelangt? Wahrscheinlich durch eine gläubige Erziehung. Man hat ihm zu Hause und in der Schule von Gott gesprochen, und er hat es unbedenklich hingenommen wie so vieles andere, was man auf Treu und Glauben hinnimmt, ohne sich aus eigener Anschauung davon zu überzeugen. Es ist jedoch zu bedenken, daß unser Sprachverständnis im Zusammenhang mit unserer Erfahrung und unserem gesamten Geistesbesitz erwächst. Um etwas Unbekanntes vom „Hörensagen“ kennenzulernen, müssen wir von der uns bekannten sinnenfälligen und geistigen Welt irgendeinen Zugang dazu haben. Sonst bleiben die Worte für uns ohne Sinn. Der Atheist könnte sagen, man habe ihm Gott dargestellt wie einen sehr großen und mächtigen Menschen, viel größer und mächtiger als alle andern; und so etwas habe er sich denken können, so wie wir uns Berge denken können, die viel höher sind als alle uns bekannten. Wenn er diesen Gott leugnet, so müssen wir ihm sagen, daß er nicht das leugnet, was wir unter „Gott“ verstehen. Behauptet er aber, unter „Gott“ dasselbe zu verstehen wie wir, so müssen wir auch eine gemeinsame Verständnisgrundlage dafür annehmen. Gewiß bilden für die meisten Kinder menschliche Vorstellungen die Brücke zum Gottesgedanken. Aber sie gelangen doch darüber hinaus zu dem „ganz anderen“ gegenüber allem, was in der Welt der Erfahrung begegnet und begegnen kann; und lassen sich dadurch bewegen, das anzunehmen, was die übernatürliche Offenbarung lehrt, als Erfüllung dessen, was als das „ganz andere“ zunächst nur leer erfaßt ist, und als Antwort auf die Rätselfragen, die die Erfahrung selbst stellt, ohne sie jemals lösen zu können. In solchem Fall vollzieht sich der Übergang aus der Welt der natürlichen Erfahrung in die Welt des übernatürlichen Glaubens wie selbstverständlich und fast unmerklich. Immerhin ist die Annahme des Glaubens eine „freie“; es besteht daneben die Möglichkeit der Ablehnung, aber nicht als vollkommen gleichgewichtige Möglichkeit: Während in einem „normalen“ Entwicklungsgang sich die erste Annahme des Glaubens bruchlos zu vollziehen pflegt, hat die Ablehnung meist die Form des scharfen Bruches oder der „Abkehr“. Ihr entspricht als Gegenbewegung die ebenso freie und bewußte Annahme des Glaubens, die „Konversion“. Dazwischen liegt der Zustand der Glaubenslosigkeit. Er kann im Einzelleben auch der zeitlich erste sein: bei Menschen, die von vornherein in einer ungläubigen Umgebung aufwachsen. Der aus freier Wahl Ungläubige wird nicht nur die Annahme der Glaubenslehre einer offenbarten Religion ablehnen, sondern auch jenen Verweisungen, die in der natürlichen Erfahrung selbst liegen, den Glauben verweigern. Wenn es möglich ist, der sinnlichen Wahrnehmung gegenüber Enthaltung zu üben und es dahingestellt ⟨sein⟩ zu lassen, ob das, was sie vor Augen stellt, wirklich existiert, so ist es erst recht möglich jenen Verweisungen gegenüber, die ja innerhalb der natürlichen Erfahrung niemals zur Erfüllung kommen können. Beharrlich geübt, kann diese Enthaltung zur Gewohnheit werden, und es kann der Zustand der „Verblendung" eintreten, in dem die Verweisungen gar nicht mehr aufgefaßt werden. Der so Verblendete sieht in der Tat nicht mehr über diese „Welt" hinaus und „kann" nun nicht mehr glauben, was ihm über eine „jenseitige" Welt gesagt wird. (Dies „Nicht-Können" gilt nicht schlechthin. Er könnte es wohl noch, aber er müßte dazu Gewalt brauchen und sich in Widerspruch setzen zu der Welt, wie er sie nun tatsächlich sieht.) Die Beweise für ihre Existenz leuchten ihm nicht mehr ein. Und er kann die Sprache, die von Erfahrungen in jener Welt berichtet, nicht mehr verstehen. Die Worte der *Symbolischen Theologie* verhüllen für ihn wirklich, was sie andern offenbaren. Im Gegensatz dazu haben wir in der „normalen", unverkürzten natürlichen Erfahrung etwas, was zugleich das Mitvollziehen der Gottesbeweise, die Annahme eines Offenbarungsglaubens und das Verständnis der *Symbolischen Theologie* möglich macht.[140]

Damit sind drei verschiedene Arten des „Sprechens von Gott" bezeichnet, die sich an verschiedene Hörerkreise wenden und verschiedene Ziele im Auge haben. Die *Gottesbeweise* gehören zur „natürlichen Theologie"; mit ihnen wendet sich der natürliche Verstand des Lehrers an den natürlichen Verstand der Hörer, um ihnen Schutz- und Heilmittel gegen mögliche verstandesmäßige Glaubenszweifel an die Hand zu geben. Als Hörer sind Menschen vorausgesetzt, die von solchen Zweifeln heimgesucht oder bedroht sind oder auch solche, die berufen sind, andern in Glaubensnöten beizustehen. Die schlicht Gläubigen bedürfen ihrer nicht. – Die *Glaubensverkündigung* beruht auf göttlicher Offenbarung und hat die Aufgabe, das, was Gott von sich selbst offenbart hat, in „alle Welt" hinauszutragen. Ihr Ziel ist die allgemeine Annahme des Glaubens und die Ordnung des Lebens nach den Vorschriften des Glaubens. – Die *Symbolische Theologie* stellt nur einen Ausschnitt aus dem gesamten Inhalt der Offenbarung dar: eben das, *was sinnbildliche Andeutung einer Erfahrung in einem neuen Sinn* ist – einer geheim-

[140] Wir sind für die Aufsuchung dieses Etwas mit Dionysius von der äußeren Wahrnehmung und Erfahrung ausgegangen. Sachlich ist mindestens ebenso wichtig das unmittelbare innere Erleben des eigenen Seins und seiner Bedingtheit. Diesen *inneren Weg zu Gott*, den bei Augustin vorherrschenden, haben wir ausführlich behandelt in einem Buch *Endliches und ewiges Sein. Versuch eines Aufstiegs zum Sinn des Seins*, das vor mehreren Jahren in Druck gegeben wurde, aber der Zeitumstände wegen nicht erscheinen konnte. ⟨Erschien erst nach Steins Tod 1950 und 1986 als ESW II; neu als ESGA 11/12.⟩

nisvollen Berührung mit der übernatürlichen Welt. Zum gesamten Inhalt der Offenbarung gehört vieles, was zwar tatsächlich durch Gottes Wort mitgeteilt wird, was aber an sich natürlicher Erkenntnis zugänglich ist und auch von denen, die es aus der Glaubenslehre annehmen, mit dem natürlichen Verstande begriffen wird: z. B. was sich auf die sittliche und gesellschaftliche Ordnung bezieht.[141]

[142] Wir haben behauptet, daß ein gewisses Verständnis dieser Bilder schon möglich ist ohne eigene entsprechende Erfahrung: in der Weise, wie man die Schriften der Mystiker verstehen kann, ohne selbst Mystiker zu sein. Wer schon im Glauben angenommen hat, daß es jenseits der Welt der Erfahrung einen Gott und eine übersinnliche Welt gibt, d. h. Wirkungen, die von Gott ausgehen, und Geister, die solche Wirkungen erfahren und weiterleiten und auch eine eigene Wirksamkeit entfalten – dem wird es verständlich sein, daß auch eine erfahrungsmäßige Berührung mit jener Welt möglich ist, und er wird begierig sein, davon zu erfassen, soviel die Bilder ihm vermitteln können. Seine Vorstellung wird allerdings leer und unanschaulich sein, solange er keine eigenen Erfahrungen hat, auch leicht durch Mißverständnisse und Täuschungen getrübt, besonders wenn eine lebhafte Einbildungskraft der Unanschaulichkeit abzuhelfen sucht. Es kann aber dieses ungenügende Verständnis gerade der Anreiz sein, um zu tun, was das Fortschreiten zu vollerem Verständnis ermöglichen kann. Andererseits ist zu bedenken, daß der Gläubige schon ein „Erleuchteter" ist, der Glaube ein „übernatürliches Licht". Wir stehen also hier nicht mehr auf der Stufe der bloß natürlichen Erfahrung und müssen noch einmal auf diese Stufe hinabsteigen. Ungläubig sein, d. h. noch keine offenbarte Wahrheit angenommen haben, ist ja nicht gleichbedeutend mit Blind- und Taubsein gegen die Glaubensbotschaft, wie es der im Unglauben Verhärtete, im äußersten Fall der grundsätzliche Gottesleugner ist. Es gibt die mannigfaltigsten Spielarten eines „undogmatischen Glaubens", der aus mancherlei Bestandteilen zusammengeschmolzen sein mag, meist wohl letztlich, wenn auch auf verborgenen Wegen, mitgespeist aus Quellen der Offenbarung. Ein solcher „Glaube" kann unbefangen und geöffnet sein für Bereicherung, Berichtigung und Umwandlung. Es wird aber für den Übergang zum echten und vollen übernatürlichen Glauben außer der freien Entscheidung für seine Annahme immer ein Einströ-

[141] Vgl. im Vorausgehenden S. 27. ⟨S. 30 f.⟩

[142] ⟨An dieser Stelle wurde der folgende Abschnitt von Stein gestrichen: „Die *Symbolische Theologie* aber wendet sich an einen auserwählten Kreis, und bei denen, die ihm angehören, will sie mehr erreichen als Belehrung über den Glaubensinhalt: Sie will die, die nach Heiligkeit streben (weil sie schon eine höhere Erleuchtung erfahren haben), weiter emporführen. Durch ihre Bilder enthüllt sie ihnen Geheimnisse einer übersinnlichen Welt. Dadurch will sie sie anleiten, sich von der sinnlichen Welt mehr und mehr freizumachen, und dahin bringen, daß sie der sinnlichen Bilder schließlich gar nicht mehr bedürfen."⟩

men jenes eigentümlich „dunklen Lichtes“ nötig sein („dunkel“ im Verhältnis zur klaren Verstandeseinsicht), das wesentlich zu ihm gehört. Es ist aber nicht notwendig, daß diese Erleuchtung dem Verständnis der Bildersprache vorausgeht: Es ist möglich, daß sie gerade durch die Bilder der *Symbolischen Theologie* hervorgerufen wird, daß ihre Veranschaulichung von Tatsachen, die für eine höhere Wirksamkeit Zeugnis ablegen, den Glauben an eine höhere Wirklichkeit erwecken. Es liegt nahe, daß aus solchem Glauben das Verlangen erwächst, mit dieser höheren Welt nun selbst in Verbindung zu treten. Eben das ist es, worauf die *Symbolische Theologie* abzielt. Sie will eine „Cheiragogia“[143] sein, ein „An-der-Hand-Führen“. Es spricht durch das Mittel des sinnlichen Ausdrucks ein Geist zum andern Geist, um ihn in ein geistiges Reich zu führen und zu rein geistigem Verstehen heranzubilden. Auf welche Weise solches Heranbilden möglich ist, davon soll hier nicht die Rede sein. Wir müssen uns begnügen herauszustellen, in welchem Sinn die *Symbolische Theologie* als ein *Weg der Gotteserkenntnis* zu deuten ist, und das scheint nun einigermaßen geklärt zu sein: *Symbolische Theologie* ist ein Sprechen von Gott in Bildern, die der sinnenfälligen Welt entnommen sind. Was sie zum Ausdruck bringt, ist eine in eigenem Ergriffensein von Gott gewonnene unmittelbare Erfahrung. Sie wendet sich damit an Geschöpfe von sinnlich-geistiger Natur, die noch so weit im Sinnlichen verhaftet sind, daß sie der vermittelnden sinnlichen Bilder bedürfen, die aber grundsätzlich zu rein geistigem Verstehen und zu eigener Erfahrung übernatürlicher Wirkungen fähig sind. Das Verständnis der Bilder setzt eine sachliche Gemeinsamkeit zwischen der sinnenfälligen Welt und der geistig-göttlichen voraus; ferner auf Seiten des Verstehenden entweder den bereits vorhandenen Glauben an eine übernatürliche Welt oder eine unbefangene und unverkürzte Auffassung der natürlichen Welt mit allen ihren Verweisungen und damit das Geöffnetsein für eine Botschaft aus jener übernatürlichen Welt und die Möglichkeit des Übergangs zum Glauben. *Ziel* dieser untersten Stufe der positiven Theologie ist die Anbahnung einer rein geistigen Gotteserkenntnis, darüber hinaus eigener unmittelbarer Erfahrung und schließlich Vereinigung mit Gott.

---

[143] *Himmlische Hierarchie,* ⟨Kap. I, § 2⟩ *MPG,* 3⟨, S.⟩ 121f. ⟨S. u. S. 160f.; Cheiragogia (griech.) – Anleitung. Vgl. oben S. 51.⟩

⟨Fragment Hs II, B,⟩ II.

⟨Der Inhalt dieses Abschnitts wurde von Stein völlig weggelassen, auch nicht sinngemäß eingearbeitet.⟩

Der *zweite Weg der Gotteserkenntnis* wird uns in der Schrift *De divinis nominibus* gezeigt: die *Deutung der geistigen Gottesnamen.* Hier sind wir nicht auf wenige Bruchstücke angewiesen, sondern haben die ganze Schrift zur Verfügung: die umfangreichste, die uns von Dionysius erhalten ist. Freilich ist es in diesem engen Rahmen nicht möglich, auf den ganzen Inhalt des großen Werkes einzugehen. Wir müssen uns damit begnügen, einen Ausschnitt zu geben, um daran die Eigentümlichkeit des Weges zur Abhebung zu bringen.

Es ist bereits erwähnt worden, daß es der Areopagit im einleitenden Kapitel als Vermessenheit abweist, unabhängig von der Heiligen Schrift etwas über Gott sagen zu wollen. Ferner betont er mit allem Nachdruck und in den verschiedensten Wendungen, daß auch die geistigen Gottesnamen nicht imstande seien, den Unfaßlichen zu fassen. Er hat aber jedem Geschöpf einen Abglanz seiner Güte mitgeteilt. Und den Geistern, die sich nicht etwas anmaßen, was ihnen nicht bestimmt ist, sondern in heiliger Ehrfurcht, Besonnenheit und frommer Scheu sich bereithalten für das, was Gott ihnen mitteilen will, denen spendet Er eine ihrem Fassungsvermögen angemessene Erleuchtung.[144] Erwägt man die Namen, die die Heilige Schrift für Gott geprägt hat, so findet man, daß sie fast alle gegründet sind auf die Auswirkungen der göttlichen Güte: Er heißt *Einer* auf Grund der Einheit, durch die wir eins sind und zu gottähnlicher Einheit geführt werden; „*weise* und *schön*, weil alle Dinge, wenn sie ihre Natur unversehrt bewahren, voll göttlichen Einklangs und heiliger Schönheit sind“, usw.[145] „So entspricht es Dem, Der aller Dinge Ursache und über allen Dingen ist, zugleich keinen Namen zu haben und wiederum alle Namen aller Dinge.“[146] Weil „Er alles einfach und unabgegrenzt in sich vorweggenommen hat durch die vollkommene Güte Seiner ⟨einzigen und⟩[147] alles bewirkenden Vorsehung, wird Er angemessen

[144] ⟨Vgl.⟩ *De divinis nominibus*, Kap. I, § 2, *MPG*, 3, S. 587 ff. ⟨S. u. S. 87.⟩
[145] A. a. O., Kap. I, § 4, *MPG*, 3, S. 589 ff. ⟨S. u. S. 88.⟩
[146] ⟨A. a. O., Kap. I, § 7, *MPG*, 3, S. 595 f. ⟨S. u. S. 91.⟩
[147] ⟨Von Stein ausgelassen; s. u. S. 92.⟩

auf Grund aller ⟨Dinge gelobt und⟩[148] benannt."[149] Indem Er in einem über alles uns Zugängliche hinausgehenden Sinn von Einheit *Einer* ist und bleibt, entläßt Er doch eine Vielheit aus sich und wird eben dadurch faßbar. Dabei ist das „Hervorgehen" Gottes mehrfach zu verstehen. Nur in ausschließendem Sinn werden im II. Kapitel die innergöttlichen Hervorgänge behandelt, durch die das *eine* göttliche Wesen sich in drei Personen entfaltet. Die göttlichen Namen, die hier zur Sprache kommen sollen, stützen sich auf das Hervorgehen der ganzen Gottheit nach außen in den Werken der Schöpfung. Dionysius kennt eine doppelte Vielheit, die vermittelnd zwischen dem Einen Gott und der Mannigfaltigkeit der sinnenfälligen Welt steht: die der geschaffenen reinen Geister – die „himmlische Hierarchie" – und die der reinen „Ideen" oder „Wesenheiten", von denen die Gottesnamen hergenommen sind.[150] Es ist anfangs erwähnt worden, daß auch den himmlischen Geistern eine wesentliche Rolle in unserer Gotteserkenntnis zukommt. Aber davon ist hier nicht die Rede, sondern von jenem unpersönlichen Zwischenreich. Nur soweit werden sie in dieser Schrift mitbehandelt, als sie, die obersten aller Geschöpfe, mit allem Geschaffenen in jenem Ersten, dem Ur- und Überseienden, den Ursprung ihres Seins haben.[151] Dionysius beruft sich nicht auf Plato, aber gerade in diesem Werk ist der Platoniker unverkennbar.[152] Als den ersten aller göttlichen Namen – der das göttliche Wesen am eigentlichsten trifft – betrachtet er den des *Guten*: Als die *Güte* selbst, das an sich Gute, das durch das Sein selbst Gute, verbreitet es die Güte auf alles Seiende, wie die Sonne rein durch ihr Sein, nicht auf Grund eines Gedankens oder Vorsatzes, alles erleuchtet, was irgendwie aufnahmefähig ist für ihr Licht. (Die Sonne verhält sich aber zum Guten nur wie ein schwaches Abbild zu seinem Urbild.) Ihm verdankt alles Seiende – von den höchsten Geistern bis zum Vernunft- und Leblosen – sein Sein und alles, was es ist, seine Ordnung und Gesetzlichkeit, seinen Anteil am Guten und sein Hinstreben nach dem Guten. Denn wie im Bereich des Sichtbaren alles dem Licht zustrebt, so strebt alles Seiende nach dem Guten, jedes in der ihm eigentümlichen Weise. Den höchsten Geistern aber ist es vor allem eigen, die göttliche Güte wider-

---

[148] ⟨Von Stein ausgelassen; s. u. S. 92.⟩

[149] A. a. O., Kap. I, § 7, *MPG*, 3, S. 595 f. ⟨S. u. S. 91 f.⟩

[150] Das Wort „εἶδος", der Name der platonischen Idee, kommt bei Dionysius nicht oft vor: *De divinis nominibus*, Kap. IV, § 10, *MPG*, 3, S. 705 f. ⟨s. u. S. 110⟩ in einer Aufzählung, ohne jede Erörterung; Kap. XIII, § 3, *MPG*, 3, S. 979 f. ⟨s. u. S. 155; „vorausgedachte Idee" in der Arbeitsübersetzung⟩ als die „vorausentworfene Idee", die das Einheitgebende für alles Geeinte ist; die zweite Stelle weist darauf hin, daß er bei seinen „geistigen Gottesnamen" das im Auge hat, was Plato mit seinen „Ideen" zu fassen suchte.

[151] ⟨Vgl.⟩ *De divinis nominibus*, Kap. IV, § 1/2, *MPG*, 3, S. 693 ff. ⟨S. u. S. 104 f.⟩

[152] Die vielverhandelte Frage, ob und was er unmittelbar aus Plato geschöpft haben mag, was durch Vermittlung der Neuplatoniker, besonders des Proclus, brauchen wir hier nicht zu erörtern.

zustrahlen und das, was ihnen untergeordnet ist, ihr zuzuwenden. So steht das Gute über allem Seienden als das Seinsgebende, und als das Seinsgebende ist es zugleich das Formgebende, wodurch das Formlose geformt wird.

Noch deutlicher vielleicht kommt der platonische Sinn dieser Ausführungen zum Ausdruck in der Erläuterung des „*Schönen*".[153] Das Gute als solches wird auch das Schöne oder die Schönheit genannt. In der Einheit der alles umfassenden Ursache ist dies beides – Schönes und Schönheit – nicht zu scheiden, während beim Seienden das, was an der Schönheit Anteil hat, schön genannt wird, Schönheit aber das, woran alles Schöne Anteil hat. Das überwesentliche Schöne wird *Schönheit* genannt als das, was allen Dingen eine ihnen entsprechende Schönheit mitteilt, das alles Ebenmaß und allen Glanz in ihnen hervorruft und, dem Lichte gleich, alles zu sich ruft[154] und hinwendet. *Schön* aber wird es genannt als das ganz Schöne und Überschöne, als das immer und auf dieselbe Weise Schöne, das weder entsteht noch vergeht, sich weder vermehrt noch vermindert, nicht z. T. schön und z. T. häßlich ist oder bisweilen schön und bisweilen nicht; nicht im Verhältnis zu diesem schön und im Verhältnis zu jenem häßlich, nicht hier so, dort aber so; nicht für diese schön, für andere aber nicht, sondern als das in sich und im Einklang mit sich selbst einförmig immer seiende Schöne, das die ursprüngliche Schönheit alles Schönen im Übermaß und voraus in sich hat. Denn in der einfachen und übernatürlichen Natur alles Schönen besteht alle Schönheit und alles Schöne einfach voraus. Auf Grund dieses Schönen sind alle Dinge schön, weil es der Seinsgrund aller ist; durch es besteht aller Einklang und alle Gemeinschaft des Seienden, weil es alles durch die Liebe auf sich hinlenkt und in diesem Streben eint. Es ist das, was alles in Bewegung setzt, und das Ziel, um dessentwillen alles entsteht. Eben darum ist das Schöne und das Gute dasselbe: das, wonach alles strebt und woran alles Anteil hat. Das aber, was das Gute nicht in sich bleiben läßt, sondern es in einem alles hervorbringenden Übermaß bewegt und wirken läßt, ist die *Liebe*.[155] Denn die Liebe ist „ekstatisch" und macht den Liebenden zum Eigentum des Geliebten, wie Paulus sagt: „Nicht mehr ich lebe, sondern es lebt in mir Christus."[156] Und so darf man es auch wagen zu sagen, der Urheber aller Dinge sei im Überschwang seiner liebenden Güte außer sich geraten: Er geht aus sich heraus, ohne aus sich herauszugehen, und umsorgt mit seiner Vorsehung alles Seiende.[157] Er wird aber nicht nur die Liebe, sondern auch der Geliebte genannt. Denn Er bringt im Geschaffenen die Liebe zu sich selbst

---

[153] ⟨Vgl.⟩ A. a. O., Kap. IV, § 7, *MPG*, 3, S. 701 ff. ⟨S. u. S. 108 f.⟩
[154] „καλοῦν" = das Rufende wird sprachlich mit „καλόν" = das Schöne in Verbindung gebracht. ⟨Vgl. S. 108.⟩
[155] ⟨Vgl.⟩ A. a. O., Kap. IV, § 10, *MPG*, 3, S. 707 f. ⟨S. u. S. 110.⟩
[156] Gal 2, 20.
[157] ⟨Vgl.⟩ *De divinis nominibus*, Kap. IV, § 13, *MPG*, 3, S. 711 f. ⟨S. u. S. 112 f.⟩

hervor. Als die Liebe bewegt Er sich selbst, als der Geliebte bewegt Er die Geschöpfe zu sich selbst hin. Darin erweist sich die göttliche Liebe als anfangs- und endlos, als immerwährender Kreislauf, der nur ⟨um⟩ des Guten willen, aus dem Guten, im Guten und zum Guten hin sich dreht.[158]

[158] ⟨Vgl.⟩ A.a.O., Kap. IV, § 14, *MPG*, 3, S. 711 ff. ⟨S. u. S. 113.⟩

Zweiter Teil
Edith Steins Übersetzungen der Schriften des Dionysius Areopagita

Einführung

von Viki Ranff

1. *Zur geistesgeschichtlichen Bedeutung des Dionysius Areopagita*

„So ging Paulus hinweg aus ihrer Mitte. Einige Männer aber schlossen sich ihm an und wurden gläubig, unter ihnen auch Dionysius, ein Mitglied des Areopags."

Diese kurze Notiz in Apg 17,33 f., anschließend an die berühmte Paulusrede im politischen Zentrum Athens, inspirierte einen Theologen des ausgehenden 5. Jahrhunderts zur Wahl seines Pseudonyms: Er veröffentlichte unter dem Namen des dort genannten Paulusschülers bedeutsame und in der christlichen Geistesgeschichte einflußreiche theologische Schriften. Neben den uns erhaltenen, sämtlich von Edith Stein übersetzten und im Anschluß an diese Einführung vorgelegten Büchern und Briefen handelt es sich um eine Reihe von Traktaten, welche Dionysius zur Erschließung der zentralen christlichen Lehren wie der Dreifaltigkeit, Inkarnation und des göttlichen Gerichtes geschrieben haben will, wie Hinweise in seinen erhaltenen Schriften bekunden.[1] Das Pseudonym wurde lange Zeit nicht erkannt, so daß der Autor dieser Werke über Jahrhunderte die Autorität eines Apostelschülers genoß. Dies dürfte erheblich zur Verbreitung und Wertschätzung seines Schrifttums beigetragen haben, wie Hans Urs von Balthasar hervorhebt: „Dionysius ist der einzige Fall in der Theologie – ja in der gesamten Geistesgeschichte, daß ein Mann von allererstem Rang und unabsehbarer Wirkung seine Identität verbergen konnte [...] und gerade auch durch diese Verhüllung seinen Einfluß auszuüben vermochte."[2] Erst die Einsicht in die Abhängigkeit des Areopagiten von neuplatonischen philosophischen Traditionen[3] ließ Zweifel an seiner Apostolizität und Fragen nach seiner wahren Identität

---

[1] Roques, René, Artikel „Dionysius Areopagita", in: *Reallexikon für Antike und Christentum*, Bd. 3, hg. von F. J. Dölger und Theodor Klauser, Stuttgart 1957, Sp. 1075–1121, bes. 1078–1081. Dort werden die erhaltenen wie die nicht überlieferten *Dionysiaca* vorgestellt, letztere nach den im erhaltenen Werk verstreuten Ankündigungen und Inhaltsangaben des Areopagiten. Eine neuere Darstellung von Person und Werk mit aufgeschlüsselter Bibliographie bietet: Drobner, Hubertus R., *Lehrbuch der Patrologie*, Freiburg/ Basel/ Wien 1994, S. 433–436, Kap. 12: Die Literatur des griechischen Ostens. II. Pseudo-Dionysius Areopagita.

[2] Balthasar, Hans Urs von, *Herrlichkeit* II, *„Fächer der Stile"*, Einsiedeln 1962, S. 147.

[3] Vgl. zu den neuplatonischen Einflüssen: Pseudo-Dionysius Areopagita, *Über die himm-*

aufkommen. Nach einzelnen skeptischen Stimmen in der Väterzeit waren es Renaissancehumanisten wie Erasmus von Rotterdam, die erneut an der Apostolizität des Verfassers des *Corpus Areopagiticum* zweifelten. Erst am Ende des 19. Jahrhunderts begann die Zuordnung des Autors zur Theologie des 5. Jahrhunderts in der Forschung allmählich akzeptiert zu werden.[4]

Die griechischsprachigen Schriften wurden im Abendland im Laufe der Jahrhunderte mehrfach ins Lateinische übersetzt.[5] Ihre Rezeption rief eine bedeutende philosophisch-theologische Tradition hervor.[6]

---

lische Hierarchie. Über die kirchliche Hierarchie, eingeleitet, übersetzt und mit Anmerkungen versehen von Günter Heil, Stuttgart 1986, Einleitung: B. Die historischen Voraussetzungen des Hierarchienentwurfs, S. 4–25.

[4] Zur Geschichte der Entdeckung des dionysischen Pseudonyms vgl. Koch, Hugo, „Der pseudepigraphische Charakter der dionysischen Schriften", in: *Theologische Quartalschrift* 77 (1895) 352–420. Ferner: Völker, Walther, *Kontemplation und Ekstase bei Pseudo-Dionysius Areopagita*, Wiesbaden 1958, S. 1–11 mit einem Abriß der Versuche, die Identität des Autors zu klären.

[5] Den griechischen Text, ergänzt durch die lateinische Übersetzung von Balthasar Corderius († 1650), entnahm Edith Stein aus *MPG* 3 und 4, ed. Jacques-Paul Migne, Paris 1886–1912. Eine interlineare Präsentation des griechischen Textes und der lateinischen Übersetzungen bieten die *Dionysiaca*, Faksimile-Neudruck der zweibändigen Ausgabe Brügge 1937 in vier Bänden, Bd. 1–4, Stuttgart-Bad Cannstatt 1989. Vgl. hierzu: Grabmann, Martin, „Die mittelalterlichen lateinischen Übersetzungen der Schriften des Pseudo-Dionysius Areopagita", in: *Mittelalterliches Geistesleben. Abhandlungen zur Geschichte der Scholastik und Mystik*, München 1926, 449–468. Eine vollständige kritische Edition des *Corpus Areopagiticum* erschien erst in jüngster Zeit: *De divinis nominibus*, ed. Beate Regina Suchla, (Patristische Texte und Studien 33), Berlin 1990; *De caelesti hierarchia, De ecclesiastica hierarchia, De mystica theologia, Epistulae*, ed. Günter Heil / Adolf Martin Ritter, (Patristische Texte und Studien 36), Berlin 1991. Vgl.: *De caelesti hierarchia* von René Roques, Günter Heil und M. de Gandillac mit französischer Übersetzung, (Sources chrétiennes 58), Paris [2]1970.

[6] Vgl. die zahlreichen Dionysius-Kommentare des Mittelalters, aber auch die kontinuierliche Prägung von Theologie und Philosophie durch dionysisches Gedankengut. In dieser Tradition steht auch Edith Stein. Die Überlieferung des griechischen Textes ins Abendland referiert in Auszügen eine Rezension von Bruders, Heinrich, über: „Die hl. Kirche und die Areopagitica" von P. Leonissa, in: *Zeitschrift für katholische Theologie* 35 (1911) 767–775. Bruders widerlegt hier die Position Leonissas, der entgegen dem Forschungsstand an der Zeitgenossenschaft des Areopagiten zu Paulus festhielt. Ein zentrales Kapitel der Dionysiusrezeption im Hochmittelalter untersucht: Feder, Alfred, „Des Aquinaten Kommentar zu Pseudo-Dionysius' ‚De Divinis Nominibus'. Ein Beitrag zur Arbeitsmethode des hl. Thomas", in: *Scholastik* (1926) 320–351. Ein Exzerpt Edith Steins dazu liegt vor, vgl. oben: Einführung zu *WGE*, S. 4, Anm. 13.

2. Zur zeitgenössischen Dionysiusforschung und deren Rezeption durch Edith Stein

Das ausgehende 19. Jahrhundert versucht die Identität des Areopagiten zu klären und bedenkt zentrale Strukturen und Motive seiner Schriften. Hugo Koch und Josef Stiglmayr scheinen die Thematik in die öffentliche Diskussion einzuführen. Koch referiert den Forschungsstand und bewertet die verschiedenen Positionen zum pseudepigraphischen Charakter des Corpus Dionysiacum und zur Identität des Verfassers.[7] Er stellt ferner das erhaltene Werk des Areopagiten vor, bedenkt aber auch die von Dionysius erwähnten, jedoch nicht überlieferten Schriften, darunter besonders die *Symbolische Theologie*. Sie sei wohl nicht mit dessen apokryphem Brief XI identisch, in dem Dionysius von diesem Werk spreche.[8] Daß der Autor im neuplatonischen Umfeld zu suchen ist, weist Koch anhand von Belegen aus den areopagitischen Schriften nach.[9] Er wertet das Pseudonym positiv:

> „Wie der Erfolg zeigte, war die Fiktion glücklich gewählt, um den Neuplatonismus zu taufen und ihm so in christlichen Kreisen das Bürgerrecht zu verschaffen."[10]

Edith Stein rezipiert Hugo Koch ebenso wie den zur selben Zeit wirkenden Josef Stiglmayr SJ.[11] Dessen frühe Beiträge befassen sich mit dogmatischen Fragen wie der Sakramentenlehre oder der Eschatologie des Areopagiten; es folgt ein Aufsatz über Askese und Mystik.[12] 1928 weist er nach, warum seines Erachtens Dionysius mit Severus, dem Patriarchen von Antiochien, identisch sein müsse.[13]

In ihrer kurzen Darstellung der Positionen Stiglmayrs und Kochs nimmt Edith Stein selbst zu der Frage der „Echtheit" im Sinne der apostolischen

---

[7] Koch, Hugo, „Der pseudepigraphische Charakter", (wie Anm. 4), S. 353–361, Kap. I. Der Stand der areopagitischen Frage.

[8] A. a. O., S. 362–370, Kap. II. Die Schriften des Dionysius.

[9] A. a. O., S. 371–420, Kap. III. Besprechung der für den pseudepigraphischen Charakter beweiskräftigen Stellen.

[10] A. a. O., S. 420. Vgl. daran anschließend: Ders., *Pseudo-Dionysius Areopagita in seinen Beziehungen zum Neuplatonismus und Mysterienwesen. Eine litterarhistorische Untersuchung*, (Forschungen zur Christlichen Literatur- und Dogmengeschichte 1 / 2 -3), Mainz 1900. Ein Exzerpt von Edith Stein dazu liegt vor, ebenso zu einem der Gewährsautoren Kochs, Franz Hipler, vgl. oben: Einführung zu *WGE*, S. 5, Anm. 13.

[11] Dies belegt sie in *EES*, (ESW II), S. 353 f., Anm. 42 mit Hinweis auf die Literaturangaben zu Koch und Stiglmayr im Art. „Dionysius der Areopagit", in: *Lexikon für Theologie und Kirche* Bd. III, Freiburg i. Br. 1931, S. 334 f.

[12] Vgl. Stiglmayr, Josef, „Die Lehre von den Sakramenten und der Kirche nach Pseudo-Dionysius", in: *Zeitschrift für Katholische Theologie* 22 (1898) 246–303; ders., „Die Eschatologie des Pseudo-Dionysius", in: A. a. O. 23 (1898) 1–21; ders., „Aszese und Mystik des sogenannten Dionysius Areopagita", in: *Scholastik* 2 (1927) 161–207.

[13] Ders., „Der sogenannte Dionysius Areopagita und Severus von Antiochien", in: *Scholastik* 3 (1928) 161–189.

Autorität der dionysischen Schriften nicht ausdrücklich Stellung. Sie referiert vielmehr die historischen Positionen: „Er nennt sich *Dionysius* und bezeichnet als seinen Führer und Lehrer den Paulusschüler *Hierotheus* und den hl. *Paulus* selbst. Darum lag es nahe, an den Areopagiten zu denken. Seine mittelalterlichen Erklärer (*Albertus Magnus, Thomas von Aquino* u. a.) waren dieser Ansicht, und hervorragende Gelehrte des 16. und 17. Jahrhunderts (*Baronius, Bellarmin, Balthasar Corderius* SJ, der Herausgeber und Übersetzer der areopagitischen Schriften) haben sie gegenüber der humanistischen Kritik verteidigt. Die neueste Forschung glaubt feststellen zu können, daß die Schriften erst um 500 n. Chr. entstanden sind (vgl. besonders die Arbeiten von J. *Stiglmayr* SJ und H. *Koch* seit 1895 [...]). Ich kann zu dieser Frage hier nicht Stellung nehmen."[14] Die Formulierungen lassen zunächst eine Sympathie für die historischen Autoren und vorsichtige Distanz gegenüber der jüngsten Forschung vermuten.

Ein zeitgenössischer Dionysiusinterpret, der sich in seinen Publikationen zur Dogmatik auf Stiglmayr und Koch beruft, ist Heinrich Weertz.[15] Ob Edith Stein ihn rezipiert hat, ist nicht bekannt.

Vergleichbares gilt für Karl Richstätter SJ, über den sie schweigt. Er war 1928 in seiner Rezeption der neueren Dionysiusforschungen zu einer gänzlich polemischen Einstellung gegen dessen Person und Theologie gekommen: „Wenn der hl. Thomas im Anschluß an Dionysius eine so besonnene Theorie der Mystik geschaffen hat, so geschah dies nur durch eine mehr unbewußte gewandte Umbiegung der dionysischen Gedanken."[16] Zusammenfassend behauptet er:

> „Es war für die mystische Theologie geradezu eine Befreiung, daß mit dem 17. Jahrhundert der verhängnisvolle Einfluß des [...] Fälschers schwand, und es kann in keiner Weise als eine Empfehlung gelten, wenn man sich auf jede beliebige mittelalterliche Tradition beruft, die vielleicht übermäßig vom heidnischen neuplatonischen Gedanken beeinflußt gewesen ist durch Pseudo-Dionysius Areopagita, den ‚Stiefvater der christlichen Mystik'."[17]

Unter Edith Steins Exzerpten findet sich aus der damals neuesten Dionysiusliteratur nicht nur der entsprechende Abschnitt aus Hugo Balls erstmals

---

[14] *EES*, VII. Das Abbild der Dreifaltigkeit in der Schöpfung, § 5. Die geschaffenen reinen Geister, in: ESW II, S. 354, Anm. 42. Vgl. dazu jedoch oben, S. 23 f., Anm. 6.

[15] Weertz, Heinrich, „Die Gotteslehre des sogenannten Dionysius Areopagita", in: *Theologie und Glaube* 4 (1912) 637–659 und 749–760; 6 (1914) 813–831.

[16] Richstätter, Karl, „Der ‚Vater der christlichen Mystik' und sein verhängnisvoller Einfluß", in: *Stimmen der Zeit* 114 (1928) 241–267, hier: 258.

[17] A. a. O., 259. Edith Stein vermerkt: „Die Ernüchterung der Enttäuschten hat ihm nach der ‚Demaskierung' Zorn und Entrüstung über den ‚Betrug' eingetragen. Man hat dazu aufgefordert, sich von seinem Einfluß möglichst schnell und gründlich freizumachen." Vgl. oben, S. 24.

1923 erschienener Schrift *Byzantinisches Christentum*, sondern auch französische Literatur zum Einfluß des areopagitischen Gedankengutes auf die karmelitische Mystik.[18] Ob die im Archiv vorliegenden Exzerpte Edith Steins Kenntnisstand der Dionysiusliteratur vollständig widerspiegeln, ist nicht bekannt.

Zwei weitere Dionysiusforscher schließen zeitlich unmittelbar an Edith Stein an: Der Byzantinist Endre von Ivánka veröffentlicht seine erste Studie zum Areopagiten 1940.[19] Otto Semmelroth SJ verfaßt ab 1948 Detailstudien zu dogmatischen Fragen wie der Erlösungs- und Gotteslehre und zur Gottesgemeinschaft bei Dionysius.[20] Zuletzt befaßt er sich mit der *Symbolischen Theologie* als Stufe der menschlichen Gotteserkenntnis. Er erschließt sie vornehmlich aus *De ecclesiastica hierarchia*, ohne jedoch das mutmaßliche Buch rekonstruieren zu wollen.[21]

Wie einschlägige Bibliographien nachweisen, steht Edith Stein in einer Tradition der Dionysiusforschung, die um 1900 begann und bis in die Gegenwart reicht.[22]

---

[18] Vgl. oben: Einführung zu *WGE*, S. 4 f., Anm. 13: Hugo Ball, Henri-Charles Puech, Gabriel Théry. Letzterer gab eine kommentierte Edition der von Abt Hilduin von St. Denis in Paris um 835 n. Chr. erstellten, ältesten lateinischen Dionysius-Übersetzung heraus: *Études Dionysiennes* I, *Hilduin, Traducteur de Denys*, par le P. G. Théry OP, (Études de Philosophie Médiévale XVI), Paris 1932; *Études Dionysiennes* II, *Hilduin, Traducteur de Denys*, Édition de sa traduction par le P. G. Théry OP, (Études de Philosophie Mediévale XIX), Paris 1937. Vgl. dazu: Buchner, Max, *Die Areopagitika des Abtes Hilduin von St. Denis und ihr kirchenpolitischer Hintergrund. Studien zur Gleichsetzung Dionysius' des Areopagiten mit dem hl. Dionysius von Paris sowie zur Fälschungstechnik am Vorabend der Entstehung der Pseudoisidorischen Dekretalen*, (Quellenfälschungen auf dem Gebiet der Geschichte 3), Paderborn 1939.

[19] Vgl. Ivánka, Endre von, „Der Aufbau der Schrift ‚De divinis nominibus' des Pseudo-Dionysios", in: *Scholastik* 15 (1940) 386–393. Neuabdruck mit drei weiteren Aufsätzen zur Stellung des Dionysius zum Neuplatonismus als Kap. VI. Pseudo-Dionysius Areopagita, in: Ivánka, Endre von, *Plato Christianus. Übernahme und Umgestaltung des Platonismus durch die Väter*, Einsiedeln 1964, S. 225–289.

[20] Vgl. Semmelroth, Otto, „Der Weg der Gottesgemeinschaft nach Pseudo-Dionysius Areopagita", in: *Geist und Leben* 21 (1948) 121–131. Ders., „Erlösung und Erlöser im System des Pseudo-Dionysius Areopagita", in: *Scholastik* 24 (1949) 367–379. Ders., „Gottes überwesentliche Einheit. Zur Gotteslehre des Pseudo-Dionysius Areopagita", in: *Scholastik* 25 (1950) 209–233. Ders., „Gottes geeinte Vielheit. Zur Gotteslehre des Pseudo-Dionysius Areopagita", in: *Scholastik* 25 (1950) 389–403.

[21] Ders., „Die theologia symbolikê des Pseudo-Dionysius Areopagita", in: *Scholastik* 27 (1952) 1–11.

[22] Vgl. Drobner, Hubertus R., *Lehrbuch*, (wie Anm. 1), S. 434: Bibliographien. A. a. O., S. 436 vermerkt er unter Theologie Edith Steins *Wege der Gotteserkenntnis*.

3. *Edith Stein und die deutschsprachigen Dionysius-Übersetzungen*

Edith Stein konnte auf keine adäquate deutsche Übersetzung der Werke des Dionysius zurückgreifen. Als ersten Versuch nennt Stiglmayr die Übersetzung Engelhardts[23] von 1823, die jedoch durch „allzu getreue Nachbildungen der griechischen Termini und Konstruktionen" belastet sei, zudem sei „an merkwürdig vielen Stellen der Sinn durchaus verkehrt wiedergegeben".[24] Remigius Storf übersetzte 1877 die *Kirchliche Hierarchie*.[25] Stiglmayr meint, „daß er entweder auf sklavische Übertragungen oder schiefe Umschreibungen und schleppende Anfügungen herabsinkt."[26] In diesen kritischen Bemerkungen scheinen eigentümliche Übersetzungsprobleme auf. Sie hängen mit dem an neuen Wortschöpfungen, Superlativen und Negationen reichen Sprachstil des Areopagiten zusammen.[27] Stiglmayr übersetzt erstmals in der neueren Zeit beide *Hierarchien* ins Deutsche. In derselben Buchreihe erscheint im Jahre 1933 Stiglmayrs Übersetzung der umfangreichsten Schrift des Areopagiten, *Von den göttlichen Namen*, zusammen mit den *Briefen* 1 und 8.[28] Eine weitere Übersetzung von *De divinis nominibus* bietet Walther Tritsch 1956, verbunden mit der *Mystischen Theologie* und den *Briefen*.[29] Eine Auswahlübersetzung *Von den göttlichen Namen*, ferner die *Mystische Theologie* und die *Briefe* 1, 3 und 5 publiziert Endre von Ivánka.[30] Eine vollständige Übertragung des *Corpus Areopagiticum* erscheint im Zusammenhang mit der kritischen Edition der griechischen Texte ab 1990.[31] Dieser Abriß der Geschichte deutscher Dionysiusübersetzungen zeigt, daß zu Edith Steins Lebenszeit die *Mystische Theologie* und die meisten *Briefe* des Areopagiten nicht in Übersetzung zugänglich waren.

Es dürfte sich bei den im Folgenden abgedruckten Texten, soweit bekannt, um die erste – bis auf einzelne Auslassungen besonders in der *Himmlischen*

---

[23] *Die angeblichen Schriften des Areopagiten Dionysius*, übersetzt und mit Abhandlungen begleitet von Johann Georg Veit Engelhardt, Sulzbach 1823.

[24] *Des heiligen Dionysius Areopagita angebliche Schriften über die beiden Hierarchien*, aus dem Griechischen übersetzt von Josef Stiglmayr S.J., (Bibliothek der Kirchenväter), Kempten 1911, S. XXV, Einleitung.

[25] Bibliothek der Kirchenväter, Kempten 1877.

[26] Stiglmayr, Einleitung, a. a. O.

[27] Vgl. dazu: A. a. O., S. XVIII–XXI, Einleitung, S. 4. Die stilistische Seite der Schriften.

[28] Dionysius Areopagita, *De divinis nominibus, Epistulae* 1+8, (Bibliothek der Kirchenväter II), Kempten 1933.

[29] *Mystische Theologie. De mystica theologia*, dt., und andere Schriften, mit einer Probe aus der Theologie des Proklus, aus dem Griechischen übersetzt mit Einleitung und Kommentar versehen von Walther Tritsch, (Weisheitsbücher der Menschheit 6, hg. von Jean Gebser), München 1956.

[30] Dionysius Areopagita, *Von den Namen zum Unnennbaren*. Auswahl und Einleitung von Endre von Ivánka, Einsiedeln (1959) [2]1981.

[31] Vgl. oben Anm. 5 und im Literaturverzeichnis, S. 280, die Bde. in der Bibliothek der griechischen Literatur.

Hierarchie – vollständige deutsche Übertragung der pseudodionysischen Schriften seit 1823 handeln. Wann Edith Stein diese angefertigt hat, ist nicht bekannt. Die einschlägige Korrespondenz dient der Beschaffung von Sekundärliteratur und der Besprechung einzelner Fragen zu den *Wegen der Gotteserkenntnis*, erwähnt jedoch die Dionysiusübersetzungen nicht.[32] Vielleicht entstanden sie um 1935–37 für das Engelskapitel in *Endliches und ewiges Sein* oder erst anläßlich der Vorbereitung der Studie zum Areopagiten um 1940.

Eine Veröffentlichung der Übersetzungen, deren Manuskript sich unter der Signatur P / C I 1 im ESAK befindet, dürfte von Edith Stein nicht vorgesehen gewesen sein. Wenn sie etwa 65 Jahre nach der Entstehung dem Leser vorgelegt werden, belegt dies nicht nur die Übersetzungstätigkeit der Philosophin, sondern dient auch der Kenntnis des philosophischen Theologen und theologischen Philosophen Dionysius Areopagita und seiner Interpretation durch Edith Stein.

[32] Vgl. zum Briefwechsel die Einführung zu *WGE*, S. 7 ff. Eine erste Erwähnung in der Literatur finden die Übersetzungsmanuskripte in: Gerl, Hanna-Barbara, *Unerbittliches Licht – Edith Stein. Philosophie – Mystik – Leben*, Mainz [3]1999, S. 166.

Dionysius Areopagita
Von den göttlichen Namen

Übersetzt von Edith Stein

Opera S. Dionysii Areopagitae
cum Scholiis S. Maximi et Paraphrasi
Pachymerae
a
Balthasare Corderio
Soc. Jesu Doct. Theol.
latine interpretata
et
notis theologicis
illustrata.
Antwerpen.
1634.[1]

–

Τοῦ ἐν Ἁγίοις
Διονυσίου Ἀρεοπαγίτου
περὶ
Θείων Ὀνομάτων

–

Sancti
Dionysii Areopagitae
de
Divinis Nominibus

[1] ⟨„Werke des heiligen Dionysius Areopagita mit den *Scholien* ⟨scholia(lat.) = Kommentare⟩ des heiligen Maximus ⟨vgl. S. 24, Anm. 9⟩ und den *Paraphrasen* des Pachymeres ⟨Georgius Pachymeres, Historiker, Philosoph und Diakon in Konstantinopel, 1242–1307⟩, von Balthasar Corderius SJ, Dr. theol., lateinisch übersetzt und mit theologischen Anmerkungen erklärt. Antwerpen 1634." Es folgt auf Griechisch und Lateinisch: „Des heiligen Dionysius Areopagita *Über die Göttlichen Namen*". ⟩

Der Priester Dionysius an seinen Mitpriester Timotheus[2]

I.
Ziel des Buches und was über die göttlichen Namen überliefert ist

I 1 – Nun, Du Seliger, will ich mich nach den *Theologischen Grundlinien*[3] an die Erklärung der göttlichen Namen begeben. Doch auch jetzt soll uns das heilige Gesetz des Wortes Gottes vor Augen stehen, damit wir die Wahrheit dessen, was von Gott gesagt wird, *nicht mit überredenden Worten menschlicher Weisheit zu zeigen suchen, sondern im Erweis der Kraft,*[4] die der Geist den Theologen eingehaucht hat und die uns mit unaussprechlichen und unbekannten Dingen auf unaussprechliche und unbekannte Weise verbindet in einer Vereinigung, die alle Kraft und alles Vermögen unseres schließenden Denkens oder geistigen Verstehens übersteigt. Allgemein also darf man es nicht wagen, über die überwesentliche und verborgene Gottheit etwas zu sagen oder zu denken, was uns nicht in der Heiligen Schrift von Gott offenbart ist. Denn die Unerkennbarkeit ihrer Übernatur, die über alle Vernunft (λόγος), allen Geist (νοῦς) und alles Wesen (οὐσία) ist – ihr selbst müssen wir das übernatürliche Wissen zuschreiben: Soweit sollen wir nach dem unzugänglichen Licht streben, soweit der Strahl der göttlichen Worte sich in uns herabläßt, wenn wir uns mit der dem Göttlichen gebührenden Besonnenheit und Ehrfurcht zurückhalten. Wenn wir nämlich der durchaus weisen und wahrhaftigen Gotteslehre glauben dürfen, so offenbart sich das Göttliche und wird erschaut nach dem Maß der Fassungskraft der einzelnen Geister, da die höchste Güte Gottes, in heilsamer Gerechtigkeit, den abgemessenen Dingen ihre Unermeßlichkeit, weil sie unfaßbar ist, in wahrhaft göttlicher Weise anmißt. Denn wie das Geistige durch das Sinnenfällige nicht greifbar und nicht sichtbar wird und das Einfache und Unbildliche nicht in Bildwerken, die Formlosigkeit des Unberührbaren und Ungestalteten nicht durch das in Körpergestalten Geformte, im selben Sinne ist die überwesentliche Unendlichkeit über alle Wesen und über alle Geister die übergeistige Einheit und unerforschlich für alles Forschen der Vernunft das übervernünftige Eine und unaussprechlich für jedes Wort das Gute über alles Wort: die alle Einheit wirkende Einheit, das überwesentliche Wesen, der unverständliche Verstand, das unaussprechliche Wort, die Unsagbarkeit,

[2] ⟨Als Adressaten spricht Dionysius den Empfänger der beiden neutestamentlichen Timotheusbriefe des Paulus und dessen Begleiter nach Apg 16, 1 an, um seine eigene angeblich apostolische Zeitgenossenschaft zu bekunden.⟩
[3] ⟨Ein Buch des Areopagiten unter diesem Titel ist nicht überliefert.⟩
[4] 1 Kor 2, 4.

Undenkbarkeit und Unnennbarkeit, die nichts vom Seienden ist (nichts von dem, was ist, μηδὲν τῶν ὄντων): Die für alles die Ursache des Seins ist, selbst aber nicht ist, da sie über alles Seiende hinausliegt, wie sie selbst es von sich selbst in entscheidender, auf Erkenntnis gegründeter Weise aussagen könnte.

I 2 – Über diese, wie gesagt, überwesentliche und verborgene Gottheit darf man nicht wagen, etwas zu sagen oder auch nur zu denken, abgesehen von dem, was uns von Gott in der Heiligen Schrift verkündet ist: Denn wie sie selbst von sich selbst in der Heiligen Schrift gütig mitgeteilt hat, ist die Erkenntnis und Erschauung dessen, was sie ist, allen Wesen unzugänglich, weil sie überwesentlich über alle hinausgehoben ist. Man kann auch viele Theologen finden, die sie rühmen, nicht nur, weil sie unsichtbar und ungreifbar ist, sondern auch, weil sie nicht erforscht und aufgespürt werden kann, denn es gibt keine Spur, die zu ihrer ganz verborgenen Unendlichkeit führen würde. Doch auch von dem, was ist, ist nichts ganz ohne Anteil am Guten. Denn jenen überwesentlichen Strahl, der Ihm bleibend innewohnt, läßt es jedem Ding gütig in ihm angemessenen Erleuchtungen scheinen, und die geheiligten Geister läßt es zu einer ihnen angemessenen Schau, Gemeinschaft und Ähnlichkeit kommen – jene, die Ihm, soweit sie können, zustreben, wofern sie sich nur nicht etwas Höheres anmaßen, als ihnen die göttliche Erleuchtung ihrem Fassungsvermögen entsprechend bringt, und nicht durch eine verkehrte Neigung in die Tiefe gleiten, sondern beständig, ohne die Augen abzuwenden, dem leuchtenden Strahl entgegenschauen und mit einer den ihnen gewährten Erleuchtungen entsprechenden Liebe, in heiliger Ehrfurcht, mit Besonnenheit und frommer Scheu emporfliegen.

I 3 – Folgen wir also jener göttlichen Waage, die alle heiligen Klassen der himmlischen Ordnungen bemißt, ehren wir jenes Geheimnis der höchsten Gottheit, das alles Verstehen und jedes Wesen übersteigt, mit heiliger Scheu, die sich kein Forschen gestattet, und ihre Unsagbarkeit mit geziemendem Schweigen; strecken wir uns ihrem Glanz entgegen, der uns aus der Heiligen Schrift aufleuchtet; durch ihr Licht werden wir dann zu heiligen Gesängen angeregt, die uns überirdisch erleuchten, und durch die göttlichen Lobgesänge werden wir zum Schauen des göttlichen Lichtes herangebildet, das uns in ihnen gewährt wird, soweit es unserm Fassungsvermögen entspricht, und zum Preis des wohltätigen Urquells aller Erleuchtung, soweit er sich selbst über sich selbst in der Heiligen Schrift ausgedrückt hat. Z. B. daß Er aller Dinge Ursache, Urgrund, Wesen und Leben ist, Rückberufung und Auferstehung derer, die von Ihm abgefallen sind, Neubildung und Neuformung derer, die das göttliche Bild in sich ausgelöscht haben, fester Grund für die in unheiligem Schwanken Bewegten, Sicherheit für die Stehenden, Licht der

Erleuchteten, (Leitung der zu Ihm Hinstrebenden), Vollkommenheit gebender Vollendungsgrund[5] der Vollkommenen, das göttliche Wirken in den Gottähnlichen, die Einfachheit der Einfachgewordenen, die Einheit der Einsgewordenen, der überwesentlich-überursprüngliche Urgrund jedes Seinsgrundes und jenes verborgenen Geheimnisses Mitteilung, soweit sie recht ist; einfacher gesprochen: das Leben des Lebendigen, das Wesen des Seienden, alles Lebens und Wesens Urgrund und Ursache wegen Seiner Güte, wodurch Er alle Dinge hervorbringt, damit sie sind, und erhält, damit sie nicht zugrundegehen.

I 4 – Dies haben wir aus der Heiligen Schrift gelernt; und Du wirst finden, daß sozusagen fast der gesamte heilige Lobpreis der Theologen, um uns Gott zu zeigen und Ihn zu loben, göttliche Namen entsprechend den Hervorgängen der göttlichen Güte gebildet hat. So sehen wir, daß fast in jeder theologischen Abhandlung die Gottheit heilig gepriesen wird als Monade oder *Einheit* (μόνας, ἕνας) wegen der Einfachheit und Einheit ihrer übernatürlichen Ungeteiltheit, durch die wir als durch eine einheitschaffende Kraft Eines sind und durch überirdische Verbindung unserer geteilten Verschiedenheiten zu einer gottähnlichen Einheit und Gott nachbildenden Vereinigung geführt werden; als *Dreiheit* aber wegen der dreipersönlichen Offenbarung ihrer übernatürlichen Zeugungskraft, von der jede Vaterschaft im Himmel und auf Erden herstammt und ihren Namen hat; als *Ursache der Dinge*, weil alles durch ihre wesenschaffende (οὐσιοποιός) Güte das Sein erhält; als *weise* und *schön*, weil alle Dinge, wenn sie ihre Natur unversehrt bewahren, allen göttlichen Einklangs und heiliger Schönheit voll sind; von *hervorragender Menschenliebe*, weil Er sich uns in einer Seiner Personen in Wahrheit ganz mitgeteilt hat, indem Er die menschliche äußerste Niedrigkeit zu sich zurückrief und aufnahm, aus der Jesus, trotz seiner Einfachheit, in unsagbarer Weise zusammengesetzt war, der Ewige einen zeitlichen Anfang annahm, und der ins Innere unserer Natur hinabstieg, der alle Ordnung der ganzen Natur überwesentlich übersteigt, aber bei unverändertem und unvermischtem Bestand seiner Eigenschaften.

Dieses und was sonst an göttlichen Erleuchtungen, in Einklang mit der Schrift, unsere heiligen Lehrer uns in geheimer Unterweisung übergeben haben, haben auch wir aufgenommen: Dabei verhüllt aber jetzt, unserm Fassungsvermögen entsprechend, die göttliche Menschenfreundlichkeit in gewissen heiligen Schleiern der Worte und hierarchischen Mitteilungen, in sinnlichen Zeichen geistiger Dinge, in wirklichen Wesen die überwesentlichen, umgibt form- und gestaltlose Dinge mit Formen und Gestalten, und

[5] ⟨Vorher: „Seinsgrund".⟩

die übernatürliche Einfachheit macht sie vielfältig und gestaltet sie durch die Mannigfaltigkeit geteilter Zeichen. Wenn wir aber einst unverweslich und unsterblich sind und ein christusähnliches, seliges Los erlangt haben, dann werden wir, wie geschrieben steht, *immer bei Gott sein,*[6] erfüllt von der ganz heiligen Schau der sichtbaren Offenbarung Gottes selbst, dessen leuchtender Glanz uns überstrahlen wird, wie einst die Jünger bei der göttlichen Verklärung[7]. Dieser geistigen Erleuchtung teilhaft, gemäß einem Geiste, der von leidend erfahrenen Eindrücken und von Stoff frei ist, werden wir durch den unbekannten, seligen Glanz leuchtendster Strahlen zu göttlicherer Nachahmung der überhimmlischen Geister in einer Vereinigung, die alles Verstehen übersteigt, mit ihnen verbunden werden. Dann, wie die wahrhaftige Schrift sagt, werden wir *den Engeln gleich und Kinder Gottes sein, wenn wir Kinder der Auferstehung sein werden.*[8] Nun aber benutzen wir, soweit wir können, Zeichen, um das Göttliche zu fassen; durch sie werden wir zu jenem einfachen und einheitlichen wahren Sinn der geistigen Schauspiele geführt, wie es unserm Fassungsvermögen entspricht; und nach allem uns möglichen Verstehen göttlicher Dinge lassen wir unsere Verstandestätigkeit ruhen und werfen uns hinein in jenen überwesentlichen Strahl, soweit es recht ist, in dem alle Grenzen aller Erkenntnisse auf unsagbare Weise voraus bestanden haben; wir können ihn weder mit unserm Geist fassen noch mit Worten ausdrücken noch mit Augen sehen, weil er über alles erhaben und in überragender Weise unbekannt ist, weil er alle Abgrenzungen aller wesentlichen Erkenntnisse und Kräfte in sich vorausgenommen hat und über alle himmlischen Geister erhaben in unbegreiflicher Kraft thront. Da nämlich alle Erkenntnisse dem Seienden gelten und nach dem Seienden ihre Grenze haben, ist Er, der über jedes wirkliche Wesen (οὐσία) erhaben ist, auch aller Erkenntnis entzogen.[9]

I 5 – Wenn Er aber jedes Wort und jedes Erkennen übersteigt und über jeden Geist und jedes Wesen hinausliegt, da Er alles in sich umgreift und zusammenfaßt und vorwegnimmt, ja auch für alle unfaßlich ist, weil Er keinem Sein zugänglich ist, da es von Ihm keine Vorstellung gibt, keine Mei-

---

[6] 1 Thess 4, 17.
[7] ⟨Mt 17, 1–8; Mk 9, 2–8; Lk 9, 28–36; 2 Petr 1, 16–18.⟩
[8] Lk 20, 36.
[9] ⟨Auf einem beigefügten Zettel ist vermerkt:⟩
Gottes Licht über alle Welt.
Aus der Weisheit eines unbekannten Kirchenvaters.
Einleitung: Der große Unbekannte
Motto: In intimo corde bonitatis exorta sunt lumina: im innersten *Herzen* der Güte ward die Erleuchtung geboren (Ball, Hugo, *Byzantinisches Christentum*, München 1923, S. 247).

nung, für Ihn keinen Namen, kein Wort, keine Berührung, keine Erkenntnis – wie können wir da eine Abhandlung über die göttlichen Namen unternehmen, nachdem gesagt worden ist, daß die Gottheit, wie über jedes Wesen, so über jeden Namen und jede Benennung erhaben ist? Doch, wie ich sagte, als ich die theologischen Bilder erklärte, können wir jenes Eine, Unbekannte, Überwesentliche, durch sich selbst Gute, Das Ist ⟨sic!⟩, die Dreieinigkeit, wie ich sagte, die gleicher Gott und gleiches Gut ist, weder in Worten ausdrücken noch mit unserem Denken erreichen: Ja, auch die Verbindungen der heiligen Kräfte mit jener mehr als unbekannten und überleuchtenden Güte, die den Engeln zukommen, mag man sie nun Eingießungen oder Aufnahme nennen, sind unaussprechlich und unbekannt und nur denen eigen, die sie – neben der Erkenntnis der Engel und zusammen mit den Engeln – empfangen haben. Gottähnliche Geister also, die in Nachahmung der Engel, soweit es angeht, Gott geeint sind (durch vollkommenes Ruhenlassen aller geistigen Tätigkeit gibt es nämlich bei gottähnlich gewordenen Geistern eine solche Vereinigung mit dem höchsten Licht Gottes),[10] preisen Ihn auf die angemessenste Weise durch Absehen von allen Dingen, da sie aufgrund jener seligen Vereinigung mit Gott über aller Natur und wahrhaft darüber erleuchtet sind, daß Gott Ursache aller Dinge, aber selbst keines von ihnen ist, sondern über alle überwesenhaft hinausgehoben. Diese göttliche Überwesentlichkeit über alles, was ist, diese Übergüte über alle Güte darf man weder als Vernunft oder Macht, weder als Geist noch als wirkliches Wesen oder Leben preisen, wenn man nach der Wahrheit strebt, die über alle Wahrheit ist: Vielmehr muß man sie loben als über alles Gehaben, über Bewegung, Leben, Vorstellung, Meinung, Namen, Wort, Denken, Verstehen, Wesen, Seinsverfassung, Grundlage, Vereinigung, Ziel, Unermeßlichkeit, kurz über alles, was nur ist, hoch emporgehoben. Da sie aber als Urquell aller Güte durch ihr bloßes Sein Urquell aller Dinge ist, muß die Gutes wirkende Vorsehung Gottes aufgrund alles Verursachten gepriesen werden. Denn im Hinblick auf sie und um ihretwillen ist alles, und sie ist vor allem, und in ihr hat alles Bestand und Zusammenhang[11]; und ihr Sein bringt alles hervor und macht, daß es ist, und nach ihr strebt alles, das Geistige und Vernünftige wissentlich; was darunter kommt, mit sinnlichem Streben, das übrige aber mit Lebensbewegung oder substantieller Bewegung oder gewohnheitsmäßiger Bewegtheit.

---

[10] ⟨Anstreichung am Rand von „Gottähnliche Geister" bis „Licht Gottes". Randbemerkung:⟩ V⟨ide⟩ Johannes. ⟨Gemeint ist wohl die engelähnliche Schaukraft des Apostels Johannes, die er von Gott für die Niederschrift der Apokalypse empfing.⟩

[11] ⟨Kol 1, 16f.⟩

I 6 – Da die Theologen das wissen, loben sie Gott sowohl als den Namenlosen als ⟨auch⟩ aufgrund jedes Namens. Als den Namenlosen, wenn sie sagen, Gott habe in einer der mystischen Visionen sinnbildlicher Gotteserscheinungen den gescholten, der gesagt hatte: *Welches ist Dein Name?*[12] Und als wollte Er ihn von jeder Gott benennenden Erkenntnis abbringen, habe Er gesagt: *Weshalb fragst du nach meinem Namen? Dieser ist wunderbar.*[13] Oder ist etwa der Name nicht wahrhaft wunderbar, der über jeden Namen ist, der ohne Namen ist, der über *jeden Namen, der in dieser Welt oder der künftigen genannt wird, erhaben ist?*[14] Als vielnamigen aber führen sie Gott ein, wenn sie Ihn selbst sagen lassen: *Ich bin der Ich bin,*[15] Leben, Licht, Gott, Wahrheit, und wenn die Gottesgelehrten selbst Gott, den Urheber aller Dinge, vielnamig preisen aufgrund alles Bewirkten: als gut, als schön, als weise, als geliebt, als Gott der Götter, Herrn der Herren, als den Heiligen der Heiligen, als den Ewigen, den Seienden, den Urheber der Zeiten, als den Spender des Lebens, die Weisheit, den Geist, das Wort, den Erkennenden, als den Überreichen an allen Schätzen aller Wissenschaft, als die Macht, den Mächtigen, den König der Könige, den Alten der Tage[16], den Nichtalternden und Unveränderlichen, als das Heil, die Gerechtigkeit, die Heiligung, die Erlösung, als den alles an Größe Überragenden und den im sanften Säuseln.[17] Nun sagen sie aber auch, Er sei in den Geistern, in den Seelen und in den Leibern, im Himmel und auf Erden, in allem zugleich als Derselbe, in der Welt, um die Welt, über der Welt, überhimmlisch, überwesentlich, Sonne, Stern, Feuer, Wasser, Wind, Tau, Wolke, Stein, Fels, alles, was ist, und nichts von dem, was ist.

I 7 – Auf diese Weise also entspricht es Dem, der aller Dinge Ursache und über allen Dingen ist, keinen Namen zu haben und wiederum alle Namen aller Dinge, so daß in strengem Sinn ⟨Er⟩ die Herrschaft des Alls der Dinge ist und alles im Hinblick auf Ihn ist und alles von Ihm als von der Ursache, dem Seinsgrund und Ziel abhängt und daß Er, wie die Schrift sagt, *alles in allem*[18] ist und in Wahrheit gelobt wird als alles erschaffend, beginnend, vollendend und es in Seiner Hut und Heimstätte bewahrend, es auch zu sich hinwendend – und dies in geeinter Kraft (ἡνωμένως), unüberwindlich, über alles erhaben: Denn Er ist nicht nur die Ursache alles Zusammenhangs, alles Lebens und aller Vollkommenheit, so daß Er nur aufgrund dessen oder aufgrund anderer Vorsehung die Güte über jeden Namen genannt würde;

[12] Gen 32, 30.
[13] Ri 13, 18.
[14] Eph 1, 21.
[15] Ex 3, 14.
[16] ⟨Dan 7, 9.⟩
[17] ⟨1 Kön 19, 12f.⟩
[18] 1 Kor 15, 28.

sondern Er hat alles einfach und unabgegrenzt in sich vorweggenommen durch die vollkommene Güte Seiner einzigen und alles bewirkenden Vorsehung und wird angemessen aufgrund aller Dinge gelobt und benannt.

I $_{8}$ – Nun erwähnen die Theologen nicht nur rühmend diese göttlichen Namen, die von der allgemeinen oder besonderen Vorsehung hergeleitet werden oder von dem, was durch die Vorsehung betroffen wird, sondern auch von gewissen göttlichen Gesichten, die meist in heiligen Tempeln oder anderswo die Lehrer der Geheimnisse oder die Propheten erleuchtet haben; nach vielfachen Ursachen und Kräften nennen sie die göttliche Güte, die jeden Namen und Glanz übersteigt, und schreiben ihr menschliche Formen und Gestalten zu oder die des Feuers oder des Bernsteins; und sie preisen Seine Augen und Ohren, Haare, Antlitz, Hände, Schultern, Flügel, Arme, Rücken und Füße; sie gestalten um ihn Kronen, Throne, Becher, Mischkrüge und anderes, worüber wir in der *Symbolischen Theologie*, so gut wir können, sprechen werden. Alles, was zu dieser Abhandlung gehört, wollen wir aus der Heiligen Schrift zusammentragen und das Gesagte als Richtschnur benutzen; und darauf hinschauend wollen wir zur Entfaltung der geistigen Gottesnamen vordringen; und was immer das göttliche Gesetz in der gesamten Theologie vorschreibt: Auf die göttlichen Schaubilder (θεωρίας) – um es recht zu sagen – wollen wir mit göttlichem Geist schauen, und mit heiligen Ohren wollen wir auf die heiligen Auslegungen göttlicher Namen hören, den Heiligen Heiliges vor Augen stellen, wie es die Heilige Schrift uns übergibt; gegen das Gelächter und den Spott der Uneingeweihten aber wollen wir es schützen, vielmehr wollen wir, wenn es solche Menschen gibt, sie aus dem Krieg, den sie deswegen mit Gott führen, zurückrufen.

Dies nun, bester Timotheus, sollst Du nach der heiligsten Anleitung beobachten und göttliche Dinge nicht Unreinen verraten oder zu ihnen hinaustragen. Mir aber möge Gott geben, die Gutes wirkende Vielnamigkeit der Gottheit, die nicht genannt werden kann, Gottes Würde entsprechend zu preisen, und ⟨Er⟩ möge das Wort der Wahrheit[19] nicht aus meinem Munde nehmen.

II.
Über die geeinte und unterschiedene Theologie und was göttliche Einigung und Unterscheidung ist

II $_{1}$ – Die Heilige Schrift rühmt von der Güte an sich selbst, daß sie das ganze göttliche Wesen bestimmt und erklärt habe, was es eigentlich sei.

[19] ⟨Ps 119 (118), 43.⟩

Denn was anderes ist aus der heiligen Theologie zu lernen, wenn sie sagt, Gott selbst habe sich bezeichnet mit den Worten: *Was fragst du mich über das Gute? Niemand ist gut als Gott allein*[20]? Dies nun ist auch an anderen Stellen von uns ausführlich gezeigt worden, daß alle göttlichen, Gott geziemenden Namen nicht von einem Teil, sondern von der ganzen, vollkommenen, unversehrten, vollen Gottheit durch die Heilige Schrift gepriesen werden und daß sie alle ungeteilt, uneingeschränkt, ohne Beobachtung eines Unterschiedes auf die Gesamtheit der ganz vollkommenen und vollständigen Gottheit bezogen werden. Denn, wie wir in den *Theologischen Grundlinien* erwähnt haben, wenn jemand behaupten wollte, dies sei nicht von der ganzen Gottheit gesagt, so würde er lästern und es wagen, die Einheit über alle Einheit zu spalten. Wir müssen also sagen, daß dies von der ganzen Gottheit zu verstehen sei; denn auch das Ewige Wort, das von Natur aus gut ist, sagt: *Ich bin gut,*[21] und ein Prophet rühmt, von Gott begeistert, den Geist als den guten. Und ferner: Die nicht zugeben wollen, daß jenes Wort: *Ich bin der Ich bin*[22] von der ganzen Gottheit gesprochen sei, sondern nur einen abgegrenzten Teil betreffe, wie werden sie jenes andere Wort verstehen: *Dies spricht, Der ist, der war und der kommen wird, der Allmächtige;*[23] und ferner: *Du selbst aber bist Derselbe*[24], und jenes: *Der Geist der Wahrheit, der ist, der vom Vater ausgeht*[25]? Und wenn sie leugnen, daß die ganze Gottheit Leben sei, wie kann dann jenes heilige Wort wahr sein: *Wie der Vater Tote auferweckt und belebt, so belebt auch der Sohn, die Er will;*[26] und jenes: *Der Geist ist es, der belebt*[27]? Daß auch die Herrschaft über die ganze Welt die ganze Gottheit innehat, das darf nicht von dem Gott, der Gott zeugt, oder von dem Sohn ausgesagt werden, wie ich glaube, da so oft in der Heiligen Schrift der Vater und der Sohn als Herr gepriesen wird; aber auch der Geist ist Herr.[28] Schön und weise wird also von der ganzen Gottheit ausgesagt, sowie auch Licht und Ursache und das Vergöttlichende, und was immer sonst noch die ganze Gottheit betrifft, verwendet die Heilige Schrift für das gesamte Gotteslob; zusammenfassend, wenn sie sagt: *Alles ist aus Gott*; unterscheidend, wenn es heißt: *Alles ist durch Ihn und in Ihm gemacht worden; und in Ihm hat alles Bestand und Zusammenhang*[29]; und: *Du wirst Deinen Geist aussenden, und es wird erschaffen werden*[30]. Und, wie man zusammen-

[20] Mt 19, 17; ⟨Mk 10, 18.⟩
[21] Mt 20, 15; ⟨Ps 143 (142), 10.⟩
[22] Ex 3, 14.
[23] Offb 1, 4.
[24] Ps 102 (101), 28.
[25] Joh 15, 26.
[26] Joh 5, 21.
[27] Joh 6, 63.
[28] ⟨Vgl. 2 Kor 3, 17.⟩
[29] Kol 1, 16f. ⟨Edith Stein gibt irrtümlich Röm 2, 36 an.⟩
[30] Ps 104 (103), 30.

fassend sagen könnte, sagt das Göttliche Wort selbst: *Ich und der Vater sind Eins; und was immer der Vater hat, ist mein, und all das Meine ist Dein und all das Deine ist mein*[31]. Und wiederum schreibt Er alles, was Ihm und dem Vater eigen ist, dem göttlichen Geist in Gemeinschaft und Vereinigung zu, das Wirken Gottes, die Verehrung, die sprudelnde, nie versagende Ursache und die Verteilung der dem Guten geziemenden Gaben. Und niemand von denen, glaube ich, die in der Heiligen Schrift mit unverwirrten Begriffen geforscht haben, wird bestreiten, daß alles, was Gott im vollen Sinn der Gottheit zukommt, der ganzen Gottheit eigen ist. Da wir dies nun in der vorliegenden Schrift in Kürze und teilweise, anderswo aber aus der Heiligen Schrift ausreichend bewiesen und unterscheidend dargelegt haben, müssen wir glauben, daß jeder vollständige Gottesname, dessen Erklärung wir in Angriff nehmen, auf die ganze Gottheit bezogen ist.

II 2 – Wollte aber jemand einwenden, wir führten so entgegen der Unterscheidung, die der Gottheit zukommt, eine Vermischung ein, so glauben wir, daß er die Wahrheit dieses Einwandes wohl niemals beweisen könnte. Denn wäre es jemand, der überhaupt gegen die Heilige Schrift Stellung nähme, dann wäre er auch von unserer Philosophie weit entfernt; und wenn es ihm nicht um die Weisheit der Heiligen Schrift zu tun ist, wie soll es uns darum zu tun sein, ihn zu theologischer Erkenntnis zu führen? Hat er es aber auf die Wahrheit der Schrift abgesehen, so werden auch wir im Vertrauen auf diese Richtschnur und dieses Licht nach Kräften zur Verteidigung vorrücken, ohne auszuweichen, und sagen, daß die Theologie einiges in einheitlichem Sinn lehre, anderes in unterscheidendem; und es sei weder recht, das Einheitliche zu spalten, noch das Unterschiedene zu vermischen, und ihr (der Schrift) folgend müßten wir nach Kräften zum göttlichen Glanz emporstreben. Denn aus ihr erhalten wir göttliche Erklärungen als eine ganz schöne Richtschnur der Wahrheit, wenn wir das darin Niedergelegte ohne Hinzufügung, Abstrich oder Verdrehung in uns zu bewahren streben und unsererseits dabei in der Obhut der Heiligen Schrift bewahrt bleiben und von ihr dazu gestärkt werden, die zu bewahren, die sie bewahren.

II 3 – Die einheitlichen Namen nun für die ganze Gottheit sind, wie wir in den *Theologischen Grundlinien*[32] aus der Heiligen Schrift ausführlich bewiesen haben: das Über-Gute, Über-Göttliche, Überwesentliche, Über-Lebendige, Überweise, und was noch zur Heraushebung nach dem Übermaß gehört. Dazu wird alles Ursächliche gezählt: das Gute, Schöne, Seiende, Lebenspendende, Weise und was immer zu Seinen dem Guten geziemenden Gaben

---

31 Joh 10, 30; Joh 17⟨, 21.⟩
32 ⟨Vermutlich fiktive Schrift; vgl. S. 27, Anm. 24.⟩

gehört, nach denen die Ursache alles Guten benannt wird. Unterschieden aber sind des Vaters, des Sohnes und des Heiligen Geistes überwesentliche Namen und Wirklichkeit; in ihnen ist keine wechselseitige Beziehung oder Gemeinsamkeit eingeführt. Ferner ist unterschieden und getrennt das vollkommene, uns entsprechende, unwandelbare Wesen Jesu, und was immer zu den ihm entsprechenden Geheimnissen seiner Menschenliebe gehört.

II 4 – Ich glaube aber, es wird gut sein, noch etwas besser zusammenfassend jene höchst vollkommene Weise der göttlichen Einheit und Unterschiedenheit zu erklären, damit diese ganze Lehre uns völlig klar werde und jedes Schillern und jede Dunkelheit ausschließe, vielmehr scharf scheidend und klar und in der rechten Ordnung das Eigentümliche nach Kräften bestimme. Es nennen aber die heiligen Lehrer unserer theologischen Überlieferung (wie ich anderswo gesagt habe) göttliche Einheitszüge jene verborgenen und niemals hervortretenden stehenden Wesenszüge (ὑπεριδρύσεις), collocationes) des überunaussprechlichen und überunerkennbaren Bleibens, Unterschiedenheiten aber die dem Guten geziemenden Hervorgänge und Erscheinungen der Gottheit. Und sie nennen, der Heiligen Schrift folgend, einiges, was der genannten Einheit eigentümlich ist, einiges wiederum, was der Unterscheidung eigentümlich ist, sowohl Verbindendes als ⟨auch⟩ Trennendes: z. B. ist aufgrund der Einheit oder Überwesentlichkeit verbindend und gemeinsam für die einheitliche Dreiheit das überwesentliche Sein, die übergöttliche Gottheit, die Güte über alle Güte, die Selbigkeit des ganzen Eigenseins alles dessen, was über allem ist: die Einheit über alle Einheit, das Unaussprechliche, das Vielnamige, die Unerkennbarkeit, das Allerkennbare, die Setzung von allem, die Aufhebung von allem, das, was über alle Setzung und Aufhebung ist, das wechselseitige Ineinanderverweilen und -stehen, wenn man so sagen darf, der zur Einheit gehörigen Personen, das ganz Geeinte und in keinem Teil Vermischte, wie die Lichtaussendungen der Lampen (um sinnenfällige und vertraute Beispiele zu brauchen), die in einem Hause sind: Sie sind ganz ineinander, nicht vermischt und bestehen vollständig wechselseitig voneinander unterschieden, in Unterschiedenheit zu Einem verbunden und in der Verbundenheit unterschieden. Und nun sehen wir im Haus, in dem viele Lampen sind, alle Lichtaussendungen zu einem Licht zusammenströmen und *einen* ungeschiedenen und ungeteilten Glanz ausströmen; und niemand, glaube ich, kann das Licht einer Lampe von dem der anderen in der alles Licht in sich enthaltenden Luft unterscheiden und eins getrennt vom anderen sehen, da alles mit allem unvermischt eins geworden ist. Ja, wenn jemand eine Lampe aus dem Haus fortnähme, würde das ganze ihr eigene Licht hinausgehen, doch sie würde nichts von dem andern Licht mitnehmen noch etwas von dem ihren in dem anderen zurücklassen; denn es bestand, wie ich sagte, eine vollkommene Vereinigung aller mit allen, aber durchaus keine Vermischung in irgendeinem Teil; und dabei war es ein Licht in etwas Körperlichem, nämlich in der Luft, und war durch stoffliches Feuer bedingt. Deshalb nennen wir jene überwesentliche Vereinigung weit erhabener nicht nur als jene, die in der Körperwelt bestehen, sondern auch als die Vereinigung von Seelen und Geistern; eine solche haben sie auf unvermischte und überirdische Weise, da sie an jenem göttlichen und überhimmlischen Licht in einem ihnen angemessenen Teilhaben durch eine alles überragende Einigung ganz aneinander teilhaben.

II 5 – Es gibt aber auch eine Unterscheidung in den überwesentlichen Gottesnamen, da nicht nur (wie ich sagte) gemäß eben dieser Einigung jede der einheitlichen Personen unvermischt und unverschmolzen gesetzt wird, sondern auch, weil sie in dem, was zu jener überwesentlichen göttlichen Zeugung gehört, keineswegs wechselseitig aufeinander bezogen sind. So ist der Vater die einzige Quelle der überwesentlichen Gottheit, sodaß der Sohn nicht Vater ist und der Vater nicht Sohn, sondern jeder der göttlichen Personen klar das ihr gebührende Lob gewahrt bleibt. Dies nun ist das Einheitliche und Unterschiedene in der unaussprechlichen Einheit und Wesenheit. Wenn aber auch die göttliche Scheidung ein Herausgehen aus der göttlichen Einheit ist, wie es Gott geziemt, wenn diese auf übereinheitliche Weise durch Gottes Güte vielfältig wird, so sind doch in der göttlichen Unterschiedenheit diese unbegreiflichen Mitteilungen – wie die Seinsgebung, Belebung, Weisheitsverleihung und andere Geschenke der alles bewirkenden Güte – geeint: jene Gaben, gemäß denen das, woran ohne Anteil Anteil gegeben wird, gerühmt wird aufgrund dessen, was Anteil hat und woran es Anteil hat. Und dies ist gemeinsam und verbindend und Eines für die ganze Gottheit, nämlich das Teilhaben eines jeden, das an ihr teilhat, sodaß keines an einem Teil teilhat: So wie am Mittelpunkt eines Kreises alle Geraden, die im Kreis herumgelegt werden, teilhaben und wie viele Abdrücke eines Siegels an dem urbildlichen Siegel teilhaben und in jedem Siegelabdruck das Siegel ganz und dasselbe ist und in keiner Gestalt nur einem Teil nach. Es übertrifft aber diese Beispiele die Unmittelbarkeit der Gottheit, die aller Dinge Ursache ist; denn mit ihr gibt es keine Berührung noch eine andere Gemeinschaft der Vermischung mit dem, was teilhat.

II 6 – Aber man wird sagen, das Siegel sei nicht in allen abgedrückten Gestalten ganz und dasselbe. Aber daran ist nicht das Siegel schuld (denn dieses teilt sich ganz und als dasselbe einem jeden mit), sondern die Verschiedenheit der Teilhabenden macht die Abbilder der einen, ganzen und selben ursprünglichen Form unähnlich: Wenn z. B. die Unterlagen weich und leicht zu formen sind, leicht an Gewicht, ungestaltet, nicht widerstrebend noch hart oder fließend und unbeständig, dann werden sie eine klare, deutliche und bleibende Gestalt annehmen; fehlt aber etwas von der geschilderten geeigneten Beschaffenheit, dann wird infolgedessen die Gestalt weniger ausgeprägt und klar sein, und es wird anderes hinzukommen, was von der geringen Eignung zum Teilhaben herrührt. Nun ist bei unserer Wiederherstellung aus göttlicher Güte dies Amt von der Gottheit unterschieden, weil unseretwegen aus uns das Wort über alles Wesen unsere unversehrte und wahre Natur angenommen und getan und gelitten hat, was Seinem gottmenschlichen Wirken ausschließlich und allein eigen ist. Denn dies ist in keiner Weise dem Vater und dem Geist (mit Ihm) gemeinsam, wenn man nicht gerade von der Gemeinsamkeit des gütigen und menschenfreundlichen Ratschlusses sprechen will und im Hinblick auf all jenes überragende und unaussprechliche Wirken, das in Seinem Dasein unter uns der Unveränderliche vollbracht hat, sofern Er Gott und Gottes Wort ist. So wollen wir uns bemühen, die göttlichen Dinge in unserer Rede zu verbinden und zu trennen, je nachdem sie selbst in sich geeint oder getrennt sind.

II $_7$ – Doch die Gott entsprechenden Ursachen dieser Vereinigungen und Trennungen, soviel wir davon in der Heiligen Schrift gefunden haben, haben wir in den *Theologischen Grundlinien* in getrennter Behandlung der einzelnen, so gut wir konnten, erklärt, teils indem wir sie in wahrer Begründung zergliederten und auseinanderlegten und so den reinen und ruhigen Geist den erleuchtenden Bildern der Schrift zuwandten, teils uns zu Mystischem erhoben aufgrund göttlicher Mitteilung, über die natürliche Verstandestätigkeit hinaus. Denn alles Göttliche, auch das, was uns erschienen ist, ist nur durch Teilhaben erkennbar. Was aber zu Seinem eigenen innersten Wesen und Stand (ἵδρυσις) gehört, das geht über allen Verstand, alles Wesen und alle Erkenntnis. Wenn wir z. B. die überwesentliche Verborgenheit Gott oder Leben oder Wesen oder Licht oder Wort nennen, so erkennen wir nichts anderes als die aus ihr auf uns übergeflossenen vergöttlichenden, wesenschaffenden, lebenzeugenden, weisheitspendenden Kräfte. Auf Ihn selbst aber treffen wir beim Auflösen aller geistigen Tätigkeiten, wenn wir keine göttliche Wirkung schauen, kein Leben oder Wesen, das deutlich ähnlich wäre jener Ursache, die über alles durch jeden Vorzug hinausgehoben ist. Wiederum haben wir aus der Heiligen Schrift entnommen, daß der Vater die urquellhafte Gottheit ist, Jesus und der Geist aber, wenn man so sagen darf, der gotterzeugenden Gottheit gottgeborene Sprößlinge und wie Blüten oder überwesentliche Lichter: Auf welche Weise das aber ist, das können wir weder sagen noch verstehen.

II $_8$ – Bisher aber war die ganze uns zu Gebote stehende Kraft des geistigen Tuns darauf gerichtet, wie die ganze göttliche Vaterschaft und Sohnschaft aus der über alles erhabenen Herrschaft des Vaters und Sohnes auch uns sowie den überhimmlischen Kräften geschenkt ist, wodurch die gottähnlichen Geister auch Götter und Söhne und Väter von Göttern sind und genannt werden; dabei wird natürlich die sogeartete Vaterschaft und Sohnschaft auf geistige Weise verliehen, d.h. unkörperlich, unstofflich, geistig faßbar, wobei der göttliche Geist über alle geistig faßbare Unstofflichkeit und Vergöttlichung erhaben ist und der Vater und der Sohn über alle göttliche Vaterschaft und Sohnschaft unerreichbar hinausgehoben. Denn es gibt keine genaue Ähnlichkeit zwischen dem Verursachten und den Ursachen; vielmehr hat das Verursachte Bilder der Ursachen in sich, soweit es möglich ist; die Ursachen aber sind über das Verursachte erhaben und haben ihren Sitz hoch über ihnen, wie es der Ursprünglichkeit ihres Seins entspricht. Um vertraute Beispiele zu gebrauchen: Man sagt, Freuden und Schmerzen machten es, daß man sich freue und Schmerz empfinde, sie selbst aber empfinden weder Freude noch Schmerz; und wenn das Feuer erwärmt und verbrennt, so sagt man nicht, daß es selbst verbrennt und erwärmt werde. Und wenn jemand sagen wollte, das Leben selbst lebe oder das Licht selbst werde erleuchtet, so wäre das meiner Meinung nach durchaus nicht richtig, wenn er es nicht etwa in dem anderen Sinn sagte, daß in den Ursachen das, was im Verursachten ist, zuvor überfließender und wesenhaft sei.

II 9 – Ja, selbst was das Offenbarste aus der ganzen Theologie ist, die göttliche Bildung Jesu nach unserer Natur, ist unaussprechlich für jedes Wort und unfaßbar für jeden Verstand, selbst für den höchsten der ältesten Engel. Wir haben zwar auf mystische Weise erfahren, daß Er menschliches Wesen angenommen habe; aber wir wissen nicht, wie Er aus dem Blut der Jungfrau anders als nach dem Naturgesetz gebildet wurde, wie er mit trockenen Füßen, da sie doch körperliche Masse und stoffliches Gewicht hatten, über den feuchten und fließenden Stoff wandelte[33] und anderes vollbrachte, was zeigt, daß die Natur Jesu übernatürlich war. Aber darüber haben wir schon anderswo genügend gesprochen,[34] und unser ruhmreicher Lehrer hat es in seinen *Elementen der Theologie*[35] ganz übernatürlich gepriesen, wie er es z.T. von heiligen Theologen empfangen hat, teils selbst aus sorgfältiger Erforschung der Schrift in langer Zeit und Übung in den zusammenfassenden Blick bekommen hat; z.T. ist es ihm auch durch göttlichere Eingebung enthüllt worden, wobei er das Göttliche nicht nur erlernt, sondern erlitten hat; und dadurch, daß er es so mitgelitten hat, wenn man so sagen darf, ist er zu jener mystischen Vereinigung und zum Glauben vollendet worden, den man nicht erlernen kann. Und um die überreichen und seligen Einsichten jenes

[33] ⟨Mt 14, 25.⟩
[34] ⟨Vgl. III. und IV. Brief an Caius, S. 253f.⟩
[35] ⟨Gemeint ist Hierotheus, der ebenso wie seine hier genannte Schrift, die im folgenden mit „*Theologische Anfangsgründe*" übersetzt wurde, möglicherweise fiktiv ist.⟩

herrlichen Geistes in Kürze weiterzugeben – Folgendes sagt er von *Jesus* in den von ihm gesammelten *Theologischen Anfangsgründen*:

II 10 – *Worte des hl. Hierotheus aus den Theologischen Anfangsgründen*
Ursache aller Dinge und alle erfüllend ist die Gottheit Jesu, die alle Teile im Einklang mit dem Ganzen errettet; sie ist weder Ganzes noch Teil und ist Ganzes und Teil, da sie alles, Ganzes und Teil, in sich begreift und im Übermaß hat und voraus hat. Sie ist vollkommen im Unvollkommenen als die ursprüngliche Ursache der Vollkommenheit, und doch unvollkommen im Vollkommenen als über und vor allem Vollkommenen: die formwirkende Form im Formlosen als ursprüngliche Ursache der Form, formlos in den Formen, weil über alle Formen, das Wesen, das sich auf alle Wesen unvermischt stützt und überwesentlich über alle Wesen hinausgehoben ist, das alle Seinsgründe und Ordnungen abgrenzt und über alle Seinsgründe und Ordnungen erhaben ist. Sie ist das Maß der Dinge, die Zeit (αἰών) über den Zeiten und vor der Zeit: voll im Leeren, übervoll im Vollen; sie ist unaussprechlich und unsagbar, über allen Verstand, alles Leben, alles Wesen, übernatürlich hat sie die Übernatur, und überwesentlich übersteigt sie das Wesen. Da Er sich nun aus Liebe zum Menschengeschlecht bis zu unserer Natur hinabließ und unser Wesen wahrhaft annahm und Er, der höchste Gott, Mensch genannt wurde (aus Barmherzigkeit über allen Verstand und alle Worte ist wohl das Genannte für uns), übertrifft Er auch darin die Natur und das Wesen, daß Er nicht nur ohne alle Veränderung Seiner selbst und Vermischung der Natur sich uns verbunden, in Seiner überreichen Fülle nichts aus der unaussprechlichen Entleerung erlitt, sondern auch, was als Neues über alles Neue geschah, weil Er an dem, was zu unserer Natur gehört, über die Ordnung und das Wesen der Natur, über das Maß des Wesens hinaus teilhatte und all das Unsere aus uns und uns überlegen in ausgezeichneter Weise hat.

II 11 – Doch genug davon. Kommen wir nun zum Ziel unserer Gedankenführung, indem wir die gemeinsamen und einheitlichen Namen der göttlichen Unterschiedenheit, soweit wir können, erklären. Und um deutlich alles nacheinander zu erklären, nennen wir göttliche Unterschiedenheit, wie gesagt, die geistigen Hervorgänge Gottes. Wenn Er nämlich allen Dingen reichlich Anteil an allem Guten spendet, dann ist Er geeint im Unterschiedensein, Er vermehrt sich aber in der Einheit und wird aus Einem vielfach, ohne sich von der Einheit zu entfernen: Denn Gott ist der überseiend Seiende, Er schenkt das Sein allem Seienden und führt alle Wesen ins Sein; und man sagt, Er werde vielfach, während Er Eines sei, da Er die Vielheit des Seins aus sich hervorbringt; Er bleibt aber um nichts weniger derselbe, der Eine in der Vielheit, geeint im Hervorgehen und vollkommen in der Unterschiedenheit, da Er über alle Wesen überwesentlich erhaben ist, sowohl durch die einzigartige Hervorbringung alles Seienden als durch die unverminderte Ausströmung Seiner nie versagenden Mitteilungen. Ja, während Er selbst Eines ist und jedem Teil und Ganzen, jeder Einheit und Vielheit Anteil an sich, dem Einen, gewährt, so ist Er auch in dem Sinn überwesentlich Einer, daß Er weder Teil einer Menge noch ein Ganzes aus Teilen ist: Und so ist Er weder Eines noch hat Er teil an Einem oder hat Einheit; sondern weit entfernt davon ist Er auf andere Weise Eines, über alles, was bei den Dingen Eines ist, unteilbare Vielheit, unausfüllbare Überfülle, die alles Eine und Viele hervorbringt, vollendet und in sich befaßt. Wiederum, wenn durch Seine göttliche Vergöttlichung, eines jeden Kraft entsprechend, eine Mehrheit von Göttern wird, so erscheint das wie eine Teilung und Vervielfältigung des einen Gottes und wird so genannt; jedoch Er selbst ist darum nicht weniger der Urgott und überwesentliche, übergöttliche Eine Gott, ungeteilt in den Geteilten, in sich geeint und unvermischt mit den Vielen und unvervielfältigt. Da dies unser und unseres Lehrers gemeinsamer Führer zur göttlichen Erleuchtung übernatürlich eingesehen hatte, er, der gewaltig ist im Hinblick auf das Göttliche und ein Licht der Welt, schreibt er in seinen Briefen, vom Geist Gottes erfüllt:

Denn, wenn es auch welche gibt, die im Himmel und auf Erden Götter genannt werden (es gibt nämlich viele Götter und viele Herren), so ist doch nur Einer für uns Gott Vater, aus dem alles ist, und wir sind in Ihm; und nur Ein Herr Jesus Christus, durch den alles ist, und wir sind durch Ihn.[36] Denn in den göttlichen Dingen geht das Einheitliche über das Unterschiedene und geht ihm voraus und ist nicht weniger geeint nach der nicht aus sich heraustretenden und einzigartigen Scheidung des Einen. Diese gemeinsamen und geeinten Unterschiedenheiten oder dem Guten geziemenden Hervorgänge der ganzen Gottheit wollen wir also aufgrund der göttlichen Namen, die sie in der Heiligen Schrift erklären, so gut wir vermögen, zu preisen suchen; wenn dies eine zunächst, wie gesagt, feststeht, daß jeder Gutes wirkende Gottesname, welcher göttlichen Person er auch beigelegt worden sein mag, ohne Unterschied für die ganze göttliche Dreifaltigkeit anzunehmen ist.

[36] 1 Kor 8, 5 ⟨f.⟩

III.
Über die Kraft des Gebetes, über den seligen Hierotheus, die Gottesfurcht und das theologische Schrifttum

III $_1$ – Und zuerst wollen wir, wenn es so gut dünkt, den Namen *Gut* betrachten, der alle Hervorgänge Gottes offenbart, zuvor aber die alles Gute hervorbringende und überragende Dreifaltigkeit anrufen, die das ganze gütige Walten ihrer Vorsehung erklärt. Man muß nämlich erst durch Gebete sich zu ihr als dem Ursprung des Guten hinführen lassen und sich dann selbst ihr noch mehr nähern, um sich über die vortrefflichsten Gaben belehren zu lassen, die sich bei ihr finden. Denn sie selbst ist bei allem, aber es ist nicht alles bei ihr. Sondern wenn wir sie mit heiligen Bitten, mit ruhigem und zur göttlichen Vereinigung bereitetem Geist anflehen, dann erst sind auch wir bei ihr. Denn sie selbst ist nicht so an einem Ort, daß sie irgendwo nicht wäre und von einem zum andern wanderte. Ja, wenn man sagt, daß sie in allen Dingen sei, so bleibt das noch zurück hinter ihrer Unendlichkeit, die, alles umfassend, alles überragt. Wir wollen uns also durch Gebete für ein erhabeneres Aufsteigen zu den göttlichen und gütigen Strahlen bereiten: so wie wenn wir eine leuchtende Kette, die vom höchsten Himmel bis zu uns herabgelassen wäre, mit den abwechselnd ausgestreckten Händen beständig an uns reißen würden: Es würde so scheinen, als ob wir sie selbst an uns zögen; in Wahrheit aber würden nicht wir sie herabziehen, da sie ja oben und unten wäre, sondern würden vielmehr zu dem erhabenen Glanz ihrer leuchtenden Strahlen höher emporgehoben. Oder wenn wir in ein Schiff gestiegen wären und uns an den Seilen hielten, die man uns von einem Felsen zu unserer Hilfe zuwürfe, dann würden nicht wir den Felsen zu uns hinüberziehen, sondern in Wahrheit uns selbst und das Schiff zu den Felsen. Wiederum: Wenn jemand, der auf einem Schiff steht, gegen einen Felsen im Meer antreibt, wird er den festen und unbeweglichen Felsen durchaus nicht von der Stelle rücken, sondern wird sich selbst von ihm abstoßen; und je heftiger er dagegen antreibt, desto weiter wird er von ihm entfernt werden. Deshalb müssen wir vor allem gerade bei der Theologie mit Gebet beginnen, nicht um die überall und nirgends gegenwärtige Kraft an uns zu ziehen, sondern um uns selbst durch das Gedenken und die Anrufung Gottes Ihm hinzugeben und mit Ihm zu vereinigen.

III $_2$ – Und hier ist es vielleicht nicht unangemessen, Rechenschaft zu geben, warum wir, obwohl unser hervorragender Lehrer Hierotheus[37] die *Theologischen Anfangsgründe* sorgfältig zusammengetragen hat, als ob diese nicht genügten, andere theologische Abhandlungen und auch die gegenwär-

[37] ⟨Vgl. S. 98, Anm. 35.⟩

tige geschrieben haben. Gewiß, wenn jener alle theologischen Abhandlungen hätte hintereinander herausgeben wollen und in Teildarlegungen die Summe der ganzen Theologie durchgegangen wäre, dann hätten wir uns nie zu dem Wahn oder der Torheit verstiegen zu meinen, wir könnten klarer und göttlicher die theologischen Fragen durchdringen, oder uns in überflüssiger und vergeblicher Mühe ermüden zu wollen und unserem Freund und Lehrer solches Unrecht anzutun, daß wir durch geistigen Diebstahl sein hervorragendes Wissen und seine Darlegung für uns in Anspruch nähmen, da doch er, nächst dem heiligen Paulus, mich eingeführt hat. Da er aber das Göttliche in Wahrheit nach Art der Alten erklärte und uns eine Reihe von zusammenfassenden Definitionen übergab, die vieles in eins zusammennehmen, erhielt ich, zusammen mit meinen Gefährten, die noch weniger Eingeweihte unterrichten, den Auftrag, jene zusammenfassenden und vereinheitlichenden Beweisführungen, in denen die geistige Kraft eines so bedeutenden Mannes besonders hervorleuchtet, in uns angemessener Sprache zu erklären und auseinanderzulegen; ja, auch Du hast uns häufig dazu ermahnt und dieses Buch uns als überaus erhaben vorgestellt. Darum bezeichnen auch wir es als einen Lehrer für vollkommene und gereifte Geister und wie eine zweite Heilige Schrift, die ganz nahe an die Schriften gottbegeisterter Männer heranreicht; wir aber werden die göttlichen Dinge für Leute unseresgleichen nach unserem Fassungsvermögen erklären. Wenn aber die feste Speise für Vollkommene ist, welche Vollkommenheit wäre es, auch andere mit solcher Speise zu nähren? Mit Recht sagen wir also, die gereifte Kraft des Alters sei nötig zur geistigen Betrachtung der Schrift und zur feineren Ausbildung; für kleine Einweihende und Einzuweihende aber paßt das Wissen und die Unterweisung von Einführungsworten. Jedoch haben wir auch dies mit aller Sorgfalt beobachtet, nichts von dem, was jener göttliche Lehrer uns klar zum Ausdruck gebracht hat, irgendwie anzurühren und nicht noch einmal zu wiederholen, was er selbst zur Erhellung von Schriftworten überliefert hat: Denn selbst bei unserem von göttlichem Geist erfüllten Verstehen (als auch wir, wie Du weißt, und er und viele unserer heiligen Brüder gekommen waren, um jenen Leib zu schauen, der dem Leben den Anfang gab und Gott empfangen hatte[38] – es war aber auch Jakobus, der Bruder des Herrn, da und Petrus (und) jene älteste Oberleitung der Gotteskünder –, und als alle Vorsteher beschlossen, nach ihrem Vermögen nächst der göttlichen die Unendliches vermögende Güte der göttlich-herrschenden Schwäche zu preisen) hat er, wie Du weißt, nach den Gotteskündern alle übrigen Lobsänger übertroffen, ganz über sich emporgehoben, sich ganz unter sich zurücklassend und die Gemeinschaft mit dem, was er pries, erleidend; schließlich wurde er von allen, die ihn hörten und sahen, von Bekann-

[38] ⟨Beim Entschlafen der Gottesmutter.⟩

ten und Unbekannten für einen vom göttlichen Geist erfüllten, göttlichen Lobsänger gehalten. Doch wozu berichte ich Dir, was dort von Gott gesprochen wurde? Ich erinnere mich ja, wenn ich nicht mich selbst vergesse, daß ich oft von Dir Teile jener göttlichen Lobpreisungen gehört habe; so sehr lag es Dir am Herzen, das Göttliche nicht nur flüchtig zu verfolgen.

III 3 – Doch verlassen wir dies Geheimnisvolle, das wir der Menge nicht mitteilen dürfen, das Dir aber durchaus bekannt ist. Da es schon an der Zeit war, möglichst vielen Menschen unseren Glauben bekannt zu machen und, so viele dazu gebracht werden könnten, für unsere heilige Lehre zu gewinnen, da übertraf er in diesem Amt viele heilige Lehrer sowohl durch lange Erfahrung (χρόνου τριβῇ) als ⟨auch⟩ durch Reinheit des Geistes, Schärfe der Beweisführungen und andere Mittel heiliger Unterweisung, so daß ich es niemals wagte, zu einer so großen Sonne aufzuschauen. So sehr sind wir uns bewußt und wissen es, daß wir keineswegs ausreichend das von Gott Erkennbare erkennen noch das von der Gotteserkenntnis Sagbare sagen und aussprechen können. Da wir nun gegenüber der theologischen Wahrheit hinter der Erkenntnis göttlicher Männer weit zurückbleiben, sind wir auch aus großer Gottesfurcht dahin gelangt, daß wir über die göttliche Philosophie nicht wagen würden, etwas anzuhören oder zu reden, wenn wir nicht eingesehen hätten, daß die Kenntnis göttlicher Dinge, so weit wir sie erreichen können, nicht vernachlässigt werden dürfe. Und davon überzeugt uns nicht nur das natürliche Verlangen der Geister, die stets zur Betrachtung göttlicher Dinge, soweit es recht ist, angeregt werden, sondern auch die vortreffliche Anordnung der göttlichen Gesetze selbst: Sie verbietet uns einerseits, das, was uns zu hoch ist, was unser Verdienst und unser Fassungsvermögen übersteigt, allzu neugierig zu erforschen; andererseits befiehlt sie uns, alles, was uns erlaubt und gewährt ist, beharrlich zu lernen und andern mitzuteilen. Dadurch veranlaßt haben wir uns weder durch die Mühe noch durch Zaghaftigkeit von der erlaubten Erforschung der göttlichen Dinge abschrecken lassen, um nach unserem Vermögen jene, die nicht Höheres als wir zu erschauen vermögen, nicht ohne Stütze zu lassen, und so haben wir uns entschlossen zu schreiben, ohne uns anzumaßen, etwas Neues beizubringen, sondern wir wollen nur durch genauere Behandlung einzelner Teile das zergliedern und erklären, was Hierotheus in Wahrheit zusammenfassend gesagt hat.

IV.
Das Gute, das Licht, das Schöne, die Liebe, der Eifer; das Böse ist weder ein Seiendes noch aus dem Seienden noch zum Seienden gehörig

IV 1 – Gott als die sich mitteilende Güte

Nun also schreiten wir zum Namen: das Gute, den die Theologen von allem abgehoben der Gottheit über alle Gottheit zuschreiben, da sie, wie ich glaube, das urgöttliche Wesen selbst Güte nennen. Und da es das durch das Sein Gute, das in sich seiende Gute ist, darum verbreitet es die Güte auf alles Seiende. Wie nämlich unsere Sonne nicht aufgrund eines Gedankens oder Vorsatzes, sondern rein durch ihr Sein alles erleuchtet, was irgendwie aufnahmefähig für ihr Licht ist, so ergießt auch das Gute selbst (das über die Sonne erhaben ist wie ein Urbild über ein schwaches Abbild) in entsprechender Weise (ἀναλόγως) alles Seiende mit den Strahlen ihrer ganzen Güte. Durch sie sind alle geistig erkennbaren und erkennenden Wesen, Kräfte und Tätigkeiten ins Dasein getreten;[39] durch sie sind sie und haben sie das ewige, unvergängliche Leben, frei von aller Verderbnis und vom Tod, von Stoff und Zeugung, von aller Unstetigkeit und allem Fließen, das hierhin und dorthin getragen wird; und sie werden als unkörperlich und unstofflich erkannt und erkennen als Geister auf überirdische Weise und werden über den Sinn des Seienden angemessen erleuchtet und lassen wiederum auf das ihnen Verwandte das ihnen Eigene überströmen. Auch ihr Verbleiben haben sie von der Güte: Von daher haben sie ihren festen Stand und Zusammenhalt, die Bewachung und die Heimstätte des Guten, von ihr hängen sie ab, haben sie das Sein und das Wohlsein; und nach ihr, soweit möglich, geformt, haben sie die Gestalt des Guten und geben dem, was unter ihnen ist, wie es das göttliche Gesetz vorschreibt, Anteil an den Gaben, die auf sie aus dem Guten übergeflossen sind.

IV 2 – Die Engel

Von daher stammen ihre übernatürlichen Ordnungen, ihre Verbindungen miteinander, ihr wechselseitiges Ineinandersein, ihre unvermischten Scheidungen, ihre Kräfte, die niederen zu den höheren zu führen, die Vorsorge der höheren für die niederen, die Bewahrung des Ihren bei einer jeden Kraft, ihr unwandelbares Kreisen um sich selbst, ihr stets gleichbleibendes, höchstes Verlangen nach dem Guten und alles andere, was wir in unserer Abhandlung über die Eigenschaften und Ordnungen der Engel erwähnt haben; ja, auch was zur *Himmlischen Hierarchie* gehört, die den Engeln geziemenden Reinigungen, die überirdischen Erleuchtungen und die Vollendung der gesamten englischen Vollkommenheit stammt aus der alles verursachenden

[39] ⟨Randnotiz:⟩ Schöpfer der geistigen Wesen.

und hervorsprudelnden Güte, aus der ihnen auch die Form des Guten geschenkt worden ist und [die Gabe,] in sich die verborgene Güte hervorleuchten zu lassen und Boten zu sein als Herolde des göttlichen Schweigens und als helle Lichter, die das im Heiligtum Geborgene andeuten.

Nach jenen heiligen und geheiligten Geistern sind aber auch die Seelen und alle Güter der Seelen durch die Güte über alle Güte[40]: Daß sie geistbegabt sind, daß sie ein ⟨in⟩ sich gegründetes Leben haben, das Sein selbst und die Fähigkeit, nach einem engelgleichen Leben zu streben, weil diese sie als gute Führer zum höchsten aller Güter führen und weil sie an den daraus hervorströmenden Erleuchtungen nach ihrem eigenen Fassungsvermögen Anteil gewinnen, an der Gabe, die die Form des Guten hat, soweit ihr Vermögen geht, teilhaben, und was wir sonst in der *Abhandlung über die Seele*[41] aufgezeichnet haben. – Ferner, wenn wir auch über die vernunftlosen Seelen oder Lebewesen sprechen sollen, die entweder die Luft durchqueren oder über die Erde gehen, am Boden kriechen, im Wasser leben oder Amphibien sind oder unter der Erde verborgen und in Höhlen leben, was immer einfach eine Sinnenseele oder Leben hat, das alles ist durch dieselbe Güte beseelt und belebt.[42] Von daher haben auch alle Pflanzen ihr Ernährungs- und Bewegungsleben.[43] Schließlich ist auch jedes Seelen- und leblose Seiende durch eben dieses Gut und hat von ihm sein Aufsichgestelltsein erlangt.

IV 3 – Wenn aber das Gute über alles Seiende ist (wie es in Wahrheit ist), so formt es auch das Formlose, und in ihm allein ist das Wesenlose Übermaß des Wesens, das Leblose Überfülle des Lebens, das Geistlose Überfülle der Weisheit; und was immer im Guten ist, das gehört zur überragenden Formung des Formlosen. Und wenn es erlaubt ist, das zu sagen, selbst das Nichtseiende strebt nach dem Guten, das über allem Seienden ist, und bemüht sich irgendwie um das Sein selbst in dem Guten, das wahrhaft überwesentlich ist durch das Entfernen von allem.

IV 4 – Ursache der Himmel und der Himmelsbewegungen

Aber, was uns mitten durchschlüpfend entging, das Gute ist auch Ursache für die Anfänge und Abgrenzungen der Himmel, ebenso dieses unvermehrbaren und unverminderbaren, ganz unveränderlichen Stoffes und der lautlosen Bewegungen, wenn man so sagen darf, des gewaltigen Himmelsgewölbes sowie der Ordnungen der Sterne, ihrer Schönheit, ihrer Lichter, Stellungen und des vielfältigen, umherschweifenden Laufes mancher Gestirne sowie der beiden Leuchten, die von der Heiligen Schrift die großen ge-

---

[40] ⟨Randnotiz:⟩ Die Seelen und ihre Fähigkeiten.
[41] ⟨Diese Schrift ist nicht überliefert.⟩
[42] ⟨Randnotiz:⟩ Vernunftlose Lebewesen.
[43] ⟨Randnotiz:⟩ Pflanzen.

nannt werden,[44] Umlauf und Wiederkehr zu ihrem Ausgangspunkt, wonach bei uns Tage und Nächte abgegrenzt und die Monate und Jahre berechnet werden, die die Kreisbewegungen der Zeit und dessen, was in der Zeit ist, abgrenzen, zählen, ordnen und enthalten. Was soll man aber von dem Sonnenstrahl selbst sagen? Vom Guten geht das Licht aus und ist Abbild der Güte.[45] Darum wird das Gute unter dem Namen „Licht" gepriesen, wie das Urbild, das im Abbild erscheint. Wie nämlich die Güte der Gottheit, die über alles ist, von den höchsten und reifsten Wesen bis zu den äußersten durchgeht und doch alle überragt, so daß weder die höchsten ihren Vorrang erreichen noch die niedersten ihren Umfang überschreiten, vielmehr alles erleuchtet, was sich erleuchten läßt, alles erschafft, belebt, zusammenhält, vollendet, das Maß des Seienden ist, die Zeit, Zahl und Ordnung, Umfang, Ursache und Ziel – so erleuchtet auch das sichtbare Abbild der göttlichen Güte, diese große, ganz strahlende und immer leuchtende Sonne, als ein ganz schwacher Nachhall des Guten alles, was an ihr teilhaben kann, und hat ein über-ausgebreitetes Licht, das sich über die ganze sichtbare Welt, die oben wie die unten, durch den Glanz ihrer Strahlen verteilt: Und wenn etwas nicht daran teilhat, so ist nicht die Schwäche oder geringe Reichweite ihrer Leuchtkraft schuld, sondern vielmehr bei dem Ding selbst der Mangel an Bereitschaft für das Teilhaben am Licht, weil es nicht zu dessen Aufnahme geeignet ist. Und tatsächlich verhält sich vieles so, daß der Sonnenstrahl daran vorbeigeht und etwas jenseits Liegendes erleuchtet; und nichts Sichtbares gibt es, das die Sonne mit der gewaltigen Kraft ihres Strahlens nicht erreichte. Ja, auch zur Entstehung der sinnenfälligen Körper trägt sie bei, erweckt sie zum Leben, nährt sie, fördert ihr Wachstum, vollendet, reinigt und erneuert sie; und das Licht ist Maß und Zahl der Jahre und Tage und unserer ganzen Zeit. Denn dies ist das Licht, obwohl es damals noch nicht gestaltet war, wovon der göttliche Moses sagt, daß es die erste Dreizahl unserer Tage abgrenzte.[46] Und wie die Güte alles zu sich hinwendet und die erste Zusammenführerin des Zerstreuten ist als ur-einheitliche und einheitschaffende Gottheit, und wie alles nach ihr als dem Ursprung, Zusammenhalt und Ziel hinstrebt; und wie das Gute, nach den Worten der Schrift[47], das ist, woraus alles das Dasein erlangt hat und wie von der vollkommensten Ursache hervorgebracht ist, und worin alles Bestand und Zusammenhang hat, wie in einem alles tragenden Grund geborgen und gehalten; dem sich alles wie seinem Ziel zuwendet und wonach alles strebt, das Geistige und Vernunftschenkende wissentlich, das Sinnliche sinnlich, was keine Sinne hat, mit der angeborenen Bewegung des Lebensstrebens, das Leblose, nur Seiende durch

---

[44] Gen 1⟨, 16.⟩

[45] ⟨Randnotiz:⟩ Die Sonne Abbild der göttlichen Güte.

[46] ⟨Vgl. Gen 1, 1–13.⟩

[47] ⟨Vgl. Gen 1, 31; Jak 1, 17 f.⟩

eine Geneigtheit zum bloßen Teilhaben am Sein. Ebenso dem leuchtenden Vorbild ähnlich sammelt das Licht und wendet zu sich hin alles Seiende, das sichtbar, beweglich, dem Licht zugänglich, erwärmbar ist; darum hat *Helios* (die Sonne) seinen Namen daher, daß er alles ἀολλῆ (zusammengeschlossen) macht und das Zerstreute sammelt. Und alles Sinnenbegabte strebt ihm zu, um zu sehen, um bewegt, erleuchtet und erwärmt zu werden, um überhaupt vom Licht zusammengehalten zu werden. Ich sage nicht etwa nach der Lehre der Alten, daß die Sonne Gott sei und Schöpfer des Alls, der diese sichtbare Welt im eigentlichen Sinn lenke, sondern vielmehr, *was in Gott unsichtbar sei, das wurde seit Erschaffung der Welt durch das, was erschaffen ist, als geistig Erfaßtes erblickt, auch Seine Ewige Kraft und Gottheit.*[48]

IV $_5$ – Der Gottesname Licht

Davon aber ist in der *Symbolischen Theologie* zu sprechen. Nun aber müssen wir den geistigen Lichtnamen des Guten preisen und sagen, der Gute werde geistiges Licht genannt, weil er jeden überhimmlischen Geist mit geistigem Licht erfülle. Alle Unwissenheit aber und allen Irrtum vertreibt es aus den Seelen, in denen es ist, und teilt ihnen allen das heilige Licht mit, reinigt ihre geistigen Augen von dem Dunkel, das sie infolge der Unwissenheit umhüllt, und hebt und öffnet sie, die durch die große Schwere der Dunkelheit bedeckt waren: Zuerst gibt es ihnen nur mäßigen Glanz, wenn sie aber dann gleichsam das Licht gekostet haben und die Augen danach schon mehr nach Licht verlangen, dann teilt es sich ihnen in höherem Grade mit und gibt reicheres Licht, weil sie viel geliebt haben[49], und es führt sie stets höher hinauf entsprechend ihrem eigenen Verhältnis zur Erneuerung.

IV $_6$ – Geistiges Licht

Geistiges Licht nun wird das Gute, das über alles Licht ist, genannt als Quell der Strahlen und Ausgießung des Lichtes, die alle Geister über der Welt, um die Welt und in der Welt überströmt, aus eigener Fülle leuchtet, alle ihre geistigen Kräfte erneuert, alle in sich enthält, indem sie sich über alle hinaus erstreckt, alle übertrifft, weil sie über allem thront; sie hat einfach die Herrschaft über alle Leuchtkraft als Ur-Licht und über alles Licht in sich zusammengefaßt, hat sie voraus und hat sie im Übermaß; und alles, was Geist und Vernunft hat, sammelt sie und verbindet es zur Einheit. Denn wie die Unwissenheit die Irrenden trennt, so sammelt die Anwesenheit des geistigen Lichtes die Erleuchteten und vollendet sie und wendet sie dem wahrhaft Seienden zu von ihren vielen Meinungen her, und ihre mannigfachen Anschauungen oder, um es richtiger zu sagen, Einbildungen zieht sie zu einer

[48] Röm 1, 20.
[49] ⟨Vgl. Lk 7, 47.⟩

wahren, reinen und einfachen Erkenntnis zusammen und erfüllt sie mit dem *einen* und einheitwirkenden Licht.

IV 7 – Gott als das Schöne und die Schönheit
Eben dieses Gute wird auch von den heiligen Theologen gepriesen als das Schöne und die Schönheit, als die Liebe und das Geliebte, und was es sonst an geziemenden Gottesnamen gibt für die Schönes schaffende und anmutvolle Gabenfülle (ὡραιότης = gute Jahreszeit). Schönes und Schönheit aber sind nicht zu unterscheiden in der Einheit der alles umfassenden Ursache; bei dem Seienden nämlich teilen wir dies in das, woran etwas Anteil hat, und das, was Anteil hat; schön nennen wir, was an der Schönheit Anteil hat, Schönheit aber den Anteil an der Ursache, die alles schön macht. Das überwesentliche Schöne aber wird *Schönheit* genannt wegen jener Schönheit, die es allen Dingen in der ihnen entsprechenden Weise mitteilt, und als das alles Ebenmaß und allen Glanz Verursachende, da es allen Dingen nach Art des Lichtes die schönheitverleihenden Mitteilungen seines ursprünglichen Strahles zuwendet, und als das alles zu sich Rufende (καλοῦν, deshalb wird es auch κάλλος, d. h. Schönheit, genannt) und als das alles in allem in sich Sammelnde. *Schön* aber wird es genannt als das ganz Schöne und Über-Schöne, als das immer in derselben Hinsicht und auf dieselbe Weise Schöne, das weder entsteht noch vergeht, sich weder vermehrt noch vermindert, nicht z. T. schön und z. T. häßlich besteht oder bisweilen schön und bisweilen nicht; nicht im Verhältnis zu diesem schön und im Verhältnis zu jenem häßlich, nicht hier so, dort aber so, nicht für diese schön, für andere aber nicht, sondern als das in sich und im Einklang mit sich selbst einförmig immer seiende Schöne und als das die ursprüngliche Schönheit alles Schönen im Übermaß und voraus in sich Habende. Denn in der einfachen und übernatürlichen Natur alles Schönen besteht alle Schönheit und alles Schöne einförmig seiner Ursache nach voraus. Aufgrund eben dieses Schönen kommt es allen Dingen zu, daß sie jedes einzelne seiner eigenen Art entsprechend schön sind; und des Schönen wegen bestehen alle Zusammenklänge, Freundschaften und Gemeinschaften; und durch das Schöne wird alles vereint; und der ursprüngliche Seinsgrund von allem ist das Schöne als die bewirkende Ursache und das Bewegende und das, was alles durch die Liebe zur eigenen Schönheit zusammenhält; und als das Ziel aller Dinge und das, was als Zielursache erstrebt wird (denn um des Schönen willen entsteht alles), und das Urbild von allem, weil nach ihm alles abgegrenzt wird; darum ist das Schöne und das Gute dasselbe, denn nach dem Schönen und dem Guten strebt alles gemäß jeder Ursache. Und nichts gibt es unter dem Seienden, was nicht am Guten und am Schönen teilhätte. Die Vernunft wird auch dies zu sagen wagen, daß selbst das Nichtseiende am Schönen und Guten teilhabe; dann nämlich ist das Gute und Schöne selbst, wenn es in Gott

überwesentlich gepriesen wird durch Verneinung von allem. Dies *eine* Gute und Schöne ist in einzigartiger Weise Ursache des vielen Guten und Schönen. Aus ihm stammt alles auf sich selbst gestellte Sein des Seienden, alle Verbindungen und Scheidungen, Selbigkeiten und Verschiedenheiten, Gleichheiten und Ungleichheiten, Gemeinschaft von Entgegengesetzten und Unvermischtheit von Vereintem, die Fürsorge des Höherstehenden, das wechselseitige Anteilhaben des Gleichgearteten, das Hinwenden des Tieferstehenden, das sich sich selbst bewahrende und unwandelbare Bleiben und Feststehen aller Dinge. Und wiederum das einem jeden entsprechende Anteilhaben von allem an allem, die Angemessenheit, die unvermischte Freundschaft und der Einklang des Alls, die Mischungen in diesem All und die unauflöslichen Verbindungen aller Dinge, die unaufhörliche Abfolge der entstehenden Dinge, alles Stehen und Sichbewegen der Geister, der Seelen und der Leiber: Denn Stehen und Bewegung für alle Dinge ist das über allem Stehen und aller Bewegung, das jedes in seinem Wesen (λόγος) feststellt und jedes gemäß der ihm eigentümlichen Bewegung bewegt.

IV 8 – Dreifache Bewegungen der himmlischen Geister

Auch von den himmlischen Geistern sagt man, sie seien in Bewegung, *kreisförmig*, indem sie durch die anfang- und endlosen Strahlen des Schönen und Guten geeint werden; *gerade*, indem sie ausgehen zur Fürsorge für das Tieferstehende und alles richtig vollbringen; *spiralförmig*, indem sie bei der Fürsorge für das Tieferstehende unverändert in derselben Verfassung verharren, stets um das Gute und Schöne, die Ursache dieser Verfassung, kreisend.

IV 9 – Ähnliche Bewegung unserer Geister

Die Kreisbewegung der Seele ist ihre Einkehr zu sich selbst von den äußeren Dingen und die einförmige Zusammenwirkung ihrer Geisteskräfte, die ihr eine gleichsam in einen Kreis gebannte und von allem Umherirren freie Bewegung gibt und sie von den vielen äußeren Dingen zuerst zu sich selbst hinkehrt und in sich sammelt; dann, wenn sie schon einförmig geworden ist, vereint sie sie mit ihren auf einheitliche Weise geeinten Kräften, und so erst führt sie sie zum Schönen und Guten, das über alles Seiende ist, das eine und selbe, ohne Anfang und Ende. Spiralförmig dagegen bewegt sich die Seele, wenn sie ihrem Fassungsvermögen entsprechend im Hinblick auf göttliche Erkenntnisse erleuchtet wird, nicht auf geistige und einheitliche Weise, sondern in schrittweisem Denken und wie in gemischten und wechselnden Tätigkeiten. Gerade aber bewegt sie sich, wenn sie nicht bei sich selbst einkehrt und von einer einheitlichen geistigen Bewegung getragen wird (denn dies ist, wie gesagt, die Kreisbewegung), sondern zu dem sie Umgebenden vorschreitet und von den äußeren Dingen wie von bunten und vielfältigen Bildern zu einfacher und einheitlicher Schau emporgeführt wird.

IV $_{10}$ – Alles ist und wird erhalten durch das Schöne und Gute
Ursache und Zusammenhalt und Grenze dieser drei Bewegungen wie auch der sinnlichen im All und weit vorher ihres Stehens und Bleibens und Festbegründetseins ist das Schöne und Gute, das über alles Stehen und alle Bewegung ist. Darum ist alles Stehen und alle Bewegung aus ihm und in ihm, auf es hin und seinetwegen. Und aus ihm und durch es ist alles auf sich gestellte Sein und alles Leben und aller Geister und Seelen Kleinheit und Gleichheit, Größe, alles Maß und das Verhältnis aller Dinge, ihr Zusammenstimmen und Zusammenwachsen, alle Ganzen und Teile, alles Eine und Viele, die Verbindungen von Teilen, die Einheiten aus Vielem, die Vollendungen der Ganzheiten, das „so beschaffen" und „so viel", das „so groß", das Unbegrenzte, die Zusammenstellungen und Unterscheidungen, alle Unbegrenztheit, jede Grenze, alle Definitionen, die Ordnungen, die Vorzüge, die Elemente, die Formen, jedes Selbständige, jede Kraft, jede Tätigkeit, jedes Gehaben, jeder Sinneseindruck, jedes Denken und Verstehen, jede Berührung, jede Erkenntnis, kurz alles Seiende ist aus dem Schönen und Guten, im Schönen und Guten und dem Schönen und Guten zugewendet. Was immer ist und entsteht, ist und geschieht um des Guten und Schönen willen; alles schaut darauf hin und wird von ihm bewegt und zusammengehalten; seinetwegen, durch es und in ihm ist jeder urbildliche Seinsgrund, jede Ziel-, Wirk-, Form- und Stoffursache, kurz jeder Seinsgrund, jeder Zusammenhalt, jede Grenze – alles, was ist, ist aus dem Schönen und Guten, und alles, was nicht ist, ist überwesentlich im Schönen und Guten, und es ist aller Dinge Urgrund und über-ursprüngliches und übervollkommenes Ziel; *denn aus Ihm und durch Ihn und zu Ihm hin ist alles,*[50] wie die Heilige Schrift sagt.

Für alle ist also das Schöne und Gute erstrebens- und liebenswert und wird von allen geliebt; durch es und seinetwegen ist das Niedere dem Höheren liebend zugewendet; was zur selben Ordnung gehört, liebt das ihm Ähnliche und teilt sich ihm mit; und das Höhere trifft liebend Vorsorge für das Niedere; jedes Einzelne bewahrt liebend sich selbst; und aufgrund des Strebens nach dem Schönen und Guten tut und will ⟨es⟩ alles, was immer es tut und will. Die wahr sprechende Rede wird auch frei heraus sagen, daß der Urheber aller Dinge selbst durch das Übermaß Seiner Güte alles liebt, alles tut, alles vollendet, alles zusammenhält, alles zu sich hinwendet. Und die göttliche Liebe ist der Gute des Guten um des Guten willen. Denn die Liebe selbst, die im Seienden das Gute wirkt, ist im Guten im Übermaß zuvor vorhanden und läßt das Gute nicht in sich bleiben, sondern bewegt es zu wirken gemäß seinem alles hervorbringenden Überschwang.

---

[50] Röm 11, 36.

IV $_{11}$ – Der Name Liebe
Und niemand glaube, daß ich den Namen „Liebe" im Gegensatz zur Heiligen Schrift preise. Denn es ist m. E. unvernünftig und verkehrt, sich nicht an die Kraft der leitenden Absicht zu halten, sondern an die Worte. Und das ist nicht die Art derer, die das Göttliche zu erkennen wünschen, sondern von Leuten, die bloße Töne aufnehmen und sie nur äußerlich bis ans Ohr gelangen lassen, ohne wissen zu wollen, was denn eine solche Rede bedeute und wie sie durch andere, gleichwertige und erklärende Worte ausgedeutet werden könne; sie hängen sich nur an die Buchstaben und unverständlichen Schriftzeichen, die unbekannten Silben und Wörter, die nicht in den geistigen Teil ihrer Seele eindringen, sondern nur draußen um ihre Lippen und Ohren summen, als sei es nicht erlaubt, die Zahl 4 durch 2 × 2 auszudrücken oder die kürzeste Linie durch die gerade Linie oder das Mutterland durch das Vaterland oder irgend sonst etwas durch etwas anderes, was in den meisten Teilen der Rede dasselbe bedeutet. Man muß nämlich wissen, wie es der gesunden Vernunft entspricht, daß wir Buchstaben, Silben, Wörter, Schriftzeichen und sprachliche Ausdrücke um der sinnlichen Wahrnehmung willen brauchen, und zwar so, daß die Sinne mit den sinnlichen Wahrnehmungen überflüssig sind, wenn unsere Seele sich mit ihren geistigen Tätigkeiten zu dem erhebt, was geistig erkennbar ist; und ebenso sind die geistigen Kräfte überflüssig, wenn die Seele gottähnlich geworden ist und sich durch die unerkennbare Vereinigung in augenlosen Aufschwüngen zu den Strahlen des unzugänglichen Lichtes aufschwingt. Wenn aber der Geist sich bemüht, durch die sinnenfälligen Dinge zu geistiger Schau emporzusteigen, dann sind die vorzüglichsten die deutlichsten Überschreitungen der Sinneswahrnehmungen, wie ganz genaue Worte und klare Anschauungen; denn da das, was den Sinnen gegeben ist, keineswegs klar ist, können die Sinne die sinnenfälligen Dinge dem Geist keineswegs in der rechten Weise vorstellen. Damit es aber nicht scheint, als wollte ich die Heilige Schrift verändern, in dem ich dies sage, mögen jene, die den Namen „Liebe" verdächtigen, sie selbst anhören. Sie sagt: Liebe sie, und sie wird dich behüten; umzäune sie, und sie wird dich erheben; ehre sie, damit sie dich umfasse[51]; und was sonst noch in der Theologie der Liebe gerühmt wird.

IV $_{12}$ – ἔρως und ἀγάπη (amor und dilectio)
Manchen unserer heiligen Schriftsteller erschien der Name Liebe (ἔρως) göttlicher als der Name Wertschätzung (ἀγάπη). Denn der heilige Ignatius schreibt: „Meine Liebe ist gekreuzigt."[52] Und in der Einleitung zur Heiligen Schrift wirst Du finden, daß jemand sagt: *Ich bin ein Liebhaber ihrer Schön-*

[51] Spr 4⟨, 8.⟩
[52] ⟨Ignatius von Antiochien, *An die Kirche der Römer*, VII 3–4, in: *Die Briefe des hl. Ignatius*

heit geworden.[53] Fürchten wir darum den Namen „Liebe“ nicht; und kein Gerede über diesen Namen soll uns Eindruck machen oder erschrecken. Mir scheint es, daß die Theologen die Namen ἔρως und ἀγάπη gleichgeachtet haben, daß sie aber lieber für das Göttliche den Namen der wahren Liebe vermieden haben wegen der schlimmen Vorurteile solcher Menschen. Während nämlich nicht nur wir, sondern auch die Heilige Schrift in Gott geziemender Weise die wahre Liebe preisen, begreift die Menge jenes Einheitliche nicht, das der göttliche Name „Liebe“ bezeichnet, sondern wie es ihr entspricht, sinkt sie zu der geteilten, körperlichen Liebe hinab, die keine wahre Liebe ist, sondern ein Abbild oder vielmehr ein Abfall von der wahren Liebe; denn der Menge ist jenes Einzigartige der göttlichen, einen Liebe unzugänglich, darum erscheint es der Menge als ein zu harter Name, wenn er der Göttlichen Weisheit beigelegt wird; damit das Volk zur Erkenntnis der wahren Liebe emporgeführt und erhoben werde und befreit von dem, was ihm peinlich ist, wird auch bei uns, wo häufig die Menschen, die an der Erde haften, etwas Verkehrtes denken könnten, ein Name geehrt, der angemessen scheint. Es sagt jemand: Deine Wertschätzung ist mir zugefallen wie die Wertschätzung von Frauen.[54] Denn die heiligen Theologen verwenden die Namen „Liebe“ und „Wertschätzung“ gemäß den göttlichen Aussprüchen so, daß sie bei denen, die das Göttliche richtig hören, dieselbe Kraft haben. Und dieser Name ist von einer gewissen einheitwirkenden, sammelnden und vorzüglich im rechten Maß mischenden Kraft, die im Schönen und Guten durch das Schöne und Gute voraus besteht und aus dem Schönen und Guten durch das Schöne und Gute ausgespendet wird, die Gleichartiges durch wechselseitigen Zusammenhang zusammenhält, Höheres zur Vorsorge für das Niedere bewegt und dem Niederen durch Hinwendung einen Platz beim Höheren gibt.

IV $_{13}$ – Die Liebe ist ekstatisch

Denn die Liebe ist ekstatisch (= außer sich bringend): Sie läßt die Liebenden nicht ihr eigen sein, sondern macht sie zum Eigentum der Geliebten. Das zeigt das Höhere, das durch Fürsorge dem Niederen zu eigen wird, und das Gleichgeartete, das einander zu eigen wird durch Zusammenhang, und das Niedere durch eine göttlichere Hinwendung zum Höheren. Darum sagt auch der große Paulus, von der göttlichen Liebe ergriffen und der ekstatischen Kraft teilhaft geworden, mit göttlichem Munde: *Ich lebe – nicht mehr ich, sondern es lebt in mir Christus;*[55] als ein wahrhaft Liebender, der aus sich,

---

von Antiochien, aus dem Griechischen übertragen und eingeleitet von Ludwig A. Winterswyl, Freiburg i. Br. [3]1942, S. 36: „Mein Eros ist gekreuzigt worden.“⟩

[53] Weish 8, 2.

[54] 2 Sam 1⟨, 26; Davids Klage über den toten Jonathan.⟩

[55] Gal 2, 20.

wie er sagt, herausgegangen ist in Gott und nicht mehr sein Leben lebt, sondern das heftig geliebte des Geliebten. Man darf auch wagen, dies über die Wahrheit zu sagen: Selbst der Urheber aller Dinge ist durch die schöne und gute Liebe zu allen Dingen wegen des höchsten Überschwangs Seiner liebenden Güte außer sich geraten in seiner Vorsehung für alles Seiende und wie von Güte und Liebe und Wertschätzung berückt; und der über alles Erhabene und Emporgehobene läßt sich zu dem in-allem[-Sein] herab gemäß der überwesentlichen Macht, die aus sich herausgeht, ohne aus sich herauszugehen. Darum nennen Ihn die, die sich auf Göttliches verstehen, den Eiferer, weil Er große und gütige Liebe zum Seienden zeigt und zu eifrigem Verlangen nach sich antreibt und sich selbst als Eiferer erweist, da Ihm das von Verlangen Beseelte des Eifers würdig ist und Er von Eifer für das von Seiner Vorsehung Umsorgte erfüllt ist. Kurz – ganz des Schönen und Guten Eigentum ist das Geliebte und die Liebe, und im Schönen und Guten besteht es voraus, und um des Schönen und Guten willen ist es und wird es.

IV $_{14}$ – Gott als Liebender und Geliebter

Was wollen nun eigentlich die Theologen sagen, wenn sie Gott bald Liebe und Wertschätzung nennen, bald den Geliebten und Geschätzten? Denn Er ist ihr [der Liebe] Urheber und gleichsam Hervorbringer und Erzeuger; dieses aber [geliebt und geschätzt] ist Er selbst. Durch jenes ist Er in Bewegung, durch dieses bewegt Er. Denn Er leitet und bewegt sich selbst und zu sich selbst hin. So nennen sie Ihn den Geschätzten und Geliebten als das Schöne und Gute; die Liebe und Wertschätzung aber als die bewegende Kraft, die alles aufwärts zieht zu Ihm, der allein das Schöne und Gute selbst durch sich selbst ist und gleichsam die Offenbarung Seiner selbst durch sich selbst und wie das Herausgehen der überragenden Einigung aus sich selbst und die liebende, einfache, durch sich selbst bewegte, durch sich selbst wirkende Bewegung, die im Guten vorausbesteht und aus dem Guten auf das Seiende überfließt und wiederum zum Guten zurückkehrt. Darin erweist sich die göttliche Liebe in hervorragender Weise als anfang- und endlos, als immerwährender Kreislauf, der um des Guten willen, aus dem Guten, im Guten und zum Guten hin in unablenkbarer Hinwendung sich dreht, in demselben und im Hinblick auf dasselbe stets vorwärtsgehend, bleibend und zurückkehrend. Dazu hat auch unser ruhmreicher Führer zum Heiligen gottbegeistert in seinen *Liebesgesängen*[56] angeleitet; es ist nicht unangebracht, sie hier zu erwähnen und unsere Abhandlung über die Liebe damit wie mit einer Bekrönung zu schließen.

[56] ⟨Diese Schrift ist unbekannt, wahrscheinlich fiktiv.⟩

IV 15 – Aus den *Liebesgesängen* des hl. Hierotheus
Die Liebe – Gottes oder der Engel, geistige, seelische oder natürliche – verstehe ich als eine einigende und mischende Kraft, die das Höhere zur Vorsorge für das Niedere bewegt, Gleichgeordnetes zu wechselseitigem Anteilhaben und schließlich das Niedere zur Hinkehr zum Stärkeren und Übergeordneten.

IV 16 – Fortsetzung
Da wir aus der einen Liebe viele Liebesarten abgeleitet haben, zählten wir der Reihe nach auf, welches die Erkenntnisse und Kräfte der innerweltlichen und der überweltlichen Liebesarten seien, wodurch sich gemäß dem angegebenen Ziel der Abhandlung die Ordnungen und Klassen der geistigen und geistig faßbaren Liebesarten auszeichnen; unter ihnen sind die durch sich selbst geistigen und göttlichen, die den wahrhaft schönen Liebesarten übergeordnet sind und von uns in der ihnen gebührenden Weise gepriesen wurden. Nun aber wollen wir wieder höher hinauf streben, indem wir alle aus der Vielheit in die eine und zusammengefaßte Liebe, die ihrer aller Mutter ist, sammeln und zusammentragen; zuerst wollen wir alle ihre Liebeskräfte in zwei zusammenziehen; sie alle beherrscht und überragt jene unbegriffene Ursache aller Liebe, die über alles erhaben ist und zu der die gesamte Liebe aus allem Seienden, einem jeden entsprechend, emporstrebt.

IV 17 – Fortsetzung aus Hierotheus
Nun also, nachdem wir alle diese wieder in eine gesammelt haben, wollen wir sagen, daß sie *eine* einfache Kraft sei, die durch sich selbst zu einer einigenden Mischung bewegt, vom Guten an bis zum äußersten der Dinge, und von dort aus wiederum nacheinander durch alles zum Guten aus sich selbst, durch sich selbst und in sich selbst sich zurückdreht und stets auf dieselbe Weise zu sich selbst zurückkehrt.

IV 18 – Einwand, warum die Dämonen nicht nach dem Schönen und Guten streben
Nun könnte aber jemand sagen: Wenn das Schöne und Gute von allem geliebt, begehrt und geschätzt wird (es strebt danach, wie gesagt wurde, selbst das Nichtseiende und bemüht sich, irgendwie darin zu sein; und es ist das, was dem Formlosen Form gibt, und im Hinblick darauf wird auch das Nichtseiende in über-seiender Weise genannt und ist es) – warum verlangt die Menge der bösen Geister nicht nach dem Schönen und Guten, sondern ist dem Stoff zugewandt und ist von der Selbigkeit, die den Engeln durch das Streben nach dem Guten eigen ist, abgefallen und ist die Ursache aller Übel für sich und für alles andere geworden, wovon man sagt, daß es schlecht werde? Wie ist es aber möglich, daß das Geschlecht der bösen Geister, das

doch ganz aus dem Guten hervorgegangen ist, nichts von der Art des Guten an sich hat? Oder wie hat sich das Gute, das aus dem Guten hervorgegangen ist, verwandelt? Und was ist das, das es schlecht gemacht hat, und was ist überhaupt das Schlechte? Aus welchem Seinsgrund hat es das Sein gewonnen und in welchem Seienden ist es? Und wie ist es möglich, daß der Gute es hervorbringen wollte? Wie konnte Er es, wenn Er es wollte? Und wenn das Schlechte aus einer andern Ursache stammt, was gibt es dann für eine andere Ursache des Seienden neben dem Guten? Und da es eine Vorsehung gibt – wie konnte das Böse überhaupt entstehen oder nicht beseitigt werden? Und wie kann etwas von dem Seienden danach verlangen um des Guten willen?

IV $_{19}$ – Das Böse stammt nicht aus dem Guten

So wird vielleicht jemand sprechen, der in Ungewißheit ist. Wir aber werden ihn bitten, auf die Wahrheit der Dinge hinzuschauen, und werden uns nicht scheuen, zunächst zu sagen: Das Schlechte stammt nicht aus dem Guten, und wenn es aus dem Guten stammt, dann ist es nicht schlecht. Denn es ⟨ist⟩ nicht Sache des Feuers zu kühlen und nicht Sache des Guten, Schlechtes hervorzubringen. Wenn aber alles, was ist, aus dem Guten stammt (denn es ist die Natur des Guten hervorzubringen und zu bewahren, die des Bösen aber zu verderben und aufzulösen), dann stammt nichts Seiendes aus dem Bösen, und das Böse selbst wird nicht sein, wenn es für sich selbst schlecht ist. Ist es aber das nicht, so wird das Schlechte nicht durchaus schlecht sein, sondern es hat Anteil am Guten, sofern es überhaupt ist. Und wenn das, was ist, nach dem Schönen und Guten strebt und, was immer es wirkt, um dessentwillen, was gut scheint, tut, und wenn alle Absicht der Dinge das Gute als Ursprung und Ziel hat (denn nichts tut, was es tut, im Hinblick auf die Natur des Schlechten), wie kann es dann Schlechtes im Bereich des wahrhaft Seienden geben oder wie kann es überhaupt sein ohne solches Streben nach dem Guten? Wenn nämlich alles Seiende aus dem Guten stammt und das Gute über allem Seienden ist, so *ist* im Guten selbst das Nichtseiende ein Seiendes, das Schlechte aber ist überhaupt nicht; oder es ist weder ganz schlecht noch ganz Nichtseiendes; denn nichts ist das schlechthin Nichtseiende, außer es würde gesagt, daß es auf über-seiende Weise im Guten sei.

Das Gute ist also früher und überragt alles, was überhaupt ist und was nicht ist. Das Schlechte aber gehört weder zu dem, was ist, noch zu dem, was nicht ist, sondern ist noch weiter als das Nichtseiende vom Guten entfernt, als ein Andersartiges und minder Seiendes. Woher stammt nun das Schlechte, wird man sagen? Wenn es nämlich kein Schlechtes gibt, dann sind Tugend und Laster dasselbe, sowohl als ganze wie eine teilweise Tugend und das Entsprechende; und was der Tugend widerstreitet, wird nicht schlecht sein. Nun sind Mäßigkeit und Unmäßigkeit, Gerechtigkeit und Ungerechtigkeit Gegensätze. Und ich spreche nicht etwa im Hinblick auf den Gerechten und Ungerechten oder den Mäßigen und Unmäßigen, sondern ehe noch der Unterschied des Tugendhaften im Verhältnis zum Entgegengesetzten äußerlich hervortritt, unterscheiden sich weit früher schon in der Seele die Laster von den Tugenden, und die Leidenschaften streiten wider die Vernunft; deshalb muß man notwendig zugeben, daß das Schlechte dem Guten widerstreitet. Denn das Gute ist nicht sich selbst entgegengesetzt, sondern, aus *einem* Seinsgrund und *einer* Ursache hervorgegangen, freut es sich der Gemeinschaft, der Einheit und Freundschaft. Auch das geringere Gut widerstreitet nicht dem größeren: Denn auch das minder Warme oder Kalte ist dem Wärmeren oder Kälteren nicht entgegengesetzt. Es gibt also unter dem wahrhaft Seienden das Schlechte, und es ist ein Seiendes und steht im Gegensatz zum Guten und widerstreitet ihm. Und wenn es eine Verderbnis des Seienden gibt, so schließt dies das Schlechte nicht aus dem Seienden aus, sondern es wird selbst ein Seiendes sein und zu der Entstehung von Seiendem mitwirken. Ist nicht häufig das Vergehen des einen die Entstehung des andern? Und so wird das Schlechte zur Fülle des Weltalls beitragen und durch sich selbst dazu mitwirken, daß das Weltall nicht unvollkommen sei.

IV $_{20}$ – Das Böse als solches ist zu nichts nutze

Die rechte Vernunft wird aber darauf erwidern: Das Schlechte als solches bewirkt kein wirklich Seiendes und keine Entstehung, ihm ist es nur eigen, den Bestand des Seienden (τῶν ὄντων ὑπόστασιν) zu verschlechtern und zu vernichten. Wenn aber jemand sagt, es bewirke Entstehung, und die Verderbnis des einen gebe dem andern Entstehung, so ist der Wahrheit gemäß zu erwidern, nicht die Verderbnis gibt Entstehung, sondern die Verderbnis und das Schlechte verdirbt nur und verschlechtert, die Entstehung aber und das wirklich Seiende wird durch das Gute hervorgerufen; und das Schlechte ist durch sich selbst Verderbnis, zur Entstehung aber trägt es bei durch das Gute; denn soweit es schlecht ist, ist es weder Seiendes noch bewirkt es Seiendes; durch das Gute aber ist es Seiendes und Gutes und bewirkt Gutes. Vielmehr: Nichts wird in derselben Hinsicht gut und schlecht sein, es wird auch nicht dieselbe Kraft im Hinblick auf dasselbe Verderbnis und Entstehen bedeuten und nicht Kraft aus sich selbst oder Verderbnis aus sich selbst; das Schlechte an sich ist weder Seiendes noch Gutes noch hat es Kraft zu erzeugen oder bewirkt Seiendes oder Gutes; wenn aber das Gute irgendwelchen Dingen vollkommen innewohnt, dann macht es sie vollkommen, unvermischt und durch und durch gut; was aber weniger am Guten teilhat, das ist unvollkommen gut und gemischt, weil ihm Gutes fehlt. Aber das Schlechte ist ganz und gar nicht, weder gut noch Gutes wirkend; was aber dem Guten mehr oder weniger nahekommt, wird in einem gewissen Maße (ἀναλογῶς) gut sein, denn die alles durchdringende vollkommene Güte erstreckt sich nicht nur auf die ganz guten Wesen in ihrer nächsten Umgebung, sondern bis zu den äußersten; den einen ist sie vollkommen gegenwärtig, andern in geringerem Grade, wieder andern im geringsten, je nachdem wie jedes Seiende zur Aufnahme fähig ist. Von dem Seienden aber hat manches vollkommen Anteil am Guten, bei anderem mangelt es mehr oder minder; manchem ist das Gute nur in geringem Maß gegenwärtig, manchem nur der letzte Widerhall davon. Wenn nämlich das Gute den einzelnen Wesen nicht ihrem Fassungsvermögen entsprechend gegenwärtig wäre, dann würden die höchsten und göttlichsten zur Ordnung der niedersten gehören. Wie hätten aber alle auf dieselbe Weise am Guten teilhaben können, da sie keineswegs alle zur vollkommenen Teilnahme am Guten ausgerüstet sind? Nun ist aber dies die hervorragende Größe der Macht des Guten, daß es auch das, was keinen Teil an ihm hat, ja selbst den Mangel an ihm zur Teilnahme an sich stärkt. Wenn wir aber freimütig die Wahrheit sprechen dürfen, so hat auch das, was dagegen kämpft, durch seine Macht das Sein und die Fähigkeit zu kämpfen; oder besser, um es in Kürze zu sagen: Alles, was ist, das ist, sofern es ist, gut und aus dem Guten, sofern ihm aber das Gute mangelt, ist es weder gut noch *ist* es. Bei andern Beschaffenheiten nämlich, wie bei Wärme oder Kälte, kann das Erwärmte fortbestehen, wenn die Wärme es verläßt, und vieles, was ist, hat keinen Anteil an Leben und Geist. Und auch Gott selbst wird vom wirklich Seienden (οὐσία) ausgenommen und ist in über-seiender Weise (ὑπερουσίως). Und schlechthin bei allem andern, mag nun eine dauernde Verfassung (habitus, ἕξις) aufgehört haben oder nie vorhanden gewesen sein, so *ist* doch das Seiende und vermag in sich zu bestehen; was aber in jeder Hinsicht des Guten ermangelt, das war nirgends und auf keine Weise, noch ist es, noch wird es sein oder kann es sein. Z. B. der Unmäßige entbehrt durch die unvernünftige Begierde des Guten, und darin *ist* er nicht und verlangt nicht nach dem Seienden, zugleich hat er aber doch Anteil am Guten vermöge eines schwachen Nachhalls der Einigung und Freundschaft. Und das Gemüt hat Anteil am Guten rein dadurch, daß es in Bewegung ist und danach verlangt, das, was schlecht scheint, auf das, was sich den Anschein des Guten gibt, hinzurichten und zu lenken. Und selbst der, der ein ganz schlechtes Leben erstrebt, hat Anteil am Guten, sofern er überhaupt nach Leben verlangt, und zwar nach einem, das ihm sehr gut scheint, eben durch dieses Streben, sofern es Streben nach dem Leben ist und auf ein sehr gutes Leben abzielt. Wenn man aber schließlich das Gute ganz aufhebt, dann wird kein wirklich Seiendes mehr bleiben noch Leben oder Streben oder Bewegung oder irgendetwas. Wenn also aufgrund eines Vergehens etwas entsteht, so bewirkt das nicht die Kraft des Schlechten, sondern die Anwesenheit eines minder Guten. So ist die Krankheit ein Versagen der natürlichen Verfassung, aber nicht der ganzen; denn beim Versagen der ganzen Verfassung würde auch die Krankheit nicht bestehen bleiben. Die Krankheit bleibt aber und ist vorhanden, sofern ihr ein wirklich

Seiendes zur Verfügung steht und ein Mindestmaß der natürlichen Ordnung; darin hat sie ihr Sein. Was aber gar keinen Anteil am Seienden hat, das ist weder ein Seiendes noch in einem Seienden; das Gemischte dagegen ist um des Guten willen im Seienden, und soweit ist es im Seienden und ein Seiendes, soweit es Anteil am Guten hat. Vielmehr: Alles Seiende ist mehr und minder je nach seinem Anteil am Guten. Was aber zum Teil ist, zum Teil nicht ist, das ist nicht, sofern es vom Immerseienden abgefallen ist; soweit es aber am Sein Anteil hat, soweit ist es und soweit erhält und bewahrt es sein Sein und Nichtsein. Das Schlechte aber, das in jeder Hinsicht vom Guten abgefallen ist, das gehört weder zu dem mehr noch minder Guten. Was aber z. T. gut, z. T. schlecht ist, das widerstreitet zwar irgendeinem Guten, aber nicht dem gesamten, und so wird es durch ein gewisses Teilhaben am Guten bewahrt, und das Gute gibt die Seinsgrundlage für den Mangel seiner selbst durch das Teilhaben an ihm: Denn wenn alles Gute geschwunden ist, dann wird weder das Gute überhaupt sein noch ein gemischtes noch auch das Schlechte selbst. Denn wenn das Schlechte ein unvollkommenes Gut ist, dann wird bei vollkommener Abwesenheit des Guten sowohl das vollkommene als ⟨auch⟩ das unvollkommene Gute fehlen; und nur dann wird das Schlechte sein und in Erscheinung treten, wenn es für gewisse Dinge schlecht ist, zu denen es im Gegensatz steht, und von andern als von guten geschieden. Es ist nämlich unmöglich, daß dieselben Dinge im Hinblick auf dasselbe sich in jeder Weise widerstreiten.[57] Das Schlechte ist also nichts Seiendes.

IV $_{21}$ – Das Schlechte ist nicht in dem wirklich Seienden

Aber auch in dem wirklich Seienden ist das Schlechte nicht. Wenn nämlich alles Seiende aus dem Guten stammt und das Gute in allem Seienden ist und alles umfaßt, so wird das Schlechte entweder nicht im Seienden sein oder es wird im Guten sein; im Guten nun wird es nicht sein (denn die Kälte ist nicht im Feuer), und das, was selbst das Schlechte gutmacht, wird nicht schlechtgemacht werden können. Wenn es aber ist, wie wird das Schlechte im Guten sein? Wenn es nämlich aus ihm stammt, so ist das ungereimt und unmöglich; denn, wie die Wahrheit der Schrift bezeugt: *Ein guter Baum kann keine schlechten Früchte hervorbringen;*[58] noch umgekehrt. Wenn es nicht daher stammt, so muß es offenbar aus einem andern Seinsgrund und einer andern Ursache hervorgegangen sein, denn entweder stammt das Schlechte aus dem Guten oder das Gute aus dem Schlechten; oder wenn das unmöglich ist, werden das Gute wie das Schlechte von einem andern Seinsgrund und einer andern Ursache herrühren. Denn Urgrund alles Sei-

---

[57] ⟨Vgl. den Satz vom Widerspruch des Aristoteles.⟩

[58] Mt 7, 18.

enden ist nicht eine Zweiheit, sondern die Einheit ist der Seinsgrund aller Zweiheit. Nun ist es aber ungereimt, daß aus einem und demselben zwei völlig entgegengesetzte Dinge hervorgehen und sein sollten und daß derselbe Seinsgrund weder einfach noch *einer* wäre und mit sich selbst in Gegensatz und Widerstreit. Es können aber auch unmöglich zwei entgegengesetzte Gründe des Seienden, die einander wechselseitig und dem Seienden innewohnten, miteinander kämpfen; denn Gott selbst wäre, wenn es das gäbe, nicht unversehrt und ohne Beschwerde, wenn etwas existierte, was ihn belästigte; dann wird alles ungeordnet und immer im Kampf sein. Nun teilt aber das Gute allem Seienden die Freundschaft mit und wird von den heiligen Theologen als der Friede selbst und als friedenspendend gepriesen. Darum ist alles Gute in Freundschaft und Einklang miteinander, weil es sowohl aus *einem* Leben hervorgegangen als ⟨auch⟩ auf das *eine* Gute hingeordnet ist und in Frieden und Übereinstimmung miteinander und einander ähnlich. So ist das Schlechte nicht in Gott, und das Schlechte ist nicht von Gott erfüllt. Aber auch aus Gott ist das Schlechte nicht; denn entweder ist Er nicht gut, wirkt nicht Gutes und bringt kein Gutes hervor, auch nicht zu gewisser Zeit und manches, aber nicht zu anderer Zeit und nicht alles; denn darin würde Veränderung und Umwandlung auch das Göttlichste von allem, die Ursache, befallen. Wenn aber in Gott das Gute das in sich bestehende Seiende ist, so wird Gott, wenn Er sich vom Guten hinweg wandelt, manchmal sein und manchmal nicht sein. Hat Er das Gute nur durch Teilhabe, dann wird Er es von einem andern haben und bisweilen haben und bisweilen nicht. Das Schlechte ist also weder aus Gott noch in Gott, weder schlechthin noch zu irgendeiner Zeit.

IV $_{22}$ – Auch in den Engeln ist das Schlechte nicht

Aber auch in den Engeln ist das Schlechte nicht. Wenn nämlich der gute Engel die Güte Gottes verkündet und wenn er das ist vermöge eines Teilhabens an zweiter Stelle, so ist der Engel – weil das, was an erster Stelle verkündet wird, der Ursache gemäß ist – ein Abbild Gottes, eine Offenbarung des verborgenen Lichtes, ein reiner Spiegel, völlig klar, unversehrt, makellos, unbefleckt, der (wenn man so sagen darf) die ganze Schönheit der urbildlich-guten Göttlichkeit in sich aufnimmt und klar, soweit möglich, in sich die Güte jenes ganz verborgenen Schweigens hervorleuchten läßt; und so ist das Schlechte nicht in den Engeln; aber sofern sie die Sünder peinigen, sind sie schlecht. In demselben Sinne sind die Zuchtmeister der Fehlenden schlecht wie die Priester, die das Ungeweihte von den göttlichen Geheimnissen fernhalten. Nun ist es aber nicht schlecht, gezüchtigt zu werden, sondern die Strafe zu verdienen. Wie es auch nicht schlecht ist, jemanden verdientermaßen vom Heiligtum auszuschließen, sondern schuldbefleckt und unheilig zu werden und ungeeignet für das Reine.

IV 23 – Auch die Dämonen sind nicht naturhaft schlecht

Aber auch die bösen Geister sind nicht von Natur aus schlecht. Denn wären sie von Natur aus schlecht, dann stammten sie weder aus dem Guten noch gehörten sie zum in sich Seienden noch könnten sie aus dem Guten durch Veränderungen geworden sein, wenn sie von Natur aus immer schlecht waren. Sind sie dann für sich selbst schlecht oder für andere? Wenn für sich, dann richten sie sich selbst zu Grunde; wenn für andere, wie oder was richten sie zu Grunde: das Wesen oder eine Fähigkeit oder eine Tätigkeit? Wenn das Wesen, dann zunächst nicht gegen die Natur. Denn was von Natur aus nicht untergehen kann, das richten sie nicht zu Grunde, sondern was der Verderbnis unterworfen ist. Sodann ist auch dies nicht für alles und ganz und gar schlecht; es geht ja nichts vom Seienden zu Grunde, soweit es Wesen und Natur ist, sondern durch einen Mangel in der natürlichen Ordnung wird das Gesetz des Einklangs und der Zusammenstimmung geschwächt, während es beharren sollte. Die Schwäche ist aber nicht vollständig; wäre sie nämlich vollständig, dann würde sie auch die Verderbnis und ihre Seinsgrundlage beseitigen, und eine solche Verderbnis wäre auch ihr eigener Untergang; und so wäre ein Derartiges nicht schlecht, sondern des Guten ermangelnd; denn was gar keinen Anteil am Guten hat, gehört auch nicht zum Seienden; und ebenso steht es mit dem Vergehen für Fähigkeit und Tätigkeit. Außerdem, wie können die bösen Geister schlecht sein, da sie aus Gott entstanden sind? Das Gute bringt doch nur Gutes hervor und stellt es ins Dasein. Vielleicht wird aber jemand sagen, sie würden nicht schlecht genannt, sofern sie sind (denn sie stammen aus dem Guten und haben ein gutes Wesen erhalten), sondern sofern sie nicht sind, denn sie waren zu schwach (wie die Heilige Schrift sagt), *ihr erstes Sein zu bewahren.*[59] Worin denn, sage es mir, nennen wir die bösen Geister schlecht geworden, als weil sie aufhörten, die göttlichen Güter als inneren Besitz (ἕξις) zu bewahren und zu betätigen (ἐνέργεια)? Wären aber die bösen Geister von Natur aus schlecht, dann wären sie immer schlecht gewesen; das Schlechte jedoch hat kein beharrliches Sein. Wenn sie sich nun immer auf dieselbe Weise verhalten, sind sie nicht schlecht, denn dies: immer gleich sich verhalten, ist dem Guten eigen. Wenn sie aber nicht immer schlecht sind, dann sind sie auch nicht von Natur aus schlecht, sondern durch ein Versagen der Engelsgaben. Sie sind auch nicht völlig ohne Anteil am Guten, sofern sie sind, leben und erkennen und sofern überhaupt noch eine Regung des Verlangens in ihnen ist; schlecht aber nennt man sie, weil sie in ihrem naturgemäßen Wirken versagen. Das Abbiegen ist also für sie das Schlechte und das Preisgeben dessen, was ihnen geziemt, der Mangel an Bereitschaft, die Unvollkommenheit und Ohnmacht; die Schwäche der Fähigkeit, die ihnen innewohnende

[59] Jud 6.

Vollkommenheit zu bewahren, die Kraftlosigkeit, das Entfliehen und der Abfall. Was gibt es sonst noch für Schlechtes in den Dämonen? Unvernünftige Wut, wahnsinniges Begehren, zu weit sich vorwagende Einbildungskraft. Wenn es aber dies in den Dämonen gibt, so doch nicht in allen, noch durchaus; auch ist es nicht an sich schlecht. Denn bei andern Lebewesen bedeutet nicht eine solche Verfassung, sondern ihr Mangel den Untergang des Lebewesens und das Schlechte; ihr Besitz bewahrt die Natur des Lebewesens, dem sie eigen ist, und bewirkt ihr Sein. Das Geschlecht der bösen Geister ist also nicht schlecht, soweit es seiner Natur entspricht, sondern sofern es das nicht tut. Und es ist nicht das gesamte Gute, das ihnen gewährt wurde, völlig in sein Gegenteil verkehrt, sondern sie selbst sind von dem gesamten Guten, das ihnen gewährt war, abgefallen. Wir sagen auch nicht, die Engelsgaben, die sie empfangen hatten, seien jemals von Grund aus umgewandelt worden, sondern sie seien auch jetzt noch unversehrt und deutlich sichtbar, obwohl sie selbst sie durchaus nicht sehen, weil sie sich die Fähigkeit, Gutes zu sehen, verschlossen haben. Sofern sie also sind, sind sie aus dem Guten, sind gut und streben nach dem Schönen und Guten, da sie nach Sein, Leben und Erkenntnis des Seienden verlangen: Schlecht aber werden sie genannt aufgrund des Mangels, der Flucht und des Abfalls von dem Guten, das ihnen angemessen ist; und sie sind schlecht gemäß dem, was nicht ist; und sofern sie das Nichtseiende anstreben, streben sie nach dem Schlechten.

IV $_{24}$ – Ob und was in den Seelen Schlechtes ist
Wer wird aber die Seelen schlecht nennen? Wollte es jemand, weil sie den Schlechten in Fürsorge und zum Heil beistehen, so ist das nicht schlecht, sondern gut und macht das Schlechte gut. Wollten wir aber sagen, die Seelen würden schlecht, wodurch werden sie schlecht? Außer durch den Mangel an guten Fertigkeiten und Tätigkeiten und weil sie durch ihre Schwäche abirren und nicht ans Ziel gelangen. Wir sagen ja auch, die uns umgebende Luft verdunkle sich durch den Mangel und die Abwesenheit des Lichtes; das Licht aber bleibt immer Licht und erleuchtet auch die Finsternis. So ist weder in den bösen Geistern noch in uns das Böse nach Art eines Seienden, sondern als ein Mangel und ein Fehlen an der Vollkommenheit der ihnen eigenen Güter.

IV $_{25}$ – Auch in den Tieren ist das Schlechte nicht
Doch auch in den unvernünftigen Tieren ist das Schlechte nicht. Sieht man nämlich ab von der Wut und der Begierde und dem übrigen, was man schlecht nennt, was aber seiner Natur nach nicht schlechthin böse ist, so würde ohne Stärke und Stolz der Löwe kein Löwe mehr sein; und wenn der Hund allen schmeichelte, wäre er kein Hund mehr, denn zum Hund gehört es zu wachen, die Hausgenossen zuzulassen und Fremde zu vertreiben. So ist es nicht schlecht, wenn die Natur unverdorben bleibt, sondern ihre Verderb-

nis und Schwäche ist schlecht und das Versagen der natürlichen Fertigkeiten, Tätigkeiten und Kräfte. Wenn aber alles durch das Werden in der Zeit die Vollendung erlangt, so wird die Unvollkommenheit nicht in jeder Hinsicht die ganze Natur betreffen.

IV $_{26}$ – In der ganzen Natur ist das Schlechte nicht
Doch auch in der ganzen Natur ist das Schlechte nicht. Wenn nämlich alle Naturgesetze (φυσικοὶ λόγοι) von der ganzen Natur herrühren, so ist ihr nichts entgegengesetzt. Der Natur im einzelnen aber ist einiges naturgemäß, anderes nicht. Jedem ist etwas anderes gegen die Natur, und was für das eine natürlich ist, das ist für das andere gegen die Natur. Die Schlechtigkeit der Natur aber ist das, was gegen die Natur ist, der Mangel dessen, was zur Natur gehört. So ist die Natur nicht schlecht, sondern das Schlechte für die Natur ist das Unvermögen, das, was zu ihrer Natur gehört, zu erfüllen.

IV $_{27}$ – Auch im Leib ist das Schlechte nicht
Doch auch in den Leibern ist das Schlechte nicht. Häßlichkeit und Krankheit nämlich sind ein Versagen der Form und ein Mangel an Ordnung; ein solcher ist aber nicht in jeder Hinsicht schlecht, sondern minder schön; denn wenn die Auflösung der Schönheit, Form und Ordnung allseitig würde, dann müßte der Leib selbst zu Grunde gehen. Daß aber der Leib für die Seele nicht Ursache der Schlechtigkeit ist, das erhellt aus der Möglichkeit, daß auch ohne Leib Schlechtigkeit vorhanden sein kann wie bei den bösen Geistern: So ist für die Geister wie für die Seelen und Leiber das Schlechte die Schwäche im Besitz des ihnen eigenen Guten und der Abfall davon.

IV $_{28}$ – Auch im Stoff ist das Schlechte nicht
Auch jenes abgedroschene Wort stimmt nicht, daß das Böse im Stoff als solchen sei.[60] Denn auch er hat Anteil an der Ordnung und Schönheit und Form. Wenn aber getrennt davon der Stoff an sich eigenschaftslos und formlos ist, wie wird der Stoff etwas wirken, der aus sich nicht einmal etwas zu erleiden vermag? Ferner: Wie soll der Stoff das Schlechte sein? Wenn er niemals und nirgends ist, ist er auch weder gut noch schlecht. Wenn er aber irgendwie ein Seiendes ist und das Seiende alles aus dem Guten stammt, so wird auch er aus dem Guten stammen, und es wird entweder das Gute das Schlechte hervorrufen oder das Schlechte wird, als aus dem Guten stammend, gut sein, falls nicht etwa das Schlechte das Gute hervorbringt und so das Gute, als aus dem Schlechten stammend, schlecht ist. Oder schließlich, es sind zwei Seinsgründe und stammen beide von *einem* von ihnen unterschiedenen Höchsten ab. Wenn man aber den Stoff als zur Vollendung des

[60] ⟨Hinweis auf den gnostischen Dualismus.⟩

ganzen Kosmos notwendig bezeichnet, wie kann der Stoff schlecht sein? Das Schlechte ist ja doch etwas anderes als das Notwendige. Wie kann aber der Gute etwas aus dem Schlechten erzeugen: Und wie kann das Schlechte für den Guten notwendig sein? Das Schlechte flieht ja die Natur des Guten. Wie kann aber der Stoff die Natur erzeugen und nähren, wenn er schlecht ist? Das Schlechte als Schlechtes erzeugt nicht und ernährt nicht, bewirkt und erhält nicht. Wenn sie aber sagen, er erzeuge nicht die Schlechtigkeit in den Seelen, aber er treibe sie zur Schlechtigkeit an, wie kann das wahr sein? Die meisten von ihnen haben es doch auf das Gute abgesehen. Wie wäre das aber möglich, wenn der Stoff sie ganz zum Bösen geneigt machte? Darum stammt das Schlechte in den Seelen nicht aus dem Stoff, sondern aus einer ungeordneten und fehlerhaften Bewegung. Sagt man aber, sie folgten durchaus dem Stoff, und jener unstete Stoff sei notwendig für jene, die in sich selbst keinen festen Stand gewinnen können – wie kann das Schlechte notwendig oder das Notwendige schlecht sein?

IV $_{29}$ – Auch der Mangel (privatio, στέρησις) ist an sich nicht schlecht
Wir werden aber auch nicht sagen, der Mangel widerstrebe aus eigener Kraft dem Guten: Denn ein allseitiger Mangel ist völlig ohnmächtig, ein teilweiser aber hat keine Kraft, sofern er Mangel ist, sondern sofern er nicht in jeder Hinsicht Mangel ist. Ist es nämlich ein teilweiser Mangel des Guten, so ist er noch nicht schlecht; wird er es aber, so schwindet auch die Natur des Schlechten.

IV $_{30}$ – Was und woher das Gute und Schlechte ist
Um es zusammenfassend zu sagen: Das Gute stammt aus der *einen* Gesamtursache, das Schlechte aber aus vielen Teilursachen. Gott kennt das Schlechte als gut, und bei Ihm sind die Ursachen des Schlechten Gutes wirkende Kräfte. Wenn aber das Schlechte ewig ist und schöpferisch, wenn es etwas vermag und ist und wirkt, woher hat es das? Aus dem Guten? Oder hat es das Gute aus dem Schlechten, oder haben es beide aus einer andern Ursache? Alles, was naturgemäß ist, entsteht aus einer bestimmten Ursache: Wenn aber das Schlechte weder Ursache noch Bestimmtheit hat, ist es nicht naturgemäß; denn es ist weder in der Naturwirklichkeit etwas, was gegen die Natur ist, noch gibt es in der Kunst etwas, was unter den Begriff der Kunst-losigkeit ⟨sic!⟩ fällt. Ist also etwa die Seele Ursache des Schlechten wie das Feuer Ursache der Erwärmung, und erfüllt sie alles, dem sie nahekommt, mit Schlechtigkeit? Oder ist die Natur der Seele gut, in ihren Tätigkeiten aber verhält sie sich bald so, bald so? Wenn aber durch ihre Natur selbst ihr Sein schlecht ist, woher hat sie dann das Sein? Etwa aus der guten Ursache, die alles Seiende hervorbringt? Wenn aber daher, wie kann sie ihrem Wesen nach schlecht sein? Es ist ja alles gut, was aus ihr stammt. Wenn aber durch ihre Tätigkeiten,

so ist auch dies nicht unveränderlich; woher kämen sonst ihre Tugenden, wenn sie nicht die Form des Guten angenommen hat? So bleibt nur übrig, daß das Schlechte eine Schwäche und ein Abfall vom Guten ist.

IV $_{31}$ – Das Gute hat *eine* Ursache, das Schlechte viele
Die Ursache des Guten ist *eine*. Wenn das Schlechte dem Guten entgegengesetzt ist, so gibt es für das Schlechte viele Ursachen, doch bewirken nicht Seinsgründe und Kräfte das Schlechte, sondern Kraftlosigkeit und Schwäche und eine unangemessene Mischung ungleicher Dinge. Das Schlechte ist weder unbeweglich noch verhält es sich immer auf die gleiche Weise, sondern es ist grenzenlos und unbestimmt und bewegt sich in anderem, und zwar in Unbegrenztem. Und auch für alles Schlechte ist das Gute Urgrund und Ziel: Denn um des Guten willen ist alles, das Gute wie das Entgegengesetzte; denn auch dieses tun wir aus Verlangen nach dem Guten (niemand hat ja das Schlechte im Auge bei dem, was er tut); deshalb hat das Schlechte kein selbständiges Sein, sondern ein Nachbild des selbständigen Seins, da es um des Guten willen und nicht um seiner selbst willen entsteht (geschieht).

IV $_{32}$ – Das Schlechte ist zufällig (κατὰ συμβεβηκός)
Dem Schlechten ist also ein zufälliges Sein zuzuschreiben, um eines anderen willen und nicht aus eigenem Seinsgrund; darum scheint es recht zu sein, wenn es geschieht, weil es um des Guten willen geschieht, in Wahrheit aber ist es nicht gut, weil wir für gut halten, was nicht gut ist. Es ist gezeigt worden, daß etwas anderes begehrt wird als geschieht. So ist denn das Schlechte abseits vom Wege, abseits von der Absicht, von der Natur, von der Ursache, vom ersten Seinsgrund, vom Ziel, von der Bestimmung, vom Willen, vom in sich selbst gegründeten Sein. Also ist das Schlechte Mangel, Fehler, Schwäche, Unangemessenheit, Abirren, Verfehlen des Ziels, der Schönheit, des Lebens, des Geistes, der Vernunft, der Vollkommenheit, der Begründung, der Ursache; es ist unbegrenzt, unfruchtbar, träge, untätig, ungeordnet, ungleich, unbegrenzt,[61] dunkel, wesenlos, es ist selbst auf keine Weise ein Seiendes. Wie soll also das Schlechte durch Vermischung mit dem Guten überhaupt etwas vermögen? Denn was gar keinen Anteil am Guten hat, ist weder etwas noch kann es etwas. Wenn nämlich das Gute das Seiende ist und das Erstrebenswerte, das Kraftvolle und Wirksame, wie soll das etwas vermögen, das dem Guten entgegengesetzt ist, dem Wesen, Willen, Kraft und Tätigkeit fehlt? Was schlecht ist, ist weder allen alles, noch immer dasselbe im Hinblick auf dasselbe. Für den bösen Geist ist es schlecht, von der guten Geistesart abzuweichen, für die Seele von der Vernunft, für den Leib von der Natur.

---

[61] ⟨Die Doppelung von „unbegrenzt" in dieser Aufzählung entsteht durch die synonyme Übersetzung von ἀόριστον und ἄπειρον.⟩

IV $_{33}$ – Wie ist das Schlechte mit der Vorsehung vereinbar?
Wie kann es überhaupt Schlechtes geben, da es doch eine Vorsehung gibt? Das Schlechte ist weder ein Seiendes noch in dem selbständig Seienden. Nichts Seiendes gibt es, das nicht von der Vorsehung umfaßt würde. Das Schlechte ist ja kein Seiendes, wenn es ohne Vermischung mit Gutem ist. Wenn aber kein Seiendes ohne Anteil am Guten ist, das Schlechte aber ein Mangel des Guten ist, so wird, da nichts Seiendes völlig des Guten ermangelt, die göttliche Vorsehung in allen Dingen sein und nichts Seiendes der göttlichen Vorsehung entschlüpfen. Aber auch von denen, die schlecht geworden sind, macht die Vorsehung gütig zu ihrem eigenen oder zu anderer privatem oder allgemeinem Nutzen Gebrauch und sorgt für jedes Seiende in der ihm angemessenen Weise. Darum billigen wir keineswegs das eitle Gerede der Menge, wenn sie sagt, die göttliche Vorsehung müsse uns auch gegen unsern Willen zur Tugend antreiben; denn es ist der Vorsehung nicht eigen, die Natur zu verletzen. Darum erhält sie als Vorsehung eine jede Natur, die mit freier Bewegung begabten so, wie es dieser Begabung entspricht, und sorgt für alles und jedes in der allem und jedem angemessenen Weise, und soweit die Natur der von der Vorsehung betreuten ⟨sic!⟩ Dinge aufnahmefähig ist, werden die Gaben der allumfassenden und mannigfaltigen Vorsehung einem jeden entsprechend gespendet.

IV $_{34}$ – Das Schlechte ist weder Seiendes noch Vermögen, sondern Schwäche
Das Schlechte ist also weder ein Seiendes noch etwas in dem, was selbständiges Sein hat. Auf keine Weise nämlich ist das Schlechte als Schlechtes oder geht das Werden des Schlechten von einer Kraft aus, sondern von der Schwäche. Und selbst für die bösen Geister stammt das Sein aus dem Guten und ist ein Gut; das Schlechte aber, das ihnen aufgrund des Abfalls von den ihnen eigenen Gütern zukommt, ist die Umwandlung bezüglich ihrer Selbigkeit und ihres Besitzes und die Schwäche der ihnen als Engeln zukommenden Vollkommenheit. Sie streben aber nach dem Guten, sofern sie nach Sein, Leben und Erkennen streben; und sofern sie nicht nach dem Guten streben, streben sie nach dem Nichtsein; das ist aber kein Streben, sondern ein Mangel wahrhaften Strebens.

IV $_{35}$ – Es gibt Verfehlung im Erkennen
In der Erkenntnis sich verfehlend nennt die Heilige Schrift jene, die versagen gegenüber der unverborgenen Erkenntnis des Guten oder dem Vollbringen des Guten, und die den Willen kennen, aber nicht tun; die gehört haben, aber schwach sind im Glauben und Gutestun. Ja, manche wollen sich nicht auf das Gutestun verstehen aus Verkehrtheit oder Schwäche des Willens. Und allgemein, wie wir oft gesagt haben, ist das Schlechte Schwäche oder

Unvermögen entweder im Wissen oder in der klaren Erkenntnis, im Glauben oder im Streben nach dem Guten oder im Vollbringen des Guten. Nun wird vielleicht jemand sagen, der Schwäche gebühre nicht Strafe, sondern im Gegenteil Verzeihung. Das wäre richtig, wenn nicht die Möglichkeit dazu geboten wäre: Wenn aber aus dem Guten das Vermögen folgt, weil es – nach der Hl. Schrift – allen das ihnen Angemessene spendet, so verdient der Abfall von den eigenen Gütern, die man dank dem Guten besitzt, und die Verkehrung und Flucht durchaus kein Lob. Aber das ist in der *Abhandlung über das Gerechte und das göttliche Gericht*[62] von uns nach Vermögen ausreichend behandelt worden; in dieser heiligen Abhandlung hat die Wahrheit der Heiligen Schrift die sophistischen Begründungen, die Gott Ungerechtigkeit und Lüge andichten, als völlig gottlos und töricht zunichte gemacht. Nun aber haben wir, so weit wir vermögen, das Gute genügend gepriesen als wahrhaft bewundernswert, als Anfang und Ende aller Dinge, als alles Seiende umfassend, als das dem Nichtseienden Form Gebende, als Ursache alles Guten, als Nicht-Ursache des Schlechten, als Vorsehung und vollkommene Güte, als alles Seiende und Nichtseiende übersteigend, als das Schlechte und den Mangel seiner selbst gut machend, als das von allen zu Erstrebende, zu Liebende und zu Schützende und was sonst noch im Vorausgehenden das Wort der Wahrheit, wie ich glaube, bewiesen hat.

V.
Vom Seienden und von den Urbildern

V 1 – Gott kann nicht erklärt werden, wie Er in sich selbst ist

Nun müssen wir übergehen zu dem wahrhaft seienden Gottesnamen des wahrhaft Seienden. Wir werden ihn aber nur so weit in Erinnerung bringen, als das Ziel der Untersuchung erfordert: nicht das überwesentliche Wesen erklären, sofern es überwesentlich ist (denn dieses ist unaussprechlich und unerkennbar, vollkommen unaufweisbar und die Einigung [kraft des Geistes] selbst übersteigend), sondern das Seiendes schaffende Herausgehen der göttlich-wirkenden Seinsursache zu allem Seienden preisen. Zwar erklärt schon der Gottesname „das Gute" alle Hervorgänge des Urhebers alles Guten und erstreckt sich auf das Seiende und auf das Nichtseiende und übersteigt das Seiende und das Nichtseiende. Der Name „das Seiende" aber erstreckt sich auf alles Seiende und ist über alles Seiende. Der Name „Leben" erstreckt sich auf alles Lebendige und übersteigt alles Lebendige. Der Name „Weisheit" erstreckt sich auf alles, was geistig erfaßbar, was vernunft- und sinnenbegabt ist, und übersteigt all dies.

---

[62] ⟨Nicht überlieferte dionysische Schrift.⟩

V 2 – Gott soll nach dem Walten der Vorsehung oder den Hervorgängen gepriesen werden
Diese Gottesnamen also, die die Vorsehung offenbaren, begehrt die Abhandlung zu preisen; sie verspricht nicht die überwesentliche Güte der überwesentlichen Gottheit, ihr Wesen, ihr Leben und ihre Weisheit zu enthüllen, da sie die Güte über alle Güte, die Gottheit, das Wesen, die Weisheit und das Leben in Verborgenheit hüllte, wie die Heilige Schrift sagt: Sondern sie preist die offenbar gewordene Vorsehung, die alles Gute bewirkt, die überragende Güte und Ursache alles Guten; und das Seiende, das Leben und die Weisheit als seinsbegründende, lebenschaffende, weisheitspendende Ursache für alles, was Sein und Leben, Geist, Vernunft- und Sinnenbegabung[63] durch Teilhabe besitzt. Sie sagt nicht, Gutes, Seiendes, Leben und Weisheit seien Verschiedenes und viele Ursachen, und verschiedene Gottheiten bewirkten das eine und das andere, höhere und niedere, sondern dem Einen Gott gehören alle guten Hervorgänge und die von uns gepriesenen Gottesnamen zu; und *einer* ist es, der die gesamte Vorsehung des Einen Gottes offenbart, andere aber enthüllen mehr oder minder allgemeine, teilweise Wirkungen der Vorsehung.

V 3 – Was in höherem Grade an Gott teilhat, steht ihm näher
Vielleicht wird aber jemand sagen: Da das Seiende umfassender ist als das Leben und das Leben als die Weisheit, warum steht das Lebendige höher als das, was bloß Sein hat, das Sinnenbegabte höher als das Lebendige, das Vernunftbegabte über jenem und die Geister wiederum über dem Vernunftbegabten; warum sind sie in Gottes Umgebung und kommen näher an Ihn heran? Nun war es aber geziemend, daß das vor anderem den Vorrang habe und es übertreffe, was an größeren Gottesgaben Anteil hat. Das würde selbst dann zutreffen, wenn man behaupten wollte, daß die Geister ohne Sein und Leben wären: Da aber die göttlichen Geister ein höheres Sein haben als alles andere Seiende und ein vorzüglicheres Leben als alles andere, was lebt, und da sie Einsicht und Erkenntnis besitzen über alle sinnliche und durch fortschreitendes Denken gewonnene Erkenntnis und vor allem andern Seienden nach dem Schönen und Guten streben und daran teilhaben, stehen sie dem Guten um so näher, je übermäßiger sie daran teilhaben, und empfangen um so reichere und bessere Geschenke von ihm: Wie auch die vernunftbegabten Wesen die Sinnenwesen übertreffen, je reichlicher ihr Vernunftanteil ist, und entsprechend die Sinnenwesen die bloßen Lebewesen. Und ich glaube, es ist wahr, daß jene Wesen, die mehr an dem Einen, an Gaben unendlich reichen Gott teilhaben, Ihm näher und göttlicher sind als die Dinge, die sie hinter sich zurücklassen.

---

[63] ⟨Anstreichung am Rand von „Sinnenbegabung" bis „niedere".⟩

V 4 – Gott ist alles in allem in überragender Weise

Da wir darüber nun gesprochen haben, laßt uns das Gute als das wahrhaft Seiende preisen, das alles Seiende ins Sein setzt. Der Seiende ist überseiend (ὑπερούσιος) über alles mögliche Sein, die Ursache des auf sich Gestellten, der Schöpfer des Seienden, des Besitzes, des selbständigen Seins (ὑπόστασις), des in sich selbst gegründeten Wirklichen (οὐσία), der Natur; der Ursprung und das Maß der Zeitalter; der Seinsgeber für die Zeit; der Seinsraum (αἰών) des Seienden, die Zeit des Werdenden, das Sein alles dessen, was irgendwie ist, das Werden alles dessen, was irgendwie wird. Aus dem Seienden stammt der Seinsraum (αἰών), das in sich selbst gegründet Seiende, das Seiende, die Zeit, das Werden und das Werdende; das Seiende in dem, was in sich selbst begründet ist, das irgendwie Vorhandene, das auf sich selbst Gestellte. Denn Gott ist nicht ein auf irgendwelche Weise Seiendes, sondern das einfach und unbegrenzt alles Sein in sich Umfassende und Vorwegnehmende; darum heißt er auch der König der Zeiten (αἰώνων) als Der, in Dem und bei Dem alles Sein und Seiende und Bestandhaben ist, und ist weder noch wird Er sein, ist nicht geworden und wird nicht und wird nicht werden, ja, ist nicht; sondern Er selbst ist das Sein für alles Seiende; und nicht nur das Seiende, sondern das Sein alles Seienden stammt aus dem Seienden, der vor aller Zeit ist (προαιωνίως ὄντως); denn Er ist die Zeit der Zeiten (αἰὼν τῶν αἰώνων), der vor allen Zeiten ist.

V 5 – Aus Gott stammt der Aion[64], die Zeit und alles

Höher uns erhebend möchten wir sagen, daß für alles, was selbständiges Sein hat, und für die Seinsräume das Sein von dem vor allem Seienden kommt. Jeder Seinsraum und jede Zeit ist aus Ihm, denn der vor allem Seiende ist Urgrund und Ursache jedes Seinsraums und jeder Zeit und alles dessen, was nur immer ist; und alles hat an Ihm teil, und keines läßt Er im Stich; und Er selbst ist vor allem, und alles hat in Ihm Bestand und Zusammenhang[65]; schlechthin: Wenn etwas auf irgendeine Weise ist, so ist es in Dem, der zuvor ist, wird in Ihm erkannt und bewahrt: Und vor allem andern Teilhaben an Ihm wird das Sein herausgestellt; denn das Sein an sich selbst ist älter als das Aus-sich-lebendig-Sein und Aus-sich-weise-Sein und Aus-sich-gottähnlich-Sein; und alles Seiende, was auch immer Anteil hat, hat vor allem am Sein Anteil: Vielmehr, selbst alles an sich Seiende, woran das (real) Seiende Anteil hat, hat am Sein an sich selbst Anteil; und nichts Seiendes gibt es, für das nicht das Sein an sich sein wahrhaftes Sein und Seinsraum (οὐσία καὶ αἰών) wäre. Als in Wahrheit ursprünglicher denn alles andere wird Gott als der Seiende gepriesen aufgrund jener Gabe, die

[64] ⟨Griechische Bezeichnung für Zeitalter, unendliche Zeit, Ewigkeit.⟩

[65] ⟨Kol 1, 16f.⟩

älter ist als die andern; da nun das Zuvor-Sein und Über-Sein das Sein vorausaht und im Übermaß hat, so hat das Sein an sich, sagte ich, alles Sein ins Dasein gesetzt und hat alles, was auf irgendeine Weise ist, durch das Sein selbst ins Dasein gesetzt. Nun haben aber alle Seinsgründe (ἀρχαί) am Sein Anteil und sind ⟨sic!⟩ und sind Seinsgründe, und in erster Linie *sind* sie, danach sind sie Seinsgründe. Und wenn man als Seinsgrund des Lebenden, sofern es lebt, das Leben an sich nimmt; und für das Ähnliche, sofern es ähnlich ist, die Ähnlichkeit an sich; für das Verbundene, sofern es verbunden ist, die Verbindung an sich; für das Geordnete, sofern es geordnet ist, die Ordnung an sich; und so wird für alles, was an diesem oder jenem oder an beidem oder an vielerlei teilhat, auch dies oder jenes, beides oder vielerlei sein, woran es teilhat, und man wird finden, daß das „an sich", woran etwas teilhat, zuerst am Sein teilhat und durch das Sein zuerst beharrt; erst danach ist es Seinsgrund von diesem und jenem, und durch das Teilhaben am Sein hat es Bestand und ist etwas, woran etwas teilhat. Wenn aber dieses durch Teilhaben am Sein ist, um wieviel mehr jenes, das an diesen Seinsgründen teilhat.

V $_6$ – Das Sein selbst und alles ist aus Gott und in Gott geeint
Da nun die in sich selbst gegründete Güte über alle Güte als erste Gabe das Sein selbst herausgestellt hat, wird es mit Recht dem Ältesten und Ersten, woran es ein Teilhaben gibt, zugesprochen, und aus ihm und in ihm ist das Sein selbst, sind die Seinsgründe des Seienden und alles, was ist und auf irgendwelche Weise sich im Sein hält; und das unvermischt, verbunden und einzeln. Denn in der Einheit besteht jede Zahl einförmig voraus, und die Einheit hat jede Zahl in sich einzeln voraus; und jede Zahl ist in der Einheit geeint; und je weiter sie sich von der Einheit entfernt, um so mehr ist sie geteilt und vielfältig. Und im Mittelpunkt sind alle Linien des Kreises durch *eine* Verbindung geeint; und der Punkt enthält alle Geraden geeint in sich, und mit dem einen Ausgangspunkt, von dem sie alle ausgegangen sind, und in dem einen Mittelpunkt sind sie alle gänzlich geeint; in geringem Abstand von ihm sind sie wenig geteilt, in größerem mehr; kurz: Je näher sie dem Mittelpunkt sind, desto mehr sind sie mit ihm und unter sich eins; und je weiter sie vom Mittelpunkt entfernt sind, desto weiter sind sie auch voneinander entfernt.

V $_7$ – In Gott als der Ursache aller Dinge ist auch alles Entgegengesetzte geeint
Aber auch in der gesamten, alle Dinge umfassenden Natur sind die Seinsgründe (λόγοι) einer jeden Natur unvermischt in *einer* Verbindung geeint, und in der Seele sind einförmig geeint alle Kräfte, die für alle Teile des ganzen Körpers vorsorgen: Es ist also nicht unangemessen, im Aufstieg von

schwachen Abbildern zum Urbild aller mit überirdischen Augen alles in der Ursache aller Dinge zu betrachten und das Entgegengesetzte einförmig und geeint; denn sie ist der Seinsgrund alles Seienden, von dem sowohl das Sein selbst herrührt als ⟨auch⟩ alles, was auf irgendwelche Weise ist: Jeder Seinsgrund, jede Grenze, alles Leben, alle Unsterblichkeit, alle Weisheit, alle Ordnung, aller Einklang, alle Kraft, alle Hut, alle Grundlage, alles Beharren, alles Verstehen, alles Begreifen, alle Sinneswahrnehmung, jedes Haben, jedes Stehen, jede Bewegung, jede Einigung, jede Mischung, jede Freundschaft, jede Mißhelligkeit, jede Unterscheidung, jede Begriffsbestimmung und alles, was immer durch das Sein Seiendes ist: Allem Seienden gibt es sein Gepräge.

V $_8$ – Von Gott erhalten alle himmlischen Geister, alle Seelen und alle Dinge ihre Seinsstufe

Von eben dieser Ursache aller Dinge kommen alle geistigen und geistig faßbaren Wesen der gottähnlichen Engel und Menschenseelen her und alle Naturen der ganzen Welt und alles, was in etwas anderem sein Dasein hat und was – wie man sagt – nur ein gedankliches Sein hat. Und auch jene ganz heiligen, ältesten, wahrhaft seienden Kräfte, die ihren Platz gleichsam im Vorhof der überwesentlichen Dreifaltigkeit haben, haben von ihr und in ihr sowohl das Sein als ⟨auch⟩ das Gottähnlichsein; und so erlangen die niederen nächst ihnen die niedere, die letzten die letzte Stufe des Seins und Gottähnlichseins: Im Bereich der Engel ist es die letzte Stufe, im Verhältnis zu uns aber eine überirdische. Auch die Seelen und alles andere Seiende haben auf dieselbe Weise ihr Sein und Wohlsein: Sie sind und sind wohl, sofern sie Sein und Wohlsein von Dem erlangen, der zuvor ist, und sind ⟨sic!⟩ und sind wohl in Ihm, aus Ihm nehmen sie ihren Anfang, in Ihm werden sie erhalten, und zu Ihm streben sie hin. Und die Erstlinge des Seins (πρεσβεῖα τοῦ εἶναι) teilt Er jenen höchsten Wesen zu, die die Heilige Schrift immerwährende (αἰωνίας) nennt; das Sein selbst aller Dinge geht niemals verloren; dieses Sein selbst aber kommt aus Dem, der zuvor ist; und Ihm ist das Sein eigen, nicht Er ist dem Sein eigen; und in Ihm ist das Sein, nicht Er ist im Sein; und Ihn hat das Sein, nicht Er hat das Sein; und Er ist dieses Seins Seinsraum (αἰών), Seinsgrund und Maß, da Er Seiendes schaffender Seinsgrund, Mitte und Ziel alles Zuvorseienden, alles Seienden, des Seinsmaßes und aller Dinge ist. Und darum wird von der Heiligen Schrift der wahrhaft Zuvorseiende im Hinblick auf die gesamte Erkenntnis alles Seienden vielfältig gesetzt, und in Ihm wird in vorzüglichem Sinn das „seiend" ausgesagt, das „ist", „wird sein", das „ist geworden", „wird" und „wird sein". Denn das alles besagt für den, der es versteht, wie es Gott geziemt, daß Er gemäß allem Denken das Überseiende ist und die Ursache alles in jeder Weise Seienden. Denn Er ist nicht jetzt, dann aber nicht, und nicht auf die eine Weise, auf die andere aber nicht; Er ist vielmehr alles als Urheber von allem, und alle Seinsgründe, alle Seinsbedingungen (συμπράγματα) alles Seienden enthält Er vereint und im voraus in sich: Und Er ist über allem, da Er vor allem überwesentlich über-ist. Darum wird alles zugleich von Ihm ausgesagt, und doch ist Er nichts von allem: Allgestaltig (πάνσχημος), allformenhaft (πανείδεος), enthält Er, ohne Gestalt und Schönheit, Anfang, Mitte und Ende alles Seienden unvermischt und gesondert in sich voraus und läßt in alle das Sein in Reinheit einstrahlen gemäß der *einen*, im Übermaß einenden Ursache. Wenn nämlich unsere Sonne das Wesen und die Beschaffenheiten der sinnenfälligen Dinge – wie groß ihre Zahl und Mannigfaltigkeit sein mag, während jene nur eine einzige ist und auf *eine* Weise ihr Licht verteilt – dennoch alles erneuert, ernährt, erhält, vollendet, unterscheidet, eint, wieder erwärmt, fruchtbar macht, vermehrt, umwandelt, befestigt, hervorbringt, erweckt und belebt; und wenn ein jedes von ihnen auf seine eigene Weise an der einen und selben Sonne Anteil hat und die eine Sonne die Ursache der vielen Dinge, die an ihr Anteil haben, einförmig in sich vorweggenommen hat, so ist erst recht für ihre und aller Dinge Ursache zuzugeben, daß alle Urbilder aller Dinge gemäß einer einheitlichen, überwesentlichen Verbindung darin vorausbestehen; sie bringt ja die Wesen hervor in einem Herausgehen aus dem Wesen (κατὰ τὴν ἀπὸ οὐσίας ἔκβασιν). Urbilder aber, sagen wir, sind die wesenhervorbringenden, in Gott geeint vorausbestehenden Seinsgründe (λόγοι), die die Theologie Vorausbestimmungen nennt und göttliche, gute Willenstätigkeiten, die die Dinge abgrenzen und hervorbringen; nach ihnen hat der Überseiende alles Seiende abgegrenzt und hervorgebracht.[66]

V 9 – Gott umfaßt alles mit seiner einfachen Vollkommenheit

Wenn aber der Philosoph Clemens[67] meint, das Ursprünglichere im Bereich des Seienden werde im Verhältnis zu etwas Urbilder genannt, so geht seine Rede nicht von den eigentlichen, vollkommenen und einfachen Namen aus: Wenn wir aber auch dies als richtig zugeben, so müssen wir doch der Theologie (= Hl. Schrift) gedenken, die sagt: Diese Dinge werden dir nicht gesagt, damit du ihnen nachgehst, sondern damit wir durch ihre hinaufführende (analogische)[68] Erkenntnis zur Erkenntnis der Ursache aller Dinge geleitet werden, soweit wir es vermögen.[69] Darum ist ihr alles Seiende gemäß *einer*

---

[66] ⟨Anstreichung am Rand von „Urbilder" bis zum Schluß von V_8.⟩

[67] ⟨Clemens von Alexandrien (†vor 215), Verfasser der *Stromateis (Teppiche)* und des *Paidagogos (Lehrer)*.⟩

[68] ⟨Statt „analogische", in Proportionen entsprechende, müßte es „anagogische", hinaufführende, heißen.⟩

[69] Ex 25. ⟨Die von Edith Stein angegebene Stelle weist die zitierten Worte nicht aus. Die unterschiedlichen Stufen der Gottesschau und -erkenntnis bei Mose und dem Volk Israel deuten sich hingegen in Ex 19, 21–24, Ex 24, 16–18 und Num 12, 6–8 an. – Anstreichung am Rand von „Hl. Schrift" bis „vermögen".⟩

alles überragenden Einigung beizulegen. Denn da sie von dem Sein, dem Seiendes schaffenden Hervorgehen und der Güte ausgeht, alles durchdringt und alles aus sich mit dem Sein erfüllt und in allem Seienden sich ergötzt, hat sie alles in sich voraus gemäß dem einen Vorzug der Einfachheit, jede Doppelheit ablehnend. So umfaßt sie alles in ihrer übereinfachen Unendlichkeit, und alles hat in besonderer Weise daran teil, so wie an dem einen und selben Laut viele Ohren als an einem teilhaben.

V $_{10}$ – Gott als Anfang und Ende aller Dinge
Anfang und Ende (Urgrund und Ziel) alles Seienden ist also der Zuvor-Seiende. Anfang als Urheber, Ende als das „um willen" und die Grenze alles Seienden, die Grenzenlosigkeit aller Unbegrenztheit und Begrenzung, überragend gegenüber ihrer Gegensätzlichkeit. Denn in Einem, wie oft gesagt worden ist, hat Er alles Seiende voraus und hat es ins Dasein gesetzt, in allem überall gegenwärtig im Hinblick auf das eine und selbe; und im Hinblick darauf alles; in alles geht Er hinaus und bleibt doch in sich, stehend und sich bewegend und doch weder stehend noch sich bewegend; ohne Anfang, Ende und Mitte; Er ist weder in einem Seienden noch etwas vom Seienden. Und es kommt Ihm weder gänzlich etwas von dem Immerwährenden zu noch von dem zeitlich Existierenden, sondern von Zeit und Aion und dem, was in der Zeit und im Aion ist, ist Er gesondert. Denn der Aion selbst und das Seiende, das Maß des Seienden und das dadurch Gemessene ist durch Ihn und rührt von Ihm her. Doch darüber werden wir passender an anderer Stelle sprechen.

VI.
Das Leben

VI $_{1}$ – Gott ist das Leben, von dem alles Leben ausgeht
Nun müssen wir das ewige Leben preisen, von dem das Leben an sich und alles Leben herrührt. Und von dem das Lebendigsein über alles, was irgendwie am Leben Anteil hat, ausgestreut wird. Das Leben der unsterblichen Engel und ihre Unsterblichkeit und das Unzerstörbare der nie aufhörenden Bewegtheit der Engel ist aus ihm und durch es und hat Bestand, deshalb heißen sie auch immer-lebend und unsterblich; und anderseits die nicht Unsterblichen, weil sie nicht von sich aus das Unsterblichsein und Ewig-Leben haben, sondern von der lebenschaffenden und alles Leben hervorrufenden und erhaltenden Ursache. Und wie wir von dem Seienden sagten, es sei der Seinsraum (αἰών) für das Sein an sich, so hier wiederum das göttliche Leben belebe und bewirke das Leben selbst; und jedes Leben und jede Lebensbewegung ist aus dem Leben über allem Leben und aller Ursprung alles

Lebens. Von ihm haben es die Seelen, daß sie unsterblich sind, und alle Tiere und Pflanzen, daß sie das Lebendigsein im letzten Nachhall des Lebens haben. Denken wir es fort, so scheidet, nach der Heiligen Schrift, alles Leben; und aufs neue zu ihm hingewendet, wird wiederbelebt,[70] was aus Schwäche die Teilhabe an ihm verloren hatte.

VI 2 – Das göttliche Leben spendet jedem Lebewesen das ihm angemessene Leben

Und es spendet zuerst dem Leben an sich das Leben-Sein und einem jeden Leben, daß es seiner Natur angemessen ist: dem Leben der himmlischen Wesen die stofflose, gottähnliche, unwandelbare Unsterblichkeit, die immerwährende Bewegung ohne jedes Abirren und Abbiegen; ja, selbst bis zum dämonischen Leben erstreckt es sich in seiner überfließenden Güte; und auch daß es ist und Leben ist und beharrt, das hat es aus keiner andern Ursache. Es gibt auch den Menschen, obwohl sie zusammengesetzt sind, ein Leben, das nahe an das der Engel heranreicht. Und selbst nach unserm Abirren wendet es uns im Übermaß seiner Güte sich wieder zu, ruft uns zurück und – was noch göttlicher ist – verheißt uns, daß es uns mit unserer ganzen Natur, ich meine die Seelen und die damit verbundenen Körper, zum vollkommenen und unsterblichen Leben führen werde: eine Sache, die dem Altertum wohl gegen die Natur schien, mir aber und Dir und der Wahrheit als etwas Göttliches und Übernatürliches. Über die Natur sage ich ⟨dies⟩, die an uns hervortritt, nicht die allmächtige des göttlichen Lebens. Dieser als der Ursache allen Lebens und besonders des göttlicheren, ist kein Leben gegen die Natur oder über die Natur ⟨möglich⟩. Darum werden die entgegengesetzten Reden des unsinnigen Simon[71] von der göttlichen Schar und von Deiner heiligen Seele weit weggewiesen: Es war ihm nämlich verborgen, glaube ich, wiewohl er sich weise dünkte, daß ein Mensch von gesundem Geist sich nicht auf den Augenschein der Sinne stützen dürfe im Gegensatz zur unsichtbaren Ursache alles Seienden. Und man muß ihm sagen, das heiße gegen die Natur reden; denn ihr ist nichts entgegengesetzt.

VI 3 – Vom göttlichen Leben wird alles belebt und umhegt

Und von diesem [göttlichen Leben] werden alle Tiere und Pflanzen belebt und umhegt. Und ob man das das geistige Leben nennt oder das vernünftige, sinnliche oder zu Ernährung und Wachstum fähige oder welcher Art immer oder den Ursprung und das Wesen des Lebens – aus ihm lebt es und hat es Lebenskraft, das über alles Leben ist, und in ihm als seiner Ursache

---

[70] ⟨Ps 90 (89), 3–6; Ps 104 (103) 29f.⟩

[71] ⟨Randnotiz:⟩ Simon behauptete, die Auferstehung des Leibes sei gegen die Natur. ⟨Es handelt sich um Simon Magus, Apg 8, 9–13.18–24.⟩

besteht es voraus. Denn das überlebendige und urlebendige Leben ist die Ursache alles Lebens, Erzeuger und Vollender des Lebens und die Unterschiede des Lebens begründend und aufgrund jedes Lebens zu preisen wegen der alles Leben hervorbringenden vielgestaltigen Fruchtbarkeit; darum wird es als allgestaltig in jedem Leben erschaut und gepriesen und als unbedürftig, vielmehr als Überfülle des Lebens, das aus sich selbst Lebendige, das Lebenschaffende über allem Leben, das Überlebendige oder wie man sonst immer das unaussprechliche Leben auf menschliche Weise preisen mag.

VII.
Weisheit, Verstand (νοῦς), Vernunft (λόγος), Wahrheit, Glauben

VII $_1$ – Die Weisheit Gottes als Schöpferin aller Weisheit und über alle Weisheit

Nun laß uns denn, wenn es beliebt, das wahre und ewige Leben auch als weise und als die Weisheit selbst preisen, ja als Schöpferin aller Weisheit, über alle Weisheit und alles Verständnis erhaben. Denn Gott ist nicht nur übervoll von der Weisheit, und für sein Verstehen gibt es keine Zahl, sondern er thront über aller Vernunft, allem Verstand, aller Weisheit. Dies erkannte auf übernatürliche Weise der wahrhaft göttliche Mann, unser und unseres Lehrers gemeinsame Sonne, und darum sagte er: *Was in Gott töricht ist, ist weiser als die Menschen.*[72] Nicht nur weil alles menschliche Denken ein Umherirren ist im Vergleich zur Stetigkeit und Beharrlichkeit des göttlichen, ganz vollkommenen Wissens; sondern auch, weil die Theologen die verneinenden (beraubenden) Ausdrücke in entgegengesetzem Sinn zu brauchen pflegen. So nennt die Schrift das leuchtendste Licht unsichtbar, und den Vielgepriesenen und Vielnamigen bezeichnet sie als unaussprechlich und unnennbar; den in allem Gegenwärtigen, der von allem her auffindbar ist, nennt sie unfaßlich und unerforschlich. In diesem Sinn also wird von dem göttlichen Apostel gesagt, daß er die Torheit Gottes rühme, indem er das, was darin der Vernunft widersprechend und ungereimt scheint, auf die unaussprechliche und über alle Vernunft erhabene Wahrheit zurückführt. Aber (wie ich schon anderswo gesagt habe): Wenn wir auf unsere Weise das, was über uns ist, auffassen und an den uns vertrauten Sinneseindrücken haften bleiben und Göttliches mit Dingen aus unserer Welt zusammenstellen, geraten wir in Irrtum, indem wir im Anschluß an das sinnlich Erscheinende dem Göttlichen und ⟨dem⟩ unaussprechlichen Wort nachjagen. Wir müssen wissen, daß unser Geist wohl die Kraft hat, geistig zu erkennen, und dadurch

---

[72] 1 Kor 1, 25.

Geistiges schaut, daß aber jene Vereinigung, wodurch er mit dem verbunden wird, was über ihm ist, die Natur des Geistes übersteigt. Danach ist das Göttliche nicht auf unsere Weise zu erkennen, sondern sofern wir uns ganz von uns in unserer Ganzheit loslösen und ganz Gottes werden. Denn es ist besser für uns, Gott anzugehören als uns selbst. So nämlich können die göttlichen Gaben denen zuteilwerden, die Gottes geworden sind. Diese unvernünftige, ungeistige und törichte Weisheit nun wollen wir im Übermaß loben und sagen, daß sie alles Verstandes, aller Vernunft, aller Weisheit und alles Verstehens Ursache ist. Ihr ist jeder Rat eigen, und von ihr kommt alles Erkennen und Verstehen, *in ihr sind alle Schätze der Weisheit und Wissenschaft verborgen.*[73]

Denn nach dem schon Gesagten ist sie die überweise und allweise Ursache, die die Weisheit an sich und die gesamte Weisheit und jede einzelne hervorbringt.

VII 2 – Aus der göttlichen Weisheit haben die Engel ihr geistiges Sein

Aus ihr haben die geistig faßbaren und geistig erfassenden Kräfte der englischen Geister ihre einfachen und seligen Erkenntnisse; denn nicht in Geteiltem oder aufgrund von Geteiltem, aus Sinneseindrücken oder weitläufigen Überlegungen tragen sie das göttliche Wissen zusammen, und nicht an etwas Allgemeines halten sie sich deswegen, sondern ganz frei von Stoff und Vielheit, auf geistige, unstoffliche und einförmige Weise erkennen sie, was vom Göttlichen erkennbar ist. Und sie besitzen die geistige Kraft und Tätigkeit, die in unvermischter und unbefleckter Reinheit erstrahlt und göttliche Erkenntnisse erschaut; sie wird in Ungeteiltheit und Unstofflichkeit und gottähnlicher Einheit durch die göttliche Weisheit, so weit möglich, nach dem göttlichen und überweisen Verstand und der (göttlichen und überweisen) Vernunft geformt. Und die Seelen haben die Vernunftbegabung, die auf Umwegen die wahre Erkenntnis des Seienden umkreist und durch ihre bunte Vielgestaltigkeit und Geteiltheit hinter den einheitlichen Geistern zurückbleibt; wenn sie sich aber aus der Vielheit zur Einheit sammeln, werden sie engelgleicher Erkenntnisse für wert geachtet, so weit es für Seelen angemessen und erreichbar ist. Aber auch wenn jemand die Sinneswahrnehmungen einen Nachhall der Weisheit nennen wollte, würde er das Ziel nicht verfehlen: Es stammt ja selbst der Verstand der bösen Geister, sofern er Verstand ist, aus ihr; sofern er aber Unverstand ist und nicht erkennt, wonach er strebt, und weder Wissen hat noch haben will, wird er richtiger Abfall von der Weisheit genannt. Da aber die göttliche Weisheit der Weisheit selbst und aller Weisheit, alles Verstandes und aller Vernunft und aller sinnlichen Erkenntnis Urgrund, Ursache, Erzeugerin, Vollendung, Bewahrung und Ziel

[73] Kol 2, 3.

genannt wurde, wie kann Gott als überweise, als die Weisheit, der Verstand, die Vernunft,[74] die Erkenntnis gepriesen werden? Wie erkennt Er etwas von dem geistig Erkennbaren, wenn Er keine Geistestätigkeit hat? Oder wie erkennt Er das Sinnenfällige, wenn Er über alle Sinnlichkeit erhaben ist? Indessen, die Heilige Schrift sagt, daß Er alles wisse und daß nichts der göttlichen Erkenntnis entgehe.[75] Doch, wie ich schon oft gesagt habe, Göttliches muß auf Gott geziemende Weise verstanden werden. Denn die Ungeistigkeit und Unsinnlichkeit wird Gott im Sinn des Übermaßes, nicht des Mangels zugeschrieben, so wie wir das Übervernünftige unvernünftig nennen und unvollendet das Übervollendete und von vornherein Vollendete.[76] Und ungreifbare und unsichtbare Dunkelheit das unzugängliche Licht wegen seines Vorranges vor dem sichtbaren Licht. So begreift der göttliche Geist alles in sich durch eine überragende Erkenntnis, die entsprechend der Ursache alles Seienden in sich die Erkenntnis von allem vorwegnimmt, da sie die Engel vor ihrem Entstehen erkennt und sie hervorbringt, und alles andere kennt sie sozusagen vom ersten Ursprung an und setzt es ins Dasein. Und das glaube ich, meint die Schrift, wenn sie sagt: *Der alles vor seiner Entstehung kennt.*[77] Denn nicht, weil Er das Seiende aus dem Seienden erkennt, weiß der göttliche Geist, sondern aus sich selbst und in sich selbst, als Ursache aller Dinge hat Er alles Wissen, alle Erkenntnis, alles Wesen voraus und begreift alles voraus, nicht jedes in seiner eigenen Art aufgreifend, sondern vermöge der einen, umfassenden Ursache alles wissend und umfassend: Wie auch das Licht der Ursache nach den Begriff der Finsternis in sich vorwegnimmt, da Er ⟨der göttliche Geist⟩ sie nirgends anders als vom Licht her kennt. Wenn also die göttliche Weisheit sich selbst kennt, wird sie alles kennen; das stoffliche auf unstoffliche Weise, das Geteilte ungeteilt, das Viele einheitlich, da sie durch das Eine selbst alles erkennt und hervorbringt; wenn nämlich Gott gemäß *einer* Ursache allem Seienden das Sein mitteilt, wird Er gemäß derselben einzigen Ursache alles kennen als aus Ihm selbst seiend und in Ihm vorausbestehend, und nicht vom Seienden her wird Er dessen begriffliche Erkenntnis gewinnen, sondern Er wird ihnen allen, einem jeden die Erkenntnis seiner selbst und den einen die Erkenntnis der andern spenden. Gott hat also nicht eine besondere Erkenntnis Seiner selbst und eine andere, allgemeine, worin Er alles andere Seiende zusammenfassen würde: Denn indem die Ursache aller Dinge sich selbst erkennt, kann sie unmöglich ohne Erkenntnis dessen sein, was von ihr ausgeht und dessen Ursache sie ist. Dadurch also erkennt Gott das Seiende, nicht durch Erkenntnis des Seienden, sondern durch Erkenntnis Seiner selbst; denn auch von den Engeln

[74] ⟨Über „Vernunft" steht:⟩ λόγος, Wort.
[75] ⟨Ps 139 (138); Weish 1, 7.⟩
[76] ⟨Anstreichung am Rand von „Doch" bis „Vollendete".⟩
[77] Dan 13, 42.

bezeugt die Schrift, daß sie das, was auf Erden ist, nicht durch sinnliche Erkenntnis des Sinnenfälligen wissen, sondern der Kraft und der Natur des gottähnlichen Geistes entsprechend.

VII $_3$ – Wir kennen Gott nicht, wie Er in sich ist

Danach ist zu fragen, wie wir Gott erkennen, da Er weder mit den Sinnen noch mit dem Verstand erfaßbar ist noch überhaupt etwas von dem Seienden ist. Werden wir nicht der Wahrheit entsprechend sagen, daß wir Gott nicht aufgrund Seiner Natur erkennen (denn was Seine Natur ist, das ist unbekannt und übersteigt jede Vernunft und jeden Verstand)? Sondern aufgrund der Ordnung alles Seienden als einer von Ihm aufgestellten Ordnung, die Abbilder und Gleichnisse der göttlichen Urbilder in sich hat, steigen wir auf zu dem, was über allem ist, auf geordnetem Wege nach unsern Kräften, abgelöst von allem und erhoben über alles und in der Ursache alles Seienden. Deshalb wird Gott in allem erkannt und getrennt von allem; und durch Erkenntnis wird Gott erkannt und durch Nicht-Erkenntnis; und es gibt im Hinblick auf Ihn geistiges Verstehen, schließendes Denken, Wissenschaft, Tastwahrnehmung, sinnliche Erkenntnis, Meinung, Phantasietätigkeit, Namen und alles andere; und Er wird weder erkannt noch in Worten ausgedrückt noch genannt und ist weder in irgendeinem Seienden noch wird Er in einem Seienden erkannt; und Er ist alles in allem und in keinem irgendetwas, wird in allem von allen erkannt und in keinem von irgendeinem: Und das sagen wir wahrlich mit Recht von Gott, und Er wird aufgrund alles Seienden gepriesen, sofern Ihm alles entspricht, dessen Urheber Er ist. Und hienieden ist die göttlichste Erkenntnis Gottes die durch Nicht-Erkenntnis erkennende, vermöge jener Einigung, die über allen Verstand ist, wenn der Verstand von allem Seienden abläßt, schließlich auch sich selbst hinter sich zurückläßt, vereint mit jenen Strahlen von oben, durch die und in denen er über die unerforschliche Tiefe der Weisheit erleuchtet wird.[78] Und doch ist sie auch, wie gesagt, aufgrund von allem zu erkennen; denn sie ist es, die alles hervorbringt und immer alles zusammengefügt hat, die Ursache des unauflöslichen Zusammenhangs und der Ordnung alles Seienden, die stets die Enden der höheren Dinge mit den Anfängen der nächstfolgenden verbindet und den einzigen Zusammenklang des gesamten Weltalls in Schönheit wirkt.[79]

VII $_4$ – Warum Gott Vernunft (λόγος) genannt wird

Als Vernunft wird Gott in der Heiligen Schrift gepriesen, nicht nur weil Er der Vernunft, des Verstandes und der Weisheit Spender ist, sondern weil Er

[78] ⟨Vgl. Röm 11, 36 f.⟩
[79] ⟨Randanstreichung des ganzen Kapitels VII$_3$.⟩

die Ursachen aller Dinge in sich selbst, d. h. ohne Zusammensetzung, einförmig vorweggenommen hat; und weil Er, wie die Heilige Schrift sagt, durch alles hindurchgeht bis an die Grenzen aller Dinge;[80] und vor allem, weil die göttliche Vernunft einfach über alle Einfachheit ist und, von allem gelöst, über allem gemäß ihrem Über-Sein ist. Diese Vernunft ist die einfache und wahrhaft seiende Wahrheit, die, als die reine und unfehlbare Erkenntnis des Alls, der göttliche Glaube umfaßt, die einzige feste Grundlage der Gläubigen, die sie in der Wahrheit begründet und die Wahrheit in ihnen in unbeirrbarer Selbigkeit, wenn sie die einfache Erkenntnis der Wahrheit in den Glaubenssachen festhalten.[81] Denn wenn die Erkenntnis die erkannten Dinge mit den Erkennenden eint, so ist die Unwissenheit für den Unwissenden die Ursache ständigen Schwankens und Widerspruchs mit sich selbst; den, der an die Wahrheit glaubt, wird, nach der Heiligen Schrift, nichts von der sicheren Heimstätte des wahren Glaubens entfernen, wo er die Beständigkeit der unbeweglichen und unwandelbaren Selbigkeit hat.[82] Denn wer mit der Wahrheit vereint ist, der weiß wohl, in wie gutem Stande er ist, mag auch die Menge ihn wahnsinnig schelten: Denn ihr ist verborgen, wie es sich geziemt, daß er aus dem Irrtum durch die Wahrheit mit Hilfe des wahrhaften Glaubens entronnen ist. Er aber weiß in Wahrheit, daß er nicht wahnsinnig ist (wie jene sagen), sondern daß er befreit ist von der unsteten und sich wandelnden umherirrenden Bewegung in vielgestaltiger Mannigfaltigkeit durch die einfache Wahrheit, die sich immer auf dieselbe Weise an dasselbe hält. Darum sterben die Führer und Lehrer unserer Gottesweisheit täglich für die Wahrheit, durch Wort und Tat, wie es sich geziemt, bezeugend, daß die einzig wahre Erkenntnis der Christen die allereinfachste und allergöttlichste ist, vielmehr daß sie die einzig wahre und einzig einfache Gotteserkenntnis ist.[83]

VIII.
Macht, Gerechtigkeit, Heil, Erlösung – Ungleichheit

VIII $_1$ – In welchem Sinn Gott, der über alle Macht ist, Macht genannt wird
Da aber die Theologen die göttliche Wahrheit und überweise Weisheit auch als Macht und Gerechtigkeit preisen und sie Heil und Erlösung nennen, so wollen wir denn, so weit wir es vermögen, auch diese Gottesnamen erklären. Daß freilich das göttliche Ursein über alle Macht erhaben ist und jede Macht, wie immer sie sein oder gedacht werden mag, übertrifft, das ist wohl

[80] ⟨Weish 8, 1.⟩
[81] ⟨Randanstreichung vom Beginn des Kapitels bis „festhalten".⟩
[82] ⟨Vgl. 1 Joh 3, 19.24.⟩
[83] ⟨Randanstreichung von „Darum sterben" bis zum Schluß von VII$_4$.⟩

keinem von denen unbekannt, die in der Kenntnis der Heiligen Schrift groß geworden sind; denn an vielen Stellen spricht Ihm die Gotteslehre die Herrschaft zu und scheidet sie von den überhimmlischen Mächten[84]. Wie kommt es nun, daß die Theologen Ihn als Macht preisen, da Er doch über alle Macht erhaben ist? Oder wie ist bei Ihm der Name Macht zu verstehen?

VIII 2 – Gott wird Macht genannt als ihr Urheber und als allmächtig
Wir sagen also, Gott werde Macht genannt, sofern Er alle Macht in sich voraushat und im Übermaß hat und Urheber aller Macht ist, alles in unbeugsamer und unbegrenzter Macht hervorbringt und Urheber des Machtseins selbst ist, sowohl im allgemeinen als im besonderen; und als unbegrenzt an Macht bringt Er nicht nur alle Macht hervor, sondern hat sein Sein über aller Macht und selbst über der Macht an sich; und obendrein könnte Er unzählbar unbegrenzte Mächte hervorbringen; und unendliche Mächte, die Er in unbegrenzter Zahl hervorbringen würde, könnten niemals die über-unendliche Auswirkung Seiner machtschaffenden Macht erschöpfen; unaussprechlich, unerkennbar und unausdenkbar ist Seine alles übersteigende Macht, die durch ihre überfließende Gewalt die Schwäche mächtig macht. Und bis zu ihren letzten Nachklängen hält sie alles zusammen und durchdringt es, wie wir es bei dem sehen, was auf die Sinne einen starken Eindruck macht, daß sehr helles Licht auch bis zu sehr schwachen Augen vordringt; und gewaltiges Getöse, sagt man, dringt auch in einen Gehörssinn ein, der einen Ton nicht zu fassen vermag. Denn was überhaupt nicht hört, ist kein Gehör; und was überhaupt nicht sieht, kein Gesicht.

VIII 3 – Gottes Allmacht durchdringt alles
Diese grenzenlos mächtige Mitteilung Gottes dringt zu allem Seienden vor, und kein Seiendes ist so entblößt, daß es keinerlei Vermögen hätte: Vielmehr hat jedes das Vermögen zu verstehen oder in fortschreitendem Denken zu erkennen, zu empfinden oder zu leben oder das seinem Wesen Entsprechende; und wenn es erlaubt ist, auch das Sein Vermögen zu nennen, so hat es das Vermögen zu sein von der über-seienden Macht.

VIII 4 – Von ihr stammen die Kräfte der Engel
Von ihr kommen die gottähnlichen Kräfte der Engelchöre her. Von ihr haben sie ihr Unwandelbar-Sein und alle ihre geistigen, unsterblichen und immerwährenden Bewegungen, und auch ihre Unbeugsamkeit und ihr nimmer nachlassendes Streben nach dem Guten haben sie von der Macht des unendlich Guten empfangen; Seiner Gabe verdanken sie es, daß sie dies

---

[84] 2 Petr 2⟨, 4–11⟩; Ps 24 (23), ⟨8.⟩

können und sind und immer zu sein verlangen und dies Können selbst immer verlangen können.

VIII $_5$ – Von ihr haben Menschen und Tiere ihre Kraft
Die Gaben dieser nie versagenden Macht strömen auch den Menschen zu, den Tieren und den Pflanzen und der ganzen Natur des Weltalls; und sie stärkt das Geeinte zu wechselseitiger Freundschaft und Gemeinschaft und das Unterschiedene zu unvermischtem und klar gesondertem Bestehen entsprechend ihrem eigenen Sinn und ihrer Wesensbestimmtheit; und sie bewahrt die Ordnungen und rechten Gesinnungen des Weltalls für das einem jeden entsprechende Gut, und das unsterbliche Gut der Engelseinheiten wahrt sie unverletzlich, und die Himmelslichter und Gestirne und ihre Ordnungen erhält sie unveränderlich und macht es, daß die Äonen sein können. Sie unterscheidet auch durch ihre Hervorgänge die Kreisläufe der Zeit und schließt sie durch ihre Rückkehr. Sie schafft die unauslöschlichen Kräfte des Feuers und das dauernde Strömen des Wassers. Sie begrenzt die Ausbreitung der Luft und gibt der Erde ihren festen Stand über dem Nichts. Und behütet ihre lebenspendenden Geburten unversehrt. Ja, auch den Einklang und die Mischung der Elemente bewahrt sie ohne Vermischung der Grenzen und ohne Trennung, erhält die Verbindung zwischen Leib und Seele, erweckt die Ernährungs- und Wachstumskräfte der Pflanzen; sie schützt die wesenhaften Kräfte des Alls und sichert sein unaufhörliches Beharren; sie spendet selbst die Vergöttlichung und gewährt denen, die dazu ausersehen sind, die erforderliche Kraft. Es ist überhaupt nichts im All des Seienden, das von dem allmächtigen Schutz und der sicheren Hut der göttlichen Macht ausgeschlossen wäre. Denn was überhaupt keine Kraft hat, das *ist* weder, noch ist es *etwas*, noch hat es irgendeine Lage.

VIII $_6$ – In welchem Sinn Gott sich selbst nicht verleugnen kann
Nun sagt aber Elymas[85], der Zauberer: Wenn Gott allmächtig ist, wie kann Euer Theologe sagen, daß Er etwas nicht könne? Damit greift er den hl. Paulus an, weil er sagt, Gott könne sich selbst nicht verleugnen.[86] Indem ich das vorbringe, fürchte ich aber sehr töricht zu erscheinen, da ich das lächerliche Unternehmen angreife, die schwachen, auf Sand gebauten Häuser spielender Kinder einzureißen;[87] und wie um ein unerreichbares Ziel bemühe ich mich darum, durch genaue Forschung den theologischen Sinn dieser Stelle herauszubekommen: Die Leugnung seiner selbst ist Abfall von der Wahrheit. Die Wahrheit ist aber das Seiende und der Abfall von der

[85] ⟨Apg 13, 8.⟩
[86] 2 Tim 2, 13.
[87] Die kleinen Sandhaufen einzureißen, die kleine Kinder in ihrem Spiel machen. (Théry, Hilduin I, S. 114). ⟨Vgl. Mt 7, 26.⟩

Wahrheit Abfall vom Seienden. Wenn also die Wahrheit das Seiende ist, der Abfall von der Wahrheit Abfall vom Seienden, so kann Gott nicht vom Seienden abfallen und ist nicht das Nichtsein; wie wenn man sagen würde, Er kann nicht nicht können und weiß nicht nicht zu wissen, im Sinn der Beraubung. Das verstand jener Weise nicht; er ahmte die unerfahrenen Athleten nach, die sich oft schwache Gegner vorstellen, und während es ihnen scheint, als ob sie mit diesen Abwesenden tapfer Schattenkämpfe ausfechten würden, führen sie beständig eitle Luftstreiche; sie meinen, sie hätten die Gegner überwunden und rühmen sich schon als Sieger, obwohl sie ihre Kraft noch gar nicht erprobt haben. Wir aber halten uns, so gut wir können, an den Theologen und preisen Gott als übermächtig und allmächtig, als selig und allein mächtig, da Er mit seiner Führermacht selbst dem Aion gebietet und da nichts von dem Seienden Ihm entzogen ist; vielmehr hat Er alles im Übermaß und vermag, was vermöge Seiner erhabenen Macht ist, und spendet allem Seienden sowohl das Seinkönnen als ⟨auch⟩ das Sein gemäß der Überfülle seiner überströmenden Macht in nie versagender Ausgießung.

VIII $_7$ – Warum Gott Gerechtigkeit genannt wird

Gerechtigkeit wird Gott genannt, weil Er allen, wie es ihnen gebührt, das rechte Maß und Schönheit zuteilt, gute Ordnung und Einrichtung; und alle Einteilungen und Ordnungen grenzt Er ab, wie es der wahren und richtigen Wesensbestimmung entspricht, und ist für jedes der Urheber seines eigenen Wirkens. Denn alles ordnet die göttliche Gerechtigkeit und grenzt es ab und bewahrt alles ohne Vermischung miteinander und ohne Verwischung der Grenzen; allem Seienden teilt sie das einem jeden Angemessene zu, wie es dem Rang eines jeden entspricht. Und wenn wir das mit Recht sagen, so verurteilen jene, die die göttliche Gerechtigkeit schmähen, ohne es zu merken, offenbar ihre eigene Ungerechtigkeit: Sie sagen nämlich, dem Sterblichen müsse Unsterblichkeit innewohnen, dem Unvollkommenen Vollkommenheit, dem, was sich selbst bewegt, die Notwendigkeit, von anderem bewegt zu werden, dem Veränderlichen Selbigkeit, dem Schwachen die Kraft zu vollenden, ebenso dem Zeitlichen immerwährendes Sein und Unveränderlichkeit dem von Natur aus Beweglichen, zeitliche Freuden müßten ewig währen und überhaupt alles, was dem einen eigen sei, dem andern zugeteilt werden. Man muß aber wissen, daß die göttliche Gerechtigkeit eben dadurch in Wahrheit Gerechtigkeit ist, daß sie jedem das Seine zuerteilt, wie es ihm gebührt, und eines jeden Natur in der ihr eigenen Ordnung und Kraft bewahrt.

VIII $_8$ – Warum Gott die Bedrängnis der Heiligen zuläßt

Vielleicht sagt aber jemand, das sei kein Zeichen von Gerechtigkeit, wenn Heilige ohne Hilfe gelassen würden, wenn schlechte Menschen sie zu Grunde richteten. Darauf ist zu sagen: Wenn die sogenannten Heiligen irdische Dinge lieben, wie sie jene erstreben, die am Stofflichen hängen, so sind sie eben dadurch schon ganz von der göttlichen Liebe abgefallen. Und ich verstehe nicht, wie man die heilig nennen kann, die das wahrhaft Liebenswerte und Göttliche schmähen, indem sie es von Dingen, die nicht geliebt und erstrebt werden sollten, ungeziemend verdunkeln lassen. Wenn sie aber das wahrhaft Seiende liebten, dann würden sie sich freuen, weil ihnen etwas Erwünschtes zuteil würde. Nähern sie sich denn nicht um so mehr den Tugenden der Engel, wenn sie sich, so weit möglich, um Göttliches bemühen und sich von der leidenschaftlichen Anhänglichkeit an Stoffliches entfernen und sich dazu mannhaft üben in Gefahren, die sie um des Rechten willen auf sich nehmen? So kann man in Wahrheit sagen, es entspreche mehr der göttlichen Gerechtigkeit, die männliche Kraft vortrefflicher Menschen nicht durch Spendung stofflicher Güter schwächen und auflösen zu lassen und sie, wenn jemand das versuchte, nicht ohne Hilfe zu lassen, sondern sie zu stützen im herrlichen und unerschütterten Feststehen und für ihr Ausharren nach Gebühr zu belohnen.

VIII $_9$ – Warum Gott Heil genannt wird

Die göttliche Gerechtigkeit wird nun auch als das Heil aller gepriesen, weil sie das Wesen und die Ordnung eines jeden rein von anderem erhält und bewahrt und Ursache des reinen Eigenwirkens (wörtlich: der Eigenschrift) im All ist. Wenn aber jemand das Heil rühmen wollte, weil es alles heilbringend gegen Niederes verteidigt, so werden wir diesen als Lobredner des vielgestaltigen Heils zulassen und ihn bitten, er möge als das erste Heil aller jenes hinstellen, das alles unwandelbar, ohne Abfall von sich selbst und ohne Abgleiten zum Schlechteren bewahrt; und unbezwungen und unbesiegt ein jedes in seinem eigenen Sein abgegrenzt erhält, alle Ungleichheit und alles fremde Wirken von allem fernhält und die Verhältnisse eines jeden so festigt, daß es in Entgegengesetztes weder umgewandelt noch übertragen werden kann. Es wäre auch durchaus nicht im Widerspruch mit der Absicht der heiligen Theologie, wenn man diesem Heil nachrühmen wollte, daß es alles Seiende in seiner alles heilenden Güte von dem Verlust der ihm eigenen Güter erlöse, wie es die Natur eines jeden, das gerettet wird, mit sich bringt. Darum nennen es die Theologen auch Erlösung, sofern es das wahrhaft Seiende nicht ins Nichtsein zurückfallen läßt, und wenn etwas zum Fehlerhaften und Ungeordneten abgeirrt ist und eine Minderung an der Vollkommenheit der ihm eigenen Güter erlitten hat, so befreit es auch dieses von dem Leiden, der Schwäche und Beraubung, indem es das Fehlende ergänzt und väterlich das Versagen übersieht und vom Schlechten aufrichtet, vielmehr im Guten aufrichtet, das entschwundene Gut wieder ergänzt, das Ungeordnete und Entstellte ordnet und schmückt, es unversehrt wiederherstellt und von allen Schäden befreit. – Nun haben wir darüber und über die Gerechtigkeit gesprochen, nach der die Gleichheit aller Dinge gemessen und abgegrenzt wird: Wenn man nämlich unter Ungleichheit die Unterschiede versteht, wodurch sich alle Dinge unterscheiden, so behütet die Gerechtigkeit auch diese, da sie durchaus nicht duldet, daß sich alles mit allem vermischt, vielmehr alles Seiende in seiner Art bewahrt, in der ein jedes sein muß.

IX.
Das Große, das Kleine; dasselbe, das andere; das Ähnliche, das Unähnliche; Ruhe, Bewegung, Gleichheit

IX $_1$ – Gott wird in der Heiligen Schrift groß und klein, derselbe, der andere usw. genannt

Da aber dem Urheber alles Seienden auch Groß- und Kleinsein zugeschrieben wird, [da Er] derselbe und ein anderer, ähnlich und unähnlich [genannt wird], Ruhe (Stehen) und Bewegung von Ihm ausgesagt wird, müssen wir auch diese bildhaften Gottesnamen betrachten, soweit sie uns zugänglich sind. Als groß wird Gott in der Heiligen Schrift gepriesen, in der Größe und im leisen Lüftchen,[88] das die Kleinheit veranschaulicht. Und als Derselbe, wenn die Schrift sagt: *Du aber bist Derselbe*;[89] als anderes, da Er als vielgestaltig und in vielen Formen von derselben Schrift dargestellt wird; als ähnlich, da Er das Ähnliche und die Ähnlichkeit ins Dasein setzt, und als allem unähnlich, da nichts Ihm ähnlich ist; stehend, unbeweglich und sitzend für alle Ewigkeit und beweglich als alles durchdringend; und was sonst noch an gleichwertigen Gottesnamen von der Hl. Schrift gepriesen wird.

IX $_2$ – In welchem Sinn Gott groß genannt wird

Als groß wird Gott gepriesen, weil Ihm die Größe an sich eigen ⟨ist⟩, die allem Großen von sich mitteilt und sich über alle Größen außer ihr ergießt und erstreckt, jeden Ort umfaßt, jede Zahl übersteigt, alle Unbegrenztheit überschreitet und gemäß ihrer Überfülle und Großmächtigkeit und ihrer quellhaften Ausspendungen, die, soviel ihrer auch allen Dingen in unbegrenzter Spendung mitgeteilt werden, doch völlig unvermindert bleiben und dieselbe Überfülle haben und durch Teilgeben nicht vermindert werden, sondern vielmehr noch reichlicher überströmen. Die Größe ist unbegrenzt, ohne Maß und ohne Zahl: Und sie ist über alles erhaben vermöge der voll-

[88] ⟨1 Kön 19, 12.⟩
[89] Ps 102 (101), 28.

kommenen und über-ausgedehnten Ausströmung ihrer unfaßlichen Großartigkeit.

IX 3 – In welchem Sinn Gott klein genannt wird
Klein oder fein aber wird Er genannt, weil Er sich aller Masse und allem Abstand entzieht und alles ungehemmt durchdringt. Nun ist aber das Kleine auch die Elementarursache aller Dinge. Man wird nämlich finden, daß nirgends ein Anteil an der Idee des Kleinen fehlt. So ist bei Gott das Kleine anzunehmen, sofern Er in alles eingeht und durch alles ungehindert hindurchgeht und wirkt und vordringt *bis zur Scheidung von Seele und Geist, Gelenk und Mark*[90], die Begierden und Gedanken des Herzens unterscheidend, ja alles Seiende; denn kein Geschöpf ist unsichtbar vor Seinem Antlitz. Dieses Kleine ist ohne Maß und ohne Eigenschaft, ohne Beimischung (= ohne Minderung der Kraft), unbegrenzt, unumschrieben, alles umfassend, selbst nicht zu umfassen.

IX 4 – In welchem Sinn Gott dasselbe genannt wird
Er ist aber *Dasselbe* überseiend in Ewigkeit, unwandelbar, in sich selbst beharrend, immer im Hinblick auf dasselbe sich auf dieselbe Weise verhaltend, allem in gleicher Weise gegenwärtig, selbst gemäß sich selbst in sich selbst fest und lauter in den schönsten Grenzen seiner über-seienden Selbigkeit thronend, unwandelbar, unabänderlich, beharrlich, unvermischt, unstofflich, völlig einfach, unbedürftig, unvermehrbar, unverminderbar, unentstanden: Nicht wie noch nicht entstanden oder unvollkommen oder nicht aus diesem oder jenem geworden oder auf gar keine Weise seiend, sondern als völlig unentstanden und absolut unentstanden, immer seiend, durch sich selbst vollkommen und sich selbst gemäß dasselbe, von sich selbst in *einer* Form und derselben Form bestimmt, das jene Selbigkeit auch allem, was zur Teilnahme daran fähig ist, zufließen läßt und [das Getrennte] eins zum andern ordnet, das Übermaß und die Ursache der Selbigkeit, die in sich selbst auch das Entgegengesetzte in Selbigkeit voraushat gemäß der einen und einzigen, überragenden Ursache aller Selbigkeit.

IX 5 – In welchem Sinn Gott das andere genannt wird
Das andere [wird Er genannt], weil Gott allen Dingen durch Seine Vorsehung beisteht und alles in allem wird, um alles zu erhalten, während Er in sich selbst und in Seiner eigenen Selbigkeit verharrt, ohne aus sich herauszugehen, und in *einem*, unaufhörlichem Wirken feststeht und in unver-

[90] Hebr 4, 12.

minderter Kraft sich hingibt zur Vergöttlichung jener, die sich Ihm zuwenden: Und man muß glauben, daß die Verschiedenheit der mannigfaltigen Gestalten Gottes in vielfältiger Schau Verschiedenes bedeute, was durch die verschiedenen Erscheinungen zu verstehen gegeben wird. Wenn man die Seele nach Art einer körperlichen Gestalt dächte und dem, was keine Teile hat, Teile andichtete, dann würden wir bei ihr die Teile, die ihr zugeschrieben wären, in anderm Sinn verstehen, so wie es ihrer Unteilbarkeit zukommt: Als Haupt würden wir den Verstand[91] (νοῦς, intelligentia) bezeichnen, als Nacken die Meinung (weil sie zwischen Vernunft und Unvernunft steht), als Brust die Abwehrstellungnahmen (ϑυμός, ira), als Bauch die Begierden, als Schenkel und Füße die Natur; so würden wir die Namen jener Teile als Sinnbilder für die Fähigkeiten benutzen. So muß ⟨man⟩ bei dem alles Überragenden mit weit besserem Grund jene Verschiedenheit der Formen und Gestalten durch heilige und Gott geziemende mystische Erklärungen aufhellen. Und wenn man die drei Dimensionen der Körper Gott selbst, dem Ungreifbaren und Gestaltlosen, zuschreiben will, so muß man Breite das über-weite Ausgehen Gottes zu allen Dingen nennen, Länge Seine Macht, die sich über alles erstreckt, Tiefe Seine allem Seienden unfaßbare Verborgenheit und Unerkennbarkeit. Damit wir uns aber nicht selbst täuschen bei der Erklärung der mannigfaltigen Gestalten und Formen und die unkörperlichen Gottesnamen mit denen der sinnenfälligen Bilder vermischen, haben wir darüber in der *Symbolischen Theologie* gesprochen;[92] jetzt dagegen, damit wir nicht darauf verfallen, die göttliche Verschiedenheit als Veränderung Dessen, der unveränderlich Derselbe ist, anzusehen, sondern vielmehr als Seine Vielfältigkeit in Einheit und als Seine einfachen Hervorgänge zu allen Dingen.

IX $_6$ – In welchem Sinn Gott ähnlich genannt wird

Wenn aber jemand Gott ähnlich nennt als Denselben und als durch und durch in Sich selbst geeint und ungeteilt ähnlich, so ist der Gottesname „ähnlich“ nicht zu verwerfen. Die Theologen jedoch sagen, daß Gott, der über alles ist, als Er selbst niemandem ähnlich ist, sondern die Ähnlichkeit mit Gott denen schenke, die sich Ihm zuwenden und Ihn nach (ihren) Kräften nachahmen, der über alle Begrenzung und allen Begriff ist. Und darin besteht die Kraft der Gottähnlichkeit: alles Erschaffene zu seinem Urheber hinzuwenden. Diese Dinge also sind gottähnlich zu nennen und nach Gottes Bild und Gleichnis geschaffen;[93] nicht aber ist Gott ihnen ähnlich zu nennen,

---

91 ⟨Als alternative Übersetzung steht über „Verstand“:⟩ „die geistige Erkenntniskraft“.

92 ⟨Randanstreichung ab „Wenn man die Seele“ bis *Symbolische Theologie*. Diese dionysische Schrift ist nicht bekannt.⟩

93 ⟨Gen 1, 27⟩.

denn nicht einmal der Mensch ist seinem eigenen Bild ähnlich; es können ja wohl gleiche Dinge einander ähnlich sein, und auf beide kann diese Ähnlichkeit bezogen werden, so daß sie einander ähnlich sind im Hinblick auf eine ursprüngliche Form der Ähnlichkeit; für die Ursache und das Verursachte aber geben wir diese Wechselbezogenheit keineswegs zu. Denn Gott schenkt nicht nur diesen oder jenen das Ähnlichsein, sondern ist für alles, was an der Ähnlichkeit Anteil hat, Ursache des Ähnlichseins und ist auch Urheber der Ähnlichkeit an sich; und was immer in allen Dingen ähnlich ist, ist es durch eine Spur der göttlichen Ähnlichkeit und bringt ihre Verbindung zum Abschluß.

IX 7 – In welchem Sinn Gott unähnlich genannt wird
Doch wozu ist es nötig, darüber zu sprechen? Die Theologie selbst rühmt Ihn ja als unähnlich und allen Dingen unvergleichbar, als von allen verschieden, und – was noch mehr zu verwundern ist – sie sagt, daß Ihm nichts ähnlich sei. Und doch ist diese Rede nicht im Widerspruch zu der Ähnlichkeit mit Ihm. Denn dieselben Dinge sind Gott ähnlich und unähnlich: ähnlich gemäß der möglichen Nachahmung des Unnachahmlichen; unähnlich wegen der Unterschiede zwischen der Ursache und dem Verursachten, das in unbegrenztem und unvergleichbarem Maß davon entfernt ist.

IX 8 – In welchem Sinn bei Gott von Stehen und Sitzen gesprochen wird
Was sollen wir aber von dem göttlichen Stehen oder Sitzen sagen? Was anders, als daß Gott selbst in sich selbst bleibt und in unbeweglicher Selbigkeit beharrlich befestigt ist und über alles Maß festgefügt ruht und im Hinblick auf dasselbe und um dasselbe in gleicher Weise wirkt, in keiner Weise aus sich herauszuversetzen ist und unbeweglich, und dies in über-seiender Weise; denn Er selbst ist der Urheber des Stehens und Sitzens aller Dinge, selbst über allem Sitzen und Stehen, und in Ihm hat alles Bestand, da es im Beharren der Ihm eigenen Güter unerschüttert bewahrt wird.

IX 9 – In welchem Sinn von Bewegung Gottes gesprochen wird
Wenn nun wiederum die Theologen sagen, daß der Unbewegliche zu allen Dingen vorschreite und sich bewege, ist auch das in einem Gott angemessenen Sinn zu verstehen? Es ist fromm zu glauben, daß Er sich bewege, nicht im Sinn einer Verschiebung, Umwandlung oder Veränderung, einer Hinwendung oder räumlichen Bewegung, sei sie gradlinig oder kreisförmig oder aus beidem zusammengesetzt, geistige oder lebendige oder natürliche Bewegung, sondern sofern Gott alle Dinge ins Dasein setzt und erhält und für alles auf alle Weise Vorsorge trifft, allem beisteht und es in unbegreiflicher Weise umfaßt, und dies auf allen Wegen und mit allen Wirkungsweisen der Vorsehung. Es können aber auch wohl Bewegungen in einem Gott entspre-

chenden Sinn von dem unbeweglichen Gott ausgesagt werden. Unter der geraden Bewegung ist die Unbeugsamkeit zu verstehen und das unablenkbare Fortschreiten Seines Wirkens und das Entstehen aller Dinge aus Ihm; unter spiralförmig⟨er⟩ das beständige Ausgehen und das fruchtbare Stehen; unter kreisförmiger die Selbigkeit und das Umfassen des Mittleren und Äußersten, was enthalten wird und enthält, und die Hinwendung dessen, was von Ihm ausgegangen ist, zu Ihm.

IX $_{10}$ – In welchem Sinn Gott gleich genannt wird
Wenn aber jemand in der Heiligen Schrift den Gottesnamen „Derselbe“ und „die Gerechtigkeit“ als den Namen „der Gleiche“ versteht, so ist zu sagen, daß Gott gleich genannt wird – nicht nur, weil Er keine Teile hat und vom Rechten unablenkbar ist, sondern weil Er zu allem und durch alles auf gleiche Weise hindurchgeht und als Urheber der Gleichheit an sich, der gemäß Er in gleicher Weise das ähnliche Hervorgehen aller Dinge durcheinander wirkt und das gleichmäßige Teilhaben dessen, was teilhat, so wie es einem jeden angemessen ist und jedem seiner Würde entsprechend, zuerteilt;[94] und sofern Er alle geistige, geistig faßbare, vernünftig erfaßbare, sinnliche, seinsmäßige, natürliche, willentliche Gleichheit überragend und einheitlich in sich selbst vorausgenommen hat, gemäß der alles überragenden Kraft, die alle Gleichheit bewirkt.

X.
Der Allmächtige, der Alte der Tage – Aion und Zeit

X $_{1}$ – Warum Gott allmächtig genannt wird
Doch es ist Zeit, in unserer Abhandlung Gott den Vielnamigen als den Allmächtigen und den Alten der Tage[95] zu preisen. Allmächtig wird Er genannt, weil Er der alles beherrschende Sitz für alles ist, alles zusammenfassend und umfassend, alles feststellend, begründend und umschließend, alles unauflöslich in sich vollendend, aus sich, wie aus einer alles vermögenden Wurzel, alles hervorbringend und zu sich, wie zu einem alles vermögenden Grund, alles hinwendend und alles umfassend als allesvermögender Sitz aller Dinge: Alles Zusammengefaßte vereint Er kraft einer überragenden Verbindung und läßt es nicht aus sich herausfallen und nicht, wie aus einer vollkommenen Heimstätte sich entfernend, zugrundegehen. Allmächtig heißt aber der göttliche Urgrund, weil Er über alles Macht hat und unvermischt alles beherrscht, was Er ordnet, und für alles erstrebens- und liebenswert ist und

94 ⟨Randanstreichung bis zum Ende von IX$_{10}$.⟩
95 ⟨Dan 7, 9.⟩

allem ein frei gewolltes Joch auflegt und die süßen Schmerzen der göttlichen und alles vermögenden und unauflöslichen Liebe Seiner Güte.

X 2 – Warum Gott der Alte der Tage genannt wird

Als der Alte der Tage aber wird Gott gepriesen, weil Er der Aion und die Zeit für alles ist und vor den Tagen, vor dem Aion und der Zeit. Und zwar muß man Ihn Zeit und Tag und den rechten Augenblick und den Aion in Gott angemessener Weise nennen, als Den, der in jeder Bewegung unverändert und unbewegt bleibt und in der immerwährenden Bewegung in sich selbst verharrt, und als den Urheber des Aion, der Zeit und der Tage. Darum wird Er auch in den heiligen Gotteserscheinungen mystischer Gesichte als der Greise und der Junge dargestellt; das erste bedeutet den Alten und Den, der von Anbeginn ist, „jung" bezeichnet den Nicht-Alternden. Oder beides lehrt, daß Er vom Anfang durch alles bis an die Grenzen vordringe. Oder, wie unser göttlicher Lehrmeister in heiligen Dingen sagt, beides zeigt Gottes Alter an: so aber, daß der Greis den Ersten in der Ordnung der Zeit bedeutet, der Jüngling den der Zahl nach Früheren, weil die Einheit, die Ihm nahesteht, den Vorrang vor den weiter fortgeschrittenen Zahlen hat.

X 3 – Was Zeit und Aion ist und was nach beiden benannt wird

Es ist, glaube ich, auch von Nutzen, die Natur der Zeit und des Aion aus der Heiligen Schrift kennenzulernen: Denn was allgemein „immerwährend" (αἰώνια) genannt wird, unvergänglich, unsterblich, unwandelbar und immer gleichbleibend, das ist nicht durchaus und uneingeschränkt ewig (ἀΐδια), z. B. wenn man sagt: *Erhebet euch, ihr ewigen Tore*[96], und Ähnliches. Oft kennzeichnet man auch das sehr Alte mit dem Namen „Aion" und nennt auch die ganze Entstehung unserer Zeit Aion, sofern es dem Aion eigen ist, das Alte und das Unveränderliche und das Sein im ganzen zu messen. Zeit aber nennt sie das, was im Entstehen und Vergehen und in Veränderung ist und was sich jeweils anders verhält: Und so sagt die Gotteslehre (= Hl. Schrift), daß wir, die wir hier zeitlich begrenzt sind, am Aion Anteil haben werden, da wir zu dem unvergänglichen und sich immer gleich verhaltenden Aion gelangen werden. Es wird aber in der Heiligen Schrift der Aion auch als zeitlich und als immerwährende Zeit bezeichnet; wir wissen aber aus ihr, daß vielmehr das, was im eigentlicheren Sinn seiend ist, nach dem Aion, das Werdende nach der Zeit benannt und erklärt wird. Wir dürfen nun nicht glauben, das, was nach dem Aion benannt werde, sei gleich ewig mit Gott, der vor dem Aion ist; vielmehr müssen wir unabwendbar der höchst ehrwürdigen Schrift folgen und das, was im Aion und in der Zeit ist, nach der bei ihnen bekannten Weise verstehen; in der Mitte zwischen dem Seienden

[96] Ps 24 (23), 7.9.

und dem Werdenden steht das, was sowohl am Aion als ⟨auch⟩ an der Zeit Anteil hat. Gott aber müssen wir preisen als Aion und als Zeit und als Urheber aller Zeit und des Aion, als den Alten der Tage, als vor der Zeit und über der Zeit und die wechselnden Augenblicke und Zeiten bewirkend; und wiederum als vor den Aionen bestehend, da Er vor dem Aion und über dem Aion ist, und da Seine Herrschaft eine Herrschaft über alle Aionen ist. Amen.

XI.

Über den Frieden und die Bedeutung des Seins an sich und des Lebens an sich und der Kraft an sich; und was so genannt wird

XI $_1$ – Der göttliche Friede und sein Geschenk

Nun wollen wir den göttlichen, Einigung wirkenden Frieden in friedlichen Lobliedern besingen; denn er ist es, der alles verbindet und die Eintracht und den Zusammenhang aller Dinge erzeugt und bewirkt. Darum streben auch alle nach ihm, damit er ihre geteilte Menge zur ganzen Einheit zurückführe und den Bruderkrieg im Weltall schlichte zu einträchtigem Zusammenwohnen. Durch Teilhaben am göttlichen Frieden werden auch die ursprünglichsten zusammenführenden Kräfte in sich und miteinander geeint und mit dem einen ursprünglichen Frieden des Alls; und sie einen das, was unter ihnen ist, sowohl in sich als untereinander und mit dem einen, vollkommenen Urgrund und der Ursache des Friedens aller Dinge, die ungeteilt zu allen kommt und wie mit Ketten, die das Getrennte zusammenbinden, alles begrenzt, bestimmt und sichert und das Geteilte nicht auseinanderfließen läßt ins Unbegrenzte und Unbestimmte, Ungeordnete und Heimatlose (= ohne festen Platz) und nicht, von Gott verlassen, aus der eigenen Einheit heraustreten und miteinander sich ungesondert mischen. Was dieser göttliche Frieden und das göttliche Schweigen denn eigentlich sei – der heilige Justus[97] nennt es lautlose Stille und Unbeweglichkeit zu jedem erkennbaren Aus-sich-Herausgehen –, darüber ist es keinem [geschaffenen] Seienden erlaubt oder möglich zu reden oder zu denken; [und ebenso darüber,] wie Gott ruht und schweigt, wie Er in sich und innerhalb Seiner ist, wie Er mit sich ganz und gar, über alles Maß, eins ist und nicht in sich eingeht und, sich selbst vervielfältigend, die eigene Einheit verläßt, vielmehr zu allem ausgeht und doch ganz im Innern bleibt wegen des Übermaßes Seiner alles übertreffenden Einigung. Dies also ist unaussprechlich und unerkennbar; doch wir wollen uns nach [dem Frieden] selbst als dem, was hoch über allem ist, ausstrecken und das Teilhaben[98] an ihm, das erkennbar und ausdrückbar ist,

[97] ⟨Vgl. Apg 1, 23; Apg 18, 7; Kol 4, 11.⟩
[98] ⟨Randanstreichung von „Teilhaben“ bis „Mischung“ in XI $_2$.⟩

betrachten: auch dies [nur], soweit es für Menschen möglich ist und besonders für uns, die wir hinter vielen guten Menschen so weit zurückbleiben.

XI 2 – Wie Gott alles friedlich ordnet
Und zuerst müssen wir sagen, daß Er der Urheber des Friedens an sich sowie des gesamten und jedes einzelnen Friedens ist und alle Dinge miteinander mischt in einer Einigung, die die Sonderung nicht aufhebt; in dieser Vereinigung besteht das Verbundene ohne Trennung und Abstand, aber doch das Einzelne rein in seiner eigenen Art, keineswegs getrübt durch die Mischung mit Entgegengesetztem, in keiner Hinsicht geschwächt wegen der Sorgfalt und Reinheit, womit die Einigung geschieht. Die eine und einfache Natur der friedlichen Einigung wollen wir nun betrachten, die alle Dinge mit sich selbst eint und jedes in sich und alle miteinander; sie bewahrt alles in einer Verbindung, die die Sonderart nicht aufhebt und alles unvermischt zusammenschließt. Durch sie sind die göttlichen Geister geeint mit ihren eigenen Erkenntnissen und dem, was sie erkennen, und steigen wiederum auf zu der unerkennbaren Berührung[99] mit dem, was den Verstand übersteigt. Durch sie verbinden die Seelen ihre vielfältigen Begriffe und schließen sie zu *einer* geistigen Reinheit zusammen und in der ihnen gemäßen Weise, auf geordnetem Wege, durch die unstoffliche und ungeteilte geistige Erkenntnis zu der Vereinigung, die das Erkennen übersteigt. Durch sie besteht der eine, unauflösliche Zusammenhang aller Dinge gemäß ihrem göttlichen Einklang und wird zusammengefügt zu einem vollkommenen Zusammenklang und einmütigen Sinn, gesammelt ohne Vermischung, zusammenhängend ohne Trennung. Die Ganzheit des vollkommenen Friedens dringt durch zu allem Seienden durch ihre ganz einfache und unvermischte Gegenwart einigender Kraft, alles verbindend und das Äußerste durch das Mittlere verknüpfend, so daß es gemäß der einen naturbegründeten Freundschaft zusammengefügt ist. Und sie schenkt Anteil an sich selbst den äußersten Grenzen des Alls und verbindet alles durch Einheit, Selbigkeit, Vereinigung, Zusammenfügung, natürlich unter Wahrung des ungestörten göttlichen Friedens; alles zeigt sie in Einem und durchdringt alles, ohne aus ihrer eigenen Selbigkeit herauszutreten; denn zu allem schreitet sie vor, gewährt allem auf die ihm gemäße Weise Anteil an sich, strömt über vom Reichtum ihrer friedlichen Zeugungskraft und bleibt durch das Übermaß ihrer Einigung ganz und gar durch ihr ganzes Leben geeint.

---

99 ⟨Randanstreichung bis „geordnetem Wege".⟩

XI 3 – Wie der Friede zwischen so vielen und so entgegengesetzten Dingen gewahrt wird
Wie aber, wird man fragen, strebt alles nach dem Frieden? Die meisten Dinge freuen sich ja ihrer Verschiedenheit und Sonderung und wollen von sich aus niemals ruhen. Wenn der, der so spricht, unter Verschiedenheit und Sonderung das Eigensein eines jeden Seienden versteht, und daß dieses kein Seiendes, solange es ist, verlieren will, so werden wir ihm keineswegs widersprechen, vielmehr behaupten, daß eben dies Verlangen nach dem Frieden sei. Denn alle Dinge lieben es, mit sich selbst in Frieden und geeint zu sein und mit all dem Ihren unbewegt und unverletzt zu beharren. Und der vollkommene Friede bewahrt eines jeden unvermischtes Eigensein; durch seine friedenspendende Vorsehung erhält er alles in sich selbst und miteinander ohne Aufruhr und Verwirrung, und mit seiner steten, unablenkbaren Macht befestigt er alle Dinge in ihrem eigenen Frieden und in ihrer Unbeweglichkeit.

XI 4 – Wie der Friede in dem immer Bewegten gefunden wird
Wenn alles Bewegte nicht ruhen will, sondern immer in der eigenen Bewegung sich bewegen, so gehört auch dieses Streben zum göttlichen Frieden des Alls, der alles in sich selbst unerschüttert erhält und das Eigensein und das bewegende Leben alles Bewegten unbewegt und ohne Wanken bewahrt, damit das Bewegte miteinander in Frieden sei und auf immer gleiche Weise das Seine verrichte.

XI 5 – Ohne Frieden hat nichts in den Dingen Bestand
Wenn aber jemand die Verschiedenheit als ein Herausfallen aus dem Frieden hinstellt und behauptet, der Friede sei nicht für alle Dinge liebenswert, so ist ihm am besten zu antworten, es gebe kein Seiendes, das völlig ohne Einigung sei: Was nämlich völlig unstet, unbegrenzt, ohne Ort und Bestimmtheit ist, das ist auch weder ein Seiendes noch zum Seienden gehörig. Wenn er sagt, jene seien Gegner des Friedens und der Friedensgüter, die an Streit und Aufbegehren, an Veränderungen und Umwälzungen Freude haben, so sind auch sie im Bann der Sehnsucht nach gewissen dunklen Abbildern des Friedens, denn sie sind beschwert mit vielfältigen Leidenschaften und suchen sie zur Ruhe zu bringen, ohne sich darauf zu verstehen, glauben in Frieden zu sein durch die Sättigung an den flüchtigen Freuden und geraten in Verwirrung, wenn diese Freuden, von denen sie sich beherrschen lassen, ihnen entgehen. Was soll man denn sagen über Christi friedenspendende Menschenliebe, die uns lehrt, nicht länger Krieg zu führen, weder mit uns selbst noch mit den Nächsten oder den Engeln; vielmehr sollen wir nach Kräften ihnen beistehen, das Göttliche [zu erlangen], entsprechend der Vorsehung Jesu, die alles in allem wirkt und den unaussprechlichen, von Ewigkeit vor-

herbestimmten Frieden spendet und uns mit sich im Geist versöhnt und durch sich und in sich mit dem Vater selbst. Über diese übernatürlichen Gaben ist in den *Theologischen Grundlinien*[100] genügend gesagt, wobei uns die Heilige Schrift für den heiligen Hauch Zeugnis gegeben hat.

XI $_{6}$ – In welchem Sinn Gott das Leben selbst genannt wird und Urheber des Lebens an sich usw.
Da Du mich aber einmal brieflich angefragt hast, was ich das Sein selbst, das Leben selbst, die Weisheit selbst nenne, und sagtest, Du seist in Verlegenheit, in welchem Sinn ich Gott einmal das Leben selbst nenne, einmal den Urheber des Lebens an sich, so halte ich es für notwendig, heiliger Gottesmann, Dich, so gut ich kann, aus dieser Verlegenheit zu befreien. Zunächst muß ich wiederholen, was schon tausend Mal gesagt worden ist:[101] Es ist kein Widerspruch, Gott die Macht an sich und das Leben an sich zu nennen und zugleich den Urheber des Lebens an sich, des Friedens an sich, der Kraft an sich; denn so wird Gott aufgrund des Seienden genannt und besonders aufgrund des zuerst Seienden, da Er der Urheber alles Seienden ist; jene Namen aber erhält Er, weil Er über allem Seienden und zuerst Seienden ist, überseiend – überwesentlich. Du fragst aber, was wir denn das Sein selbst nennen und das Leben selbst und was wir sonst als unbedingt und ursprünglich seiend und als zuerst von Gott geschaffen ansetzen. Wir antworten: Das ist keine verwickelte, sondern eine glatte Sache und hat eine einfache Lösung. Wir sagen ja nicht, das Sein an sich, die Ursache für das Sein aller Dinge, sei ein göttliches oder englisches Wesen (nur das überwesentliche Sein an sich, der Urgrund, das Selbständig-Wirkliche [οὐσία] ist auch die Ursache für das Sein alles Seienden und das Sein an sich), und nicht, es gebe eine lebenzeugende Gottheit neben dem übergöttlichen Leben als Ursache alles Lebenden und des Lebens selbst; kurz gesagt: [Wir nehmen] keine ersten, schöpferischen Wesen (οὐσία) mit selbständigem Sein [an], von denen einige unüberlegt als von Göttern und Schöpfern des Seienden dahergeredet haben; der Wahrheit gemäß und angemessen von ihnen zu sprechen, das verstanden weder sie selbst (denn sie sind ja nicht) noch ihre Väter: Vielmehr sagen wir, das Sein selbst und das Leben selbst und die Gottheit selbst ist ursprünglich und göttlich und wirksam der eine überursprüngliche und überseiende Urgrund und die Ursache aller Dinge. Im Sinne der Teilhabe aber nennen wir die von Gott, an dem es kein Teilhaben gibt, ausgespendeten Vorsehungskräfte die Seinsgebung an sich, die Belebung an sich, die Vergöttlichung an sich; an ihnen hat das Seiende in der jedem entsprechen-

[100] ⟨Nicht erhaltene Schrift des Dionysius.⟩
[101] ⟨Randanstreichung ab hier bis zum Schluß von XI $_{6}$.⟩

den Weise Anteil, und dadurch ist es und heißt es seiend, lebendig, göttlich; und so alles andere. Darum wird der Gute auch Urheber des Zuerstseienden genannt; dann des ganzen [Seienden], dann des teilweisen; danach dessen, was am Ganzen teilhat, und danach dessen, was teilweise teilhat. Doch wozu brauchen wir noch darüber zu reden? Nennen doch einige unserer göttlichen Lehrer auch den Träger (ὑποστάτην) der Güte an sich und der Gottheit den Überguten und Übergöttlichen, die Güte an sich und die Gottheit, und ⟨sie⟩ sagen, es sei die gutmachende und göttlichmachende, aus Gott hervorgehende Gabe; und die Schönheit selbst [nennen sie] die aus sich Schönheit schaffende Ausgießung und [sprechen von] allgemeiner Schönheit und teilweiser Schönheit, von ganz Schönem und teilweise Schönem, und was sonst noch im selben Sinn gesagt worden ist und gesagt werden wird: Das zeigt, daß die Vorsehung und die Güte, woran das Seiende teilhat, von Gott, an dem es keinen Anteil gibt, ausgeht und überfließt in reichlicher Ausströmung; der in genauem Sinn Urheber alles Seienden ist, ist dabei über allem, und das Über-Seiende und Übernatürliche ist in jeder Hinsicht über allem, welches immer seine Natur und sein Wesen sein mag.

XII.
Der Heilige der Heiligen, der König der Könige, der Herr der Herren, der Gott der Götter

XII 1 – Einteilung
Was darüber zu sagen war, ist, glaube ich, an ein angemessenes Ziel gelangt. So müssen wir nun Den, der unzählige Namen hat, als den Heiligen der Heiligen preisen und als den König der Könige, den König von Ewigkeit zu Ewigkeit und noch weiter den Herrn der Herren und den Gott der Götter[102]. Und zuerst müssen wir sagen, was wir unter der Heiligkeit selbst verstehen, unter dem Königtum, der Herrschaft der Gottheit, und was die Heilige Schrift durch die Verdoppelung der Namen offenbaren will.

XII 2 – Was Heiligkeit, Königtum, Herrschaft, Gottheit ist
Heiligkeit also ist (nach der bei uns üblichen Auffassung) die von jedem Frevel freie, ganz vollkommene und ganz unbefleckte Reinheit. Königtum aber ist die Verteilung aller Begrenzung, der Welt, des Gesetzes, der Ordnung. Herrschaft ist nicht nur der Vorrang vor Niederem, sondern der Vollbesitz (παγκτησία) alles Schönen und Guten und die wahre, unerschütterliche Festigkeit; deshalb bedeutet Herrschaft, von Herr abgeleitet (κυριότης παρὰ τὸ κύριος), auch das Feste (κύριον) und Beherrschende (κυριεῦον).

102 ⟨Ps 136 (135), 2f.⟩

Gottheit aber ist die alles schauende Vorsehung, die in vollkommener Güte alles mit ihrem Blick umfaßt und zusammenhält und durch sich selbst alles erfüllt und übersteigt, was an der Vorsehung Anteil hat.

XII $_3$ – In welchem Sinn von Gott Heiligkeit usw. ausgesagt wird
Dies nun ist von der alles übersteigenden Ursache absolut zu sagen, und es ist hinzuzufügen, daß sie die überragende Heiligkeit und Herrschaft ist und das allerhöchste Königtum und die einfachste Gottheit. Denn von ihr allein und auf einmal geht aus und wird verteilt alle genaue Unvermischtheit aller lauteren Reinheit, alle Ordnung und Einteilung des Seienden, die Unstimmigkeit, Ungleichheit, Unebenmäßigkeit ausschließt und zu wohlgeordneter Selbigkeit und Richtigkeit freudig zusammenführt, was der Teilnahme an ihr gewürdigt wird; sie ist ganz vollkommen und alles Schönen Vollbesitz, die ganze gute Vorsehung, die alles schaut und erhält, wofür sie Sorge trägt, und sich gütig hingibt zur Vergöttlichung dessen, was sich ihr zuwendet.

XII $_4$ – In welchem Sinn Gott der Heilige der Heiligen genannt wird
Weil aber der Urheber aller Dinge die Überfülle aller ist, wird Er seines alles übersteigenden Übermaßes wegen als der Heilige der Heiligen gepriesen, und so auch das andere, was der überragenden Ursache und dem unvergleichlichen Vorrang entspricht. Z. B. wenn man sagen würde: Wie das Heilige und Göttliche, das Herrschende und Königliche das übertrifft, was nicht so ist, und ebenso das Ansichseiende das, was daran Anteil hat, so ist erhaben über alles, Der über allem ist und Urheber alles dessen, was Anteil hat und woran es Anteil gibt, ohne daß es an Ihm ein Anteilhaben gäbe. Heilige und Könige, Herren und Götter sind die Ursprünglichsten in jeder Ordnung, durch die auch die Niederen Gottes Gaben empfangen; diese vervielfältigen durch ihre Unterschiede die Einfachheit der Ausspendung jener; ihre Mannigfaltigkeit wiederum führen die ersten vorsorgend und göttlich zu ihrer eigenen Einheit zusammen.

XIII.
Der Vollkommene und Eine

XIII $_1$ – In welchem Sinn Gott vollkommen genannt wird
Soviel darüber. Nun aber wollen wir, wenn's beliebt, auf das Gewaltigste zu sprechen kommen: Indem die Theologie dem Urheber aller Dinge alles – und alles zugleich – zuspricht, rühmt sie Ihn auch als den Vollkommenen und den Einen. Vollkommen nun ist Er nicht nur als in sich selbst vollkommen und als sich selbst gemäß von sich selbst einförmig umgrenzt und durch und durch ganz vollkommen, sondern auch als über-vollkommen,

weil alles übersteigend; und als alle Unbegrenztheit begrenzend, über jede Grenze ausgedehnt, von keinem umfaßt oder umschlossen, sondern zu allem hin sich erstreckend und über alles in nie versagenden Ausspendungen und nie endendem Wirken. Vollkommen wird Er ferner genannt als unvermehrbar, immer vollkommen und unverminderbar, als alles in sich voraushabend und als überströmend in der einen und selben, unaufhörlichen, überreichen und unverminderbaren Ausstattung, durch die Er alles Vollkommene vollkommen macht und jedes mit der ihm angemessenen Vollkommenheit erfüllt.

XIII $_2$ – In welchem Sinn Gott Einer genannt wird, d.h. ohne Zusammensetzung

Eines aber [wird Gott genannt], weil Er alles geeint ist, wegen des Übermaßes seiner Einheit, und Ursache aller Dinge ist, ohne aus dem Einen herauszugehen: Denn kein Seiendes ist ohne Anteil an dem Einen, sondern wie jede Zahl an der Eins teilhat und die eine Zwei oder Zehn heißt oder das eine Halbe, Dritte oder Zehnte, so haben alle Dinge und jeder Teil aller Dinge am Einen Anteil, und durch das Eines-Sein *ist* alles Seiende. Und nicht ist das Eine, das Ursache aller Dinge ist, Eines aus Vielem, sondern vor allem Einen und Vielen, alles Eine und Viele begrenzend; denn niemals ist die Vielheit (Menge) ohne Anteil am Einen, sondern was Vieles ist durch Teile, ist Eines als Ganzes. Und was Vieles ist durch das ihm Zukommende (Akzidentien), ist Eins durch den Träger (Subjekt, ὑποκείμενον); was Vieles ist der Zahl oder den Kräften nach, ist Eines der Art nach, und was der Art nach Vieles ist, ist Eines der Gattung nach; und was Vieles ist in seinen Hervorgängen, ist Eines dem Ursprung nach: Nichts gibt es unter dem Seienden, das nicht in irgendeiner Hinsicht am Einen teilhat in dem, das in allem einzig ist und alles, auch das All und das Entgegengesetzte, geeint vorausgenommen hat. Und ohne das Eine wird es keine Vielheit geben, doch ohne Vielheit wird es das Eine geben, wie die Eins vor jeder vielfältigen Zahl ist; und wenn man alle Dinge durch alles Geeinte ersetzen wollte, so werden alle Dinge im Ganzen das Eine sein.

XIII $_3$ – Bei Entfernung des Einen geht alles zugrunde

Ferner muß man wissen, daß durch die *eine* vorausgedachte Idee (εἶδος) eines jeden Dinges das Geeinte geeint wird, wie man sagt, und für alles ist das Eine grundlegend[103] (στοιχειωτικόν, elementum); und wenn man das Eine entfernt, wird es weder Ganzheit noch Teil noch etwas anderes vom Seienden geben: Denn alles hat das Eine in sich einförmig vorausgenommen und umfaßt. In diesem Sinn also preist die Theologie (Hl. Schrift) die ganze

[103] ⟨Randanstreichung von XIII $_3$ bis hier.⟩

Gottheit als Ursache aller Dinge unter dem Namen: der Eine; und Einer ist Gott der Vater, Einer der Herr Jesus Christus, Einer und Derselbe der Heilige Geist, durch die überströmende Ungeteiltheit der ganzen göttlichen Einheit, in der alles einheitlich verbunden ist und im Übermaß geeint ist und überseiend vorausexistiert. Deshalb wird darauf mit Recht auch alles bezogen und ihr alles zugeschrieben, aus der und in der, durch die und in der und auf die hin alles ist und zusammengeordnet ist, beharrt und zusammengehalten wird, zur Vollendung kommt und hingewendet wird: Und nichts wird man unter dem Seienden finden, das nicht durch das Eine, wonach die ganze Gottheit überwesentlich genannt wird, das wäre, was es ist, und vollendet und erhalten würde. Darum müssen auch wir uns vom Vielen zum Einen durch die Kraft der göttlichen Einheit hinwenden und die ganze und eine Gottheit einzigartig preisen als das Eine, das Ursache aller Dinge ist, vor allem Einen und Vielen, Teil und Ganzen, vor aller Bestimmung und Unbestimmtheit, Grenze und Unbegrenztheit, das alles Seiende und das Sein selbst abgrenzt; als die Ursache aller Dinge und aller ganz und zugleich vor allem und über allem und einzig; als das, was auch über dem ist, was Eines ist, und das, was Eines ist, begrenzt, wenn man das Eine zum [endlichen] Seienden rechnet: Denn die Zahl hat Anteil am Einzelwesen (οὐσία). Das übereinzelwesentlich Eine aber begrenzt das, was Eines ist, und jede Zahl und ist des Einen und der Zahl und jedes Seienden Urgrund und Ursache, Zahl und Ordnung. Darum[104] ist die gepriesene Einheit und Dreiheit, die Gottheit über allem, keine Einheit und Dreiheit, die von uns oder von einem andern Seienden erkannt würde; sondern um das Über-Geeinte und Gotterzeugende in ihr zu preisen, nennen wir mit dem Gottesnamen des Drei-Einen Den, der über alle Namen ist und über-seiend über allem Seienden. Doch keine Einheit oder Dreiheit, keine Zahl oder Einheit oder Fruchtbarkeit noch sonst etwas von dem Seienden oder was von einem Seienden erkannt wird, enthüllt die alle Vernunft und allen Verstand übersteigende Verborgenheit der über allem über-wesentlich über-seienden Über-Gottheit. Für sie gibt es keinen Namen und keinen Begriff, sondern sie ist über allem im Unzugänglichen. Und[105] nicht einmal den Namen „Güte" können wir ihr treffend beilegen, sondern in dem Wunsch, etwas von jener unaussprechlichen Natur zu verstehen und zu sagen, weihen wir ihr zuerst den ehrwürdigsten aller Namen, und damit sind wir wohl in Einklang mit den Theologen, aber von der sachlichen Wahrheit haben wir uns weit entfernt. Deshalb haben sie selbst den Aufstieg durch Verneinungen vorausgestellt, um die Seele von den ihr naturgemäß vertrauten Dingen loszulösen und ihr den Weg zu allen göttlichen Erkenntnissen zu zeigen, wodurch das abgesondert wird,

---

[104] ⟨Randanstreichung ab hier bis „über alle Namen ist".⟩

[105] ⟨Randanstreichung ab hier bis „alle Erkenntnis ist".⟩

was über allen Namen, allen Begriff und alle Erkenntnis ist, zuletzt aber sie mit Ihm zu verbinden, soweit für uns eine Verbindung mit Ihm möglich ist.

XIII 4 – Diese erkennbaren Gottesnamen haben wir zusammengetragen und, so weit möglich, erklärt, nicht nur sehr unzulänglich im Verhältnis zu dem, was ihnen genau angemessen wäre (das könnten in Wahrheit auch die Engel sagen), sondern auch im Verhältnis zum Lobpreis der Engel; nun weichen den letzten unter ihnen selbst unsere hervorragendsten Theologen, wir aber kommen keineswegs den Theologen und ihren Schülern gleich, sondern bleiben mit unserm Lob selbst noch hinter unseresgleichen zurück. Wenn also an dem Gesagten etwas Richtiges ist und wenn wir in der Erklärung der Gottesnamen nach unserm Vermögen den rechten Sinn getroffen haben, so ist das ganz auf die Ursache alles Guten zurückzuführen, die zuerst die Fähigkeit zu sprechen und gut zu sprechen gegeben hat. Und wenn etwas Gleichwertiges übergangen worden ist, so wird es nach dem gleichen Verfahren von uns ergänzt werden müssen. Wenn aber dies unrichtig oder unvollkommen ist und ganz oder teilweise von der Wahrheit abirrt, so kommt es Deiner Güte zu, den unfreiwillig Unwissenden auf den rechten Weg zu führen und mit Gründen dem zu Hilfe zu kommen, der zu lernen wünscht, dem beizustehen, der aus sich selbst keine Kraft hat, und den zu heilen, der nicht krank sein möchte: Und was Du von selbst oder durch die Vermittlung anderer gefunden hast, alles aber von dem Guten selbst empfangen, das leite mir zu. Und laß es Dich nicht verdrießen, einem Freund diese Wohltat zu erweisen. Du siehst ja, daß auch ich nichts von den Worten, die mir auf hierarchischem Wege anvertraut wurden, für mich behalten habe, sondern ich habe sie völlig rein Dir und andern heiligen Männern mitgeteilt oder werde sie noch mitteilen, soweit ich zu sprechen und die Hörer zu verstehen fähig sind, und habe in nichts die Überlieferung verletzt, wenn nicht etwa aus Unvermögen im Ausdruck und Verständnis. Doch dies mag sich nun verhalten und gesagt sein, wie es Gott gefällt; und dies sei nun von mir aus der Schluß der Abhandlung über die geistig faßbaren Gottesnamen; unter Gottes Führung werde ich zur *Symbolischen Theologie* übergehen.

Dionysius Areopagita
Himmlische Hierarchie

Übersetzt von Edith Stein

N⟨ota⟩ b⟨ene⟩: Das Folgende ist nicht wörtliche Übersetzung, sondern etwas verkürzende Inhaltsangabe nach Balth⟨asar⟩ Corderius'[1] griech.-lat. Text, dann mit der krit⟨ischen⟩ Hilduinausgabe von P. Théry[2] verglichen und die Paragraphen-Einteilung von Migne P⟨atrologia⟩ Gr⟨aeca⟩[3] links[4] eingefügt.

Sympresbytero Timotheo Dionysius Presbyter[5]

I.

Daß jede göttliche Erleuchtung, gemäß d⟨er⟩ Güte auf verschiedene Weise in den Vorsehenden (in providentibus) hervorgehend, einfach bleibt, und nicht nur das, sondern auch das eint, was die Erleuchtung empfängt

⟨I 1⟩ – § 1.[6] *Jede gute Gabe und jedes vollkommene Geschenk ist von oben, herabsteigend vom Vater der Lichter.[7] Alle Erleuchtung geht von Gott aus und ist eine trotz der Mannigfaltigkeit der Geschöpfe und stellt die Einheit her, indem sie zur Einheit des Vaters und zur göttlichen Einfachheit hinwendet.*

§ 2. Wir müssen Jesus, das wahre Licht, das jeden Menschen erleuchtet,[8] anrufen, um aus den symbolischen Darstellungen der Väter zur geistigen Anschauung der Hierarchien der himmlischen Geister zu gelangen.

I 2 – Obwohl sie sich um des Vielen willen, das durch die Vorsehung gelenkt wird, teilt und ausströmt, bleibt die Erleuchtung doch die unwandelbar eine, kann uns aber nur unter der vielfältigen Hülle von Schleiern leuchten, die Gott unserer Natur angepaßt hat, um durch sie hinaufgeführt zu werden.[9]

§ 3. Unsere heilige Hierarchie ist den himmlischen Hierarchien nachgebil-

---

[1] ⟨Übersetzte die Schriften des Dionysius 1634 ins Lateinische. Seine Übersetzung wurde in Mignes *Patrologia graeca* übernommen.⟩

[2] ⟨*Études Dionysiennes* I, *Hilduin, Traducteur de Denys*, par le P. G. Théry OP, (Études de Philosophie Médiévale XVI), Paris 1932.⟩

[3] Migne, Jacques-Paul, *Patrologiae cursus completus, Series Graeca*, Paris 1855 ff., t⟨omus = Band⟩ 3: Dionysius.

[4] ⟨Die in römischer Zählung mit arabischer Untergliederung angegebenen Kapitel stammen von Corderius, die mit Paragraphen gezählte Gliederung stammt aus dem griechischen Text von *MPG*.⟩

[5] ⟨Dem Mitpriester Timotheus der Priester Dionysius. Zu Timotheus vgl. oben S. 86, Anm. 2.⟩

[6] ⟨Die uneinheitliche Zählung hier und ff. verweist auf ein nicht vollständig redigiertes Manuskript.⟩

[7] ⟨Jak 1, 17.⟩

[8] ⟨Joh 1, 9.⟩

[9] Divino-principalis radius … anagogice obvelatus. ⟨Göttlich-grundlegender Strahl … emporführend verhüllt.⟩

det; sie finden sich darin in stoffliche Gestalten und zusammengesetzte Gebilde übertragen, die unseren Geist zu den Urbildern emporführen sollen.

I $_3$ – Alle sinnenfällige Schönheit ist das Bild einer geheimen, aller sinnliche Wohlgeruch Bild einer geistigen Ausspendung, alle materiellen Lichter Bilder geistiger Erleuchtung, alle irdische Wissenschaft Abbild himmlischer Schau, die hl. Eucharistie Bild eines geistigen Teilhabens an Jesus. So auch die irdische Hierarchie Abbild eines himmlischen Priestertums, die bildhafte Darstellung der Hl. Schrift ein Mittel, uns zur Kenntnis der himmlischen Geister zu führen.

II.
Daß passend göttliche u⟨nd⟩ *himmlische Dinge uns durch unähnliche sinnliche gezeigt werden*

II $_1$ – *Es ist angemessen, daß die göttlichen und himmlischen Dinge durch ihnen unähnliche Zeichen offenbar gemacht werden*

§ 1. Es soll nun erst gezeigt werden, welcher Art unsere Schau der gesamten Hierarchie ist und was sie ihren Betrachtern nützt, sodann ist die himmlische Hierarchie entsprechend ihrer Offenbarung durch die Schrift zu *preisen.*[10] Schließlich ist zu zeigen, durch welche Formen die Hl. Schrift die himmlischen Chöre beschreibt und zu welcher Wahrheit *(Einfachheit)* wir durch diese Formen aufsteigen sollen.

II $_2$ – Wir sollen es nicht, wie die Menge, für eine *Entweihung* halten, wenn von Rindern, Löwen, Adlern, feurigen Rädern usw. die Rede ist. Die Hl. Schrift bedarf solcher Bilder, um unseren Geist zu Himmlischem emporzuführen.[11]

§ 2. II $_3$ – Man könnte gegen die Darstellung der Hl. Schrift einwenden: 1.) den himmlischen Geistern würden edlere körperliche Geschöpfe besser entsprechen; 2.) da die edleren Geschöpfe edlere Eigenschaften haben, würden sie uns eine würdigere Vorstellung vermitteln; 3.) es grenze an Blasphemie, Göttliches mit Niedrigem zu vergleichen; 4.) bei buchstäblicher Auffassung würden wir in größeren Irrtum geführt. 5.) Der Wortsinn der Schrift erscheint falsch.

[10] ὑμνεῖν, Lieblingsausdruck D⟨ionysius'⟩ für λέγειν.
[11] P⟨*atrologia graeca*, die lateinische Übersetzung des Balthasar Corderius,⟩ hat sceleste statt celeste.

II 4 – Nähere Erforschung zeigt, daß die Bilder der Schrift mit großer Weisheit gewählt sind und weder dem Göttlichen Schmach antun, noch uns niedere Vorstellungen vermitteln. Sie nehmen Rücksicht auf unsere Schwäche. Und durch das Geheimnisvolle ihrer Sprache weisen sie darauf hin, daß es sich um eine heilige und verborgene Wahrheit handelt.

§ 3. II 5 – Die Art der mystischen Verdeutlichung ist eine doppelte: durch die Ähnlichkeit und durch die Unähnlichkeit.

II 6 – Es ist ähnlich, wie wenn man von Gott selbst spricht: Bisweilen nennt man Ihn Wort, Geist, Wesen, wesenhaftes Sein, wahre Ursache alles geschaffenen Daseins, Licht, Leben. Und das scheinen passendere Ausdrücke als körperliche Bilder. Aber auch das sind unzulängliche Bilder, da Gott all das Genannte übersteigt. Darum bezeichnet man Ihn manchmal durch das, was Er nicht ist: als den Unsichtbaren, Unbegreiflichen, Unendlichen.

II 7 – Die negative Bezeichnung ist die entsprechendere, denn Er ist nicht „wie etwas von dem, was ist. Wir kennen Seine überwesentliche, unsichtbare, unaussprechliche Unendlichkeit nicht."

II 8 – Wenn bei Gott die negativen Bestimmungen treffender sind als die positiven, so sind für die himmlischen Geister die unähnlichen Gebilde angebrachter: Sie lassen nicht den Irrtum aufkommen, als ob es sich um die eigentliche Beschreibung handelte (wie wenn man sie als strahlende Männer darstellt); außerdem hat alles, was ist, Anteil am Guten.

§ 4. II 9 – Darum kann alles Grundlage einer guten Betrachtung sein. Es muß aber das, was den geistigen Geschöpfen durch Bilder aus der Körperwelt zugeschrieben wird, bei ihnen anders verstanden werden als in der Sinnenwelt.

II 10 – So ist der *Zorn* bei den vernunftlosen Geschöpfen eine unvernünftige Erregung, bei den geistigen Wesen die männliche Kraft ihrer Vernunft, ihr unwandelbares Stehen in den göttlichen, unbeweglichen Wohnungen. – Die *Begierde* ist bei den vernunftlosen Wesen unüberlegt, auf etwas Stoffliches und Wandelbares gerichtet, aufgrund natürlicher Neigung oder Gewohnheit ohne eigene Macht hervorgerufene Zuständlichkeit, eine unvernünftige Vorherrschaft des körperlichen Strebens, das das ganze Lebewesen zu dem sinnlich Begehrlichen hinzieht. –

II 11 – Bei den reinen Geistern ist damit gemeint die göttliche Liebe, womit sie das höhere Geistige in verstehender und vernünftiger Weise lieben, und die beständige Sehnsucht nach der reinen, leidensfreien Beschauung und Vereinigung mit der höchsten und reinsten Liebe.

Wenn wir bei ihnen von Unvernünftigkeit und Unsinnlichkeit sprechen, so meinen wir keinen ihnen anhaftenden Mangel, sondern daß sie unser Fassungsvermögen übersteigen. –

II $_{12}$ – Es ist also nicht unangemessen, aus den niedersten stofflichen Dingen Bilder für die reinen Geister zu nehmen. Denn auch sie haben ihr Sein von der höchsten Schönheit und tragen eine Spur der Schönheit an sich. Darum kann man durch sie zu den reinen Formen geführt werden, wenn man nur das Bild in dem diesen entsprechenden Sinn auffaßt.

§ 5. II $_{13}$ – Auf diese Weise haben die mystischen Theologen nicht nur von himmlischen Geistern, sondern auch von Gott gesprochen: Sonne der Gerechtigkeit,[12] Morgenstern,[13] unverhülltes, geistig strahlendes Licht.

II $_{14}$ – Bisweilen werden aber auch mittlere Dinge, wie Feuer und Wasser, verwendet, und sogar ganz niedere: duftende Salbe, Edelstein, Tiere bis herab zum Wurm.

II $_{15}$ – So werden Göttliches und Irdisches deutlich geschieden, die niederen Dinge ohne Schaden als Gleichnis gebraucht und auch für die höheren erreicht, daß man sie nicht für die Sache selbst hält. Darum ist es auch angemessen, von den himmlischen Geistern so zu sprechen. Die Unähnlichkeit der Bilder stachelt uns an, uns über sie hinausführen zu lassen, und führt uns vielleicht weiter, als genaue sachliche Forschung es getan hätte.

II $_{16}$ – Nun gilt es zu erklären, wofür die Hierarchie zu halten ist und welchen Nutzen der von ihr gewinnt, der an ihr teilhat. Führer beim Reden sei Christus, von dem die ganze hierarchische Erleuchtung ausgeht. Der Schüler (Timotheus) soll die Lehre mit entsprechender Ehrfurcht hören und heilig vor der profanen Menge verborgen[14] halten.

---

[12] Mal 3, 20.

[13] Offb 22, 16.

[14] ⟨Im Ms.:⟩ geborgen. ⟨Vgl. S. 60, zur Arkandisziplin. Stein übersetzt wohl „profane Menge“ nach „Odi profanum vulgus et arceo.“ (Ich hasse die gemeine Menge und halte mich fern.) Horaz, Oden 3,1,1.⟩

III.
Was ist die Hierarchie und welches ihr Nutzen?

§ 1. III $_1$ – Die Hierarchie ist eine heilige Ordnung, ein Wissen (ἐπιστήμη) und Wirken (disciplina seu operatio), das, soweit möglich, sich der Gottähnlichkeit nähert und vermöge von Gott im entsprechenden Maße eingegossener Erleuchtungen zur Nachahmung Gottes aufsteigt. Die Gott geziemende Schönheit ist einfach, gut, Ursprung aller Vollkommenheit, mit nichts Unähnlichem vermischt. Sie teilt jedem nach Verdienst sein Licht zu und vollendet ihn im göttlichsten Geheimnis (sacramentum – sacrificium[15]) durch Umwandlung zum Bilde seiner Unwandelbarkeit.

§ 2. III $_2$ – Die *Absicht* (scopus) *der Hierarchie* ist die möglichste Angleichung und Vereinigung mit Gott; Er ist ihr Führer in allem Wissen und Wirken. Beständig auf Seine göttliche Schönheit schauend, bildet sie diese, so weit möglich, nach und macht die ihr Angehörigen zu Abbildern, zu klaren, unbefleckten Spiegeln, die den Strahl des ursprünglichen Lichtes und der höchsten Gottheit auffangen. Von diesem erfüllt, lassen sie es nach göttlichem Gesetz neidlos auf die ihnen folgenden überströmen. Denn die heiligen Bekenner und Eingeweihten dürfen nichts tun, was den heiligen Gesetzen ihrer heiligen Ordnung widerspricht, oder abweichend denken, wenn sie nach seiner göttlichen Klarheit streben und sie gebührend ehrfürchtig anschauen und nach der einem jeden entsprechenden Fassungskraft umgewandelt werden wollen. Wer von der Hierarchie spricht, nennt eine heilige Anordnung, das Bild der Ur-Schönheit Gottes; sie feiert in heiligen Ordnungen und Wissenschaften die Geheimnisse ihrer Erleuchtung und ist, soweit möglich, ihrem eigenen Urgrund gleichförmig.

III $_3$ – *Jeder, der zur Hierarchie gehört*, wird in der *Nachahmung Gottes* gefördert und hat den göttlichsten Vorzug, *Mitarbeiter Gottes* zu sein und Sein Wirken in sich hervorleuchten zu lassen. Es entspricht dieser heiligen Ordnung, daß einige *reinigen*, andere gereinigt werden, einige *erleuchten*, andere erleuchtet werden, einige *vollenden*, andere vollendet werden. Die göttliche Seligkeit aber ist frei von aller Beimischung von ihr Unähnlichem, voll des ewigen Lichtes, keiner Vollendung bedürftig, sie selbst ist alle Reinigung, Erleuchtung, Vollendung; übervollkommen und aller Vollkommenheit Ursprung, Ursache jeder heiligen Ordnung.

III $_4$ – *Die zu Reinigenden* sollen also völlig rein werden, von jeder Vermischung mit Unähnlichem frei. *Die erleuchtet werden*, sollen mit gött-

[15] ⟨Sakrament – Opfer.⟩

lichem Licht erfüllt werden, durch reine Geistesaugen zum Stand und der Tugend der Beschauung erhoben; die vervollkommnet werden, sollen von der Unvollkommenheit befreit werden und Anteil an der vollendenden Wissenschaft der Heiligen gewinnen. Die das *Amt zu reinigen* haben, sollen durch ihren Vorrang die andern zum Anteil an ihrer Reinheit führen. Die *zum Erleuchten Berufenen*, die schärferen Geistes sind, um das Licht zu erschauen und ausströmen zu lassen, sollen selbst davon erfüllt sein und überfließen und es nach allen Seiten denen zuleiten, die dessen würdig sind. Die *zur Vollendung Berufenen*, in der Kunst des Vollendens erfahren, sollen durch die heiligste Unterweisung in heiligen Dingen die dazu Berufenen zur Vollendung führen. Jeder Stand der Hierarchie wird so nach seinem Maß zur Mitarbeit mit Gott geführt und vollendet durch Gottes Gnade und Kraft, was der Gottheit von Natur aus und über die Natur innewohnt und von ihm auf überwesentliche Weise geschieht und offenbar wird zur möglichst weitgehenden Nachahmung Gottes durch die ihn liebenden Geister der Hierarchie.

IV.
Was bedeutet der Name Engel?

IV 1 – Nach der Bestimmung dessen, was Hierarchie bedeutet, muß die Hierarchie der Engel gepriesen werden. Mit überirdischen Augen muß man die Gestalten betrachten, durch die sie in der Rede dargestellt werden, damit man sich durch mystische Gebilde zu ihrer höchsten gottähnlichen Einfachheit erheben könne. – Gott hat alle Wesen der Dinge auf sich selbst gestellt (subsistens faciendo[16]) und damit ins Dasein gesetzt. Es ist der ersten Ursache und höchsten Güte eigen, alle Dinge nach dem Maß ihrer Fassungskraft zur Gemeinschaft mit sich zu berufen. Deshalb haben alle Dinge teil an der Vorsehung, die aus der Gottheit, der überwesentlichen Ursache aller Dinge, hervorströmt. (... ἀγαθότητι πάσας ἡ ὑπερούσιος θεαρχία τὰς τῶν ὄντων οὐσίας ὑποστήσασα, πρὸς τὸ εἶναι παρήγαγεν)

IV 2 – Denn sie wären nicht, wenn sie nicht am Wesen und Urgrund der Dinge teilhätten. Alles Unbeseelte hat daran teil rein dadurch, daß es ist; denn das Sein aller ist die Gottheit, die dieses Sein übersteigt. Die lebenden Dinge aber haben Anteil an ihrer über allem Leben lebenschaffenden Kraft; die aber Vernunft- und Geisteskraft haben, sind Teilhaber ihrer durch sich selbst vollkommenen und übervollkommenen Weisheit, die über alle Vernunft und Verstandeskraft ist.

---

[16] ⟨Unterstützend im Tun.⟩

IV 3 – Es ist klar, daß jene Naturen Gott am nächsten stehen, die vielfältig an ihm teilhaben. Darum übertreffen die Ordnungen der himmlischen Wesen die Dinge, die bloß sind, die vernunftlosen Lebewesen und auch die nur mit menschlicher Vernunft begabten durch das Geschenk und die Teilhabe an der göttlichen Führerstellung. Da sie sich nämlich geistig nach dem Bilde Gottes gestalten und Gottes urbildliches Wesen überirdisch anschauen und begehren, ihre Gestalt danach zu formen, erfreuen sie sich mit Recht und verdientermaßen reichlicherer Teilhabe; denn sie sind beharrlich und strekken sich beharrlich nach der unwandelbaren göttlichen Liebe aus, und so empfangen sie die ersten Erleuchtungen auf unstoffliche, lautere Weise, gestalten sich danach und haben ein ganz geistiges Wesen.

IV 4 – Sie sind es also, die in erster Linie und vielfältig an Gott teilhaben und vor allem und mannigfach Gottes Geheimnis offenbaren. Deshalb verdienten sie vor allen andern vorzüglich den Namen Engel, weil sie zuerst von Gott erleuchtet werden und uns die uns zuteilwerdenden Offenbarungen vermitteln. So ist, wie das göttliche Wort bezeugt, das Gesetz uns durch die Engel gegeben worden;[17] und Engel leiteten unsere ruhmreichen Väter vor und nach dem Gesetz: Entweder erklärten sie ihnen, was zu tun war, und geleiteten sie aus Irrtum und Weltleben auf den rechten Weg der Wahrheit; oder sie offenbarten ihnen heilige Ordnungen, legten ihnen die verborgenen Gesichte überirdischer Geheimnisse oder göttliche Vorhersagungen aus gleich Boten und Dienern.

IV 5 – Wollte aber jemand sagen, gewissen Heiligen sei unmittelbar Gott selbst erschienen, so möge er lernen, was aus der Heiligen Schrift klar hervorgeht, daß Gottes verborgenes Wesen niemand gesehen hat noch sehen wird;[18] vielmehr ist Gott den Heiligen erschienen, indem Er sich, wie es Ihm geziemte, durch heilige und den Schauenden angemessene Gesichte zeigte.

IV 6 – Diese Gesichte, die Gestaltlosem Gestalt verleihen, nennt die Theologie Theophanie oder Gotteserscheinung, weil sie den Schauenden göttliche Erleuchtung eingießt und sie auf heilige Weise über Göttliches belehrt. Durch solche heiligen Gesichte wurden unsere ruhmreichen Väter durch den Dienst der Engel eingeweiht.

IV 7 – Lehrt nicht auch die Heilige Schrift, daß Moses jene heilige Sendung von Gott selbst übertragen wurde, um uns zu belehren, daß es die Nieder-

---

[17] ⟨Vgl. Kap. IV 7.⟩
[18] 1 Joh 4, 12.

schrift eines göttlichen und hochheiligen Gesetzes sei? Und doch lehrt uns die Theologie voll Weisheit, daß es uns durch Engel zugeflossen sei, als hätte die Ordnung des göttlichen Gesetzes es so bestimmt, daß das Niedere durch Höheres zur Gottheit geführt werde. Denn nicht nur für die höheren und niederen Geister, sondern auch für gleichgestellte ist durch die überwesentliche, ursprüngliche Ordnung aller Dinge jenes Gesetz aufgestellt worden, daß es in den einzelnen Hierarchien erste, mittlere und letzte Reihen und Kräfte geben sollte und daß für die niederen göttlichere Lehrer und Führer sein sollten, damit sie Gott nahen, erleuchtet werden und zur Vereinigung gelangen könnten.

IV $_8$ – Auch das Geheimnis der Menschwerdung Jesu ist zuerst den Engeln offenbart worden und dann zu uns gelangt. (Verkündigung Gabriels an Zacharias und Maria, Engelsbotschaft an Joseph und die Hirten). Ja, Jesus selbst hat sich als Mensch gehorsam den von Gottvater durch die Engel gewirkten Gestalten unterworfen. Durch ihren Dienst geschah die vom Vater angeordnete Flucht des Sohnes nach Ägypten und wurde seine Rückführung aus Ägypten nach Judäa Joseph angekündigt.[19] Ja, wir sehen, daß er durch Engel den väterlichen Gesetzen unterworfen war; ich übergehe als bekannt, was von der Stärkung Jesu durch einen Engel überliefert ist[20]. – Jesus selbst, der zu unserm Heil in die Reihen der offenbarenden Geister gestellt wurde, erhielt den Namen *Engel des großen Rates*:[21] denn wie er selbst in Anbetracht des Botenamtes sagte, hat er uns bekannt gemacht, was immer er vom Vater hörte.[22]

V.
Warum werden alle himmlischen Wesen gemeinsam mit dem Namen Engel bezeichnet?

V $_1$ – „Engel“ ist der Name der niedersten Ordnung himmlischer Geister, aber auch für alle höheren, weil diese wie jene die göttliche Erleuchtung empfangen und weitergeben. Dagegen sind den niederen nicht die Kräfte der höheren eigen, sie können darum nicht mit deren Namen benannt werden.

---

19 ⟨Lk 1, 30f.; Mt 2, 13; Lk 2, 9; Hebr 2, 7.⟩
20 ⟨Lk 22, 43.⟩
21 Jes 9, 5.
22 Joh 15, 15.

VI.
Welches ist die oberste, die mittlere, die niederste Ordnung der himmlischen Wesen?

VI $_1$ – Die Größe und Eigenart der himmlischen Chöre und die Art ihres Wirkens kennt im Grunde nur Gott allein.

VI $_2$ – Über ihr Geheimnis und ihre heiligen Vollkommenheiten können wir nur wissen, was Gott uns durch sie davon offenbart.

VI $_3$ – Darum werden wir nichts aus eigenem Antrieb sagen, sondern nur darlegen, was die alten Theologen erschaut haben.

VI $_4$ – Die Theologie hat alle himmlischen Wesen mit neun offenbarenden Namen genannt.

VI $_5$ – Unser göttlicher Vollender hat sie in drei Ordnungen, in denen je drei zusammengefaßt sind, eingeteilt.

VI $_6$ – Als erste nennt er jene ⟨Ordnung⟩, die beständig in Gottes Nähe verweilt, Ihm unaufhörlich anhängt und unmittelbarer als die übrigen mit Ihm vereint sein soll:[23] die heiligen Throne und die mit vielen Augen und Flügeln ausgestatteten Chöre, mit dem hebräischen Wort Cherubim und Seraphim genannt, haben unmittelbar bei Gott ihren Platz durch nähere Verwandtschaft als die andern – so sagt er, werde es durch die Erklärung heiliger Reden verbürgt. Diese dreigeteilte Ordnung erwähnt unser ruhmreicher *Lehrer*[24] als eine einzige, gleichartige und die erste Hierarchie; keine andere sei gottähnlicher und durch ursprüngliche Erleuchtungen in unmittelbarer Verbindung Gott näher.

VII.
Von den Seraphim, Cherubim und Thronen und ihrer ersten Hierarchie

VII $_1$ – Die Namen der Engelschöre enthüllen uns ihre Eigenart. *Seraphim* soll bedeuten: *Entzünden* oder *Erwärmen*, *Cherubim* aber *Fülle der Erkenntnis* oder *Ausgießung der Weisheit.*

---

[23] Ez 1; Jes 6, 2.
[24] ⟨Randnotiz:⟩ Nach Albertus ⟨Magnus, vgl. S. 25, Anm. 13⟩ ist Paulus oder Hierotheus gemeint.

VII 2 – Gebührend wird diese erste der himmlischen Hierarchien von den erhabensten Naturen verwaltet, da sie eine erhabenere Ordnung als die andern erlangt hat, wodurch auf sie, die unmittelbar bei Gott weilt, die ersten Gotteserscheinungen und Weihungen als auf die nächste zuerst überfließen.

VII 3 – Erwärmer werden sie also genannt und Throne und Ausgießung der Weisheit durch die Bezeichnung, die ihre gottähnlichen Vollkommenheiten erklärt.

VII 4 – Ihre ständige, unaufhörliche Bewegung um göttliche Dinge; ihre Glut und Schärfe und das Aufwallen ihrer angespannten, niemals unterbrochenen, niemals abbiegenden Bewegung; sodann ihre Fähigkeit, die ihnen untergeordneten Geister zu Höherem emporzuleiten, sie zu einer ähnlichen Glut zu erwecken und zu entflammen, und wie sie sie leuchtend machen und durch und durch entzünden durch die Fähigkeit zu reinigen und lichtartige und erleuchtende Eigenart, die sich nicht verbergen kann und nicht erlischt, die sich immer gleich verhält und allen Schatten der Finsternis austreibt und vernichtet – das alles bezeichnet der Name Seraphim in erleuchtender Weise.

VII 5 – Cherubim aber [bezeichnet] ihre Kraft zu erkennen, Gott anzuschauen und die Fassungkraft für ein überströmendes Licht und die Fähigkeit, in der ursprünglichen Kraft selbst die göttliche Schönheit zu schauen, und die Kunst weisheitverleihender Überlieferung, wodurch sie die ihnen geschenkte Weisheit auf die Niederen neidlos überleiten und ausströmen.

VII 6 – Der Name der erhabensten, hohen Throne bezeichnet das, was von aller irdischen Niedrigkeit ohne Beimischung getrennt ist, was durch göttlichen Eifer zum Höheren hingetragen wird und bei keinerlei niederen Dingen verweilt, sondern mit allen Kräften unwandelbar fest dem Allerhöchsten anhängt, die göttliche Ankunft ohne jede Bewegung und unstofflich empfängt, Gott trägt und voll Eifer bereit ist, Göttliches in sich zu fassen. – Dies ist die Auslegung der Namen selbst, soweit wir sie fassen können.

VII 7 – Nun muß gesagt werden, wofür wir ihre Hierarchie halten. Wir haben wohl früher schon genügend ausgeführt, daß das Ziel aller Hierarchie beständig abhängt von der göttlichen Nachahmung der Gottförmigkeit und daß alles hierarchische Wirken eingeteilt werde in die heilige Teilhabe und Verleihung der lautersten Reinigung und des göttlichen Lichts und vollkommenheitverleihenden Wissens; nun aber möchte ich der Würde jener höchsten Geister entsprechend sagen, wie ihre heilige Ordnung von der Schrift erklärt wird. Wir müssen glauben, daß jene ersten Wesen, die unmittelbar nach der ihr Wesen schaffenden Gottheit ihren Platz haben und gleichsam in ihrem Vorhof stehen, die jede geschaffene Kraft, sichtbare und unsichtbare, übersteigen, eine eigene, gleichförmige Hierarchie bilden.

VII $_{8}$ – Wir müssen sie für rein halten, nicht in dem Sinn, als wären sie von unreinen Befleckungen befreit oder unempfänglich für Bilder stofflicher Dinge. Vielmehr sind sie gänzlich frei von jeder Verminderung, erhaben über jedes ihnen untergeordnete Heiligtum wegen ihrer höchsten Lauterkeit und stehen über allem, selbst den höchsten gottähnlichen Kräften, und bewahren die eigentümliche, gleichmäßige Bewegung ihrer Ordnung durch die Liebe Gottes beständig unverändert und kennen keine Veränderung zum Schlechteren, sondern haben einen unerschütterlichen und unbeweglichen Wohnsitz für ihre gottähnliche Eigentümlichkeit.

VII $_{9}$ – Sie betrachten Gott nicht in sinnlichen oder geistig faßbaren Bildern und werden nicht durch die mannigfaltige Betrachtung der Heiligen Schrift emporgetragen, sondern sind voll eines höheren Lichtes in einer umfassenden einfachen Erkenntnis und von der Anschauung jener Schönheit, die der Urquell aller Schönheit ist, der überwesentlichen, die dreifach leuchtet, soweit möglich erfüllt. – So haben sie auch Gemeinschaft mit Jesus, nicht in heilig gestalteten Bildern, die als Formen in ihnen eine Gottähnlichkeit ausdrücken, sondern Ihm gleichsam nahend in der ersten Teilhabe am Denken Seines göttlichen Lichtes. Und weil ihnen auch die Nachahmung Gottes auf die höchste und ursprüngliche Weise gewährt ist, haben sie auch, soweit möglich, an Seiner Macht Anteil, an Seinen göttlichen und menschlichen Kräften.

VII $_{10}$ – Sie haben kein mannigfaltiges, schließend vorgehendes Wissen, sondern durch die erste und überragende Heiligung das erhabenste Wissen um die göttlichen Werke. Sie werden nicht von andern heiligen Wesen, sondern von Gott selbst geheiligt und in einer alles überragenden Kraft und Ordnung auf die unsichtbare Schönheit selbst hingerichtet.

VII $_{11}$ – Die Theologen erklären das deutlich, daß die niederen Ordnungen himmlischer Wesen von den höheren die Kenntnis der göttlichen Werke auf angemessene Weise empfangen. Die aber allen andern vorangehen, werden von der höchsten Gottheit selbst in heiliger Lehre erleuchtet. Manche, sagen sie, haben von höheren heilig gelernt, daß der Herr der himmlischen Kräfte und König der Herrlichkeit in Menschengestalt in den Himmel aufgenommen wurde. Manche aber fragten Jesus selbst und erlangten für uns die Kenntnis Seines göttlichen Wirkens; und Jesus selbst belehrte sie unmittelbar und offenbarte ihnen zuerst Seine höchste Güte gegen die Menschen.

Ich, sagte Er, *spreche Gerechtigkeit und Gericht zum Heil.*[25] Ich wundere mich aber, daß auch die ersten himmlischen Wesen, die alle andern übertreffen, nach göttlichen Erleuchtungen in ehrfürchtiger Schau verlangen. Sind sie es denn nicht, die fragen: *Warum sind rot Deine Kleider?*[26] Aber vorher zögern sie bei sich selbst wie angedonnert und erklären zwar, daß sie nach der Kenntnis des göttlichen Wirkens verlangen, aber sie eilen nicht der ihnen gewährten göttlichen Erleuchtung voraus.

VII $_{12}$ – Die erste Hierarchie himmlischer Geister wird also vom Urquell aller Vollkommenheit geheiligt durch die heiligste Reinigung, die sie unmittelbar zu ihm emporrichtet, nach ihrer Fassungskraft mit reichlichem Licht vollkommenster Heiligung erfüllt und so gereinigt, erleuchtet und vollendet. In ihr ist nichts Niedriges, sie ist durch vollkommene Teilhabe voll des ersten Lichtes, ursprünglichen Erkennens und Wissens. Mit Recht darf ich wohl sagen, daß die Teilhabe am göttlichen Wissen Reinigung, Erleuchtung und Vollendung sei: Denn sie beseitigt die Unwissenheit durch Kenntnis vollkommener Geheimnisse, die jedem seiner Würdigkeit entsprechend gewährt wird. Durch eben die göttliche Erkenntnis, wodurch sie reinigt, erleuchtet sie auch, denn der Geist sieht, was er vorher nicht gesehen hat, durch erhabenere Erleuchtung; und wiederum vollendet sie durch dasselbe Licht, durch eine dauernde Kenntnis klarster Lehren.

VII $_{13}$ – Das also ist, so weit ich es verstehe, die erste Ordnung himmlischer Wesen, die in Gottes unmittelbarer Nähe ihren Platz hat, die einfach und unaufhörlich um Seine ewige Erkenntnis kreist, gemäß der höchsten (unter den Engeln möglichen), stets bewegten Seinsverfassung. Sie genießt häufig selige Beschauung, wird von einfachen, unmittelbaren Erleuchtungen erhellt und mit göttlicher Speise genährt; jener in ursprünglicher Ausgießung reichlich mitgeteilten, die jedoch einzig, unwandelbar und einfach ist wegen der Einheit der göttlichen Erquickung. Sie wird auch des häufigen Umgangs mit Gott und des Anteils an Seinen Werken gewürdigt, so daß sie, soweit möglich, Ihm an Fähigkeiten und Wirken ähnelt: Sie erkennt auch in überragender Weise viel göttliche Dinge und hat Anteil am göttlichen Wissen, so weit möglich.

VII $_{14}$ – Deshalb überliefert die Theologie auch den Erdgeborenen ihre Lobgesänge, in denen die Erhabenheit ihrer überragenden Erleuchtung offenbar wird. Einige aus dieser Ordnung rufen, wenn wir es in einer den Sinnen angepaßten Redeweise ausdrücken, wie die Stimme und das Brausen

[25] Jes 63, 1.
[26] Jes 63, 2.

vieler Wasser: *Gepriesen sei die Herrlichkeit Gottes von ihrem Orte aus;*[27] andere aber lassen jenen ruhmreichsten und ehrfurchtsvollsten göttlichen Lobgesang ertönen: *Heilig, Heilig, Heilig ist der Herr der Heerscharen, voll ist alle Erde von seiner Herrlichkeit.*[28]

Diese erhabensten Lobgesänge oder Preislieder der himmlischen Geister haben wir aber in unserer Schrift *Über die göttlichen Lobgesänge*[29] schon nach unseren Kräften erklärt und dort, so viel wir vermögen, darüber gesagt. Es genügt, davon jetzt ins Gedächtnis zurückzurufen, daß jene Ordnung von der göttlichen Güte, soweit möglich, mit theologischem Wissen erleuchtet wurde, und sie hat es dann durch die göttliche Hierarchie der folgenden mitgeteilt und hat, kurz gesagt, gelehrt, wie die ehrwürdige, übergepriesene, jedes Lobes würdige Gottheit von den Gott in sich aufnehmenden Geistern gepriesen werden muß, soweit sie von ihnen erkannt und verherrlicht werden kann; denn sie sind gottähnlich, an göttlichem Ort, wie die Worte uns bezeugen, und in göttlicher Ruhe. Und daß es eine Einheit in drei Personen ist, die von den überhimmlischen Naturen bis zu den niedersten irdischen durch ihre allgütige Vorsehung alle Dinge durchdringt als Urgrund und Ursache aller Wesen, die auf überwesentliche und unbegreifliche Weise alles in sich begreift.

VIII.
Von den Herrschaften, Kräften und Mächten und ihrer mittleren Hierarchie

VIII $_1$ – Nun müssen wir zur mittleren Ordnung der himmlischen Geister übergehen und diese *Herrschaften*, soweit möglich, mit überirdischen Augen betrachten, zusammen mit den mächtigen Bildern der göttlichen Mächte und Kräfte: Denn jede Benennung überirdischer Naturen bezeichnet deren gottähnliche, Gott nachbildende Eigentümlichkeiten. So glaube ich, der Name, der die heiligen Herrschaften bezeichnet, enthüllt einen absoluten Übergang zum Himmlischen, frei von jedem irdischen Nutzen, und eine durch keine tyrannische Entstellung (Ungleichheiten) geminderte, in großzügiger Freiheit strenge Herrschaft, erhaben über jede verächtliche Knechtschaft, jede Erniedrigung, jeder Entstellung fern, voll dauernden Verlangens nach der wahren Herrschaft und dem Ursprung aller Herrschaft, indem sie sowohl sich selbst als ⟨auch⟩ alles ihr Untergeordnete zur echten Ähnlichkeit mit Ihm aufs Beste umgestaltet; keinerlei leeren Schein, sondern dem wahr-

[27] Ez 3, 12; ⟨Offb 1, 15.⟩
[28] Jes 6, 3.
[29] ⟨Diese Schrift ist nicht überliefert.⟩

haft Seienden ganz und gar zugewendet, hat sie stets teil an der Gottheit des Herrn.

VIII 2 – Der Name der heiligen *Kräfte* bezeichnet eine tapfere, unerschütterliche Männlichkeit, die auf all ihre gottähnlichen Handlungen überströmt und nichts zuläßt, wodurch die ihnen von Gott verliehenen Erleuchtungen vermindert werden könnten. Sie strebt mit aller Kraft nach der Nachbildung Gottes, bleibt nicht in feiger Schwäche hinter dem zurück, was die göttliche Bewegung verlangt, sondern schaut beständig auf die überwesentliche, machtschaffende Kraft und ist, soweit möglich, ein Abbild dieser Kraft, wendet sich kraftvoll dieser ursprünglichen Kraft zu und fließt auf das, was ihr untergeordnet ist, kraftspendend gottähnlich über.

VIII 3 – Der Name der heiligen *Mächte* bezeichnet eine den göttlichen Herrschaften und Kräften gleichgeordnete Gruppe, eine [mit den anderen] unvermischte Ordnung zur Aufnahme göttlicher Dinge, eine Verfassung geistiger und überirdischer Macht, die in keiner Weise ihre Kräfte tyrannisch zum Schlimmen mißbraucht, sondern sowohl sich selbst mit unbesiegtem Geist in der rechten Weise zum Göttlichen hinwendet als auch das ihr Untergeordnete voll Güte fördert und sich, soweit möglich, der ursprünglichen machtverleihenden Macht nähert und sie, soweit Engel es vermögen, durch die herrlichsten Leistungen ihrer machtvollen Kraft offenbart.

VIII 4 – Kraft dieser gottähnlichen Eigentümlichkeiten wird jene mittlere Ordnung himmlischer Geister auf die angegebene Weise gereinigt, erleuchtet und vollendet durch göttliche Erleuchtungen, die ihr durch die erste hierarchische Ordnung an zweiter Stelle eingeflößt werden und durch ihre Vermittlung in einer zweiten Offenbarung ausströmen.

VIII 5 – Die besagte Erkenntnis nun, die von einem Engel auf den anderen überfließt, wollen wir zum Zeichen jener Vollkommenheit machen, die, von weither gebracht, durch das Fortschreiten und die Ausbreitung etwas verdunkelt zu den niederen gelangt. Wie nämlich die in unsern Geheimnissen Erfahrenen die ihnen selbst aufgehenden göttlichen Erleuchtungen, an denen andere durch ihre Vermittlung Teil erhalten, für höher erachten, so denke ich, daß auch die unmittelbare Erleuchtung der Engelschöre, die sich als Erste nach Gott ausstrecken, von höherer Klarheit ist als der Anteil jener, die durch ihre Vermittlung zur Vollendung geführt werden. Deshalb werden auch in unserer priesterlichen Überlieferung die ersten Geistwesen vollendende, lichtbringende und reinigende genannt im Verhältnis zu denen der niederen Ordnung, die durch jene zum überwesentlichen Anfang aller Dinge geführt werden und Anteil gewinnen an der mystischen Reinigung,

Erleuchtung und Vollendung, soweit es für sie möglich ist. Denn das ist allgemeine göttliche Anordnung, daß das Zweite durch das Erste an den göttlichen Erleuchtungen Anteil gewinnt.

VIII $_6$ – Man wird finden, daß dies vielfach von den Theologen ausgesprochen worden ist: Als nämlich die Vatergüte Gottes das Volk Israel, um es zu bekehren und zu retten, züchtigte und es zu seiner Besserung der Strafgewalt grausamer Völker überlieferte, wollte Er die, die Seine Vorsehung leitete, zu besseren Früchten führen und berief sie, von der Gefangenschaft befreit, zu ihrem früheren Glück zurück. Ein Theologe namens Zacharias sah in einem Gesicht, wie einer der obersten Engel, glaube ich, die Gott am nächsten stehen, … von Gott selbst … darüber tröstliche Worte empfing.[30] Ein anderer Engel, von niederer Ordnung, ging dem ersten entgegen, um an dem Licht Anteil zu gewinnen, und als er von ihm, wie von einem Hohenpriester, den göttlichen Ratschluß erfahren hatte, belehrte er den Theologen, Jerusalem werde fruchtbar von einer großen Menschenmenge bewohnt werden.

VIII $_7$ – Ein anderer Theologe, Ezechiel, berichtet, daß von der überherrlichen Gottheit, die über den Cherubim thront, heilig verkündet wurde: Gott werde (bei der erwähnten Züchtigung) die Schuldigen von den Unschuldigen trennen. Davon wird als erster nächst den Cherubim jener belehrt, der mit Saphir gegürtet und zum Zeichen des Priestertums mit wallendem Gewand bekleidet war. Die übrigen Engel, die mit Beilen bewaffnet waren, ließ die göttliche Anordnung von jenem ersten über den göttlichen Urteilsspruch belehren: Diesem befahl er, mitten durch Jerusalem zu gehen und das Zeichen der Unschuldigen auf die Stirn der Männer zu prägen; den andern aber sagte er: Geht nach ihm hinan in die Stadt und schlagt ⟨zu⟩ und eure Augen sollen nicht schauen; denen aber, die das Zeichen tragen, nahet nicht.[31]

Was soll ich aber von jenem sagen, der zu Daniel sprach: *Ein Wort ist ausgegangen*?[32] Oder von jenem ersten, der Feuer mitten aus den Cherubim empfing? Oder, was die Scheidung unter den Engeln klarer bestätigt, von dem Cherub, der Feuer in die Hand dessen legte, der mit heiligem Gewand bekleidet war? Oder von jenem, der den göttlichen Gabriel herbeiholte und sagte: *Laß ihn ein Gesicht sehen*?[33] Oder von allem andern, was die heiligen Theologen von der völlig gottähnlichen Ordnung der himmlischen Hier-

---

[30] Sach 1, 13: „Und Gott antwortete dem Engel, der gute Worte für mich sprach, tröstliche Worte." ⟨Zacharias = Sacharja.⟩
[31] Ez 9, 5; ⟨Offb 13, 16f.⟩
[32] Dan 9, 23.
[33] Dan 8, 16.

archien erzählen? Nach ihrem heiligen Vorbild soll sich unser heiliger Stand hienieden ordnen, sich ihm, soweit möglich, gleich gestalten, soll jene himmlische Schönheit in Wahrheit wie im Gestalten zum Ausdruck bringen und daher seine Form nehmen und durch sie zum überwesentlichen Ursprung aller heiligen Ordnung erhoben werden.

IX.
Über die Fürstentümer, Erzengel und Engel und ihre letzte Hierarchie

IX 1 – Es bleibt uns noch jene Ordnung zu betrachten, die die Hierarchien der Engel abschließt und den Fürstentümern, Erzengeln und Engeln zugewiesen ist. Und zuerst glaube ich, so gut ich es vermag, die Bedeutungen ihrer Namen erklären zu müssen: Der Name der himmlischen *Fürstentümer* bezeichnet, mit einer den leitenden Kräften durchaus angemessenen Ordnung, ihre Gewalt, gottähnlich zu führen und zu leiten, sich zu der überfürstlichen Führung ganz und gar hinzuwenden und auch andere führend dahin zu leiten und die Form der fürstenschaffenden Führung, soweit möglich, in sich zum Ausdruck zu bringen, schließlich die Fähigkeit, die überwesentliche Führung Seines Ordnens in der Anordnung der führenden Kräfte zu offenbaren.

IX 2 – Die Ordnung der heiligen *Erzengel* aber ist diesen Fürstentümern gleichgestellt. Denn ... sie und die Engel gehören zur selben Hierarchie und Klasse; da aber jede Hierarchie erste, mittlere und letzte Kräfte hat, so faßt die Ordnung der Erzengel durch ihre Mittelstellung die äußersten zusammen nach einem allgemeinen hierarchischen Recht und stellt die Verbindung zwischen den hochheiligen Fürstentümern und den heiligen Engeln her; mit jenen steht sie in Verbindung, weil sie der überwesentlichen Führung in führender Weise zugekehrt ist und sich, soweit möglich, danach bildet; und den Engeln ist sie durch ihre schöne und wohlgeordnete unsichtbare Führung die Ursache der Einigung. Weil sie aber auch das Amt der Verkündigung hat, kündet sie den Engeln die göttlichen Erleuchtungen, die sie von den ersten Kräften auf hierarchische Weise empfängt, voll Güte, und durch die Engel offenbart sie ⟨sie⟩ uns nach dem Maße der Fassungskraft für heilige Dinge, die den von göttlicher Erleuchtung Getroffenen eigen ist.

IX 3 – Die *Engel* nun beschließen die Reihen himmlischer Geister, da sie an letzter Stelle unter den himmlischen Wesen die Eigenart der Engel erlangt haben. Und sie werden mit mehr Recht als die höheren von uns Engel genannt, weil ihre Hierarchie mit sichtbaren und irdischen Dingen zu tun hat. Denn wir müssen annehmen, daß jene höchste Klasse ..., die wie in geheimer und hochheiliger Ordnung Gott nahe ist, auf verborgene Weise die heiligen Dinge der zweiten lenkt; die zweite aber, die von den heiligen Herrschaften, Kräften und Mächten erfüllt ist, ist über die Hierarchie der Fürstentümer, Erzengel und Engel gesetzt, offenbarer als die erste Hierarchie, aber verborgener als die folgende; die Ordnung der Fürstentümer, Erzengel und Engel schließlich ist zur Offenbarung über die menschlichen Hierarchien gesetzt: Damit durch diese Ordnung ein Aufstieg zu Gott sei und ein Verkehr, Gemeinschaft und Vereinigung, und damit diese von Gott allen Hierarchien gütig gespendet werde, durch eine gewisse Mitteilung eingeflößt werde und in heiligster Schönheit ausströme. Daher weist die Theologie unsere Hierarchie den Engeln zu, da sie Michael den Führer des jüdischen Volkes nennt und andere als Führer anderer Völker bezeichnet: Denn der Allerhöchste hat die Grenzen der Völker gesetzt entsprechend der Zahl der Engel.

IX 4 – Wenn aber jemand fragt, warum das jüdische Volk allein zu göttlichen Erleuchtungen erhoben worden sei, so ist zu antworten, daß keineswegs der richtigen Leitung der Engel der Abfall der übrigen Völker zu falschen Göttern zuzurechnen sei, sondern sie selbst sind durch eigene Regungen von dem rechten Weg, der zu Gott führte, abgewichen, durch ihre Eigenliebe und Hartnäckigkeit und durch die unsinnige Verehrung von Dingen, denen nach ihrer Meinung etwas Göttliches innewohnte. Daß dies auch beim hebräischen Volk Brauch wurde, wird uns folgendermaßen bestätigt: *Die Erkenntnis Gottes hast du von dir gestoßen und bist nach deinem Herzen gewandelt.*[34] Denn wir haben kein Leben, dem Gewalt angetan oder eine Notwendigkeit auferlegt würde, und bei dem, was in Freiheit von der Vorsehung geleitet wird, werden die göttlichen Strahlen der Erleuchtung, die von der Vorsehung ausfließt, nicht verdunkelt, sondern die Unähnlichkeit der Geistesaugen macht es, daß die überreiche Erleuchtung der väterlichen Güte ganz vergeblich ist und wegen ihres ⟨der Geistesaugen⟩ Widerstandes nutzlos; oder die Teilnahme daran wird ungleich, klein oder groß, dunkel oder hell, während doch jener ursprüngliche, beständig sich ausbreitende Strahl einer und einfach ist und sich immer gleich verhält.

IX 5 – Es haben ja auch über die andern Völker (aus denen wir emporgetaucht sind und zu jenem unendlichen, überfließenden Meer göttlichen Lichtes gelangt, das für alle bereit liegt und ausgebreitet ist, um daran teilzuhaben) nicht fremde Götter die Herrschaft gehabt, sondern der eine Urgrund aller Dinge; und dahin sollten die Engel, die an die Spitze eines jeden

[34] Hos 4, 6.

Volkes gestellt sind, ihr Gefolge führen. Man betrachte nur Melchisedech[35], den Gott so teuren Priester, der nicht Priester der eitlen Götter, sondern des höchsten und wahren Gottes war: Denn die Theologen nennen Melchisedech nicht nur einfach Gottes Freund, sondern auch Priester, um so den Verständigen deutlich zu machen, daß er nicht nur selbst zum wahren Gott sich hingewendet habe, sondern auch andern Führer auf dem Weg zur wahren, einzigen, höchsten Gottheit gewesen sei.

IX 6 – Auch daran erinnern wir dein priesterliches Wissen, wie ⟨dem⟩ Pharao von dem Engel, der über die Ägypter gesetzt war, und dem Fürsten der Babylonier von seinem eigenen ⟨Engel⟩ die Vorsehung und Macht des für alles Sorgenden und alles Beherrschenden durch ein Gesicht nahegebracht wurde, und wie für jene Völker Diener des wahren Gottes gleichsam als Führer aufgestellt wurden, nur jene von den Engeln gestalteten Gesichte auszulegen, die den heiligen engelähnlichen Männern, Daniel[36] nämlich und Joseph[37], vorher von Gott durch Engel offenbart wurden: Denn es ist nur *ein* Urgrund aller Dinge und *eine* Vorsehung.

Keineswegs ist zu glauben, daß Gott die Führung der Juden sich vorbehalten habe, die Engel aber getrennt davon, in gleicher oder entgegengesetzter Weise, oder auch andere Götter den andern Völkern geboten hätten, sondern jene Worte sind unter Wahrung des heiligen Sinnes zu verstehen; nicht als hätte Gott mit andern Göttern oder mit Engeln die Herrschaft über uns geteilt, Er selbst aber die Führung und Leitung des israelitischen Volkes erlost; sondern die Vorsehung des Allerhöchsten, die eine einzige ist für alle Dinge, hat alle Menschen der Leitung der Engel übergeben, um sie zum Heil zu führen, aber nur Israel, vor allen ⟨anderen Völkern⟩, hat sich zur Erkenntnis des wahren Gottes und zu Seiner Erleuchtung hingewendet. Darum sagt die Theologie, wo sie erzählt, daß das israelitische Volk sich dem Dienste des wahren Gottes ergeben habe: *Es ist der Anteil des Herrn geworden;*[38] wo sie aber zeigt, daß auch dieses, nach gleichem Recht wie die andern Völker, einem der heiligen Engel zugewiesen war, um durch dessen Bemühen den *einen* Urgrund aller Dinge zu erkennen, sagt sie, Michael sei über das jüdische Volk gesetzt worden[39], und lehrt so in aller Klarheit, daß es nur *eine* Vorsehung für alle gibt, die alle sichtbaren und unsichtbaren Kräfte überwesentlich beherrscht, daß aber alle Engel über einzelne Völker gesetzt sind und die, welche ihnen aus eigenem freiem Antrieb folgen, zu eben diesem Urgrund als dem eigentlichen hinführen.

---

35 ⟨Gen 14, 18; Ps 110 (109), 4; Hebr 5, 6.⟩
36 Dan 2.
37 ⟨Gen 41, 1–36.⟩
38 Dtn 32, 9.
39 Dan 10⟨, 13.21.⟩

X.
Wiederholung und Beschluß der Ordnung der Engel

X 1 – Es ist also von uns durchgeführt worden, wie jene uralte Ordnung der Geister vor Gott, von der ursprünglich einweihenden Erleuchtung selbst geheiligt, unmittelbar zu Ihm hinstrebte und zugleich auf geheimere und offenbarere Weise durch die Erleuchtung der göttlichen Leitung gereinigt, erleuchtet und vollendet wird. Auf geheimnisvollere Weise nämlich, weil geistiger, einfacher und einheitlicher; auf offenbarere, weil ursprünglicher, im ersten Licht leuchtend und ihr (als der durchsichtigen) innerlicher eingegossen. Von ihr aber wird die zweite nach ihrem Maß und von der zweiten die dritte, von der dritten wiederum unser heiliger Stand, nach dem Gesetz der ursprünglichen, rechten Ordnung, in völliger göttlicher Harmonie und Übereinstimmung zu dem überursprünglichen Ursprung aller guten Ordnung und zum Ziel in heiliger Ordnung geleitet.

Die einzelnen Ordnungen aber sind die vermittelnden Deuter und Verkünder der ihnen vorausgehenden Ordnungen: die ersten des sie bewegenden Gottes, die übrigen aber, auf dieselbe Weise, der von Gott bewegten: So sehr hat jene überwesentliche Harmonie aller Dinge für jede heilige Ordnung der vernunftbegabten und der rein geistigen Geschöpfe und für ihre angemessene Führung gesorgt,

X 2 – daß sie auch für die einzelnen Hierarchien schöne Ordnungen aufstellte und daß wir jede Hierarchie in erste, mittlere und letzte Kräfte eingeteilt sehen. Ja, sie hat auch, eigentlich gesprochen, die einzelnen Abteilungen der Geister durch dieselben göttlichen Harmonien unterschieden; darum sagen auch die Theologen, daß die ganz göttlichen Seraphim einer dem andern zurufen;[40] wodurch sie, nach meiner Auffassung, deutlich erklären, daß die ersten den zweiten an den göttlichen Dingen und Begriffen Anteil geben.

Es ist auch vielleicht angebracht, noch hinzuzufügen, daß jeder Geist in sich getrennt seine eigentümlichen ersten, mittleren und letzten Ordnungen und Fähigkeiten hat, die auf dieselbe Weise wie die höheren eigentümlichen Führungen der einzelnen hierarchischen Erleuchtungen licht werden; dadurch gewinnt ein jeder Geist nach seiner Fassungskraft Anteil an der strahlendsten Reinigung, dem reichlichsten Licht, der absoluten Vollkommenheit.

[40] Jes 6, 3.

XI.
Warum werden alle himmlischen Naturen mit dem gemeinsamen Namen himmlische Kräfte (virtutes) genannt?

XI $_1$ – Danach lohnt es sich zu erwägen, warum wir alle englischen Wesen himmlische Kräfte zu nennen pflegen. Denn wir können nicht, wie bei den Engeln, sagen, daß die Ordnung der heiligen Kräfte die letzte sei und daß die Ordnungen der höheren Wesen an ihrer heiligen und schönen Erleuchtung teilhaben, nicht aber umgekehrt. Und darum würden alle göttlichen Geister himmlische Kräfte genannt, keineswegs aber Seraphim, Throne und Herrschaften; denn die letzten haben durchaus nicht allgemein Anteil an den Eigenschaften der höheren. Es werden also die Engel, und vor den Engeln die Erzengel, Fürstentümer und Mächte, obwohl sie von der Theologie ihren Platz hinter den Kräften erhalten, häufig von uns mit den anderen heiligen Naturen Kräfte genannt.

⟨XI $_2$⟩ – Wir bestreiten jedoch, daß wir mit dem Gebrauch des gemeinsamen Namens „himmlische Kräfte" Verwirrung in die Eigenschaften einer jeden Ordnung bringen; sondern weil alle himmlischen Geister auf ihre Weise dreigeteilt sind, nämlich in Wesen, Kraft und Wirken, so nennen wir alle oder auch einige von ihnen unterschiedslos himmlische Wesen oder himmlische Kräfte, und dabei muß man denken, daß wir die, von denen die Rede ist, aufgrund des Wesens oder der Kraft, die einem jeden innewohnt, umschreiben. Denn es wäre nicht recht, wenn wir jene hervorragende Eigentümlichkeit der himmlischen Kräfte, die wir schon gebührend erörtert haben, allgemein den niederen Naturen zuschreiben würden; denn dann würde die klare Ordnung der englischen Chöre gestört. Nach dem schon öfter angegebenen Grunde enthalten ja die höheren Chöre reichlich die heiligen Eigenschaften der niederen, die letzten aber entbehren jener überragenden allgemeinen Auszeichnungen der früheren, da die ursprünglichen Erleuchtungen der Fassungskraft einer jeden entsprechend teilweise ihnen zufließen.

XII.
Warum werden die obersten Priester der Menschen Engel genannt?

⟨XII $_1$⟩ – Menschen, die die geistlichen Worte eifrig betrachten, stellen auch die Frage: Wenn es eine letzte Ordnung gibt und sie keineswegs an die Eigenschaften der höheren heranreicht, warum wird unser Vorsteher (Bischof;

antistes = ἱεράρχης) in den Worten der Schrift ein Engel des allmächtigen Gottes genannt?[41]

⟨XII 2⟩ – Diese Überlegung ist aber kein Einwand gegen das, was früher festgelegt wurde: Wir sagen nämlich, die letzten Ordnungen erreichen nicht die volle, überragende Kraft der früheren; einen Teil aber erlangen sie, je nach ihrer Fassungskraft, aufgrund der einen, alle zusammenfügenden und umschließenden Gemeinschaft. Z. B. die Ordnung der heiligen Cherubim hat Anteil an höherer Weisheit und Wissenschaft, die Chöre der ihnen untergeordneten Naturen sind gleichfalls im Besitz von Weisheit und Erkenntnis, aber freilich nur eines Teils, im Verhältnis zu ihrer Fassungskraft und niederen Ordnung. Und ganz allgemein ist allen gottähnlichen Geistern das Anteilhaben an Weisheit und Erkenntnis gemeinsam; aber ob beständig und unmittelbar, ob im ersten, zweiten oder niederen Grade, das ist nicht mehr gemeinsam, sondern so, wie es einem jeden nach seiner Fassungskraft zugeteilt ist. Wer das für alle göttlichen Geister feststellt, irrt keineswegs; denn wie die ersten in überragender Weise die Eigenschaften der niederen in sich tragen, so sind auch den letzten die der höheren eigen, aber nicht im gleichen, sondern in geringerem Grade. Es ist also, denke ich, nichts Ungereimtes, wenn die Theologie den Vorsteher unserer Ordnung Engel nennt, da er ja nach seinen Kräften im Lehren an der Eigentümlichkeit der Engel teilhat und, soweit es Menschen möglich ist, durch das Amt des Offenbarens Ähnlichkeit mit ihnen erlangt.

⟨XII 3⟩ – Man kann auch finden, daß die Theologie jene himmlischen Wesen Götter[42] nennt, wie auch die Heiligen, die bei uns sind, und Gottesfreunde. Und doch überragt die geheimnisvolle[43] Herrschaft Gottes alles in überwesentlicher Weise, als über allem thronend, und nichts kann Ihm unter den Dingen in eigentlichem und vollem Sinne gleich sein oder genannt werden. Was aber von den geistigen oder vernunftbegabten Geschöpfen sich zur größtmöglichen Vereinigung ganz und gar hingewendet hat und nach seinen Kräften unablässig den göttlichen Erleuchtungen zustrebt, was nach Vermögen … Gott nachzubilden sucht, das wird auch mit den göttlichen Namen ausgezeichnet.

---

41 Mal 2, 7 und 3, 1; Offb 2.
42 ⟨Ps 82 (81), 6.⟩
43 Ps 95 (94), 3; Gen 32, 30.

XIII.
Warum wird gesagt, der Prophet Isaias sei von einem Seraph gereinigt worden?

XIII 1 – Wir müssen nach Kräften erforschen, warum die Theologen sagen, es sei ein Seraph geschickt worden[44]. Denn man wird zweifeln und schwanken, warum nicht einer der niederen Engel, sondern einer, der zu den höchsten Wesen gehört, den Propheten entsühnte. – Einige sagen aufgrund der vorausgehenden Erklärung über die Gemeinschaft aller Geister, die Hl. Schrift meine durchaus nicht, daß einer der ersten Geister, die vor Gott stehen, gekommen sei, um den Theologen zu reinigen, sondern einer von den Engeln, die mit unserer Leitung betraut sind; weil er jenes heilige Amt der Reinigung des Propheten versah, sei er durch Übertragung des Namens Seraph genannt worden, weil er die Sünden durch Feuer tilgte und den Gereinigten zum Gehorsam gegen Gott erweckte. Sie fügen hinzu, die Schrift meine keinen, der unmittelbar in Gottes Nähe sei, sondern spreche aufgrund der sühnenden Kräfte, die uns leiten.

XIII 2 – Ein anderer legte mir folgende gar nicht unangemessene Lösung vor: Jener große Engel (wer immer er war), der diese Erscheinung gestaltete, um den Propheten über göttliche Dinge zu unterrichten, hätte sein Amt zu reinigen auf Gott und, nächst Gott, auf jene erste Hierarchie zurückgeführt. Ist das nicht wahr gesprochen? Der dies ausführte, erinnerte daran, wie jene ursprüngliche Kraft Gottes zwar ausströmend alles erreicht und frei durchdringt, aber doch für alle unsichtbar bleibt, nicht nur, weil sie überwesentlich alles überragt, sondern auch, weil sie in Verborgenheit durch das Wirken ihrer Vorsehung alles durchdringt: Sie erleuchtet alle geistigen Naturen nach einer jeden Maß, und indem sie den höchsten Geistern die Strahlen ihres Lichtes zusendet, gibt sie durch diese, als den ersten, den niederen in schönster Ordnung die Möglichkeit zu schauen.

XIII 3 – Um aber deutlicher zu sprechen, will ich vertraute Beispiele benützen (sie sind zwar Gott, der alles überragt, nicht angemessen, aber für uns klarer): Wenn der Sonnenstrahl sich verbreitet, durchdringt er leicht den zunächst befindlichen Stoff, der durchsichtiger ist als die übrigen, und offenbart dadurch augenscheinlicher seinen Glanz; trifft er aber auf dichtere Stoffe, dann verdunkelt sich der Lichtschein wegen der Untauglichkeit der Stoffe, die erleuchtet werden sollen, zur Verbreitung des Lichtes; und so wird er allmählich so gehemmt, daß er sich kaum noch ausbreiten kann. So geht auch die Wärme des Feuers mehr auf das über, was dafür aufnah-

[44] ⟨Jes 6, 6f.⟩

mefähiger ist und sich ihm leicht angleicht; in widerstrebenden und entgegengesetzten Naturen aber findet sich gar keine oder nur eine geringe Wirksamkeit des Feuers; und das jeweils Größere überträgt sich auf das, was nicht von seiner Art ist, durch Dinge, die ihm schon angepaßt sind; so macht das Erste zunächst das feurig, was leicht feurig wird, und durch dessen Vermittlung erwärmt es auf dieselbe Weise das, was schwer die Natur des Feuers annimmt.

XIII $_4$ – Dieser natürlichen Ordnung entsprechend offenbart der übernatürliche Quell aller Ordnung, aller sichtbaren und unsichtbaren Ausstrahlung, den Glanz seiner Erleuchtung zuerst durch seliges Einströmen den höchsten Geistern, und durch sie erhalten die andern nacheinander Anteil an jenem göttlichen Strahl. Denn indem jene ersten Gott erkennen und von höchstem Verlangen nach göttlicher Kraft erfaßt werden, wird ihnen auch als den ersten die Fähigkeit zur Nachahmung der göttlichen Macht und Wirksamkeit zuteil, so daß sie die niederen, so weit möglich, zu eben dieser Nachahmung gütig emporführen können: Neidlos lassen sie einen Teil des ihnen geschenkten Lichtes auf sie übergehen, und diese wiederum auf die niederen; und so macht das erste jeweils das ihnen nächste teilhaft des ihm Gegebenen, und das göttliche Licht teilt sich durch die Vorsehung nach eines jeden Fassungskraft allen mit. Für alles also, was erleuchtet wird, ist Gott der Ursprung der Erleuchtung, seiner Natur nach, wahrhaft und eigentlich als Wesen des Lichts, und Urheber seines Seins und Schauens; aufgrund göttlicher Einrichtung und in Nachahmung Gottes ist es der jeweils Höhere gegenüber dem Niederen, dem durch seine Vermittlung das göttliche Licht zugeführt wird. Die höchste Ordnung himmlischer Geister halten also mit Recht alle andern englischen Wesen nächst Gott für den Quell aller heiligen Gotteserkenntnis und -nachfolge, weil durch sie allen, bis herab zu uns, die ursprüngliche Erleuchtung Gottes zugeführt wird; deshalb beziehen sie alle heilige, Gott nachahmende Wirksamkeit auf Gott als Urheber, auf die ersten gottähnlichen Geister aber als auf die ersten Vollbringer und Lehrer göttlicher Werke. Die erste Ordnung der heiligen Engel also hat mehr feuerähnliche Beschaffenheit als die übrigen und eingegossene Gemeinschaft mit der göttlichen Weisheit und Übung und Erfahrung in der Kenntnis der höchsten göttlichen Erleuchtungen und die Eigentümlichkeit des Thronens, was geöffnete Empfangsbereitschaft für die Aufnahme Gottes anzeigt: Die niederen Wesensordnungen aber haben ihrerseits Anteil an dieser feurigen, weisen, wissenden, für Gott aufnahmefähigen Kraft, aber in niederem Grade, und im Hinblick auf die höheren, diese als die Gott vorbildlich nachahmenden führen sie, ihrer Fassungskraft entsprechend, zur Gottähnlichkeit. Die genannten heiligen Eigenschaften, an denen die folgenden Engel durch die ersten Anteil gewinnen, schreiben jene, nächst Gott, diesen als den ihnen vorgesetzten zu.

XIII 5 – Der dies ausführte, sagte also, jenes Gesicht sei dem Theologen durch einen jener heiligen und seligen Engel vorgestellt worden, die uns leiten; durch dessen erleuchtende Führung sei er zu jener geistigen Schau erhoben worden, worin er jene höchsten Wesen (gleichsam in Sinnbildern) unterhalb Gottes, neben Gott und rings um Gott sah, und darüber ihrer aller überunaussprechlich überragenden, überwesentlichen Gipfel inmitten der überragenden Kräfte thronend.[45]

XIII 6 – Aus diesen Gesichten lernte also der Theologe, daß neben aller übernatürlichen Auszeichnung die Gottheit jede sichtbare und unsichtbare Kraft unvergleichlich übertreffe und über alle hinausgehoben sei, so daß sie nicht einmal den ersten Wesen irgendwie gliche: dazu, daß sie aller Dinge Urgrund und wesengebende Ursache sei, unwandelbare Grundlage des unauflöslichen Bleibens aller Dinge, woher auch die höchsten Kräfte ihr Sein und ihr Gutsein haben.

XIII 7 – Er wurde sodann belehrt über die gottähnlichen Kräfte der heiligen Seraphim, deren heiliger Name etwas Feuriges bezeichnet – wir werden bald noch darüber sprechen und ihn nach Kräften deuten –, und über die Antriebe dieser feurigen Kraft zur Verähnlichung mit Gott. Als er dann in dem heiligen Bilde der sechs Flügel die vollkommene, höchste Bewegung zu Gott hin an den ersten, mittleren und letzten Geistern sah, ihre zahllosen Füße und vielen Angesichter, und wie sie mit den Flügeln die Füße und Angesichter gegen Blicke schützten und wie sich die mittleren Flügel beständig bewegten, da wurde er zum geistigen Verständnis dessen, was er sah, geführt, es wurde ihm die vielfältige und vielschauende Kraft der höchsten Geister klargemacht und ihre heilige Scheu gegenüber einer dreisten, verwegenen, unmöglichen Erforschung der tiefsten Geheimnisse und die unaufhörliche, hochfliegende, dauernde Bewegung ihrer Gott nachahmenden Tätigkeiten vortrefflich zu verstehen gegeben. Er lernte auch jenen göttlichen, hervorragenden Lobgesang, da der Engel, der die Erscheinung bildete, ihm sein heiliges Wissen, soweit möglich, mitteilte.

XIII 8 – Er wurde auch belehrt, wie die Teilnahme an der göttlichen Klarheit und Reinheit den auf irgendwelche Weise Gereinigten Entsühnung wirkt. Sie wird in allen heiligen Geistern von Gott aus besonderen Ursachen auf geheimnisvolle Weise gewirkt, für die höchsten, Gott nächsten Kräfte aber ist sie offenkundiger und gibt sich klarer zu erkennen. Den zweiten und letzten aber und unseren geistigen Kräften gibt Er, dem Maß ihres Ab-

[45] ⟨Jes 6, 1 f.⟩

standes von der Gottähnlichkeit entsprechend, Seine klare Erleuchtung zu einem besonderen Nichtwissen um Sein Geheimnis.[46]

XIII 9 – Er erleuchtet sodann einzeln die zweiten durch die ersten; um es kürzer zusammenzufassen – Er wird zuerst durch die ersten Kräfte aus der Verborgenheit zum Offenbarsein geführt. Das lernte also der Theologe von dem Engel, der ihn erleuchtete, wie sowohl die Reinigung als ⟨auch⟩ die andern Tätigkeiten Gottes durch die ersten erleuchtenden Wesen auf die übrigen verteilt werden, entsprechend der Fassungskraft eines jeden für die vergöttlichende Teilhabe: Darum schrieb er die Eigenschaft, durch Feuer zu reinigen, mit Recht nächst Gott den Seraphim zu. Es ist also durchaus nicht unangemessen, wenn gesagt wird, daß ein Seraph den Theologen reinige. Denn wie Gott, als Ursache aller Reinigung, alle reinigt, oder besser (um ein uns näherliegendes Beispiel zu gebrauchen), wie bei uns vom obersten Priester gesagt wird, er reinige und erleuchte, wenn er durch seine Diener oder untergeordneten Priester reinigt und erleuchtet, weil die Stände, die er weiht, ihre Handlungen auf ihn zurückbeziehen, so schrieb auch der Engel, der den Theologen entsühnte, seine eigene Kraft zu reinigen und sein Wissen Gott als dem Urheber zu, dem Seraph aber gleichsam als dem obersten Priester im Heiligtum: Als wollte er, mit der heiligen Scheu eines Engels dem, den er reinigte, sagen: „Vorzüglicher Seinsgrund, wirksames Wesen und Urheber der Entsühnung, die durch meinen Dienst in dir vollbracht wird, ist Jener, der auch die Wesen ans Licht förderte, sie in Seiner Nähe aufstellte und unwandelbar bewahrt, frei von jedem Fehl, und der sie zum ersten Anteil an den Werken Seiner Vorsehung bewegt." Denn das – so sagte der, der mich darüber belehrte – erkläre die Sendung des Seraph. „Der oberste Priester aber und Führer nächst Gott ist jene Ordnung höchster Wesen, von dem ich es gelernt habe, gottähnlich zu reinigen. Er ist es also, der durch mich Dich reinigt, durch den der Urheber und Bewirker aller Reinigung das Wirken Seiner Vorsehung aus der Verborgenheit zu uns hinleitete." Dies hat jener mich gelehrt, ich aber übergebe es Dir. Denn Deinem Wissen, das verstehen und unterscheiden kann, wird es zukommen, entweder durch die eine der genannten Darlegungen der Sache von jedem Zweifel und Schwanken befreit zu werden und sie der anderen als beweisbar und übereinstimmend und durchaus wahr vorzuziehen[47] oder von Dir aus etwas zu finden, was mehr mit der Wahrheit übereinstimmt, oder es von einem andern zu lernen (wenn Gott das Wort gibt und die Engel es auslegen) und uns, den

[46] ⟨Randmarkierung ab „dem Maß ihres Abstandes" bis „Geheimnis".⟩

[47] ⟨Durchgestrichene Anmerkung:⟩ Beide lat. Übersetzungen ⟨Hilduin und Corderius⟩ gehen hier auseinander, und meine Deutung ist eine Kombination aus beiden. Ich nehme „intelligere" als Einsicht in die ersten Wahrheiten und „discernere" als Ableiten der Folgen.

Freunden der Engel, eine klarere und mir willkommenere Anschauung zu offenbaren.

XIV.
Was bedeutete ⟨sic!⟩ die überlieferte Zahl der Engel?

Auch dies halte ich einer geistigen Auslegung würdig, daß die Schrift von den Engeln sagt, es seien tausend mal tausend und zehntausend mal zehntausend, und so die größten Zahlen, mit denen wir umgehen, häuft und vervielfältigt, um uns dadurch deutlich zu machen, daß wir die Ordnungen der himmlischen Wesen nicht zählen können. Denn zahlreich sind die seligen Heerscharen überirdischer Geister und übersteigen durchaus das schwache und beschränkte Maß unserer stofflichen Zahlen; sie werden bestimmt umschrieben nur von ihrem eigenen, überirdischen Verstehen und Wissen, das ihnen von Gott, der ersten und alles Unendliche umfassenden schöpferischen Weisheit gewährt wird; diese ist überwesentlich aller Dinge Urgrund und Eigen-Sein gebende Ursache, umfassende Kraft und umschließende Bestimmung.

XV.
Welcher Art sind die geformten Bilder der Engelskräfte?

Das Feuer, das Menschenantlitz, die Augen, Nase usw., die Kleidung: das leuchtende, das priesterliche Gewand, die Gürtel; die Ruten, die Lanzen, Beile, Meßschnüre, die Winde, Wolken; das Erz, der Bernstein, die Reigentänze, das Händeklatschen, die verschiedenfarbigen Steine, die Gestalt des Löwen, des Rindes, des Adlers, die Pferde und ihre verschiedenen Farben, die Flüsse, die Wagen und Räder; was wird als Freude der Engel bezeichnet?

XV $_1$ – Nun wollen wir, wenn's beliebt, der Schärfe unseres Geistes ein wenig Abspannung gewähren und von der erhabenen Anstrengung des Schauens hinabsteigen in die Weite der vielfältigen, verschieden gearteten Engelsgestalten, um dann wieder von ihnen als von Bildern zur Einfachheit der himmlischen Geister zurückzukehren. Vorbereitend möchte ich Dich wissen lassen, wenn durch den heiligen und hinaufführenden Sinn der mystischen Bilder gesagt wird, daß die Chöre himmlischer Wesen bestimmen und zugleich der Bestimmung unterliegen, daß die letzten bestimmend sind und die ersten unterworfen, so schließt diese Erklärungsweise nichts Ungereimtes in sich, da sowohl die ersten als ⟨auch⟩ die mittleren und die letzten stark sind an Kräften. Wenn wir freilich sagen wollten, daß manche von den übergeordneten geleitet werden und ihrerseits eben diese leiten, und daß die höheren, die die letzten heiligen, wiederum von diesen geheiligt würden, so wäre das die größte Verwirrung. Sagen wir aber, sie würden im Heiligen unterrichtet und unterrichteten selbst, aber nicht wechselseitig voneinander, sondern die einzelnen würden von den höheren unterwiesen und unterwiesen ihrerseits die tieferen, so ist das nicht unangemessen, und es können bisweilen dieselben heiligen Bilder … sowohl für die ersten als ⟨auch⟩ für die mittleren und letzten passend verwendet werden. So kommt denn sowohl die Hinwendung zu den höheren als ⟨auch⟩ die ständige Bewegung um sich selbst und Behütung der eigenen Kräfte, schließlich der Anteil an der göttlichen Vorsehung durch sich mitteilendes Ausgehen zu den niederen allen himmlischen Geistern in Wahrheit zu, wenn auch den einen hervorragend und allgemein, den andern … teilweise und in geringerem Grade.

XV 2 – Nun müssen wir beginnen und … fragen, warum die Theologie vor allem dem Bild des Feuers den Vorzug gibt. Man findet nämlich nicht nur das Bild feuriger Räder, sondern auch feurige Lebewesen, feuergleich blitzende Männer, Haufen feuriger Kohlen und mit gewaltigem Tosen einherfließende Feuerströme. Ja, sie nennt die Thronen feurig und erklärt die erhabenen Seraphim aufgrund ihres Namens als die Brennenden und schreibt ihnen die Eigenart und Wirksamkeit des Feuers zu: Kurz, sie zeichnet durchweg das Bild des Feuers aus. Darum bin ich der Ansicht, daß das Bild des Feuers die Gottähnlichkeit der himmlischen Geister bezeichne: Denn die heiligen Theologen beschreiben das überwesentliche Wesen, das sich unter keine Gestalt bringen läßt, oft durch das Gleichnis des Feuers, als hätte es vieles an sich, was im Bereich des Sichtbaren Bild des göttlichen Wesens sei.

XV 3 – Das sinnenfällige Feuer nämlich ist sozusagen in allem, geht rein durch alles hindurch und wird von allem aufgenommen; und obwohl es ganz leuchtend ist, ist es doch zugleich verborgen und bleibt unbekannt für sich ohne einen Stoff, in dem es seine Kraft offenbart; es ist unmeßbar und unsichtbar, beherrscht alles und führt alles, worin es ist, dazu, seine eigene Leistung zu vollbringen. Es erlangt die Kraft zu verändern und gibt allem, was ihm nahe kommt, an sich selbst Anteil. Es erneuert alles durch die Lebenswärme und erleuchtet durch offen hervorzuckende Blitze; es läßt sich nicht halten und geht in keine Mischung ein. Es hat die Kraft zu scheiden, ist unwandelbar, steigt nach oben, durchdringend; es ist erhaben, duldet keine Erniedrigung, stets beweglich, bewegt es sich selbst und anderes, hat die Kraft, anderes in sich zu fassen, ohne selbst umfaßt werden zu können, bedarf keines anderen, verborgen wächst es aus sich selbst, und in jedem aufnahmefähigen Stoff offenbart es sein erhabenes Wesen. Es ist wirksam, mächtig, allem unsichtbar gegenwärtig; wenn man es nicht beachtet, scheint es nicht zu sein; beim Reiben aber leuchtet es seiner Natur entsprechend auf die ihm eigene Weise plötzlich auf, steigt unaufhaltsam empor, und soviel es sich leuchtend mitteilt, es wird doch nicht vermindert. Man könnte noch viele andere Eigentümlichkeiten des Feuers finden, die gleichsam sinnenfällige Bilder der göttlichen Wirksamkeit sind.

XV 4 – Da die Theologen das erkannt haben, geben sie den himmlischen Wesen feurige Gestalten und machen so ihre Gottähnlichkeit und größtmögliche Nachahmung Gottes klar. Sie geben ihnen auch Menschengestalt wegen ihrer Kraft zu geistiger Erkenntnis und erhabener Schau und aufrechte und ebenmäßige Körperbildung sowie das natürliche Vorrecht zu herrschen und zu leiten, weil der Mensch mit seinen Sinnen hinter den Tieren zurücksteht, jedoch allen gebietet durch die überlegene Kraft seines Geistes und die Herrschaft seines Vernunfterkennens und seinen von Natur aus freien und unbesieglichen Geist.

XV 5 – Es wäre sogar möglich, in jedem Teil unseres Körpers ein passendes Bild zur Darstellung der himmlischen Kräfte zu finden, z. B. durch die *Sehfähigkeit* das durchdringende Aufschauen zum göttlichen Licht klarzumachen, das einfach und lichtempfänglich ist und nicht zurückgeworfen wird, sondern ein bewegliches, reines, geöffnetes, leidensfreies Empfangen göttlicher Erleuchtungen ⟨ist⟩. *Geruchssinn* aber ist die Kraft, die die Ausströmung eines den Geist überwältigenden Duftes, soweit möglich, wahrnimmt, übelriechende Dinge sachkundig herausfindet und durchaus flieht.

XV 6 – Die *Ohren* aber bedeuten das, was ihnen an Erkenntniskraft innewohnt und den göttlichen Hauch verstehend aufnimmt; der *Geschmackssinn* die Sättigung durch geistliche Speisen und das Aufnehmen köstlicher göttlicher Getränke. Der *Tastsinn* unterscheidet, was nützlich und schädlich ist. *Augenlider und Brauen* bedeuten das, was das Verständnis und die Bilder des Göttlichen bewahrt. *Jünglingsalter* und *junge Manneskraft* ein ewig blühendes Leben. Die *Zähne* bedeuten das, was die Vollkommenheit der aufgenommenen Speise zuteilt: Denn jedes geistige Wesen teilt und gestaltet vielfältig die einfache Einsicht, die es von einem höheren empfangen hat, entsprechend der Fassungsweise und -kraft des niederen, in weiser Vorsorge. *Schultern, Arme und Hände* = schaffende, handelnde und wirkende Kraft. Das *Herz* ist das Bild des göttlichen Lebens, das seine Lebenskraft in göttlicher Weise auf das verteilt, was es zu versorgen hat. Mit *Brust* bezeichnen wir eine unbezwingliche Kraft, durch die die belebende Ausspendung des Herzens geschützt wird. Mit *Rücken* das, was alle Lebenskräfte zusammenhält. Die *Füße* bezeichnen die Bewegungskraft und den schnellen Lauf der immerwährenden Bewegung, wodurch sie zum Göttlichen hingezogen werden.

Deshalb gibt auch die Theologie den heiligen Geistern geflügelte Füße. Der Flügel bedeutet die Schnelligkeit des Aufstiegs zur Höhe und den Lauf des himmlischen Lebens, der zu immer Höherem und Erhabenerem befördert, immer Höheres erstrebt und das Irdische flieht; die Leichtigkeit der Flügel bezeichnet das durchaus Unirdische, das ohne alle Beimischung von Erdenschwere nach oben getragen wird.

XV 7 – *Nacktheit* und *Unbeschuhtheit* bezeichnet die losgelöste, unbehinderte, von allem äußeren Beiwerk freie Kraft, die sich der göttlichen Einfachheit, soweit möglich, anpaßt.[48]

Weil aber andererseits jene zugleich einfache und vielgestaltige Weisheit auch die Nackten bekleidet und ihnen Gefäße zum Herumtragen gibt[49], so wollen wir auch die heiligen *Kleider und Werkzeuge* der himmlischen Geister, so gut wir können, erklären. – Ich glaube, das *leuchtende* und *feurige Gewand* bedeutet die Gottähnlichkeit aufgrund der sinnbildlichen Kraft des Feuers und die Kraft zu erleuchten wegen der Ruhe des Himmels, wo das Licht ist, und des ganz geistigen Erleuchtens und Erleuchtetwerdens; das *Priestergewand* aber bezeichnet das, was zur Schau der göttlichen Geheimnisse führt und das ganze Leben weiht. *Gürtel* bedeuten die Behütung der fruchtbaren Kräfte und ihre zusammenfassende Sammlung, die sie um sich zusammenzieht.

XV 8 – *Stäbe* bezeichnen die königliche Führerwürde und rechte Ordnung der göttlichen Dinge. *Lanzen* und *Beile* bezeichnen die Kraft, Unähnliches zu scheiden, und die Schärfe, Tätigkeit und Wirksamkeit der unterscheidenden Kräfte. *Meß- und Baugeräte* = die Fähigkeit, einen Grund zu legen und aufzubauen und zu lösen, und alles andere, was zur Vorsorge gehört, um die Tieferstehenden (zur Höhe) zu leiten und hinzuwenden. Bisweilen sind Werkzeuge, die den heiligen Engeln angedichtet werden, Sinnbilder der göttlichen Gerichte, die über uns ergehen, indem sie z.T. heilsame Züchtigung und Strafgerechtigkeit offenbaren, z.T. Befreiung aus Gefahr, Ende der Züchtigung, Wiederherstellung früheren Glücks oder Hinzufügung anderer kleiner oder großer Gaben, sichtbarer oder geistiger; dabei ist der scharfblikkende Geist nicht im Zweifel, daß Sichtbares in angemessener Weise Dingen, die sich dem Blick entziehen, angepaßt wird. – Der Name „*Winde*" aber bezeichnet die Schnelligkeit, womit sie alles vollenden, unverzüglich überall hindurchdringen, die Fähigkeit hinauf- und hinunterzugehen, wodurch die niederen zu größerer Höhe aufsteigen, die höheren dazu gelangen, sich vorsorgend den niederen mitzuteilen und in sie einzugehen.

---

[48] ⟨Randanstreichung dieses Satzes.⟩

[49] ⟨Vgl. zum „Gefäß der Weisheit" den IX. Brief an Titus über den Mischkrug und *WGE*, S. 11.⟩

XV 9 – Man könnte auch sagen, der Windname des luftartigen Geistes bezeichne die Gottähnlichkeit der himmlischen Geister: Denn auch er enthält ein Bild der göttlichen Wirksamkeit (das habe ich in der *Symbolischen Theologie* durch die mystische Erklärung der vier Elemente vielfältig bewiesen); nämlich wegen seines schnellen und unaufhaltsamen Ganges und unsichtbaren Verstecks der Anfangs- und Endbeweger. *Du weißt nicht*, sagt (die Schrift), *woher er kommt oder wohin er geht.*[50] – Ja, die Theologie verweigert ihnen auch nicht das Bild der Wolken und erklärt damit, daß die heiligen Geister, auf eine überirdische Weise von Licht erfüllt, jene erste Offenbarung ohne Stolz aufnehmen und sie strahlend durch eine herabgeminderte Erleuchtung in die niederen, deren Fassungskraft entsprechend, einströmen lassen; und daß sie überdies sich auszeichnen durch Fruchtbarkeit und die Kraft zu beleben, zu vermehren und zu vollenden, wegen der Erzeugung eines geistigen Regens, die durch befruchtenden Regen die ihr unterworfene Schar zu lebensvollen Geburten befähigt.

XV 10 – Die Theologie verwendet aber auch *Erz*, *Bernstein* und *vielfarbige Steine* als Bilder für die himmlischen Wesen. Den Bernstein, weil er etwas vom Wesen des Goldes und Silbers hat: Wie das Gold bezeichnet er die Unverderblichkeit und den strahlenden, keiner Minderung fähigen Glanz; wie Silber die leuchtende himmlische Klarheit. – Dem *Erz* ist aus den bezeichneten Gründen die Art des Feuers oder des Goldes zuzuschreiben. – Von den vielfarbigen *Steinen* bedeuten die weißen das Leuchtende, die roten das Feurige, die gelben das Goldartige, die grünen das Jugendliche und Lebenskräftige, und so ist für jede Art (Gestalt) eine mystische Erklärung der typischen Bilder zu finden, die zu Höherem emporweist.

XV 11 – Darüber scheint mir nun genug gesagt, und so soll zur heiligen Erklärung der Darstellung himmlischer Geister durch *tierische Formen*[51] übergegangen werden. – Unter der Gestalt des *Löwen* ist jene beherrschende, starke und unbezwingliche Kraft zu verstehen, womit sie in geheimnisvoller Verborgenheit der unaussprechlichen Herrschermacht Gottes nach Kräften ähnlich zu werden trachten; dabei werden die geistigen Spuren verdeckt und der Weg, der durch göttliche Erleuchtung dorthin führte.[52] – Die Gestalt des *Rindes* aber bezeichnet ihre Kraft und Stärke und das, wodurch sie geistige Furchen aufreißen und durch Aufnahme himmlischer, fruchtbarer Regengüsse verbreitern; die Hörner aber die bewahrende, unbesiegliche Kraft. – Die Gestalt des *Adlers* königliche Würde und den zur Höhe strebenden

[50] Offb 10. ⟨Irrtümliche Angabe; richtig: Joh 3, 8.⟩
[51] Offb 4, 7.
[52] Ez 1, 10; Offb 4, 7.

schnellen Flug, sodann die Beweglichkeit und die Leichtigkeit des Aufschwungs zur Eroberung der lebenerneuernden Speise, schließlich die Sehkraft, die mit scharfen Blicken frei und gerade und unabwendbar aufschaut und von dem überreichen, leuchtenden Strahl der göttlichen Sonne möglichst viel aufnimmt.

Das Bild der *Pferde* bedeutet Gehorsam und leichte Zähmbarkeit; die weißen edle, dem göttlichen Licht nächst verwandte Natur; die schwarzen geheimnisvolle Verborgenheit, die roten feurige Kraft und Wirksamkeit, die schwarz-weißen bezeichnen jene Kraft, die die äußersten Gegensätze verknüpft und die ersten mit den zweiten wechselseitig in weiser Voraussicht verbindet.[53]

Müßten wir uns nicht kurz fassen, so könnten wir auch die einzelnen Eigenschaften der genannten Tiere und alle ihre Körperformen passend zu den himmlischen Kräften als unähnliche Bilder in Beziehung bringen: ihre Widerstandskraft zur geistigen Stärke, ihre Begierde zur göttlichen Liebe; kurz gesagt, wir würden alle tierischen Sinne, ihre vielfältigen Teile auf die unstofflichen und einfachen Geisteskräfte der himmlischen Wesen beziehen. Jedoch für Verständige genügt nicht bloß dies, sondern schon die mystische Erklärung eines einzigen dunklen Bildes, um alles Derartige deutlich zu machen.

XV $_{12}$ – Nun müssen wir betrachten, was die *Flüsse, Räder* und *Wagen* andeuten wollen, die mit den himmlischen Wesen in Verbindung gebracht werden. Die *Feuerflüsse* bezeichnen die göttlichen Einströmungen, die ihnen überfließende Fülle verleihen und ihre lebenskräftige Fruchtbarkeit nähren; die *Wagen* bedeuten die Verbundenheit Gleicher in Gemeinschaft; die *geflügelten Räder*, die in unablenkbarer Bewegung vorwärts streben, zeigen die Kraft der Engelstätigkeit, die immer geradewegs voranschreitet, wodurch ihr geistiges Kreisen ganz auf den geraden und steilen Weg überirdisch gerichtet wird.

Das Bild der geistigen Räder gestattet auch noch eine andere Deutung: Der Prophet sagt nämlich, es sei ihnen der Name *Gelgel* gegeben worden; das ist der hebräische Ausdruck für *Umdrehungen* und *Offenbarungen.*[54] Die feurigen, göttlichen Räder haben nämlich ihre Umdrehungen, weil sie in ständiger Bewegung um das höchste Gut kreisen, Offenbarungen aber, weil sie Geheimes enthüllen und die Tieferstehenden fördern und auf die Niederen erhabene Strahlen göttlichen Leuchtens überströmen lassen.

---

[53] Sach 6, 1 f.; ⟨Offb 6, 2.4 f.8.⟩
[54] Ez 10, 13.

XV 13 – Es bleibt uns noch übrig, über die *Freude* der himmlischen Chöre Rechenschaft zu geben, denn sie sind ganz unzugänglich für unsere passive Art des Genusses. Es wird ihnen aber Anteil an der Freude Gottes über die Rettung von Sündern[55] zugeschrieben, gemäß jener göttlichen Süßigkeit, die ihnen durch die Fürsorge um die, welche sich zu Gott hinwenden, und ihr Heil zuteilwird, und der Fülle gütiger Freude und unaussprechlichen Entzückens, dessen oft auch Heilige teilhaftig werden, wenn der Glanz jenes göttlichen und vergöttlichenden Lichtes in sie einströmte.

XV 14 – Soviel habe ich über jene heiligen Gebilde gesagt; es reicht freilich keineswegs zu ihrer genauen Erklärung aus, es wird aber, glaube ich, viel dazu beitragen, daß unser Geist nicht an diesen erdichteten Bildern hängenbleibt. – Wendet man uns ein, wir hätten nicht der Reihe nach alles erwähnt, was die Heilige Schrift von englischen Kräften, Tätigkeiten und Bildern enthält, so antworten wir der Wahrheit gemäß, es fehle uns das überirdische Wissen um manches, und wir bedürfen vielmehr eines andern uns erleuchtenden Lehrers, um es zu lernen; manches aber, was dem Gesagten an Bedeutung gleichkäme, haben wir sowohl der Kürze wegen übergangen, als auch um Geheimnisse, die unser Fassungsvermögen übersteigen, mit Schweigen zu ehren.[56]

[55] ⟨Vgl. Lk 15, 7.⟩
[56] ⟨Markierung mit Doppelstrich ab „uns das überirdische Wissen".⟩

Dionysius Areopagita
Kirchliche Hierarchie

Übersetzt von Edith Stein

I.
Welcher Art ist die Überlieferung in der „Kirchlichen Hierarchie" und welches ist ihr Ziel?

I 1 – Daß unsere Hierarchie,[1] heiligster der geweihten Söhne, Aufgabe eines von Gott eingepflanzten, göttlichen und vergöttlichenden Wissens ist, ⟨von⟩ göttlicher Anhauchung und Vollendung, das müssen aus überirdischen und heiligen Aussprüchen jene beweisen, die aufgrund der geheimnisvollen hierarchischen Ordnung und Überlieferung für dieses heilige Amt geweiht worden sind. – Hüte dich aber, das Allerheiligste zu entweihen, behandle vielmehr die Geheimnisse Gottes mit heiliger Scheu, zeichne sie auch durch geistige, unsichtbare Vorstellungen aus, bewahre sie vor dem Hinzutreten und der Berührung weltlich gesinnter Menschen, nur Heiligen teile in der geziemenden heiligen Klarheit das Heilige mit.

I 2 – So verleiht, wie die Theologie uns, ihren Schülern, mitteilt, Jesus selbst, der göttliche überwesentliche Geist, der Quell aller Hierarchie, aller Heiligung und Vergöttlichung, ihr Wesen und ihre göttliche Kraft, den seligen, uns übertreffenden Wesen ein bedeutungsvolleres und geistigeres Licht und macht sie, ihrer Kraft entsprechend, seinem eigenen Licht ähnlich. Doch auch unserer Liebe, wenn sie sich auf ihn richtet und uns zum Rechten antreibt, teilt er mancherlei mit, unterweist uns zum einförmigen und göttlichen Leben und schenkt uns eine gewisse Fähigkeit und die Kraft des Priestertums, die Heiliges zu bewirken vermag. Nahen wir uns dem heiligen Amt des Priestertums, so müssen wir uns auch jenen höchsten Geistern annähern, die Beständigkeit und Festigkeit ihrer Seinsverfassung, soweit es uns gestattet ist, nachahmen und so sehr zu jenem seligen und göttlichen Licht Jesu aufschauen, in heiliger Ordnung, soweit es uns vergönnt ist zu schauen, forschen, auch auf mystische Weise durch visionäre Erkenntnis erleuchtet: So wird es uns möglich sein, als Geweihte zu weihen, als Lichtgleiche zu vergöttlichen, als Vollendete zur Vollendung zu führen.

I 3 – Über die Hierarchie der Engel …[2] kannst du dich in dem unterrichten, was ich darüber geschrieben habe …[3] Soviel müssen wir jedoch sagen, daß diese wie jede heilige Ordnung … eine und dieselbe Kraft in ihrem Wirken hat: So wird auch der oberste Priester, seinem Stand und seiner Würde entsprechend, dem Göttlichen gemäß eingeweiht und mit Gott verbunden und gibt den ihm Untergeordneten je nach ihrer Würde Anteil an der ihm von

---

[1] ⟨Stand der Bischöfe.⟩

[2] ⟨Die Punkte kennzeichnen Auslassungen der Übersetzerin Edith Stein, die den dionysischen Text an manchen Stellen für die Übersetzung gekürzt hat.⟩

[3] ⟨Vgl. *Himmlische Hierarchie*, S. 159–191.⟩

Gott eingehauchten Heiligung; und so folgen die Untergebenen den Oberen in der Weise, daß sie selbst die Tieferstehenden emporführen, die Fortgeschrittenen anderen nach Kräften Führerdienste leisten; und so erlangt durch diese göttliche hierarchische Harmonie ein jeder nach seinem Maß Anteil an dem wesenhaft Schönen, Weisen und Guten.

I 4 – Jene bereits erwähnten Wesen und Ordnungen über uns sind unkörperlich und unsichtbar, und ihnen entsprechend ist ihre Hierarchie überirdisch; die unsere aber sehen wir, uns angemessen, mit einer Mannigfaltigkeit sinnenfälliger Sinnbilder ausgestattet: Durch sie werden wir in der hierarchischen Ordnung in dem uns entsprechenden Maß zur einförmigen Gottähnlichkeit, zu Gott und göttlicher Kraft geführt. Jene, als Geister, erkennen rein geistig, wie es für sie angemessen ist: Wir aber werden, soweit es möglich ist, durch sinnenfällige Bilder zu göttlichem Schauen geführt. In Wahrheit ist es Eines, was alle gleicherweise erstreben, aber sie gewinnen nicht auf eine und dieselbe Weise Teil daran, sondern wie es einem jeden nach Verdienst die göttliche Waage zuerteilt. Doch darüber habe ich schon ausführlich in der Schrift über *Die unsichtbaren und die sinnenfälligen Dinge*[4] gesprochen. Nun aber will ich versuchen, unsere Hierarchie, ihren Ursprung und ihr Wesen auseinanderzusetzen. Dazu rufe ich Jesus, den Ursprung und die Vollendung aller Hierarchien, an. –

§ 3[5]
Es ist aber die Hierarchie oder der heilige Stand nach unserer ehrwürdigen und heiligen Überlieferung das Gesetz (ratio) aller ihm unterworfenen heiligen Dinge oder die Gesamtheit der zu diesem Stand gehörigen heiligen Dinge.

I 5 – Unsere Hierarchie also heißt und ist das Amt, das alles Heilige in sich schließt; der in sie eingeführte göttliche Priester hat Anteil an allen geheiligten Dingen, sofern er oberster Priester genannt wird. Wie man nämlich mit dem Namen „Hierarchie" die umfassende Ordnung alles Heiligen bezeichnet, so bedeutet der Name *Hierarch* einen wunderbaren und göttlichen Mann, der in allem heiligen Wissen unterrichtet ist. In ihm kommt seine Hierarchie rein zur Vollendung und Erkenntnis.

---

[4] ⟨Eine dionysische Schrift unter diesem Titel ist nicht überliefert.⟩
[5] ⟨Paragraphenziffern, die nicht der sonstigen Gliederung des Werkes entsprechen, deuten darauf hin, daß eine letztgültige Überarbeitung durch die Übersetzerin nicht erfolgte.⟩

I 6 – Urgrund dieser Hierarchie, Quell des Lebens, Wesen der Güter, Ursache aller Dinge ist die *Dreifaltigkeit*,[6] aus der das, was in ein selbständiges Sein hineingesetzt wird, Sein und Gutsein erhält. Dieses alles übersteigende Höchste, Göttliche ist in ursprünglicher Seligkeit *Drei-Einig*, was uns unbegreiflich ist. Ihr Wille ist auf das Heil der vernünftigen Wesen, auf das unsere und das der höheren Geister, gerichtet. Es ist aber nur zu verwirklichen, wenn jene, die gerettet werden sollen, erst vergöttlicht werden. Das bedeutet aber: so weit möglich Gott ähnlich und mit Ihm vereint werden.

I 7 – Alle Hierarchien aber haben als gemeinsames Ziel die beständige Liebe zu Gott und göttlichen Dingen, die von Gott gegeben wird und durch die Vereinigung mit ihm zur Vollendung kommt, zuvor aber die vollständige und unwiderrufliche Abkehr von allem ihr Entgegenstehenden; die Erkenntnis der Dinge, wodurch sie sind, das Schauen der heiligen Wahrheit und das Wissen darum, das göttliche Anteilhaben an der einfachen Vollkommenheit dessen, der im höchsten Grade einfach ist; den Genuß der Anschauung, die jeden Beschauer auf geistige Weise erquickt und vergöttlicht.

I 8 – So sagen wir denn, Gottes ursprüngliche Seligkeit, d. i. die göttliche Natur, der Ursprung aller Vergöttlichung, durch die alle vergöttlicht werden, die dahin gelangen, habe in ihrer göttlichen Güte die heilige Hierarchie zum Heil und zur Vergöttlichung aller vernunftbegabten und rein geistigen Wesen gewährt. Den himmlischen Geistern und den Seligen in der ewigen Ruhe auf stofflose und geistige Weise: Denn nicht von außen bewegt sie Gott zum Göttlichen, sondern unsichtbar und innerlich erleuchtet Er sie und gießt ihnen göttlichen Willen ein.

I 9 – Uns aber wurde, was ihnen einfach und in sich zusammengefaßt gegeben wurde, durch von Gott übergebene Worte, soweit es für uns möglich ist, in einer Mannigfaltigkeit verschiedener Sinnbilder gegeben. – Denn das Wesentliche an unserer Hierarchie sind die uns von Gott übergebenen sprachlichen Mitteilungen. Die verehrungswürdigsten unter diesen Mitteilungen nenne ich die, die uns von uns zur Vollendung gegebenen heiligen Führern in der Heiligen Schrift und in theologischen Büchern überliefert sind; sowie das, worüber unsere Lehrer von denselben heiligen Männern auf geistigere Weise – nicht ganz unähnlich der Eingebung in der himmlischen Ordnung – von Geist zu Geist, durch Vermittlung des körperlichen, aber doch stofflosen, ungeschriebenen Wortes in heiliger Überlieferung belehrt wurden.

Doch jene Urkunden vom Geist Gottes ergriffener heiliger Führer sind

[6] ⟨Anstreichung am Rand von „Dreifaltigkeit" bis „unbegreiflich ist".⟩

nicht als Gemeingut des heiligen Standes auf unverhüllte, rein geistige Weise, sondern in heiligen Bildern überliefert; denn – wie die Schrift sagt[7] – nicht jeder ist heilig, nicht allen kommt Wissen zu.

Notwendig sind also die ersten Führer unserer Hierarchie selbst von der überwesentlichen Gottheit mit der göttlichen Gabe erfüllt worden und von der göttlichen Güte ausgesandt, um andern zu diesem Ziel voranzugehen. Sie selbst nun, gleich Göttern voll Verlangen, ihre Untergebenen zur Vollkommenheit zu führen, haben in sinnenfälligen Bildern das Überhimmlische, auf mannigfache Weise das Einheitliche, auf menschliche Weise das Göttliche, durch Stoffliches das Unstoffliche, durch uns Naheliegendes das Überwesentliche in ihren geschriebenen und ungeschriebenen Lehren unsern Gesetzen entsprechend uns überliefert: nicht nur der Unreinen wegen – denn die dürfen auch an die Sinnbilder nicht rühren –, sondern weil unsere Hierarchie, wie gesagt, eine an Sinnbilder gebundene ist und Sinnenfälliges nötig hat, um uns von da aus zum Unsichtbaren emporzuführen.

I $_{10}$ – Der Sinn der Bilder ist den göttlichen und heiligen Führern zu enthüllen, nicht aber den Anfängern; denn es ist bekannt, daß die Gesetzgeber des von Gott angeordneten heiligen Dienstes den heiligen Stand in fest abgegrenzte Klassen eingeteilt und jedem seiner Würde entsprechend das Sein zuerteilt haben. – So wirst auch Du Dich an Deine heiligen Abmachungen halten (denn ihrer zu gedenken, ist heilig) und wirst den Bischofsrang, als den andern übergeordnet, nur mit Deinesgleichen, mit gottähnlichen Priestern teilen; und ihnen wirst Du einschärfen, nach der Ordnung der Hierarchie zu verkündigen, Heiliges heilig zu behandeln, Göttliches nur Göttlichen mitzuteilen, zur Vollendung Führendes nur den der Vollendung Fähigen, Heiliges den Heiligen[8]: Denn neben andern Aufgaben der heiligen Stände übertragen wir Dir auch dieses göttliche Amt.

II.
Was in der Taufe vollbracht werden soll

II $_{1}$ – Wir haben nun heilig gesagt, daß das Ziel unseres heiligen Standes die größtmögliche Verähnlichung und Vereinigung mit Gott ist. Diese erlangen wir aber, wie die Heilige Schrift lehrt, vor allem durch Liebe zur Beobachtung der Gebote und durch heilige Handlungen. Denn sie sagt: *Wer mich*

[7] Mk 4, 11.
[8] ⟨Die byzantinische Liturgie kennt vor der Kommunionspendung den Ruf: „Das Heilige den Heiligen!"⟩

liebt, der wird meine Worte bewahren, und mein Vater wird ihn lieben, und wir werden kommen und Wohnung bei ihm nehmen.[9]

II 2 – Welches ist also der Anfang der heiligen Beobachtung der erhabensten Gebote? Das ist, sage ich, die Verleihung unserer göttlichen Wiedergeburt, die unsere seelische Verfassung bereitmacht für die übrigen heiligen Worte und Werke und uns den Weg bereitet zum Genuß der überhimmlischen Ruhe. Denn, wie unser berühmter Lehrer sagt, ist die erste Bewegung des Geistes zum Göttlichen hin die Liebe Gottes,[10] der erste Schritt der heiligen Liebe aber zur heiligen Beobachtung der göttlichen Gebote ist die unaussprechliche Herstellung unseres göttlichen Zustandes (status, Seinsverfassung). – Da nämlich diese göttliche Seinsverfassung eine göttliche Geburt ist, so wird niemals jemand etwas von den von Gott mitgeteilten Dingen erkennen oder gar tun, dem nicht eben diese Seinsverfassung von Gott verliehen ist. – Müssen wir nicht auch (menschlich gesprochen) erst sein, um dann auf unsere Art handeln zu können? Denn was überhaupt nicht ist, das hat weder Bewegung noch Wesen; was aber irgendwie ist, das nur wirkt und erleidet, was seiner Natur und Seinsverfassung entspricht. Das ist nun, denke ich, klar. So wollen wir denn die göttlichen Zeichen der göttlichen Geburt betrachten. Doch kein Unvollkommener soll mir zu dieser Betrachtung kommen: Denn für schwache Augen ist es gefährlich, in die strahlende Sonne zu schauen, und für uns wäre es schädlich, uns an etwas heranzuwagen, was zu hoch für uns ist. So hat ja auch jene wahre Hierarchie des Alten Bundes den Ozias verflucht[11], weil er Heiliges berührte, den Kore[12], weil er sich an etwas vergriff, was zu erhaben für ihn war, Nadab und Abihu[13], weil sie das ihnen Zustehende nicht angemessen verwalteten.

II 3 – *Das Sakrament der Erleuchtung oder der Taufe*
Der oberste Priester wünscht, daß durch Verähnlichung mit Gott *alle Menschen gerettet werden und zur Erkenntnis der Wahrheit gelangen,*[14] und darum predigt er allen aufgrund des wahren Evangeliums, Gott sei durch die ihm eigene und naturhafte Güte den Erdenbewohnern geneigt und sei seiner höchsten Menschenfreundlichkeit entsprechend zu uns herabgestiegen, um durch die Vereinigung mit sich, nach Art des Feuers, das ihm Geeinte sich anzugleichen, soweit es zu ihrer Vergöttlichung gut sei. *Denn die ihn auf-*

---

[9] Joh 14, 23.
[10] ⟨Randnotiz:⟩ Hierotheus ⟨Lehrer des Areopagiten, vgl. oben S. 98, Anm. 35⟩ nach Albertus ⟨Magnus , vgl. oben, S. 25, Anm. 13.⟩
[11] 2 Chr 26, 16–21. ⟨Ozias = Usija, König von Juda.⟩
[12] Num 16, 31. ⟨Kore = Korach, ein Levit, lehnte sich gegen Mose auf.⟩
[13] Lev 10, 1 f.
[14] 1 Tim 2, 4.

nahmen, denen gab er die Macht, Kinder Gottes zu werden, denen, die in seinem Namen glauben: die nicht aus dem Geblüt, noch aus dem Willen des Fleisches, sondern aus Gott geboren sind.[15]

II 4 – Wer immer an diesen wahrhaft übernatürlichen Gaben Anteil gewinnen will, der wendet sich zunächst an einen Eingeweihten und bittet ihn, er möge ihn zum obersten Priester führen; er selbst verspricht, in allem dem, was ihm auferlegt werde, zu gehorchen, und bittet, jener möge es nicht ablehnen, seine Einführung und damit die Leitung seines ganzen ferneren Lebens auf sich zu nehmen.

II 5 – Jener ist zwar von heiligem Verlangen nach seinem Heil erfüllt, aber wenn er die erhabene Größe der Sache gegen die menschliche Gebrechlichkeit abwägt, befällt ihn Schrecken und Angst; indessen sagt er ihm schließlich die Gewährung seiner Bitte zu, nimmt ihn auf und führt ihn zum Bischof.

II 6 – Dieser empfängt die beiden Männer voll Freude, wie man ein Schaf auf die Schultern nimmt,[16] und ehrt zunächst mit innerlicher Danksagung und äußerer Anbetung den gütigen Urheber, der alles beruft, was berufen wird, und alles rettet, was gerettet wird. Dann versammelt er die ganze Priesterschaft in der Kirche, sowohl um an der Rettung des Menschen mitzuwirken und sich mitzufreuen, als ⟨auch⟩ um der göttlichen Güte Dank zu sagen; zu Anfang singt er mit der ganzen Geistlichkeit der Kirche einen Lobgesang aus der Heiligen Schrift; dann küßt er den heiligen Altar, tritt an den Mann heran, der zugegen ist, und fragt ihn, wozu er gekommen ist. Dieser schwört nun nach der Unterweisung des Paten (anadodus, fidejussor[17]) seinem früheren Unglauben, seiner Unkenntnis des wahren Guten und dem Mangel eines geistlichen Lebens ab und bittet darum, durch seine Fürsprache bei Gott Anteil am Göttlichen zu erlangen. Darauf ermahnt er ihn, er müsse sich rein Gott nahen, dem ganz Vollkommenen und Makellosen.

II 7 – Er legt ihm nun das Gesetz eines heiligen Lebens vor und fragt, ob er danach leben wolle; nachdem er seine Zustimmung gegeben hat, legt er ihm die Hand auf den Kopf, bezeichnet ihn (mit dem Kreuz?) und befiehlt den Priestern, den Mann und seinen Paten einzuschreiben. Danach beginnt er zu beten, und wenn er mit der ganzen Versammlung das Gebet vollendet hat, nimmt er ihm den Gürtel ab und läßt ihn durch die Diener[18] (λειτουργοί,

[15] Joh 1, 12 f.
[16] ⟨Vgl. Lk 15, 4 f.⟩
[17] ⟨Griechischer und lateinischer Terminus für Pate.⟩
[18] ⟨Diakone, vgl. Kap. V 17.⟩

ministri) entkleiden. Dann stellt er ihn nach Westen hin auf, läßt ihn die Hände nach Westen gewendet erheben, den Satan dreimal wegblasen und dazu Worte der Absage aussprechen; dreimal sagt er ihm die feierlichen Worte der Absage vor, und nachdem er sie ebenso oft ausgesprochen hat, führt er ihn nach Osten hinüber, läßt ihn zum Himmel aufschauen, die Hände erheben und sich zu Christus und allen heiligen, von Gott offenbarten Worten bekennen. Sodann verlangt er von ihm ein dreimaliges Bekenntnis, und nachdem er es dreimal ausgesprochen hat, nimmt er ihn mit seinem Segen auf und legt ihm die Hand auf. Nun ziehen ihn die Diener vollends aus, und die Priester bringen das heilige Salböl. Der Bischof beginnt die Salbung mit dreifachem Kreuzzeichen, dann übergibt er den Menschen den Priestern, um ihn am ganzen Körper zu salben; er selbst aber geht zur Mutter der Annahme an Kindesstatt (das ist der Taufbrunnen); er weiht dessen Wasser mit heiligen Anrufungen, mit dreimaligem Eingießen von heiligem Chrisma in Kreuzesform, und sooft er heiliges Chrisma hinzufügt, stimmt er einen heiligen Lobgesang an, wie ihn der Heilige Geist den gottbegeisterten Propheten eingegeben hat; dann läßt er den Mann herbeiholen. Ein Priester ruft nach dem Schriftstück ihn und den Paten auf; der Aufzunehmende wird durch die Hände von Priestern ins Wasser geführt, dem Bischof zur Hand: Dieser steht oben, und sobald die Priester, neben dem Wasser stehend und zum Bischof gewendet, den Namen des Einzuführenden ausrufen, taucht ihn der Bischof dreimal unter, und bei dem dreimaligen Unter- und Emportauchen ruft er die drei Personen der seligen Gottheit an. Dann nehmen ihn die übrigen Priester in Empfang, übergeben ihn dem Paten, bekleiden mit diesem den Neuaufgenommenen mit einem entsprechenden Gewand und führen ihn wiederum zum Bischof. Dieser bezeichnet den Mann auf göttliche Weise mit dem heiligen Kreuz und erklärt ihn als zur Gemeinschaft der hochheiligen Eucharistie gehörig. – Ist dies in der rechten Weise vollbracht, so wird er von seinem Fortschritt zu den folgenden angetrieben, wiederum zur Betrachtung hervorragender Dinge, damit er es niemals und auf keine Weise als nicht zu seinen Unterweisungen gehörig ansehe, sondern beharrlich und beständig unter der Leitung des Heiligen Geistes von Göttlichem zu immer Göttlicherem aufsteige.

II $_8$ – *Sinndeutung* (contemplatio, theoria)

Diese Einweihung durch die göttliche Geburt enthält in den heiligen Sinnbildern nichts Unschönes oder Unreines noch auch sinnliche Gestalten, sondern die Rätsel einer Gottes würdigen Schau in natürlichen Spiegelbildern, die dem Fassungsvermögen der Menschen angepaßt sind. Denn was scheint ihr zu fehlen – wenn wir einen noch göttlicheren Gehalt der Geheimnisse mit Stillschweigen übergehen –, da sie durch göttliche Unterweisung des Hinzukommenden genügend beweist, wie heilig sie wirkt: Reinheit des Lebens, und durch ein rechtschaffenes und göttliches Leben die Befreiung von aller Bosheit ihm durch die natürliche Reinigung mit Wasser körperlich anzeigt? – Wenn also der sinnbildliche Vollzug der Einweihung nichts Göttlicheres als dieses in sich schließen würde, so fehlte es ihm doch, glaube ich, nicht an Heiligkeit, da er die Erziehung zum rechten Leben beginnt und durch die gründliche Reinigung des ganzen Körpers die völlige Reinigung von einem in Sünden verbrachten Leben auf natürliche Weise nahelegt.

Das dürfte aber nur eine geistliche Einführung für Unvollkommene sein: Sie hält die heiligen und einigenden Geheimnisse vor der Menge bewahrt und paßt den einzelnen Ordnungen eine ihnen entsprechende Verfeinerung an; wir aber werden, wenn wir in heiligem Aufstieg die Ursprünge der Geheimnisse erschauen und sie unter der Einwirkung heiliger Erleuchtung erfassen, den Sinn der Bilder und das Verborgene, das sie bedeuten, erkennen. Denn wie in dem Werk über *Das Geistige und das Sinnenfällige*[19] deutlich erklärt ist, sind die sinnenfälligen Sakramente Bilder von Geistigem, zu dem sie hinführen und den Weg bereiten; das Geistige aber ist der sinnenfälligen Sakramente Seinsgrund und Wissenschaft.

II 9 – Wir sagen also, die Güte der göttlichen Seligkeit, die sich immer auf gleiche Weise verhält, lasse die wohltätigen Strahlen ihres Lichtes allen geistigen Augen überreich zukommen; selbst wenn die Freiheit der mit eigentätiger Geistigkeit Begabten das geistige Licht verläßt, wenn sie die ihr von Natur eingepflanzten Kräfte zum Empfang des Lichtes aus Liebe zum Bösen abschnürt und sich dem gegenwärtigen Licht entzieht, läßt dieses sie keineswegs im Stich, sondern erleuchtet noch den, der die Augen schließt, und kommt dem Abgewandten voll Güte entgegen. Wenn sie aber, mit mäßiger Sehfähigkeit ausgestattet, ihre Grenzen überspringen will und es wagt, in die Strahlen zu schauen, denen ihr Sehvermögen nicht gewachsen ist, dann tut zwar das Licht nichts, was gegen seine Natur wäre; der aber auf unvollkommene Weise dem Vollkommenen zu nahen sucht, erlangt durchaus nichts ihm nicht Entsprechendes, vielmehr müht er sich durch eigene Schuld vergebens, indem er sich dreist in seiner Mittelmäßigkeit überhebt. Doch wie gesagt: Gütig ist das göttliche Licht stets für die geistigen Augen geöffnet, und den Geist, der ihm gegenwärtig ist und stets bereit für die Gottes würdige Mitteilung seiner selbst, läßt Er die Fülle haben. Zur Nachahmung dessen wird der heilige Bischof herangebildet: Er läßt die leuchtenden Strahlen seiner göttlichen Lehre sich als helles Licht über alle ausbreiten, stets bereit, den ihm Nahenden nach Gottes Vorbild zu erleuchten; er braucht keine Schmähworte oder schrecklichen Verwünschungen wegen eines früheren

[19] ⟨„Unsichtbare" wurde eingeklammert und „Geistige" über die Zeile geschrieben. Dieses Buch ist nicht überliefert.⟩

Abfalls oder einer Unmäßigkeit, sondern nach dem Beispiel Gottes läßt er den ihm Nahenden stets in priesterlicher Weise seine Erleuchtungen zuteilwerden, schön und in rechter Ordnung und der Fassungskraft eines jeden für das Heilige entsprechend. – Nun ist aber die Gottheit der Urquell aller heiligen Lehre, wodurch die geheiligten Geister zur Erkenntnis ihrer selbst gelangen; wer nun auf das ihm von Natur eingepflanzte Licht zurückkommt, der wird im Anfang endlich einmal sehen, wer er selbst ist, und wird dies als erstes Geschenk aus der Erneuerung am Licht (dem Hinzutreten zum Licht) empfangen. Wer nun seine eigene Natur gerade ins Auge faßt, der wird sich zwar von der versteckten Dunkelheit seiner Unwissenheit abwenden; da er aber noch nicht zur vollkommenen Vereinigung und zum Teilhaben an Gott gelangt ist, wird er noch nicht von selbst dadurch von Verlangen danach erfaßt werden; sondern allmählich wird er erst von seiner eigenen Natur zu Besserem, von da zum Besten und schließlich, wenn er die ganze Ordnung durchlaufen hat, zur ursprünglichen Erhabenheit Gottes auf heiligem Wege emporgeführt werden. – Ein Bild dieser schönen und heiligen Ordnung ist die ehrfürchtige Scheu des Neulings und seine Erkenntnis dessen, was ihn angeht, nachdem er jenen gefunden hat, der sich seiner annehmen und ihn zum Bischof geleiten will. Ist er so herbeigeführt worden, so gibt ihm die selige Gottheit Zutritt zur Gemeinschaft mit sich selbst und gewährt ihm, wie ein Zeichen, Anteil am eigenen Licht, macht ihn zum vertrauten Freund Gottes, zum Mitarbeiter an den göttlichen Aufgaben und dem heiligen Stand; heiliges Kennzeichen dessen ist das Kreuzzeichen, das der Bischof dem Ankommenden macht, und das heilsame Einschreiben, wodurch die Priester ihn in das Verzeichnis derer, die gerettet werden sollen, einreihen und ihn mit dem Paten in die heiligen Gedenkbücher eintragen wie für einen Heilsweg zur Wahrheit: jenen als aufrichtigen Liebhaber und Gefährten des göttlichen Führers; diesen als einen nicht irrenden Führer für den, der den gottgegebenen Unterweisungen folgt. – Es ist aber nicht erlaubt, an durchaus Entgegengesetztem zugleich teilzuhaben, noch darf, wer mit dem *Einen* Gemeinschaft hat, wenn er der dauernden Gemeinschaft mit dem Einen den Vorzug gibt, verschiedene Lebensweisen haben, sondern muß geschieden sein von allem, was die Einheitlichkeit spaltet; das gibt die heilige Überlieferung in Zeichen zu verstehen, indem sie dem Neuling zunächst gewissermaßen das frühere Leben auszieht und es ihm bis zu den letzten Regungen wegnimmt, ihn nackt und unbeschuht, nach Westen schauend aufstellt, ihn dazu durch eine abwehrende Bewegung der Hände die Gemeinschaft mit der finsteren Bosheit ablehnen, den ihm angeborenen Zustand der Unähnlichkeit (mit Gott) gleichsam ausatmen und die völlige Absage an alles, was der Gottähnlichkeit im Wege steht, feierlich aussprechen läßt. So völlig davon befreit führt sie ihn nach Osten, kündigt ihm das reine Stehen im göttlichen Licht und das Aufblicken dazu durch vollständige

Flucht vor aller Bosheit als ihm zukommend an; und wenn er so durch heilige Bekenntnisse in einer vollkommenen Sammlung seiner Geisteskraft einfach geworden ist, nimmt sie ihn in wahrer Liebe auf.

II $_{10}$ – Denen, die mit den Grundsätzen des heiligen Lebens bekannt sind, ist es – glaube ich – klar, daß man sich durch beharrliche Zusammenfassung aller Kräfte auf ein Ziel hin und durch Verzicht und Losschälung von allem Entgegengesetzten der Unwandelbarkeit der göttlichen Seinsverfassung bemächtigt. Man muß nicht nur mit aller Schlechtigkeit brechen, sondern auch allem gefährlichen Nachlassen mannhaft Trotz bieten und unerschrocken Widerstand leisten; und niemals darf man von der heiligen Liebe lassen, sondern muß sich unablässig und beharrlich darauf verlegen, wenn man sein Bestreben stets darauf richtet, sich der göttlichen Vollkommenheit mehr und mehr anzunähern. – Das genaue Bild davon hat man in den priesterlichen Handlungen vor sich: Der gottähnliche Bischof selbst beginnt die heilige Salbung, die übrigen Priester führen sie dann zu Ende und muntern durch dieses Sinnbild den Neuling zu heiligen Kämpfen unter dem Kriegsherrn Christus auf: Er ist als Gott der Urheber der Kämpfe, als Weiser ihr Gesetzgeber, schließlich der, der den Siegern gütig die angemessenen Belohnungen spendet. Und noch göttlicher ist, daß er selbst einer von den Kriegern und ein guter geworden ist, der mit ihnen heilig für ihre Freiheit und ihren Sieg um die Herrschaft über Tod und Verderbnis kämpft, nach seiner Aufnahme zu diesen Kämpfen, als göttlichen, voll Freude emporsteigt,[20] treu den Gesetzen der Weisen; nach ihnen wird er sich im Kampf richten, ohne sie zu verletzen, getragen von der sichern Hoffnung auf einen herrlichen Lohn, da er einem guten Kriegsherrn und Führer unterstellt ist.

II $_{11}$ – Den göttlichen Spuren des ersten aller Kämpfer beharrlich folgend in Kämpfen, die durch Rechtschaffenheit Gott nachzuahmen suchen, die Geister und Einflüsterungen, die sich seinem Aufsteigen zu Gott entgegenstellen, unter die Füße tretend, wird er, mystisch gesprochen, mit Christus sterben: der Sünde durch die Taufe absterben.

Hier erwäge aufmerksam, in wie angemessene Zeichen die Sakramente gehüllt sind. Da nämlich, wie manche annehmen, unser Tod keine Vernichtung unseres Seins und Wesens ist, sondern eine Trennung verbundener Teile, die in für uns Verborgenes führt: die Seele, um dauernd des Leibes

[20] ⟨Vgl. Ps 47 (46), 6.⟩

beraubt zu sein, den Leib, um in der Erde verborgen durch eine andere, körperliche Veränderung die Menschengestalt zu verlieren – so kann das völlige Bedecken mit Wasser passend als Bild des Todes und des unsichtbaren Begräbnisses genommen werden.

So lehrt die mystische Deutung des Sinnbildes, daß der sakramental Getaufte durch jenes dreimalige Untertauchen und Emportauchen den Tod Jesu, des Urhebers des Lebens, mit dem drei Tage und Nächte währenden Begrabensein darstelle, soweit Menschen die Nachahmung Dessen gestattet ist, an dem, nach der geheimnisvollen Überlieferung der Schrift, der Fürst dieser Welt nichts gefunden hat.

II $_{12}$ – Sodann bekleiden sie den Aufgenommenen mit glänzend weißen Gewändern. Denn durch mannhafte und gottähnliche Unzugänglichkeit für schlechte Regungen sowie durch die Richtung alles geistigen Strebens auf das Eine Ziel wird das Schmucklose geschmückt, das Unschöne in ein Schönes verwandelt, ganz strahlend von lichtvollem Leben. Die vollendende Salbung tränkt den Eingeweihten mit süßem Wohlgeruch; denn die Einweihung als Geburt aus Gott verbindet das Eingeweihte mit dem göttlichen Geist. Da nun jene Herabkunft, die den süßen geistigen Wohlgeruch bringt, völlig unaussprechlich ist, überlasse ich es jenen, die im Geiste der heiligen und vergöttlichenden Vereinigung mit dem Geist Gottes für würdig erachtet wurden, sie geistig zu verstehen. Wenn schließlich alles vollbracht ist, ruft der Bischof den Eingeweihten zur hochheiligen Eucharistie und reicht ihm die hl. Kommunion, die die Kraft hat, die Geheimnisse zur Vollendung zu bringen.

III.
Was in der hl. Kommunion vollbracht wird

III $_{1}$ – ⟨I.⟩ Nun aber, da wir sie erwähnt haben, wäre es unrecht, sie zu übergehen und eine andere priesterliche Handlung vor ihr zu preisen: Denn sie ist nach der Auffassung unseres ruhmreichen Lehrers das Sakrament der Sakramente; und wer es unternimmt, ihre heilige Beschreibung nach der Schrift zu deuten, der muß aufgrund göttlichen, hierarchischen Wissens durch die Leitung des göttlichen Geistes zu ihrer heiligen Betrachtung geführt werden.

III $_{2}$ – Zuerst wollen wir also in heiliger Ehrfurcht den Blick darauf richten, warum das, was auch den andern Sakramenten gemeinsam ist, diesem auszeichnend vor den andern zuerteilt wird: daß es allein „communio" (Vereinigung) und „synaxis“ (Zusammenführung) genannt wird, da doch ein jedes Sakrament unser geteiltes Leben zur einförmigen Vergöttlichung sammelt und durch göttliche Zusammenfassung des Getrennten mit jenem Einen verbindet und eint.

III 3 – Wir sagen also, daß das Teilhaben an den andern Geheimnissen der Hierarchie durch die göttlichen und vollkommenheitwirkenden Gaben dieses Geheimnisses zur Vollendung geführt wird. Denn es wäre wohl nicht recht, irgendeine hierarchische Amtsleistung in Angriff zu nehmen, ohne daß die göttliche Eucharistie am Anfang einer jeden Weihe die Verbindung des zu Weihenden mit jenem Einen zur Vollendung brächte und ihm durch göttliche Übermittlung der Gabe der vollendenden Geheimnisse die göttliche Vereinigung zuteilwerden ließe.

Wenn deshalb jede hierarchische Weihe unvollkommen bleibt, weil sie unsere Gemeinschaft und Vereinigung mit jenem Einen nicht zur Vollendung bringt und die Kraft zu vollenden eben dadurch verliert, daß sie nicht zur Vollendung kommt; das Ziel aller aber und die Hauptsache darin besteht, den, der eingeweiht wird, der vorzüglichen Geheimnisse teilhaft zu machen, so hat die priesterliche Wissenschaft mit Recht ihren Namen von der Wahrheit der Dinge erhalten: So geben wir auch der heiligen Weihe der göttlichen Wiedergeburt, weil sie das erste Licht verleiht und der Anfang aller göttlichen Erleuchtungen ist, ihren Namen vom Bewirken der Erleuchtung. Zwar ist es auch den andern hierarchischen Leistungen gemeinsam, denen, die geweiht werden, Anteil am göttlichen Licht zu geben; sie aber hat mich zuerst sehend gemacht, und durch ihr ursprüngliches Licht empfange ich das Licht, um das übrige Heilige zu schauen.

III 4 – Danach wollen wir nun auf hierarchische Weise betrachten und anschauen, welches der genaue Hergang und die Bedeutung dieses heiligsten Sakramentes ist.

III 5 – II. *Das Geheimnis der Zusammenführung (synaxis) oder Vereinigung (communio)*

Der Priester schickt sich an, das heilige Gebet am Altar Gottes zu sprechen, indem er mit der Räucherung des Altars beginnt und um den ganzen Umfang des Chores herumgeht. Sobald er wieder zum Altar zurückkehrt, stimmt er den Psalmengesang an, und die ganze Priesterschaft stimmt ein. Sodann erfolgt die Lesung aus der Heiligen Schrift durch die Diener; danach werden die Katechumenen, die Besessenen und die Büßer aus dem heiligen Raum ausgeschlossen; es bleiben zurück, die das Göttliche anzuschauen und die Kommunion zu empfangen würdig sind. Von den Dienern stehen einige an den geschlossenen Kirchtüren, andere tun etwas anderes, was ihres Amtes ist. Die unter den Dienern den obersten Rang einnehmen, bringen mit den Priestern das heilige Brot und den Kelch des Segens, nachdem die ganze Gemeinde zusammen die heiligen Gesänge vorausgeschickt hat. Dabei vollendet der göttliche Priester das heilige Gebet und verheißt allen den Frieden, und während alle einander umarmen, wird der geheimnisvolle Vortrag aus den heiligen Büchern zu Ende geführt.

III $_6$ – Der Bischof und die Priester waschen sich die Hände, dann steht der Bischof vor der Mitte des Altars, nur von den Priestern und den obersten Dienern umgeben. Sobald dann der Bischof die hochheiligen Gottesgaben gepriesen hat, vollzieht er die göttlichsten Geheimnisse und hebt sie in den heiligen Sinnbildern hoch, um sie zur Schau zu stellen; nach dieser Darstellung der gottgewirkten Gaben schreitet er selbst zur hl. Kommunion und ladet auch die andern dazu ein. Nach Empfang und Austeilung der hl. Kommunion schließlich endigt er mit der heiligen Danksagung; dabei schaut das Volk nur auf die Sinnbilder, er selbst aber wird durch den göttlichen Geist in seliger und geistiger Beschauung auf hierarchische Weise in der Reinheit der göttlichen Seinsverfassung zu den hochheiligen Ursprüngen der Geheimnisse geführt.

III $_7$ – III. *Sinndeutung* (contemplatio, theoria)
Nun, lieber Sohn, will ich nach der ordnungsgemäßen Auseinandersetzung der Bilder die göttliche Wahrheit der hauptsächlichen Beispiele für die Anfänger erklären, um ihren Geist in angemessener Weise anzuregen, damit ihnen das Gefüge mannigfaltiger Sinnbilder nicht unnütz sei, wenn es sie nur die äußere Anordnung sehen läßt. Die heiligen Gesänge und Lesungen bringen ihnen die rechte Lebensordnung nahe und zuvor die vollständige Reinigung von aller Verderbnis und Schlechtigkeit.

III $_8$ – Die göttliche, gemeinschaftliche und friedliche Teilnahme an dem einen und selben Brot und Kelch schreibt ihnen als Tischgenossen göttliche Gleichförmigkeit in den Sitten vor; und zugleich ruft sie das göttlichste und für die Geheimnisse urbildliche Abendmahl in heilige Erinnerung; mit Recht weist auch der Urheber der Sinnbilder selbst jenen hinweg, der nicht heilig und in angemessener Gesinnung zum heiligen Mahl mit ihm gekommen war[21]; zugleich lehrt er auf heilige, Gottes würdige Weise, wie ein reines Herz sich dem Göttlichen nähert und wie dieses Nahen die so Nahenden der Gottähnlichkeit teilhaft macht.

---

[21] ⟨Judas Ischariot.⟩

III $_9$ – Nun verlassen wir die schönen Gemälde in den Vorhallen der verborgenen Wahrheiten, die den Unvollkommenen genügen, und dringen wir von den Wirkungen zu den Ursachen vor; wir wollen, dem leitenden Licht Jesu folgend, unsere heilige Begegnung (synaxis) betrachten und den beschaulichen Blick, wie es geistlichen Dingen geziemt, darein vertiefen, damit er uns die Schönheit der ersten Formen klar enthülle. Du aber, o göttliches und hochheiliges Sakrament, laß schwinden vor uns die Dich umgebenden Schleier von Rätselbildern, zeige Dich uns in Klarheit und erfülle unsern Geistesblick mit einzigartigem, unverhülltem Licht. – So müssen wir, meine ich, ins Heiligtum eindringen, damit sich uns das Verständnis des ersten Bildes geistig erschließe und wir die göttliche Schönheit schauen.

III $_{10}$ – Laßt uns den Bischof betrachten, wie er auf ganz göttliche Weise mit süßem Wohlgeruch vom heiligen Altar bis zu den äußersten Enden der Kirche vorschreitet und wieder zu ihm zurückkehrt, um das Opfer zu vollenden. Jene höchste Gottheit, die alle an Seligkeit übertrifft, kommt zwar in göttlicher Güte zur Vereinigung mit denen, die an ihrem Opfer teilnehmen, dennoch gibt sie den festen und unverrückbaren Stand ihrer Natur nicht auf, sondern während sie allen, die Gottähnlichkeit an den Tag legen, nach ihrer Fassungskraft leuchtet, bleibt sie wahrhaft bei sich selbst und entfernt sich in keiner Weise von sich selbst. So hat auch jenes göttliche Sakrament der Begegnung ein einziges, einfaches, in sich geschlossenes Prinzip, das sich durch die Mannigfaltigkeit der Sinnbilder gütig vervielfältigt und sich auf die gesamte ursprüngliche Abbildung Gottes erstreckt; doch es sammelt sich wiederum einförmig zu der ihm eigenen Einheit und schließt jene, die ihm heilig zugeführt werden, zur Einheit zusammen.

III $_{11}$ – Auf gleiche, also göttliche Weise läßt der göttliche Bischof sein einzigartiges Wissen um die göttliche Herrschaft wohlwollend auf seine Untergebenen überfließen, indem er sich der Mannigfaltigkeit heiliger Rätselbilder bedient; doch er kehrt wiederum, losgelöst von den niederen Dingen und frei, in vollkommener geistiger Einkehr in die Einheit zurück, betrachtet jene einzelnen Arten der Sakramente mit reinem Geist, indem er sein gütiges und menschenfreundliches Hinausgehen zu den niederen Dingen durch eine göttlichere Rückkehr zu den ersten beendet.

Der heilige Psalmengesang, der mit fast allen Geheimnissen der Hierarchie wie ein wesentlicher Bestandteil verbunden ist, durfte von dem allerheiligsten ⟨Geheimnis⟩ durchaus nicht getrennt werden. Denn jeder Text der Heiligen Schrift legte dar, wie alles Sein und alle Ordnung der Dinge von Gott geschaffen ist, oder die Hierarchie und das Staatswesen unter dem Gesetz oder die Erbteilung und den Erbbesitz beim Volk Gottes oder die

Klugheit heiliger Richter, weiser Könige, göttlicher Priester oder die unerschüttert standhaltende Philosophie von Männern der Vorzeit in mannigfaltigen traurigen Wechselfällen oder weise Vorschriften für das Handeln oder göttliche Liebeslieder und göttliche Bilder, Voraussagungen künftiger Ereignisse oder Jesu mannhafte Gottestaten und die Lebenseinrichtungen und heiligen Lehren seiner Jünger, die ihnen von Gott übergeben wurden und die zur Nachahmung Gottes führen, oder jenes geheimnisvolle, dunkle Gesicht des göttlichen Liebesjüngers[22] oder die überirdische Gotteslehre Jesu für Menschen, die fähig sind, Göttliches zu fassen, und sicherte sie durch die heilige und zur Erlangung der göttlichen Form geeignete Einrichtung der Sakramente.

III $_{12}$ – Die heilige Aufzeichnung göttlicher Lieder hat die Aufgabe, alle Werke und Worte Gottes zu feiern sowie die Reden und Taten heiliger Männer zu preisen; sie hat den allgemeinen Gebrauch der Darstellung göttlicher Dinge im Gesang eingeführt und verleiht denen, die ihn göttlich und heilig vortragen, die geeignete Gemütsverfassung zum Empfang wie zur Ausspendung aller nach heiliger Ordnung eingesetzten Sakramente.[23]

III $_{13}$ – Da nun jener beständige Lobgesang von den heiligsten Dingen unsere Gemütsbewegungen und die heiligen Handlungen, die bald danach gefeiert werden sollen, in der rechten Weise geordnet und durch das Abstimmen der göttlichen Lieder sie an die göttlichen Dinge sowie zu wechselseitiger Übereinstimmung angepaßt hat im *einen*, harmonischen Reigen der heiligen Handlungen, wird das, was im geistlichen Psalmengesang kurz zusammengedrängt und schwer verständlich ist, durch zahlreichere und klarere Bilder in den heiligen Schriftlesungen erklärt. Der Betrachter heiliger Dinge wird darin einen einheitlichen und einzigartigen Geist bemerken, der durch den einen und selben leitenden Gottesgeist darin erweckt ist; darum wird mit Recht in der ganzen Welt nach der älteren Überlieferung das NT verkündet, nach göttlicher und hierarchischer Ordnung, die – so glaube ich – dadurch erklärt, wie das AT die künftigen Gottestaten Jesu vorausgesagt, dieses aber sie vollbracht hat, und wie jenes die Wahrheit in Bildern niedergeschrieben, dieses aber sie gegenwärtig gezeigt hat, da sein Wirken die Wahrheit jener Voraussagungen bewies und das göttliche Wirken die Vollendung der göttlichen Reden ist.

---

[22] ⟨Die Offenbarung oder Apokalypse des Johannes.⟩
[23] ⟨Anstreichung am Rand von III 12 mit Notiz:⟩ Liturgie.

III $_{14}$ – Die aber diese Sakramente überhaupt nicht kennen, die sehen auch die Bilder nicht, da sie die heilige Lehre von der göttlichen Wiedergeburt frech verschmähen und auf die heiligen Worte die verworfene Antwort geben: *Wir wollen Deine Wege nicht kennen.*[24] Den Katechumenen, Besessenen und Büßern erlaubt das Gesetz der heiligen Hierarchie das Anhören des Psalmengebets und der Schriftlesungen; aber zu den folgenden heiligen Handlungen und Feierlichkeiten ruft sie sie nicht, sondern nur die vollkommenen Augen der Vollkommenen. Denn jene göttliche und heilige Ordnung ist voll heiliger Gerechtigkeit und gewährt einem jeden nach seinem Verdienst Anteil an den göttlichen Dingen und je nach dem Fassungsvermögen und der Art eines jeden zur angemessenen Zeit.

III $_{15}$ – Die letzte Stufe also ist den Katechumenen zugewiesen, denn sie haben noch keinen Anteil an der ganzen hierarchischen Vollkommenheit und keine Kenntnis davon. Sie sind noch nicht durch die göttliche Geburt zur göttlichen Seinsverfassung gelangt und werden noch durch väterliche Worte aufgezogen (ausgebrütet) und durch lebenweckende Formen für jenen seligen ersten Schritt zu Leben und Licht aufgrund der göttlichen Geburt herangebildet. Wenn nämlich Kinder dem Fleische nach unvollendet und ungeformt, ohne Hilfe der Hebamme, vor der Zeit zur Welt kommen, werden sie zur Erde fallen, ohne zur Geburt, zum Leben und Licht zu gelangen; und keiner, der gesundes Urteil hat und sieht, was augenscheinlich ist, wird sagen, sie seien zum Licht geboren und aus der Finsternis des Mutterleibes befreit. (Die Heilkunde, die sich auf das Körperliche versteht, sagt, das Licht wirke auf das ein, was aufnahmefähig für das Licht sei.) So zieht auch die weise Lehre vom Heiligen jene erst mit der vorbereitenden Nahrung heiliger Worte auf, die die Kraft haben zu formen und zu beleben; und erst wenn sie ihnen zu einer Verfassung verholfen hat, die für die göttliche Wiedergeburt geeignet ist, dann gewährt sie ihnen in heilsamer Ordnung Anteil an der Gemeinschaft lichtvoller und vollendunggebender Dinge. Jetzt aber errichtet sie eine Schranke zwischen dem Vollkommenen und den Unvollkommenen, indem sie einerseits für die Ehre des Heiligtums, andererseits für die Erziehung und das Leben der Katechumenen Sorge trägt gemäß der göttlichen Festsetzung der hierarchischen Ordnung.

III $_{16}$ – Auch die Schar der Besessenen ist unrein, aber sie nimmt den vorletzten Platz, über der untersten Stufe der Katechumenen, ein. Denn ich möchte mit dem durchaus Unheiligen, das an den göttlichen Sakramenten noch gar keinen Anteil hat, das nicht gleichsetzen, was schon einen gewissen Anteil daran erlangt hat, wenn es auch jetzt unter einem entgegengesetzten

[24] Ijob 21, 14.

Zwang steht und in Störungen verwickelt ist; indessen wird auch ihnen der Anblick des Allerheiligsten und die Vereinigung damit entzogen, und das mit vollem Recht. Wenn es nämlich wahr ist, daß ein ganz göttlicher und der Gemeinschaft mit dem Göttlichen würdiger Mann, der nach seinem Vermögen durch vollkommene und vollkommenheitgebende Heiligungen zum Gipfel der Gottähnlichkeit aufgestiegen ist, sich um fleischliche Dinge nur noch so weit kümmert, als es die Naturnotwendigkeit erfordert, und das nur nebenbei, wenn es gerade nötig ist, vielmehr in seiner höchsten Vergöttlichung ein Tempel des Heiligen Geistes sein wird, dem er zugleich nachfolgt, indem er Gleiches zu Gleichem gesellt – dann wird ein solcher gewiß niemals von entgegengesetzten Vorstellungen der Einbildungskraft und Schrecknissen geplagt werden, vielmehr wird er ihrer spotten, sie verjagen und verfolgen, wenn sie ihm nahen, und mehr wirken als leiden; ja, sein Gleichmut und seine Standhaftigkeit werden ihn befähigen, sich andern als Arzt in solchen Heimsuchungen zu erweisen.

III $_{17}$ – Ich bin aber der Ansicht, oder vielmehr ich weiß es sicher, daß nach dem klaren Urteil des heiligen Standes im Vergleich zu ihnen jene von abscheulicher Gewalt besessen werden, die vom göttlichen Leben abfallen und durch ihre Ansichten wie durch ihren Wandel mit den verworfenen bösen Geistern übereinstimmen, während sie dem, was wahrhaft ist und unsterblicher Besitz wird und ewige Freude gewährt, im äußersten, ihnen selbst verderblichen Wahn widerstreben; dem Stofflichen und mit vielen Wirrnissen behafteten Wandelbaren, verworfenen und verderblichen Genüssen, flüchtiger, fremder und nicht wahrhaft seiender, sondern scheinbarer Freude jagen sie nach. Diese also werden zuerst und mit noch größerer Berechtigung als jene durch das wegweisende Wort des Dieners entfernt. Denn es wäre nicht recht, ihnen an etwas anderem Heiligen Anteil zu gewähren als am Wort Gottes, durch dessen Belehrung sie zum Besseren bekehrt werden können. Denn diese überirdische Feier der göttlichen Geheimnisse wird selbst vor den Büßern, die schon einmal daran teilhatten, verborgen gehalten, da sie nur die ganz Heiligen zuläßt. Ja, sie ruft: Ich bin für jene, die sich wegen ihrer Unvollkommenheit nicht zum Gipfel der Gottähnlichkeit erheben, unsichtbar und unmitteilbar (denn jene ganz reine Stimme wehrt auch jene ab, die sich der Mitteilung des Göttlichen nicht würdig anschließen können); um so mehr wird die Schar der leidend Besessenen unrein sein und ausgeschlossen von jedem Anblick und jeder Mitteilung des Heiligen. Kurz, es sind vom Tempel Gottes und dem Opfer, das ihr Fassungsvermögen übersteigt, jene ausgeschlossen, die noch kein Sakrament empfangen und kennengelernt haben; mit ihnen die von einem heiligeren Leben Abgefallenen und ebenso jene, die wegen ihrer Feigheit durch die Schrecknisse und den Anblick der Feinde noch leicht beeindruckt werden, da sie noch nicht durch eine beharrliche und feste Übereinstimmung mit den göttlichen Dingen die gottähnliche Seinsverfassung und Wirksamkeit erlangt haben; schließlich auch noch jene, die dem entgegengesetzten Leben zwar schon entsagt haben, die aber noch nicht durch die göttliche und darum ganz reine Liebe von seinen Bildern gereinigt sind; und nach ihnen jene, die noch nicht ganz einheitlich und, um den gesetzmäßigen Ausdruck zu gebrauchen, vollkommen unbefleckt und makellos sind.

III $_{18}$ – Dann endlich blicken die heiligen Diener des Heiligtums und die Freunde des Schauens nach heiligem Brauch zur hochheiligen Hostie auf und preisen im allgemeinen Lobgesang den wohltätigen und gabenspendenden Urgrund, von dem uns die heilbringenden Sakramente dargeboten werden, die die hochheilige Vergöttlichung der Eingeweihten vollenden. Diesen Gesang nennen die einen Lobgesang, die andern das Sinnbild des Glaubens (religionis symbolum), wieder andere – mit dem göttlichsten Namen, wie mir scheint – die hierarchische Danksagung (eucharistia) oder die hauptsächliche heilige Danksagung, da sie die uns von Gott zufließenden heiligen Gaben in sich begreift; denn alles Bemühen der gepriesenen Gottestaten scheint mir auf uns gerichtet zu sein, da es uns ein in sich gegründetes Sein und Leben spendet, uns nach der ursprünglichen Schönheit gottähnlich formt und uns Anteil gewährt an einer göttlichen Seinsverfassung und an Wegen, die zur Höhe führen; sodann dafür Sorge trägt, uns aus dem durch unser Versagen uns angeborenen Mangel des Göttlichen zu dem ursprünglichen Zustand zurückzurufen, indem es uns die Gaben vorhält, uns durch vollkommene Annahme unserer Natur Anteil an der seinen gibt und uns so die Gemeinschaft mit Gott und göttlichen Dingen schenkt.

III $_{19}$ – Nach diesem heiligen Preis auf die göttliche Menschenliebe wird das bedeckte göttliche Brot und der Kelch des Segens zur Schau gestellt, es wird der heilige Gruß oder Friedenskuß gegeben und aus den heiligen Büchern die geheimnisvolle und überirdische Lesung vorgetragen. Denn es können nicht zur Einheit zusammengefaßt werden und an einer friedlichen Vereinigung teilhaben, die unter sich uneins sind. Denn wenn wir, von *einer* Schau und Erkenntnis erleuchtet, in einer einheitlichen und göttlichen Gemeinschaft verbunden würden, ließen wir uns nicht zu verschiedenen, uns trennenden Begierden hinreißen, woraus die stoffbegründeten, leidenschaftlichen Feindschaften gegen unseresgleichen entstehen. Dieses einmütige und unzerreißbare Leben also, glaube ich, besiegelt jener Friedenskuß, da er Gleiches zu Gleichem gesellt und von dem göttlichen, einheitlichen Schauspiel alle Trennung ausschließt.

III $_{20}$ – Die Lesung aus den heiligen Büchern, die auf den Friedenskuß folgt, preist die Menschen, die heilig gelebt haben und standhaft zur Vollkommenheit eines rechtschaffenen Lebens gelangt sind; dabei ermuntert sie uns und leitet uns an, durch Nachahmung jener zu diesem seligen Stand und der gottähnlichen Ruhe zu gelangen, jene aber preist sie als Lebende, denn nach der Lehre der Theologie sind sie keineswegs tot, sondern vom Tod zum seligsten Leben übergegangen. Sieh auch, wie sie in heiligem Gedenken bewahrt werden, nicht als ob das göttliche Gedächtnis nach menschlicher Weise sie in dem Teil des Gedächtnisses, der Bilder aufnimmt, aufwiese, sondern – so möchte man der Würde Gottes entsprechend sagen – gemäß der Gott eigenen kostbaren und unwandelbaren Erkenntnis vollkommener und gottähnlicher Dinge. Denn *Er kennt* (wie die Schrift bezeugt) *die Seinen*[25] und *Kostbar in den Augen Gottes ist der Tod Seiner Heiligen*[26]; dabei ist unter dem Tod der Heiligen ihre heilige Vollendung zu verstehen. Beachte aber auch mit heiliger Aufmerksamkeit, wie sich, sobald die heiligen Sinnbilder, die Christus bedeuten und an Ihm Anteil gewähren, auf den Altar gelegt sind, sogleich das Verzeichnis der Heiligen anschließt: Das zeigt ihre untrennbare, überirdische und heilige Vereinigung mit Ihm.

III $_{21}$ – Ist dies auf die angegebene Weise vollbracht, so steht der Bischof vor den heiligen Sinnbildern und wäscht mit Wasser die Hände, zugleich mit dem ehrwürdigen Priesterstand. Denn wer gewaschen ist, der braucht (nach dem Zeugnis der Schrift)[27] nur noch die äußersten Glieder zu waschen; durch diese höchste Reinigung wird er mit der ganz unfaßlichen Gottähnlichkeit ausgestattet, und wenn er sich gütig zu den Untergeordneten herabläßt, wird er ganz frei und unbehindert sein, da er völlig einförmig geworden ist, und zu dem Einen einigend hingewendet wird er seine Hinwendung zu einer makellosen und unversehrten machen, da er die Fülle und Lauterkeit der Gottähnlichkeit bewahrt. Eine heilige Waschung gab es, wie gesagt, auch in der gesetzlichen Hierarchie. Jetzt deutet das Händewaschen des Bischofs und der Priester diese an. Die nämlich zum reinsten Opfer hinzutreten, für die ziemt es sich, auch von den letzten Phantasiebildern gereinigt zu sein und sich ihm, soweit möglich, in Ähnlichkeit zu nähern; so werden sie von klareren Gotteserscheinungen erleuchtet werden, da die überirdischen Blitze ihren Glanz heller und reichlicher in Spiegel von ihnen verwandter Art einstrahlen lassen. Jene Waschung des Bischofs und der Priester an den äußersten Fingerspitzen geschieht vor den hochheiligen Sinnbildern wie vor Christus, der in unsere verborgensten Gedanken hineinschaut; und wenn

[25] 2 Tim 2, 19.
[26] Ps 116 (115), 15.
[27] ⟨Vgl. Joh 13, 10.⟩

jene höchste Reinigung in eindringender Erforschung und ganz gerechtem und reinem Urteil erfolgt ist,

III 22 – dann tritt der Bischof in Verbindung mit dem Göttlichen, lobt die heiligen Werke Gottes, vollzieht die göttlichen Geheimnisse und stellt zur Schau, was er gepriesen hat.

Was es nun für ein göttliches Wirken an uns ist, das wollen wir jetzt nach Kräften auseinandersetzen, denn ich bin nicht imstande, es genügend zu preisen, ja auch nur klar zu erkennen und andern mitzuteilen. Was aber von gotterleuchteten Kirchenfürsten in angemessenen Worten gepriesen und gefeiert wird, das will ich nach Vermögen vortragen, den Geist, der den heiligen Stand erleuchtet, um seine Führung anflehend.

III 23 – Die menschliche Natur, die am Beginn durch ihre Torheit der göttlichen Güter beraubt war, empfing ein Leben voller Leiden und am Ende den verderbenbringenden Tod: Denn folgerichtig überlieferte jener verhängnisvolle Abfall vom Guten und die Übertretung des heiligen Gesetzes im Paradies den, der sich von den schmeichelnden, gefährlichen Trugworten des Feindes verlocken ließ und das lebenspendende Joch abgeschüttelt hatte, seinen eigenen Neigungen; dadurch vertauschte er jämmerlich die Ewigkeit mit der Sterblichkeit; und der aus verderblichem Geschlecht entsprungen war, eilte mit Recht einem Untergang zu, der seinem Ursprung entsprach; und aus dem göttlichen Leben, das ihn zum Himmlischen erhob, freiwillig in ein ganz entgegengesetztes hinabgestürzt, erlangte er die Wechselfälle mannigfaltiger Verwirrungen. Während er aber vom rechten Weg, der zum wahren Gott führt, abgewichen war und in der Botmäßigkeit verworfener, böswilliger Scharen festgehalten wurde, bemerkte er durchaus nicht, daß er nicht Göttern und Freunden, sondern gefährlichen Feinden diente; und da sie ihn in ihrer Unmenschlichkeit grausam mißbrauchten, geriet er jammervoll in die Gefahr des Nichtseins und des Untergangs.

III 24 – Aber die unendliche Menschenfreundlichkeit der göttlichen Güte ließ nicht ab, durch sich selbst für uns Sorge zu tragen, sondern wurde teilhaft all des Unseren, nur ohne Sünde,[28] und einte sich unserer Niedrigkeit, behielt aber seine eigene Natur völlig unvermischt und unversehrt; er gab uns wie Brüdern Anteil daran und erklärte uns zu Teilhabern an seinen Gütern. Die Macht aber, die die abtrünnige Schar über uns hatte, überwand Er nach geheimer Überlieferung nicht durch überlegene Kraft, sondern wie das geheimnisvolle Wort sagt, in Gerechtigkeit und Gericht.[29] Unsere Seinsverfassung dagegen stellte Er gütig wieder her; denn die Dunkelheit unseres

[28] Hebr 4, 15.
[29] ⟨Vgl. Joh 16, 10f.⟩

Geistes erfüllte Er mit seligem und göttlichem Licht, und unsere entstellte Natur verschönte Er mit göttlichem Schmuck; Er stellte unser Wesen, das fast ganz zusammengebrochen war, vollkommen heil wieder her und befreite die Behausung unserer Seele von den schmählichsten Leidenschaften und sündhaften Befleckungen, zeigte uns einen Weg zur Höhe und das Gesetz eines göttlichen Lebens, wodurch wir, soweit möglich, zu einer heiligen Ähnlichkeit mit Ihm emporgeführt werden.

III $_{25}$ – Wie soll uns aber diese göttliche Nachahmung anders begegnen als durch beständige Erneuerung der Erinnerung an die herrlichen Wohltaten Gottes in den priesterlichen Worten und heiligen Handlungen? Dies tun wir also, wie die Schrift sagt, zu Seinem Andenken.[30] Darum preist auch der heilige Bischof, wenn er vor dem Altar steht, die heiligen und göttlichen Werke Jesu, die Er aufgrund der uns umsorgenden göttlichen Vorsehung zum Heil des Menschengeschlechts nach dem Wohlgefallen des heiligsten Vaters im Heiligen Geist, wie die Schrift sagt, vollbracht hat.

III $_{26}$ – Nach dem Lob der ehrwürdigen und geistigen Schau der Geheimnisse, die er mit geistigen Augen betrachtet hat, schreitet er aufgrund göttlicher Anordnung zu dem hochheiligen Vollzug; deshalb entschuldigt er sich nach dem heiligen Lob der göttlichen Werke in ehrfürchtiger und dem Priester geziemender Weise wegen des Opfers, das über seine Würde erhaben ist, indem er zuerst Christus anruft: Du hast gesagt: *Tut dies zu meinem Andenken.*[31]

III $_{27}$ – Dann bittet er, daß er durch dieses Opfer der Nachahmung Christi würdig werde und in der Ähnlichkeit mit Christus Göttliches vollbringen könne und es ganz rein austeilen ⟨könne⟩ und daß auch jene, die an den heiligen Geheimnissen Anteil gewinnen sollen, würdig und heilig die hl. Kommunion empfangen möchten; dann vollzieht er die göttlichen Geheimnisse, und nach der Konsekration stellt er sie nach heiliger Vorschrift in den vorgehaltenen Sinnbildern zur Schau; er enthüllt das verdeckte und ungeteilte Brot, teilt es in viele Teile, spendet auch allen aus dem einen Kelch, und so vervielfältigt und teilt er in sinnbildlichen Handlungen die Einheit und bringt in ihnen das hochheilige Opfer zur Vollendung.

III $_{28}$ – Denn jenes einzige, einfache und geheimnisvolle Wesen des Göttlichen Wortes Jesu begab sich durch die Annahme unserer menschlichen Natur aus Güte und Menschenfreundlichkeit in die Zusammengesetztheit

---

[30] Lk 22, 19.
[31] Ebd.

und Sichtbarkeit, ohne sich doch im mindesten zu verändern, und dachte sich Seine einigend wirkende Vereinigung mit uns in Seiner Güte aus, unsere Niedrigkeit mit Seinen göttlichen Vorzügen vereinend, damit auch wir wie Glieder eines Leibes zusammenpaßten durch das eine und selbe unbefleckte und göttliche Leben und nicht, getötet durch verderbliche Leidenschaften, zu jenen göttlichen, völlig gesunden Gliedern nicht paßten und das Leben nicht in uns aufnehmen könnten. Wenn wir nämlich nach der Vereinigung mit Ihm verlangen, dann müssen wir Sein göttliches Leben im Fleisch betrachten und durch Nachahmung Seiner heiligen Sündenlosigkeit eine gottähnliche, makellose Seinsverfassung anstreben; so wird Er uns die Ähnlichkeit mit sich mitteilen, soweit sie uns angemessen ist.

III $_{29}$ – Das macht der Bischof durch die heiligen Handlungen offenbar, indem er die bedeckten Gaben enthüllt und ihre Einheit in viele Teile teilt und durch die höchste Vereinigung der ausgeteilten Gaben mit den Empfangenden den Kommunizierenden Anteil an jenen gibt. Wenn er Jesus Christus sehen läßt, bringt er unser geistliches Leben wie in einem Bilde zur Anschauung: wie Er aus der Verborgenheit in der Gottheit durch die vollkommene und unvermischte Annahme unserer Menschennatur gütig unsere Gestalt anzieht und in unsere Geteiltheit ohne Veränderung seiner selbst eingeht, durch diese wohltätige Milde das Menschengeschlecht zur Teilhabe an Ihm und Seinen Gütern einladet, wofern wir nur uns Seinem göttlichen Leben durch Nachahmung nach unsern Kräften verbinden: Denn so werden wir wahrhaft Gefährten Gottes und göttlicher Dinge teilhaft.

III $_{30}$ – Nach dem Genuß und der Austeilung der hl. Kommunion geht er mit der ganzen versammelten Gemeinde zur Danksagung über. Es geht aber der eigene Genuß der Austeilung der hl. Kommunion voraus ..., denn das ist die allgemeine Ordnung der Dinge und die Unterscheidung beim Göttlichen, daß der heilige Bischof zuerst kommuniziert und sich an den Gaben sättigt, die er nach göttlicher Anordnung an die übrigen austeilen soll, und sie dann den andern reicht. Die nun die göttlichen Lehren keck mißbrauchen, weil sie ihnen weder durch ihre Lebensweise noch durch ihre Seinsverfassung entsprechen, sind als Tempelschänder und durchaus nicht ins Heiligtum gehörig anzusehen. Wie nämlich die zarteren und durchsichtigeren Stoffe, sobald sie von den in sie eingehenden Sonnenstrahlen erfüllt werden, alles sie überströmende Licht nach Art der Sonne an die benachbarten weitergeben, so darf sich niemand verwegen andern als Führer zum göttlichen Licht anbieten, der nicht seiner ganzen Seinsverfassung nach im höchsten Maß gottähnlich geworden ist und durch göttliche Eingebung und Urteilsspruch als dazu geeignet anerkannt.

III 31 – Der ganze nach hierarchischer Ordnung versammelte Priesterstand schließt nach Empfang der göttlichen Geheimnisse mit Danksagung, indem er nach Vermögen die göttlichen Wohltaten erkennt und preist. Die aber keinen Anteil am Göttlichen haben und es nicht kennen, kommen auch nicht zur Danksagung, obwohl jene göttlichen Gaben ihrer Natur nach aller Danksagung würdig sind. Weil sie aber, wie gesagt, wegen ihrer Neigung zum Schlechten auf die Geschenke Gottes nicht achten wollen, bleiben sie undankbar gegen die unendlichen Gnaden der göttlichen Wohltaten. *Kostet*, sagt die Schrift, *und sehet*[32]; denn die durch heilige Lehre in die göttlichen Dinge eingeführt werden, erkennen ihre herrlichen Gnaden, und ihre göttliche Erhabenheit und Süße bei der Kommunion heilig betrachtend, preisen sie dankbar die überhimmlischen Wohltaten der höchsten Gottheit.

IV.
Was bei der Salbung geschieht und zur Vollendung kommt

IV 1 – So groß und so herrlich ist das geistliche Schauspiel der heiligsten Begegnung, die unsere Vereinigung und Verbindung mit jenem Einen nach besonderer heiliger Ordnung vollendet; es gibt aber noch eine andere, ihr gleichzustellende heilige Handlung – unsere Lehrer nennen sie das Geheimnis des Chrisma.[33] Wir wollen ihre Teile nach den heiligen Bildern der Reihe nach betrachten und uns durch sie in hierarchischer Schau zu jenem Einen erheben.

IV 2 – Das Geheimnis der Salbenweihe
Wie bei der Begegnung werden die Unvollkommenen ausgeschlossen, nachdem zuvor der Umgang durch die Kirche mit duftendem Rauchwerk, der Psalmengesang und die Lesung aus der Heiligen Schrift stattgefunden hat. Dann nimmt der Bischof die Salbe und stellt sie auf den Altar, verhüllt mit zwölf heiligen Flügeln; dazu singen alle mit ganz heiliger Stimme jenen vom Heiligen Geist eingegebenen Lobgesang des gottbegeisterten Propheten;[34] dann spricht er darüber das Weihegebet und benutzt sie fortan zu jeder heiligen Weihe von Dingen, die durch besondere Weihen geheiligt werden müssen.

IV 3 – *Sinndeutung*
Die einführende sinnbildliche Handlung dieser vollendenden Weihe deutet – glaube ich – durch das, was mit jener göttlichen Salbe geweiht wird, an,

---

[32] Ps 34 (33), 9.
[33] ⟨Griech.: = Salbung bei der Spendung der Sakramente der Taufe, Firmung und Priesterweihe mit Chrisam = Salböl.⟩
[34] ⟨Jes 6, 3: „Heilig, heilig, heilig …“.⟩

daß heilige Männer den Duft der Heiligkeit ihrer Seele verhüllen sollen: Die heiligen Männer erhalten die göttliche Weisung, nicht in die Augen fallende schöne und duftende Bilder für das Geheimnis Gottes zu eitlem Ruhm zu gebrauchen. Denn rein ist Gottes geheime, süß duftende Schönheit und übersteigt die Kraft der Seele und zeigt sich nur auf geistige Weise geistigen Männern, denn sie verlangt in unseren Seelen Bilder, die ihr an Kraft entsprechen und unvergänglich sind. Denn das Bild, das Gott darstellt, schaut auf zu jener unsichtbaren, lieblich duftenden Form, um sich selbst zu ihrem schönsten Abbild zu gestalten. Und wie bei sinnenfälligen Bildern der Maler seine Aufmerksamkeit unabwendbar auf das Urbild richtet, ohne sich durch irgendein anderes sichtbares Ding ablenken oder durch irgendetwas zerstreuen zu lassen, sondern jenen, den er darstellen soll, sozusagen neu bildet, die Wahrheit im Gleichnis und das Urbild im Abbild zum Ausdruck bringt, eins im andern ohne Änderung des Wesens: So schafft in den Liebhabern des Schönen, die es in ihre Seele malen, die aufmerksame und beständige Betrachtung der lieblich duftenden, verborgenen Schönheit deren fehlerloses, ganz göttliches Bild. Mit Recht verwenden daher die Maler des Göttlichen, wenn sie ihre Seele beständig nach jenem überwesentlichen, duftenden geistigen Bild gestalten, nichts von der ihnen innewohnenden Kraft, um von den Menschen gesehen zu werden,[35] wie die Schrift sagt: Sondern sie betrachten heilig in der göttlichen Salbe wie in einem Bilde die heiligsten Geheimnisse der Kirche unter einem Schleier: Was also ihrer Kraft entsprechend in ihrer Seele Heiliges und am meisten Gottähnliches ist, was nach dem Bild und Gleichnis Gottes geschaffen ist,[36] das verbergen sie und schauen nur auf das geistige Urbild; und sie vermeiden es nicht nur, Andersartiges zu betrachten, sondern sie werden nicht einmal dahin gezogen. Darum lieben sie, wie es sich für sie ziemt, nicht das, was ihnen von ungefähr gut und gerecht scheint, sondern das, was es wahrhaft ist; und sie schauen nicht auf jenen eitlen Ruhm, der von der Menge ohne vernünftigen Grund seliggepriesen wird, sondern beurteilen von sich aus Gutes und Böses nach dem Maßstab Gottes; und so werden sie göttliche Ebenbilder jenes göttlichen Wohlgeruchs, der den wahrhaft lieblichen Duft in sich enthält, sich niemals zu dem hinwendet, was allenthalben der Menge anders erscheint, sondern in seinen wahren Bildern die Wahrheit zum Ausdruck bringt.

IV 4 – Da wir jetzt die äußere Anmut der wahrhaft schönen Handlung betrachtet haben, laß uns nun zu ihrer noch göttlicheren Schönheit aufschauen, die Schleier aufheben und sie an sich betrachten, die in Klarheit jenen seligen Glanz ausstrahlt und uns mit jenem Duft erfüllt, der sich geistlichen

---

35 ⟨Mt 6, 5.⟩
36 ⟨Gen 1, 26f.⟩

Männern enthüllt hat. Denn die sichtbare Vollendung der Salbe ist für die Umgebung des Bischofs nicht unmitteilbar und unsichtbar, sondern gelangt zu ihnen und begründet jene für die Menge unfaßbare Schau, von ihnen aber wird sie ehrfürchtig bedeckt und nach priesterlichem Recht von der Menge abgeschieden. Denn jener Strahl der heiligsten Dinge leuchtet rein und unmittelbar heiligen Männern von verstehendem Geist und durchtränkt ihre geistlichen Begriffe offenbar mit süßem Duft; was aber am Boden kriecht, dem naht er sich nicht auf gleiche Weise, sondern wird vor ihnen, wie vor heimlichen Zuschauern bei einer geistlichen Sache, ohne Schaustellung unter gefiederten Hüllen verborgen, die als heilige Zeichen die wohlgeordneten Reihen der Untergebenen zu der ihnen gemäßen heiligen Analogie führen. – Es ist aber, wie gesagt, der soeben von uns gepriesene heilige Vollzug der Weihe von solcher Ordnung und Kraft, daß er die hierarchischen Handlungen zur Vollendung bringt.

IV 5 – Darum haben ihn auch unsere göttlichen Lehrer, als von gleichem Rang und gleicher Wirkung wie das hochheilige Sakrament der Begegnung, meist mit denselben Bildern, mit mystischen Unterscheidungen und heiligen Worten beschrieben. Und der Bischof darf wohl auf dieselbe Weise schauen[37] und von einem göttlicheren Ort den süßen Wohlgeruch nach den folgenden heiligen Orten verbreiten, zeigt aber durch die Rückkehr an den heiligen Ort, wie die Teilnahme an göttlichen Dingen zwar allen Heiligen nach eines jeden Fassungskraft gewährt wird, wie sie aber doch in sich unvermindert bleibt, ohne sich von ihrem Ort zu entfernen, unwandelbar in der göttlichen Begründung ihres Eigenseins stehend. Wiederum bilden auf gleiche Weise die Gesänge und Lesungen aus der Heiligen Schrift die Unvollkommenen zur lebenspendenden Kindschaft heran und fördern die heilige Bekehrung der von bösen Geistern Geplagten, und sie machen den entgegenwirkenden Schrecken und Zauber bei denen, die wegen ihrer Feigheit vom bösen Geist an sich gezogen werden, zunichte, indem sie ihnen, ihrem Fassungsvermögen entsprechend, den Gipfel göttlicher Seinsverfassung und Kraft vor Augen stellen. So kommt es, daß sie selbst vielmehr ein Schrecken für die feindlichen Mächte sind und andern als Führer gegeben werden, um sie zu heilen, aufgrund eigener Güte feststehend in der Nachahmung Gottes, nicht nur im Besitz wirksamer Kraft gegen feindlichen Schrecken, sondern auch fähig, sie zu geben: Denen, die von einem schlimmen Wandel zu heiliger Gesinnung zurückgekehrt sind, prägen sie eine heilige Gewöhnung ein, damit sie nicht aufs neue dem Bösen verfallen; ⟨diejenigen⟩ denen noch etwas zur vollkommenen Reinheit fehlt, die entsühnen sie vollends; die Heiligen aber führen sie zu göttlichen Bildern, zu ihrem Anschauen und zur Ge-

[37] ⟨Vor „schauen" ein Fragezeichen am Rand.⟩

meinschaft damit; so nähren sie die schon völlig Geheiligten mit seligen geistlichen Schauspielen, ihre Einförmigkeit mit jenem Einen vollendend. – Was weiter? Entläßt nicht auch die jetzt gepriesene Weihe ebenso wie die hl. Kommunion jene früher Erwähnten, die nicht völlig rein sind, läßt sich nur in heiligen Bildern sehen und wird nur von heiligen Männern in hierarchischem Aufstieg unmittelbar erblickt und gefeiert?

IV $_6$ – Das haben wir nun oft genug gesagt, und ich halte es für überflüssig, es nochmals in Worten zu wiederholen. Vielmehr wollen wir zum Folgenden übergehen und sehen, wie der Bischof die mit zwölf Flügeln bedeckte heilige Salbe hält und das reinste Sakrament damit vollzieht. – Wir wollen also sagen, wie die Salbe zusammengesetzt ist. Sie ist eine Mischung duftender Stoffe voll duftender Eigenschaften; die sie empfangen, nehmen den süßen Duft an in dem Maß, in dem sie innerlich am Wohlgeruch teilhaben.

IV $_7$ – Wir wissen aber, daß der göttliche Jesus, voll überwesentlichen Duftes, das Geistige in uns durch geistliche Gaben mit göttlicher Wonne erfüllt. Wenn nämlich unser Geruchssinn gesund und richtig auf die duftenden Dinge abgestimmt ist, dann empfindet er den Wohlgeruch der sinnenfälligen Dinge als angenehm und erlangt dadurch großen Genuß. Mit gleichem Recht könnte man sagen: Wenn unsere geistigen Fähigkeiten durch keine Neigung zum Bösen verderbt sind, so werden sie durch die Kraft des natürlichen Urteils, nach dem Maß des göttlichen Wirkens und ⟨durch⟩ die entsprechende Hinwendung des Geistes zu Gott von der Süßigkeit des göttlichen Wohlgeruchs durchtränkt und mit heiliger Wonne und göttlicher Nahrung gesättigt. Die mystische Zusammensetzung der Salbe also stellt uns, gleichsam durch Gestaltung gestaltloser Dinge, Jesus selbst dar als den überfließenden Quell, aus dem die Süßigkeit göttlicher Wohlgerüche geschöpft wird, da Er nach göttlichen Maßen in unseren gottähnlichen Geist jenen süßen Hauch einströmen läßt, durch den er mit friedvoller Wonne erfüllt wird und, voll heiliger Eindrücke, göttliche Speise genießt, wenn jene duftenden Gaben mit göttlicher Freigebigkeit unsern geistigen Seelenteil überströmen.

IV $_8$ – Es scheint mir aber klar, daß den höheren Wesen, als göttlicheren, ein näherer Anteil aus dem Urquell des Duftes zukommt und sich ihnen in höherem Maße offenbart und mitteilt, ihr ganz gottähnliches Wesen, das höchste Aufnahmefähigkeit für geistige Kraft besitzt, reichlich überströmt und vielfältig darin eingeht; für die niederen aber und nicht in gleichem Maß aufnahmefähigen schränkt Er jene höchste Schau und Vereinigung in ehrfürchtiger Scheu ein und gewährt ihnen nach göttlichen Maßen Anteil, indem Er die Einströmungen ihrem Fassungsvermögen anpaßt.

IV 9 – Der Chor der Seraphim,[38] der noch hoch über den uns überragenden Wesen steht, ist in den zwölf Flügeln angedeutet: Er umgibt Jesus, hat in Seiner Nähe seinen Platz, ist der seligsten Schau hingegeben, soweit es recht ist, und in heiligstem Empfang der geistigen Ausspendung heilig erfüllt; mit nimmermüder Stimme, um es in sinnenfälligen Worten zu sagen, singt er das viel besungene Gotteslob. Denn heilig ist die Erkenntnis der himmlischen Geister und unermüdlich und schließt eine nie versagende Liebe ein, über alle Böswilligkeit und alles Vergessen erhaben; darum bezeichnet jenes unaufhörliche Rufen, wie ich glaube, ihr ständiges, unwandelbares Wissen und Erkennen der göttlichen Dinge mit aller Anspannung und Danksagung.

IV 10 – Die unkörperlichen Eigenschaften der Seraphim, die von den Heiligen Schriften mit sinnlichen Bildern zum Ausdruck geistiger Dinge geschildert sind, haben wir in der Beschreibung der himmlischen Hierarchien recht betrachtet, wie ich glaube, und Deinen geistigen Augen gezeigt; da aber nun wieder die den Bischof ehrfürchtig Umgebenden uns diesen erhabensten Chor darstellen, wollen wir noch einmal ihren göttlichen Glanz mit geistigen Augen betrachten.

IV 11 – Ihre zahllosen Angesichter und vielen Füße bezeichnen, glaube ich, ihre Kraft und Eigenart, womit sie viele göttliche Erleuchtungen schauen, ihr Verstehen göttlicher Güter, das in ständiger Bewegung ist und vieles durchwandert; die sechs Flügel aber, die die Schrift erwähnt, bezeichnen nach meiner Meinung nicht eine heilige Zahl, wie manche annehmen, sondern daß eben diese Kräfte von höchstem Wesen oder von der Ordnung, die immer in Gottes Nähe weilt, die ersten, mittleren und letzten, ganz geistig und gottähnlich sind, nach oben streben, vollkommen frei und überirdisch. Darum gibt die Weisheit der Heiligen Schrift in dem Bild von den Flügeln ihrem Antlitz, der Mitte des Körpers und den Füßen Fittiche, um anzudeuten, daß sie ganz und gar geflügelt sind und sich mit aller Kraft zu dem erheben, was wahrhaft oben ist.

Wenn sie Antlitz und Füße bedecken und nur mit den mittleren Flügeln fliegen, so verstehe das dahin, daß diese hervorragende Ordnung unter den höchsten Naturen Ehrfurcht hat vor dem, was zu hoch und zu tief für ihr Verständnis ist, und sich nur mit den mittleren Flügeln maßvoll zu Gott erhebt, da sie ihr Leben unter das göttliche Joch beugt und davon heilig zu Seiner Erkenntnis geführt wird. – Wenn aber die Schrift sagt: Einer ruft es dem anderen zu,[39] so bedeutet dies, glaube ich, daß sie einander neidlos

[38] ⟨Name des höchsten der von Dionysius in der *Himmlischen Hierarchie*, Kap. VII, (vgl. S. 168 ff.) vorgestellten neun Chöre der Engel.⟩
[39] ⟨Jes 6, 3.⟩

Anteil an ihren Gesichten und Erkenntnissen geben. Ja, auch dies ist erwähnenswert, daß in der Heiligen Schrift jene heiligsten Naturen sehr bezeichnend mit dem hebräischen Wort Seraphim genannt werden, weil sie durch ihr göttliches und stets bewegtes Leben feurig und im Übermaß glühend sind. – Wenn also jene göttlichen Seraphim, nach der Versicherung von Kennern des Hebräischen, *Entzünder* und *Erwärmer* genannt werden, weil dieser Name ihre natürliche Seinsverfassung ausdrückt, so haben sie gewiß gemäß der sinnbildlichen Darstellung jene Kräfte der göttlichen Salbe,[40] die nach oben führen, um Ihn zum Ausdruck zu bringen und anzufeuern, wirksamere Düfte auszuteilen. Denn jenes Wesen, dessen süßen Duft kein Herz fassen kann, liebt es, sich von glühenden und reinen Herzen zur Offenbarung Seiner selbst auffordern zu lassen und Seine göttlichsten Eingebungen in seligen Ausspendungen jenen zuzuwenden, die es auf so überirdische Weise einladen.[41]

IV $_{12}$ – Jene göttlichste Ordnung himmlischer Wesen also wußte sehr wohl, daß der göttliche Jesus zur Heiligung herabgestiegen sei; sie wußte aber, daß Er sich aus göttlicher und unaussprechlicher Güte zu unserer Natur herabgelassen habe und vom Vater und dem Heiligen Geist nach Art der Menschen geheiligt worden sei; sie sah aber und erkannte, daß der Ihm eigene Seinsgrund in dem, was Er auf göttlichste Weise tat, Seinem Wesen nach unverändert war. Deshalb umgibt die Überlieferung der heiligen Sinnbilder die geweihte göttliche Salbe mit Seraphim, um erkennen zu lassen, daß Christus bei der Annahme der ganzen Menschennatur doch in sich unverändert blieb.

IV $_{13}$ – Und was noch göttlicher ist: Sie benützt zu jeder Weihe heiliger Dinge die göttliche Salbe, um nach der Heiligen Schrift augenscheinlich zu zeigen, wie Der, der das zu Heiligende heiligt,[42] immer sich selbst gleich und in allem Wirken der göttlichen Güte derselbe ist. Darum wird auch die vollkommenheitwirkende Gabe und Gnade der göttlichen Wiedergeburt[43] mit Hilfe der Weihe der göttlichen Salbe vollzogen.

IV $_{14}$ – Darum führt uns, glaube ich, auch der Bischof, wenn er in das reinigende Taufwasser Salbe in Kreuzesform eingießt, vor die geistigen Augen, wie Jesus für unsere göttliche Wiedergeburt bis zum Tode am Kreuz[44] untertauchte und durch dies göttliche und unüberwindliche Hinabsteigen jene,

[40] ⟨Salböl, nämlich der Chrisam, für die Taufe.⟩
[41] ⟨Anstreichung am Rand des letzten Satzes.⟩
[42] Hebr 2, 11.
[43] ⟨Taufe.⟩
[44] ⟨Phil 2, 8⟩.

die nach einem geheimnisvollen Schriftwort in seinen Tod getauft[45] sind, aus dem alten Sturz in den verderbenbringenden Tod gütig befreite und zu einem göttlichen und ewigen Sein erneuerte.

IV $_{15}$ – Doch auch dem, der durch das heilige Sakrament der göttlichen Wiedergeburt eingeweiht ist, spendet jene vollendende Salbung die Herabkunft des Heiligen Geistes, wobei – wie ich glaube – die heilige sinnbildliche Darstellung zur Anschauung bringt, wie jener göttliche Geist von Ihm gegeben wird, der um unseretwillen nach Menschenweise vom Heiligen Geist geheiligt wurde, ohne daß sich Sein göttliches Wesen änderte.

IV $_{16}$ – Beachte auch gebührend, wie jenes Gesetz der heiligsten Geheimnisse auch die Weihe des Altars durch reinste Begießungen mit der geweihten göttlichen Salbe vollzieht. Es ist aber das überhimmlische und überwesentliche Schauspiel (θεωρία) Anfang und Wesen und Kraft aller uns von Gott gewährten Heiligung. Wenn nämlich Jesus, der unser göttlicher Altar ist, die göttliche Weihe göttlicher Herzen ist, wenn wir in Ihm, nach der Heiligen Schrift, geheiligt und nach Art eines Ganzopfers mystisch verbrannt[46], Zugang erlangen, dann laßt uns mit überirdischen Augen jenen göttlichen Altar betrachten (worauf das, was eingeweiht werden soll, geweiht und geheiligt wird), wie er durch eben diese göttliche Salbe geweiht wird: Jesus, der Allerheiligste, heiligt nämlich sich selbst für uns und erfüllt uns mit aller Heiligkeit, da das, was an Ihm geschieht, nach göttlichem Heilsplan (οἰκονομικῶς) auf uns überfließt wie auf aus Gott Geborene.[47]

IV $_{17}$ – Darum nennen, glaube ich, jene göttlichen Führer unseres heiligen Standes gemäß dem von Gott übergebenen hierarchischen Sinn dieses heilige Geheimnis der Salbe τελετή (Weihe) oder *consecratio*, weil es wirksam weiht und vollendet; als wollte man sagen: Gottes Weihe, und so in doppeltem Sinne seine göttliche Vollkommenheit preisen. Es ist nämlich Gottes Weihe, sowohl weil Er um unseretwillen nach Menschenweise geheiligt wird, als ⟨auch⟩ weil Er auf göttliche Weise selbst alles weiht und heiligt, was geweiht werden soll.

IV $_{18}$ – Jenes heilige Lied der gottbegeisterten Propheten[48] nun bedeutet, so sagen die Kenner des Hebräischen, Gottes Lob oder *Lobet den Herrn.*[49] Nachdem also jede heilige Erscheinung und Wirkung Gottes in der verschiedenen

---

45 ⟨Röm 6, 3.⟩
46 ⟨Vgl. Hebr 10, 12–14.⟩
47 ⟨Anstreichung am Rand ab „Jesus" bis zum Schluß von IV $_{16}$.⟩
48 ⟨Jes 6, 3.⟩
49 ⟨Halleluja.⟩

Zusammensetzung hierarchischer Sinnbilder beschrieben worden ist, dürfte es keineswegs unangebracht sein, des Lobgesangs der Propheten zu gedenken, den sie von Gott gelernt haben: Denn er lehrt auf reine und dem Heiligen geziemende Weise, daß die göttlichen Wohltaten heiligen Lobes würdig sind.

V.
Von den Weihen der heiligen Stände

V ⟨1⟩ – I. Dies ist die göttliche Salbenweihe. Nun ist es Zeit, nach den göttlichen Handlungen die heiligen Stände selbst darzulegen, ihre Einteilung, ihre Kräfte, Handlungen und Ausführungen; die drei höheren Stände, die darin befaßt sind, damit die Ordnung unserer Hierarchie klargemacht werde; was ungeordnet, unschön und verworren ist, darf nicht damit vermischt werden, sondern ist auszuscheiden; dagegen ist die Schönheit, Erhabenheit und Ordnung in den Verhältnissen der heiligen Stände darzulegen.

V 2 – Nun haben wir, glaube ich, die Dreiteilung jeder Hierarchie schon an jenen früher beschriebenen Hierarchien genügend dargelegt, indem wir sagten, daß die uns entsprechende heilige Überlieferung alles hierarchische Wirken in heilige Handlungen eingeteilt hat und in die göttlichen Wissenschaften davon und in die, die von ihnen zur Vollendung geführt werden.

V 3 – Jene hochheilige Hierarchie der überhimmlischen Wesen hat als Weihe jenes gänzlich vom Stofflichen freie geistige Verstehen, das der Gott eigenen Kraft und dem Göttlichen entspricht, und die reine Seinsverfassung ihrer Gottähnlichkeit und größtmöglichen Nachahmung Gottes: Erleuchter und Führer zu solcher hochheiligen Nachfolge sind die höchsten Wesen, die Gott umgeben; sie lassen auf die niederen heiligen Ordnungen voll Güte, nach eines jeden Fassungsvermögen, beständig vergöttlichendes Wissen überströmen, das ihnen jene durch sich selbst vollkommene und weisheitwirkende göttliche Führung göttlicher Geister zugeteilt hat. Die jenen ersten untergeordneten Ordnungen sodann heißen und sind in Wahrheit geweihte Ordnungen, weil sie von jenen in heiliger Weise zu der vergöttlichenden Erleuchtung durch die göttliche Leitung hingeführt werden.

V 4 – Nach jener himmlischen, überirdischen Hierarchie nun schüttet die Gottheit wohltätig über die unsere die heiligsten Gaben aus: Den noch Unmündigen, wie die Schrift bezeugt, gewährte sie die Gesetzeshierarchie[50] und

---

[50] ⟨Gal 3, 23.⟩

unter dunklen Abbildern des Wahren und weit entfernten Nachbildern der ursprünglichen Beispiele und schwer begreiflichen Rätseln und Gestalten, die einen verborgenen und nicht leicht zu beurteilenden Sinn hatten, ein ihnen – wie schwachen Augen – angemessenes Licht, das ihnen nicht schaden konnte. Das Geheimnis dieser Gesetzeshierarchie aber war eine Vorbereitung für den geistigen Gottesdienst. Ihre Führer aber waren jene, die von Moses, dem ersten Lehrer und Führer des Priestergesetzes,[51] die Ordnung jenes heiligen Zeltes erlernt hatten: Er schrieb für jenes heilige Zelt[52] zur Einführung die Gesetzeshierarchie nieder und nannte alles, was nach dem Gesetz heilig vollbracht werden sollte, ein Abbild dessen, was ihm auf dem Berge Sinai[53] gezeigt worden war.

V 5 – Die durch die Sinnbilder des Gesetzes, soweit möglich, zur Vollendung geführt waren, wurden zu einer vollkommeneren Lehre hingeführt. Eine vollkommenere Lehre aber nennt die Theologie unsere Hierarchie, da sie sich als die Erfüllung und das Ziel jener bezeichnet. Sie ist aber zugleich mit der himmlischen und der gesetzlichen in Übereinstimmung durch ihre Mittelstellung, die sie mit den äußersten in Verbindung bringt, mit jener im geistigen Schauen, mit dieser durch die Mannigfaltigkeit sinnenfälliger Zeichen, durch die auch sie zur Gottheit geführt wird. Ferner hat auch sie die Dreiteilung des heiligen Standes, da sie in heilige Weihehandlungen eingeteilt wird, in gottähnliche Diener des Heiligtums und in solche, die von ihnen zu den ihnen entsprechenden heiligen Handlungen geführt werden.

V 6 – Jeder der drei Teile unserer Hierarchie wird aber wie die gesetzliche und jene, die göttlicher ist als die unsere, in einen ersten, mittleren und letzten ⟨Teil⟩ gegliedert, gestützt auf die Kraft sowohl des heiligsten Verhältnisses als auch der schönsten und ihrer Ordnung angemessenen und alles verknüpfenden Gemeinschaft.

V 7 – Die heiligste Weihe der Geheimnisse[54] hat also als erste heilige Kraft die heilige Entsühnung der Unreinen; als mittlere jene, wodurch sie die bereits Entsühnten erleuchtend einführt; schließlich als letzte, die höher ist als die vorausgehenden, jene, wodurch sie die schon Eingeweihten zur Vollendung führt vermöge des Wissens um ihre eigenen Weihen.

---

[51] ⟨Mose werden die biblischen Bücher *Genesis* bis *Deuteronomium* zugeschrieben, die vor allem in *Leviticus* die Anordnungen für die Priester des Alten Bundes enthalten.⟩

[52] ⟨Vgl. Ex 25, 1 – 31, 18: Wohnung Gottes nach dem Bundesschluß mit Mose und dem Volk Israel am Sinai.⟩

[53] ⟨Mose empfing auf dem Sinai nicht nur die Zehn Gebote, sondern auch Anweisungen zur Ausstattung des heiligen Zeltes.⟩

[54] ⟨Übersetzung des griechischen „mysterion“, des Terminus für die Sakramente, hier der Initiationssakramente Taufe, Firmung und Eucharistie.⟩

V 8 – Die Ordnung der Diener des Heiligtums nun entsühnt mit ihrer ersten Kraft die Unreinen durch die hl. Geheimnisse, durch die mittlere erleuchtet sie die Entsühnten, durch die letzte und höchste der heiligenden Kräfte vollendet sie die, die am göttlichen Licht teilhaben, in der ⟨Kraft⟩ der Erleuchtung schauenden Erkenntnis.

V 9 – Die erste Kraft derer, die eingeweiht werden, ist die zum Entsühntwerden, die mittlere, nach der Entsühnung, die zum Erleuchtetwerden, die den Zutritt zum Anschauen gewisser Geheimnisse gewährt; die letzte, die göttlicher ist als die andern, ist die Kraft, durch eine vollendende Erkenntnis Erleuchtung über die wahrgenommenen Geheimnisse zu erlangen.

V 10 – Die dreifache Kraft der Geheimnisse der heiligen Weihe wird gepriesen, wenn wir aus der Heiligen Schrift zeigen, daß die heilige Wiedergeburt zugleich Reinigung und erleuchtendes Licht ist;[55] daß aber die Geheimnisse der hl. Kommunion und der hl. Salbe eine die göttlichen Werke vollendende Erkenntnis sind, durch die eine einigende Hinführung zur Gottheit und die seligste Gemeinschaft mit ihr heilig vollbracht wird. Nun aber ist danach der Priesterstand zu beschreiben, der in einen reinigenden, erleuchtenden und vollendenden eingeteilt wird.

V 11 – Es ist ein Gesetz der hochheiligen und höchsten Gottheit, daß durch das Erste das Folgende zu ihrem göttlichen Licht geführt wird.

Sehen wir nicht, daß schon die sinnenfälligen Elementarwesen (die Substanzen der Elemente) zunächst auf das ihnen Nächstverwandte einwirken und dann durch ihre Vermittlung ihre Wirkkraft auf anderes ausdehnen? Mit Recht läßt also der Urgrund und Sitz aller sichtbaren und unsichtbaren schönen Ordnung seine göttlichen Strahlen zuerst zu den gottähnlicheren gelangen und strahlt durch sie als die durchsichtigeren Geister, die zur Aufnahme und Weiterleitung des Lichtes geeigneter sind, in die niederen, ihrer Fassungskraft entsprechend, ein und wird für sie sichtbar.

V 12 – Es ist also Aufgabe derer, die als erste Gott schauen, den folgenden neidlos, ihrer Fassungskraft entsprechend, die göttlichen Schauspiele zugänglich zu machen, die sie heilig erkannt haben: Auch über das zu belehren, was der Hierarchie eigen ist, ist Sache derer, die mit dem vollkommen wertgebenden Wissen auch über die heiligen Geheimnisse ihres Standes recht belehrt worden sind und die vollendete Kraft, andere zu belehren, erlangt haben; die Sakramente aber der Würde entsprechend auszuspenden kommt denen zu, die wissend und lauter vollkommenen Anteil am Priestertum er-

[55] ⟨Die Taufe wurde von alters her als Erleuchtung aufgefaßt.⟩

langt haben. – Der göttliche Stand der Bischöfe ist also der erste jener Stände, die Gott schauen.

V 13 – Er ist zugleich der höchste und der letzte, da in ihm die Ordnung unserer Hierarchie zum Abschluß und zur Vollendung kommt. Denn wie die gesamte Hierarchie auf Jesus zurückweist, so jede einzelne auf ihren obersten Priester. Die Kraft der hierarchischen Ordnung macht sich zwar in allen heiligen Ständen geltend und wirkt durch alle heiligen Stände die Geheimnisse der eigenen Hierarchie, aber diesem hat das göttliche Gesetz vor den übrigen Ständen göttlichere Pflichten zu seinem Dienst zuerteilt.

V 14 – Dies sind die vorzüglichsten Abbilder der vollendenden Kraft Gottes, wodurch alle göttlichen Sinnbilder und heiligen Ordnungen Vollendung erhalten. Es werden zwar von den Priestern verehrungswürdige Sakramente vollzogen, jedoch wird niemals ein Priester jene göttliche Wiedergeburt wirken ohne jene göttliche Salbe, noch die Geheimnisse der heiligen Kommunion feiern, ohne daß die Sinnbilder der Kommunion auf den göttlichen Altar gebracht wurden, ja er wird nicht einmal Priester sein ohne Beförderung zu dieser Würde durch bischöfliche Weihe. Deshalb hat das göttliche Gesetz die Weihe der hierarchischen Stände, die Weihe der göttlichen Salbe und die heilige Segnung des Altars ausschließlich den vollendenden Kräften der göttlichen Bischöfe vorbehalten.

V 15 – Es ist also der hohepriesterliche oder bischöfliche Stand (pontificatus seu episcopatus), der – von vollendender Kraft erfüllt – die vollendenden Amtshandlungen des heiligen Standes ausschließlich vollzieht und die Lehre von den heiligen Geheimnissen erklärend weitergibt und lehrt, welche heiligen Fähigkeiten und Kräfte ihnen zukommen.

V 16 – Der Priesterstand aber, dem es zukommt zu erleuchten, führt in Unterordnung unter den Stand der göttlichen Bischöfe die Eingeweihten zum Anblick der heiligen Geheimnisse, vollzieht mit jenem zusammen die ihm zustehenden heiligen Handlungen; und die göttlichen Werke, die jener vollbringt, zeigt er durch die heiligsten Sinnbilder und macht so die Hinzutretenden zu Zuschauern und gewährt ihnen den Zugang zur Gemeinschaft der heiligen Geheimnisse; die aber Belehrung über die Geheimnisse verlangen, die sendet er dem Bischof zu.

V 17 – Der Stand der Diener oder Diakone hat die Aufgabe zu reinigen und Unpassendes auszuscheiden; vor dem Hinzutreten zu den Heiligungen durch die Priester reinigt er die Ankommenden, befreit sie von Entgegenstehendem und macht sie würdig zum Schauen der heiligen Geheimnisse und zur Aufnahme in ihre Gemeinschaft. So ziehen die Diakone bei der heiligen Wiedergeburt dem Hinzutretenden das alte Kleid und die Schuhe aus, stellen ihn zum Widersagen nach Westen hin auf und führen ihn wiederum nach Osten (denn ihr Stand und ihre Kraft ist es zu reinigen); sie ermahnen die Hinzutretenden, die Kleider ihres früheren Lebens völlig abzulegen, zeigen ihnen die Finsternis ihres früheren Lebens, lehren sie, die Dinge der Finsternis abzuweisen und sich zu den erleuchtenden ⟨Dingen⟩ hinzuwenden. Der Stand der Diakone ist also der entsühnende, der die Entsühnten zu den herrlichen Heiligungen durch die Priester hinführt; und die Entsühnten bildet er heran durch die erleuchtenden Lehren der Heiligen Schrift; außerdem hält er die noch Unreinen von den Priestern fern. Darum stellt ihn auch die hierarchische Gesetzgebung an die heiligen Türen, um anzudeuten, daß die zum Heiligtum Hinzutretenden durch Erleuchtung aller Art gereinigt werden müssen, da das Amt, zum Anblick und zur Gemeinschaft des Heiligtums einzuführen, reinigenden Kräften anvertraut ist, von denen andere, bereits von allen Flecken Gereinigte zugelassen werden.

V 18 – Es ist also gezeigt worden, daß der Stand der Bischöfe die Kraft hat zu vollenden und wirksam vollendet, der Priesterstand die Kraft hat zu erleuchten und erleuchtet; daß der Dienerstand die Fähigkeit erhält zu reinigen und auszuscheiden. Natürlich hat der Bischofsstand nicht nur die Kraft zu vollenden, sondern auch zu erleuchten und zu reinigen, die priesterliche Gewalt nicht nur die Fähigkeit zu erleuchten, sondern auch zu reinigen.

V 19 – Keineswegs nämlich können die Niederen auf die Amtsleistungen der Höheren übergreifen; darum wäre es unrecht, wenn sie sich zu solcher Anmaßung vorwagen wollten. Die göttlicheren Kräfte aber enthalten in ihrer Vollkommenheit außer ihren eigenen Fähigkeiten auch die heiligen Kenntnisse der niederen. Da nun die kirchlichen Stände Abbilder göttlicher Wirkungsweisen sind und die wohlgeordneten Erleuchtungen der schön gegliederten Ordnung des göttlichen Wirkens in sich zur Anschauung bringen, sind sie in erste, mittlere und letzte heilige Dienstleistungen und Klassen in der hierarchischen Gliederung eingeteilt; so bringen sie, wie gesagt, die Ordnung und Gliederung des göttlichen Wirkens in sich zur Darstellung. Da nämlich jene höchste Gottheit die Herzen derer, denen sie sich zu erkennen gibt, erst reinigt, dann erleuchtet und nach der Erleuchtung schließlich zur gottähnlichen Vollkommenheit führt, so gliedert sich mit Recht der heilige Stand, dem die göttlichen Sinnbilder anvertraut sind, in verschiedene Stände und Kräfte; so zeigt er deutlich, daß die vorzüglichen göttlichen Wirkungsweisen in den heiligsten und reinsten Ordnungen fest und wohlunterschieden ihren Platz haben. Da wir nun aber die Ordnungen und Aufgaben der Priester, ihre Kräfte und Leistungen, so gut wir konnten, dargelegt haben, wollen wir nun auch ihre Weihen nach Vermögen betrachten.

V $_{20}$ – II. *Das Geheimnis der Weihe der höheren Stände*
Der Bischof, der zur Bischofsweihe hinzutritt, beugt beide Knie vor dem Altar und bekommt die von Gott offenbarte Heilige Schrift auf das Haupt gelegt und die Hand eines Bischofs; und auf diese Weise wird er von dem Bischof, der ihn weiht, unter den heiligsten Gebeten geweiht. Der Priester aber beugt beide Knie vor dem Altar, der Bischof legt ihm die Rechte aufs Haupt, und so wird er von dem Bischof, der ihn weiht, unter heiligen Gebeten geweiht. Der Diakon beugt ein Knie vor dem göttlichen Altar, der Bischof ... legt ihm die Rechte aufs Haupt und weiht ihn mit den Gebeten, die der Weihe der Diener angepaßt sind. Ein jeder von ihnen wird von dem weihenden Bischof mit dem Kreuz bezeichnet, für jeden wird eine heilige Aufrufung gesprochen und eine Begrüßung, wobei alle anwesenden Geistlichen zusammen mit dem weihenden Bischof den, der in einen der genannten heiligen Stände aufgenommen worden ist, begrüßen.

V $_{21}$ – *Sinndeutung*
Gemeinsam sind für die Bischöfe, Priester und Diener bei der Weihe das Hinzutreten zum göttlichen Altar, die Kniebeuge, die bischöfliche Handauflegung, die Bezeichnung mit dem Kreuz, die Aufrufung, die abschließende Begrüßung; auszeichnend und nur den Bischöfen eigentümlich ist die Auflegung der Heiligen Schrift, die die niederen Stände nicht haben; den Priestern das Beugen beider Knie, das bei den Dienern fehlt; denn die Diener beugen, wie gesagt, nur ein Knie.

V $_{22}$ – Jenes Hinzutreten zum göttlichen Altar nun und die Kniebeugen bedeuten, daß alle, die für die heiligen Stände geweiht werden, ihr eigenes Leben Gott, dem Urheber der Weihe, völlig unterordnen müssen und Ihm ihr ganzes geistiges Wesen völlig rein und befreit von Makeln und einförmig darbringen, damit es, soweit möglich, würdig sei des göttlichen Tempels und Altares Dessen, der gottähnliche Herzen auf noch heiligere Weise weiht.

V $_{23}$ – Die Handauflegung des Bischofs bezeichnet den hierarchischen Schutz, womit er sie, wie heilige Söhne, mit väterlicher Liebe behütet, ihnen die Verfassung und Kraft des heiligen Standes mitteilt und feindliche Mächte weit von ihnen wegtreibt; zugleich lehrt sie, daß die so Geweihten alle heiligen Amtsleistungen ihres Standes auf sich nehmen, und das wie unter Gottes Leitung, den sie als Führer haben bei allem, was zu ihrem Wirken gehört.

V 24 – Das Kreuzzeichen bedeutet zugleich das Unterbinden aller fleischlichen Begierden und die Nachahmung des göttlichen Lebens mit ständigem Aufblick zum mannhaften und ganz göttlichen Leben Jesu bis zum Kreuz und Tod, das Er in höchster, göttlicher Sündenreinheit verbracht hat – Er, der die fromm Lebenden als Ihm Gleichförmige durch die Form des Kreuzes zum Abbild Seiner Sündenreinheit bezeichnet.

V 25 – Die heilige Verkündigung der Weihen und der Geweihten ruft der Bischof laut aus, womit das Geheimnis erklärt ⟨wird⟩, daß der Freund Gottes, der die heilige Würde verleiht, die göttliche Erwählung verkündet, und daß er nicht aus persönlicher Gunst die zu Weihenden zum heiligen Stand befördert, sondern bei allen hierarchischen Weihen vom Geist Gottes gelenkt werde.

V 26 – So hat Moses, der die gesetzlichen heiligen Handlungen vollzog, seinen Bruder Aaron, so teuer er Gott war und so würdig des Priestertums, doch nicht eher zum Priesterstand befördert, als Gott ihn dazu antrieb und er unter Gottes, des höchsten Weihegebenden, Leitung die Priesterweihe nach Art eines Bischofs vollzog. Ja, selbst jener göttliche erste Weihespender unseres Standes (denn dieses Amt hat Jesus in Seiner Güte uns zulieb angenommen) hat nicht sich selbst verherrlicht, wie die Schrift bezeugt, sondern jener, der zu ihm sprach: *Du bist Priester in Ewigkeit nach der Ordnung Melchisedechs.*[56] So hat er auch bei der Erhebung der Jünger zum Priesterstand, obwohl er als Gott Urheber der Weihe war, doch das vorzügliche Amt der hochheiligen Weihe zugleich auf den Allerheiligsten Vater und den Fürstengeist[57] Gottes bezogen, da Er, nach dem Zeugnis der Schrift, den Jüngern befahl, *sie sollten von Jerusalem nicht weggehen, sondern die Verheißung des Vaters erwarten, die ihr (sagte Er) aus meinem Mund gehört habt: Denn ihr werdet getauft werden mit dem Heiligen Geist.*[58] Ja, auch der Apostelfürst,[59] als er sich mit seinen zehn Mitbischöfen versammelte, um die heilige Zwölfzahl der Jünger vollzumachen, räumte ehrfürchtig das Amt der Auswahl der höchsten Gottheit ein, da er sagte: Zeige, wen Du wählst;[60] und den das göttliche Los bezeichnet hatte, den nahm er in die heilige Zwölfzahl auf. Da aber jenes göttliche Los, das nach Gottes Willen auf Matthias fiel, von Verschiedenen verschieden ausgelegt wurde, nach meinem Urteil aber nicht mit Recht, will ich meine eigene Ansicht darlegen. Mir scheint nämlich, daß die Heilige Schrift als Los jene göttliche Gabe bezeichnet, wodurch der hier-

[56] Hebr 5, 5 f.; Phil 2, 7; Ps 110 (109), 4.
[57] ⟨Der Hl. Geist.⟩
[58] Apg 1, 4.
[59] ⟨Petrus.⟩
[60] Apg 1, 24.

archischen Schar gezeigt wurde, wem Gott seine Stimme gegeben hatte: Denn der heilige Bischof darf keineswegs nach eigenem Antrieb die heiligen Weihen spenden, sondern muß sie auf Gottes Eingebung, wie es sich ziemt, auf göttliche Weise vollziehen.

V 27 – Auch jene Begrüßung zum Schluß der heiligen Weihen hat eine heilige Bedeutung. Denn alle Anwesenden aus den heiligen Ständen und auch der Bischof, der die Weihe vollzogen hat, begrüßen den Geweihten so. Wenn nämlich ein geheiligter Geist durch hochheilige Fähigkeiten und Kräfte, durch göttliche Berufung und Heiligung zur Weihe des heiligen Standes gelangt ist, dann ist er liebenswürdig für die Amtsgenossen im heiligen Stand, und zu einer höchst gottähnlichen Schönheit gelangt, liebt er seinerseits die ihm ähnlichen Geister und wird von ihnen heilig wiedergeliebt. Darum wird jene Begrüßung bei den heiligen Weihen ausgetauscht, die die heilige Gemeinschaft gleichgearteter Geister bezeichnet und die liebenswürdige Freude aneinander, da sie ja die gottähnliche Schönheit des ganzen heiligen Standes bewahrt.

Dies also ist, wie gesagt, der Gesamtheit der heiligen Stände gemeinsam.

V 28 – Dem Bischof allein eigen ist die Auflegung der Heiligen Schrift. Da nämlich die vollendende Kraft und Lehre des gesamten Priestertums den obersten Priestern von der göttlichen und ursprünglich vollkommenheitgebenden Güte geschenkt wird, wird ganz mit Recht auf das Haupt der Bischöfe die von Gott offenbarte Heilige Schrift gelegt: Denn sie enthält und erklärt die gesamte Theologie, Gottes Wirken wie sein Erscheinen, seine heiligen Reden und Taten: mit einem Wort, alle heiligen Werke und Worte, die von der wohltätigen göttlichen Herrschaft unserm heiligen Stande gewährt wurden, so daß der gottähnliche Bischof vollen Anteil hat an der gesamten hierarchischen Kraft, die Wahrheit aller göttlichen Worte und Taten und die von Gott offenbarte Wissenschaft nicht nur für sich empfangen soll, sondern auch andern, nach eines jeden Fassungskraft für heilige Dinge, mitteilen und die vollkommensten Amtsleistungen, die zur ganzen Bischofswürde gehören, durch göttliche Wissenschaften und erhabene Gleichnisse nach Bischofsart vollziehen ⟨soll⟩.

V 29 – Den Priestern ist die doppelte Kniebeuge eigentümlich … Sie bedeutet das unterwürfige Hinzutreten dessen, der hinzutritt, und unterwirft Gott, was heilig dargeboten wird. Nun gibt es, wie oft gesagt wurde, drei Klassen von solchen, die heilige Handlungen vollziehen, und es wird ihnen durch ebensoviel heilige Bräuche und Kräfte die Leitung der drei Ordnungen, die einzuführen sind, übergeben, deren heilsamen Zutritt zum göttlichen Joch sie fördern: Der Stand der Diener, da er nur die Kraft zu entsühnen hat, verschafft nur denen, die entsühnt werden, Zutritt und stellt sie vor den göttlichen Altar, als würden darauf die entsühnten Herzen auf überirdische Weise dargebracht.

Die Priester aber beugen beide Knie, weil die, welche sie heilig voranführen, nicht nur gereinigt werden, sondern auch durch ihre herrlichen Opferhandlungen zum Stand des Schauens und zur Wahrheit auf priesterliche Weise herangebildet werden, nachdem ihr Leben schon auf Wegen zur Höhe (anagogia)[61] gereinigt ist.

Der Bischof aber beugt beide Knie und hat die Heilige Schrift auf dem Haupt, denn ⟨diejenigen,⟩ die die Kraft der Diener entsühnt und die Amtsleistung der Priester geheiligt hat, die führt er durch sein bischöfliches Wirken nach eines jeden Fassungskraft zur Erkenntnis der heiligen Handlungen, die sie erblickt haben, und bringt sie zu solcher Vollendung, daß sie, soweit es an ihnen liegt, ganz Gott geweiht werden.

VI.
Von den Ständen derer, die zur Vollkommenheit geführt werden

VI $_1$ – Dies nun sind die heiligen Stände, ihre Einteilung, ihre Kräfte, Handlungen und Weihen; es bleiben noch die drei Klassen jener, die zur Vollendung geführt werden sollen, zu erklären. – Wir sagen also: Die gereinigt werden, sind jene Scharen, die von den heiligen Handlungen und Weihen ausgeschlossen werden, die früher erwähnt wurden: Ein Teil von ihnen wird darum von den heiligen Handlungen ferngehalten, weil sie noch von den Dienern durch fördernde Worte zu der lebenspendenden Geburt herangebildet werden; andere, weil man sie noch durch das Erziehungsmittel guter Mahnworte zu der Heiligkeit des Lebens, wovon sie abgefallen sind, zurückruft; wieder andere, weil sie sich noch durch entgegenwirkende Schrecknisse feige zurückschrecken lassen und mit machtvollen Worten gestärkt werden oder weil sie von verkehrten Werken zu heiligen Handlungen hinübergezogen werden oder, obwohl schon hinübergezogen, noch nicht die Beständigkeit in göttlichem, unwandelbarem Wissen erlangt haben. Das nämlich sind die Stände, die noch durch die Sorgfalt der Diener und die reinigende Kraft entsühnt werden; zu diesem Zweck fördern sie die Diener mit ihren göttlichen Kräften; als völlig Gereinigte werden sie zur erleuchtenden Schau der lichtvollsten Opferhandlungen[62] und zur Teilnahme daran geführt.

[61] ⟨Griechisch: Emporführung.⟩
[62] ⟨Eucharistie.⟩

VI 2 – Die mittlere Klasse erfreut sich schon am Anblick mancher heiligen Handlungen und erhält ihrem Fassungsvermögen entsprechend in aller Reinheit Anteil daran; um die Gnade der Erleuchtung zu erlangen, ist sie der Sorge der Priester anvertraut. Es ist nämlich wohl klar, daß sie von jedem schmählichen Flecken befreit sind und für ihren Geist einen reinen und unverrückbaren Wohnsitz erlangt haben; durch das Bemühen der Priester werden sie zur Fähigkeit und Kraft zu schauen geführt, erhalten Zulaß zu den Sakramenten, die ihnen zustehen; bei deren Betrachtung und Genuß werden sie mit aller heiligen Freude erfüllt und erheben sich durch hinaufführende Kräfte, so weit sie können, zu einer göttlichen Liebe zum Wissen um sie. Dies also nenne ich den Stand des heiligen Volkes; denn er ist durch alle Reinigungen dahin gelangt, daß er des hochheiligen Anblicks der hervorragendsten Sakramente und der Teilnahme daran für würdig befunden wurde.

VI 3 – Der höchste Stand derer, die zur Vollkommenheit geführt werden, ist der heilige Stand der Mönche: Durch jedes Reinigungsmittel, mit aller Kraft und durch die Heiligkeit seiner eigenen Handlungen entsühnt, Zuschauer und Teilnehmer an jedem Geheimnis, dessen Anblick ihm erlaubt ist, dem Stand der Bischöfe zur Vollendung übergeben und durch deren göttliche Erleuchtungen und bischöfliche Unterweisungen herangebildet zu den Weihen der sie betreffenden Geheimnisse, werden sie durch deren heiliges Wissen, ihrem Vermögen entsprechend, zur vollendetsten Vollkommenheit geführt.

Daher haben unsere heiligen Lehrer sie mit göttlichen Namen ausgezeichnet; die einen nennen sie Diener (θεραπεύτας; cultores), die andern Mönche wegen ihres reinen Gottesdienstes und ihres ungeteilten[63], einsamen Lebens, das sie gleichsam durch heilige Verflechtung getrennter Dinge zu gottähnlicher Einheit und Gott wohlgefälliger Vollkommenheit führt; deshalb hat ihnen auch das heilige Gesetz eine vollkommenheitgebende Gnade gewährt und wendet bei ihnen eine weihende Anrufung an, zwar keine hierarchische – denn diese kommt nur bei den heiligen Ständen zur Anwendung –, aber doch eine mit weihender Kraft, die von den heiligen Priestern in Nachahmung der hierarchischen an zweiter Stelle vollzogen wird.

VI 4 – *Das Geheimnis der Mönchsweihe*
Der Priester steht vor dem Altar und spricht feierlich die Anrufung, die für die Mönche bestimmt ist. Der zu Weihende steht hinter dem Priester, ohne

[63] ⟨Das Wort monachos/Mönch stammt vom griechischen „monos“: „allein, ungeteilt“.⟩

beide Knie oder ein Knie zu beugen, hat auch nicht die Heilige Schrift auf dem Haupt, sondern steht nur bei dem Priester, der die mystische Anrufung über ihn spricht. Nach ihrer Beendigung tritt der Priester zu ihm heran und fragt ihn zuerst, ob er allen geteilten Dingen entsage, nicht nur dem Hab und Gut (ζωαῖς, könnte auch heißen: verschiedenen Lebensweisen), sondern auch den Bildern der Phantasie. Dann erklärt er ihm das ganz vollkommene Leben und versichert ihm, daß er über ein mittelmäßiges Leben hinauskommen müsse. Wenn der zu Weihende all das beteuert hat, bezeichnet ihn der Priester mit dem Kreuzzeichen und schert[64] ihn unter Anrufung der drei göttlichen Personen, nimmt ihm alle Kleider ab und zieht ihm andere an; dann begrüßt er ihn mit den andern anwesenden heiligen Männern und gibt ihm Anteil an den göttlichen Geheimnissen.

VI 5 – *Sinndeutung*

Daß er keine Kniebeuge macht, auch nicht die Heilige Schrift aufs Haupt gelegt bekommt, sondern bei dem Priester steht, der das Gebet spricht, das erklärt, daß es nicht Sache des Mönchsstandes ist, andere zu leiten, sondern bei sich selbst in heiligem und einsamem Stande zu bleiben, den priesterlichen Ständen zu folgen und von ihnen, als ihr Gefolge, sich leicht zum göttlichen Wissen um die heiligen Dinge, die sie betreffen, führen zu lassen. – Daß sie aber nicht nur auf eine Geteiltheit im wirklichen Leben, sondern auch in Gedanken verzichten, das erklärt jene vollkommene Philosophie der Mönche, die aus der Kenntnis der einheitwirkenden Gebote hervorgeht. Sie entspricht nämlich nicht nur der mittleren Ordnung derer, die durch die Taufe eingeweiht sind, sondern einer höheren als alle andern Stände. Darum ist vieles von dem, was die mittlere Ordnung ohne Tadel tun kann, diesen abgesonderten Mönchen durchaus untersagt, da sie mit dem Einen verbunden und mit der heiligen Einheit geeint und, soweit es sich gebührt, zu einem priesterlichen Leben gebildet werden sollen, da sie vor den übrigen Eingeweihten sehr viel mit diesem Stand gemeinsam und eine größere Verwandtschaft mit ihm haben. Die Bezeichnung mit dem Kreuz bedeutet, wie gesagt, die Entfernung aller fleischlichen Begierden. Das Scheren der Haare weist auf ein Leben hin, das in keiner Weise geschminkt ist und durch keinerlei vorgetäuschte und angenommene Bilder aufgeputzt, die die Häßlichkeit des Herzens verdecken sollen; vielmehr ein Leben, das durch sich selbst, ohne menschlichen Schmuck, nur durch einheitwirkende Tugenden durchaus zur Gottähnlichkeit erhoben ist. – Das Ablegen des früheren Kleides und das Annehmen eines neuen bezeichnet den Übergang vom mittleren heiligen Leben zu einem vollkommeneren, wie bei jener göttlichen Wiedergeburt

[64] (Ritus der Tonsur: Abschneiden der Haare während der Mönchsweihe als Ausdruck der bedingungslosen Zugehörigkeit zu Christus.)

der Wechsel des Kleides den Übergang und die Erhebung des entsühnten Lebens zum Stand des Schauens und Verstehens erklärte. Wenn aber sowohl der Priester als ⟨auch⟩ alle beiwohnenden heiligen Männer den Eingeweihten begrüßen, so entnimm daraus die Gemeinschaft gottähnlicher Männer, die einander freundschaftlich in heiliger Freude Glück wünschen.

VI 6 – Am Ende ladet der Priester den Eingeweihten zu jener vorzüglichen Vereinigung mit Gott ein und gibt damit heilig zu verstehen, daß der Eingeweihte, wenn er wahrhaft zu jenem abgesonderten Mönchsleben gelangt, nicht nur Zuschauer bei jenen heiligen Handlungen sein soll, die ihn angehen, und nicht nur auf die Weise wie der mittlere Stand zum Genuß der heiligsten Geheimnisse hinzutreten ⟨soll⟩; sondern im Vertrauen auf die göttliche Erkenntnis jener Sakramente, die er empfängt, soll er anders als das heilige Volk zum Empfang der göttlichen Kommunion gelangen. Darum wird auch den heiligen Ständen am Ende ihrer Weihe die heilige Kommunion von dem Bischof, der sie geweiht hat, gereicht; nicht nur deshalb, weil der Empfang der heiligen Geheimnisse die höchste Vollendung alles Anteilhabens an der Hierarchie ist, sondern auch, damit alle heiligen Stände an dem göttlichsten Geschenk, das ihnen gespendet wird, nach ihrem Fassungsvermögen Anteil gewinnen zur Förderung und Vollendung ihrer Vergöttlichung.

VI 7 – Es ist also von uns zu Ende geführt worden, wie die einweihenden heiligenden Handlungen Entsühnung, Erleuchtung und Vollendung sind; die Diener bilden den Stand der Entsühnenden, die Priester den der Erleuchtenden, die Bischöfe den der Vollendenden. Der Stand, der entsühnt wird, wird vom Anblick und der Gemeinschaft der heiligen Handlungen ausgeschlossen, weil er noch in der Entsühnung begriffen ist. Der Stand, dem der Anblick der heiligen Handlungen gewährt wird, ist das heilige Volk. Der vollkommene Stand ist der der abgesonderten Mönche. So ist unsere Hierarchie in gottgegebene Stände heilig eingeteilt und den himmlischen Hierarchien gleichförmig, da sie die gottähnlichen Zeichen und Sinnbilder, die Gott ausdrücken, nach Kräften bewahrt.

VI 8 – Doch man wird einwenden, in den himmlischen Hierarchien gebe es keine Stände, die entsühnt werden (denn unrecht und falsch wäre es zu sagen, eine Klasse der himmlischen Geister sei in Schuld verstrickt); ich aber möchte, wenn ich nicht von dem heiligsten Geist völlig abirre, mit allem Nachdruck behaupten, daß die himmlischen Wesen völlig unbefleckt sind und auf überirdische Weise alle Reinheit besitzen. Denn sobald eines in einen Fehler gefallen ist, fällt es sofort aus dem himmlischen und reinen Einklang der göttlichen Geister in den dunklen Abgrund der abtrünnigen Schar.

Dennoch dürfte man wohl heilig behaupten, in der himmlischen Hierarchie sei die Erleuchtung über noch unbekannte Dinge für die niederen Naturen eine Art Entsühnung, wodurch sie zu einem vollkommeneren Wissen um die göttlichen Dinge geführt werden und von der Unkenntnis der Dinge, deren Kenntnis sie bisher entbehrten, gewissermaßen gereinigt werden, wenn sie von den ersten und göttlicheren Wesen zu höheren und klareren Erleuchtungen göttlicher Schau gefördert werden; und so gibt es in der himmlischen Hierarchie auch Stände, die erleuchtet und vollendet werden, sowie reinigende, erleuchtende und vollendende; so daß die höchsten Naturen, die göttlicher sind als die übrigen, die ihnen untergeordneten heiligen und himmlischen Chöre von aller Unwissenheit (auf himmlische, jenen Hierarchien angemessene Weise) reinigen; sie erfüllen sie mit göttlichen Erleuchtungen und vollenden sie durch das klarste Wissen göttlicher Erkenntnisse. Wir haben es ja schon gesagt, und die Heilige Schrift hat es verkündet, daß nicht alle himmlischen Chöre von einer Art sind und nicht gleich in allem Wissen aus göttlichen Erleuchtungen, sondern daß von Gott unmittelbar die ersten erleuchtet werden, durch sie wiederum von Gott die niederen, je nach ihrem Maß und ihrer Fassungskraft mit dem leuchtenden Glanz des göttlichen Strahls.

VII.
Was mit den Verstorbenen geschieht

VII 1 – Nun halte ich es noch für notwendig, über das zu sprechen, was wir mit den Toten heilig vornehmen. Denn auch das ist nicht gemeinsam für Heilige und Unreine; sondern wie beider Lebensform verschieden ist, so richten, wenn es zum Tode geht, ⟨diejenigen,⟩ die ein heiliges Leben geführt haben, ihren Blick auf die wahren Verheißungen Gottes, deren Wahrheit sie gewissermaßen schon in der Auferstehung erschaut haben, und brechen mit fester und wahrer Hoffnung und mit göttlicher Freude zum Ziel des Todes wie zum Ende der Kämpfe auf, denn sie haben die Gewißheit, daß wegen der künftigen Auferstehung all das Ihre in Sicherheit sei in jenem vollkommenen, ewig seligen Leben.

VII 2 – Denn die heiligen Seelen können zwar in diesem Leben noch fallen, in jener Wiedergeburt[65] aber gelangen sie zu einer unwandelbaren und höchst gottähnlichen Seinsverfassung. Jene reinen Körper aber, die mit den heiligen Seelen verbunden waren, mit ihnen wandelten, sich mit ihnen als

[65] ⟨Wiedergeburt meint hier nicht die Taufe, sondern die Auferstehung.⟩

Bewerber[66] einschrieben und mit ihnen kämpften, erlangen für ihren heiligen Schweiß auch die ihnen eigene Auferstehung bei der Befestigung der Seelen in einem göttlichen Leben: Den heiligen Seelen verbunden, mit denen sie in diesem Leben eins waren, als Glieder Christi, werden sie eine gottähnliche, unverderbliche, unsterbliche und selige Ruhe erlangen. Darum entschlafen die Heiligen in Freude und sicherer Hoffnung, da es zum Ende der göttlichen Kämpfe geht.

VII 3 – Von den Uneingeweihten glauben einige ohne Grund, daß die Körper ganz zu Grunde gingen; andere meinen, die Verbindung der Körper mit ihren eigenen Seelen müsse getrennt werden, da sie jenen in ihrem gottähnlichen und seligen Leben nicht anstehe; da es ihnen am göttlichen Wissen fehlt, verstehen sie nicht, daß wir bereits in Christus ein gottähnliches Leben begonnen haben. Andere wiederum schreiben den Seelen eine Verbindung mit anderen Körpern zu. Damit tun sie meiner Meinung nach, soweit es bei ihnen steht, den Körpern ein Unrecht an, die mit den göttlichen Seelen mitgearbeitet haben, und betrügen sie um ihren heiligen Lohn und Vollendung ihres göttlichen Laufes. Andere wieder sind, ich weiß nicht wie, in irdische Gedanken abgeglitten und haben gesagt, den Seligen sei ein dem gegenwärtigen Leben ähnliches heiliges und glückliches Los verheißen, und sie schreiben Speisen, wie sie dem veränderlichen Leben eigen sind, in verkehrter Weise jenen zu, die den Engeln gleichen. Nie möge ein heiliger Mann in solche Irrtümer verfallen! Jene Heiligen aber, die erkannt haben, daß sie mit ihrem ganzen Wesen ein christusförmiges Los erlangen werden, preisen, wenn sie sehen, daß ihr Leben der Unverweslichkeit schon näher ist, die Gaben des höchsten Gottes und werden von göttlicher Wonne erfüllt; sie fürchten nicht mehr, noch fallen zu können, sondern wissen wohl, daß sie das rechtschaffen Erworbene fest und ewig besitzen werden.

VII 4 – Kommen aber jene ans Ende des Lebens, die mit Makeln und ruchlosen Verbrechen bedeckt sind, haben sie einige heilige Belehrung empfangen, sie aber zu ihrem Verhängnis von sich geworfen und sich freiwillig in verderbliche Genüsse gestürzt, dann wird ihnen das göttliche Gesetz nicht mehr so verächtlich erscheinen, sondern sie werden die verhängnisvolle Befriedigung ihrer Leidenschaften mit ganz anderen Augen betrachten und das heilige Leben, das sie töricht vernachlässigten, selig preisend, werden sie jämmerlich und widerwillig aus diesem Leben scheiden, da sie sich wegen ihres schlimmen Lebens auf keine heilige Hoffnung stützen können.

---

66 ⟨Taufbewerber.⟩

VII 5 – Da aber beim Entschlafen der Heiligen nichts dergleichen zutrifft, wird der, der zum Ende seiner Kämpfe eilt, von heiliger Freude erfüllt und betritt mit großem Ergötzen den Weg zur heiligen Wiedergeburt. Die Verwandten des Verstorbenen aber preisen nach dem Recht der Verwandtschaft und ⟨...⟩[67]

die Lose erlangen werden, zu denen sie hier ihr eigenes Leben hingelenkt haben. Wer z. B. hier ein heiliges Leben erlost hat und es gottähnlich geführt hat, so weit man Gott nachahmen kann, der wird im künftigen Leben göttliche und selige Ruhe genießen; wer ein weniger eifriges Leben geführt hat als jenes gottähnliche, aber doch ein heiliges, wird einen seinen Verdiensten entsprechenden Lohn davontragen. Der göttliche Bischof sagt also für diese göttliche Gerechtigkeit Dank, vollbringt etwas Heiliges und lobt die ehrwür-

---

[67] ⟨Die Manuskriptseiten 117 und 118 mit dem Schluß von VII 5, VII 6 und dem Beginn von VII 7 fehlen. Sie werden hier ergänzt nach: Pseudo-Dionysius Areopagita, *Über die kirchliche Hierarchie*, übersetzt von Günter Heil (Bibliothek der griechischen Literatur 22), Stuttgart 1986, S. 147–149: „Die – im Sinne göttlicher Verwandtschaft und gleicher Verhaltensweise – Angehörigen des Entschlafenen preisen ihn glücklich, wer er auch sei, der zum sieghaften Ziel, wie er es erbeten, gekommen ist. Dazu schicken sie noch Dankgesänge zum Urheber des Sieges empor und bitten darum, auch selbst zu einer ähnlichen Ruhe zu gelangen. Sie nehmen ihn dann und bringen ihn zum Hierarchen wie zur Verleihung geheiligter Siegerkränze. Der nimmt ihn freundlich auf und vollzieht an ihm die nach geheiligter Vorschrift über den in Heiligkeit Entschlafenen zu vollziehenden Zeremonien. Der göttliche Hierarch versammelt den geheiligten Chor. Wenn der Entschlafene dem Priesterstand angehörte, läßt er ihn vor dem göttlichen Altar nierderlegen und stimmt das Gebet zu Gott und die Danksagung an. Wenn der Tote dem unbefleckten Stand der Mönche oder dem geheiligten Volk angehörte, läßt er ihn außerhalb des Altarraums vor dem Priestereingang niederlegen. Dann verrichtet der Hierarch das Dankgebet an Gott. Darauf lesen die Liturgen die in den geheiligten *Worten* enthaltenen untrüglichen Verheißungen über unsere Auferstehung. Dann singen sie nach geheiligtem Brauch die Lieder aus den Psalmen, die das Gleiche sagen und bedeuten. Dann entläßt der erste der Liturgen die Katechumenen und verliest die Namen der bereits verstorbenen Heiligen, in deren Verlesung er gleichwertig den eben Vollendeten einbezieht, und fordert alle auf, um die glückselige Vollendung in Christus zu bitten. Dann tritt der Hierarch heran, verrichtet ein heiliges Gebet über ihm. Nach dem Gebet gibt der Hierarch dem Entschlafenen selbst den Friedenskuß und nach ihm alle Anwesenden. Danach gießt der Hierarch das Öl über den Entschlafenen, verrichtet das geheiligte Fürbittengebet für alle und birgt den Leichnam in einem ehrwürdigen Haus zusammen mit anderen geheiligten Leibern desselben Standes. Wenn die Nichtgeheiligten sähen oder hörten, wie diese Riten von uns vollzogen werden, würden sie, glaube ich, breit lachen und uns wegen unserer Verirrung bemitleiden. Darüber braucht man sich aber nicht zu wundern. Denn, wenn sie nicht glauben, wie die *Worte* sagen, werden sie auch nicht verstehen [vgl. Jes 7, 9]. Wir aber, die wir des Gedankengehalts der Zeremonien im Geist ansichtig geworden sind, weil Jesus uns zum Licht führt, wollen sagen, daß der Hierarch nicht ohne Grund den Toten zur gleichrangigen Gruppe bringen und bei ihr niederlegen läßt. Er deutet nämlich damit in geheiligter Weise an, daß alle bei der Wiedergeburt in jenes Los eingewiesen werden, [...].“⟩

dige Herrschaft Gottes, weil Er der ruchlosen und tyrannischen Herrschaft,[68] die uns alle bedrückte, ein Ende gemacht und uns Seinem gerechten Gericht unterworfen hat.

VII $_8$ – Die Lieder und Lesungen von den göttlichen Verheißungen enthüllen uns jene seligen Wohnungen, zu denen die mit göttlicher Vollkommenheit Begabten erhoben ⟨…⟩[69]

denn es wäre schädlich, wenn sie unwürdig daran teilnähmen, und sie würden dadurch nur zu größerer Verachtung der göttlichen Dinge und ihrer selbst gelangen. Dagegen ist es nicht unangemessen, daß sie zu dem zugelassen werden, was hier geschieht, damit ihnen klar vor Augen geführt wird die Ungewißheit des Todes und die Belohnungen der Heiligen, wie sie die wahrhaftige Schrift rühmt, und welche ewigen Strafen ihnen und unreinen Menschen gleich ihnen drohen: Vielleicht werden sie aus diesem Schauspiel Nutzen ziehen, wenn sie sehen, daß die heilig Entschlafenen von den Dienern gepriesen werden als wahre Gefährten der Heiligen aller Zeiten; und vielleicht werden sie von ähnlichem Verlangen entbrennen und durch die Unterweisung der Diener belehrt werden, wie wahrhaft selig die Vollendung in Christus ist.

VII $_{10}$ – Sodann tritt der Bischof hinzu und spricht ein heiliges Gebet über den Verstorbenen: Dann begrüßt der Bischof selbst ihn und nach ihm alle Anwesenden. Durch jenes Gebet also fleht er zur göttlichen Güte, dem Verstorbenen alle Sünden zu vergeben, die er sich durch menschliche Schwach-

---

68 ⟨Herrschaft des Teufels und des Todes.⟩

69 ⟨Die Manuskriptseite 120 mit dem Schluß von VII 8 und VII 9 fehlt. Sie wird hier ergänzt nach: Pseudo-Dionysius Areopagita, *Über die kirchliche Hierarchie*, wie oben Anm. 68, S. 149: „Die Gesänge und Lesungen von den Verheißungen des Gottesprinzips lassen einerseits die seligen Ruhestätten schauen, in die diejenigen in Ewigkeit eingewiesen werden, die göttliche Vollendung erreicht haben, den Entschlafenen heißen sie in geheiligter Weise willkommen, die noch Lebenden fordern sie auf, nach ähnlicher Vollendung zu streben.
Beachte aber, daß jetzt nicht wie gewöhnlich alle in der Reinigung stehenden Stände entlassen, sondern nur die Katechumenen von den geheiligten Stätten weggewiesen werden. Denn es ist ja so, daß diese Gruppe überhaupt in keine geheiligte Weihe eingeführt ist und weder eine große noch eine kleine von den geheiligten Zeremonien schauen darf, weil sie auch nicht über die Sehkraft zum Schauen der geheiligten Zeremonien verfügt, die erst durch die Geburt aus Gott, den Anfang der Erleuchtung und die Spenderin des Lichts, erworben wird. Die übrigen Stände im Zustand der Reinigung sind schon einmal eingeweiht worden in die geheiligte Überlieferung, sind aber gedankenlos zum Schlechteren umgekehrt, obwohl sie ihren individuellen Aufstieg vorwärts hätten vollenden sollen. Sie werden sinnvollerweise von den Feiern der Schau und der Gemeinschaft nach den Regeln des Gottesprinzips, wie sie sich in den geheiligten Akten symbolisch vollziehen, ausgeschlossen."⟩

heit zugezogen hat, und ihn ins heilige Licht und das Land der Lebendigen hinüberzutragen und ihn in den Schoß Abrahams[70], Isaaks und Jakobs zu legen, an einen Ort, von dem Schmerz und Trauer und Seufzen entfliehen.[71]

Dies sind, wie ich glaube, die klar zu erkennenden seligen Belohnungen der Heiligen. Denn was ließe sich der vollkommenen Unsterblichkeit, frei von aller Trauer und voller Licht, vergleichen? Freilich übersteigen jene Verheißungen jeden erschaffenen Geist; und wenn wir sie in Begriffen, die unserm Fassungsvermögen angepaßt sind, ausdrücken, so bleiben ihre Namen weit hinter ihrem wahren und wirklichen Wesen zurück. Denn völlig wahr ist das Wort der Schrift: *Kein Auge hat es gesehen, kein Ohr hat es gehört und in keines Menschen Herz ist es gekommen, was Gott denen bereitet, die ihn lieben.*[72] Der Schoß der seligen Patriarchen aber und aller übrigen Heiligen bedeutet nach meiner Auffassung die [Wohnungen der göttlichsten und seligsten Ruhe][73], die alle gottähnlichen Männer zu ihrer nie alternden, seligen Vollendung aufnehmen.

VII 11 – Vielleicht wirst Du sagen, wir hätten dies richtig ausgeführt, Du seist aber im Zweifel, weshalb der Bischof die göttliche Milde um Sündenvergebung für den Verstorbenen anflehe und um ein gleiches, lichtvolles Los mit den gottähnlichen Männern. Denn wenn jeder von der göttlichen Gerechtigkeit den Lohn für das erhält, was er im gegenwärtigen Leben Gutes oder Böses getan hat, der Verstorbene aber seine Taten in diesem Leben abgeschlossen hat, wie könnte ihm dann ein Gebet des Bischofs zu einem andern Los verhelfen, als er es in diesem Leben verdient hat?

VII 12 – Freilich weiß ich aus der Heiligen Schrift sehr wohl, daß jedem sein Los nach seinen Verdiensten zuteil wird. Denn sie spricht: Der Herr hat bei sich beschlossen,[74] und *jeder wird davontragen, was seinem Körper gebührt, je nachdem er ihn gebraucht hat, Gutes oder Böses.*[75] Die Fürbitten der Gerechten aber nützen auch in diesem Leben, erst recht nach dem Tode nur denen, die heilige Fürbitten verdienen, wie uns die wahre Überlieferung der Schrift lehrt. Hat etwa Saul von Samuel Hilfe erfahren?[76] Oder hat dem hebräischen Volk die Fürbitte der Propheten etwas genützt? Wie wenn nämlich jemand, der sich die Augen ausgestochen hat, um Anteil am Sonnenlicht bitten wollte, wenn die Sonne gesunden Augen ihr Licht spendet, so würde sich jemand an eine eitle und unmögliche Hoffnung hängen, wenn er die Fürbitten der

[70] ⟨Lk 16, 22f.⟩
[71] ⟨Jes 35, 10; Offb 21, 4.⟩
[72] 1 Kor 2, 9.
[73] ⟨Randnotiz:⟩ göttlichsten und seligsten Anteile ⟨weitere Lesart anstelle von [ ].⟩
[74] ⟨Randnotiz:⟩ Griechisch: schließt aus.
[75] 2 Kor 5, 10.
[76] ⟨1 Sam 28, 3–25.⟩

Heiligen anriefe, aber die ihrer Natur entsprechenden Handlungen austriebe, die göttlichen Gaben vernachlässigte und von den klarsten und wohltätigen Geboten Gottes abwiche.

VII $_{13}$ – Dies aber behaupte ich in Übereinstimmung mit der Heiligen Schrift: daß die Fürbitten der Heiligen in diesem Leben sehr nützlich sind, wenn jemand vor Verlangen nach den göttlichen Gaben brennt, auch in der rechten Verfassung zu ihrem Empfang ist, sich aber seiner Schwäche bewußt ist und einen heiligen Mann angeht, er möge ihm helfen und Gott für ihn bitten: So wird er den größten Nutzen von ihm haben; er wird nämlich die erbetenen göttlichen Gaben erlangen, da die göttliche Güte ihn aufnimmt und seine eigene gottesfürchtige Erkenntnis, die Ehrfurcht vor den Heiligen, das lobenswerte Verlangen nach den erbetenen heiligen Fürbitten und die entsprechende gottähnliche Verfassung ihm zu Hilfe kommen. Denn das ist durch göttliche Bestimmungen festgesetzt, daß die göttlichen Gaben denen, die des Empfangs würdig sind, nach der gottgeziemenden Ordnung von denen gespendet werden, denen die Austeilung übergeben ist. Wer diese heilige Ordnung verletzt und, von unseliger Überhebung verführt, sich des vertrauten Umgangs mit Gott für würdig hält und die Heiligen verachtet, wer Gottes unwürdige, unheilige Dinge erbittet und kein lebhaftes Verlangen nach göttlichen Dingen hat, wie es ihm entspräche, der wird durch sich selbst nicht erlangen, was er töricht erbittet.

VII $_{14}$ – Was unsere göttlichen[77] Lehrer uns über das Gebet, das der Bischof über den Verstorbenen spricht, mitgeteilt haben, müssen wir nun darlegen. – Der göttliche Bischof ist, nach dem Zeugnis der Schrift, der Ausleger der göttlichen Urteile; denn er ist der Engel des Herrn[78], des Allmächtigen Gottes: Er hat also aus der von Gott offenbarten Heiligen Schrift entnommen, daß denen, die ein heiliges Leben führen, von jener höchst gerechten Waage ihren Verdiensten entsprechend ein göttliches, ganz lichtvolles Leben zuerteilt wird, wobei die göttliche Milde, Seiner Güte entsprechend, über die Flecken, die man sich durch menschliche Schwachheit zugezogen hat, hinwegsieht, denn wie die Schrift lehrt, ist niemand rein von Schmutz. Diese Verheißungen also kennt der Bischof aus der ganz wahrhaftigen Schrift; deshalb bittet er um ihre Erfüllung und um Gewährung des heiligen Lohnes für die, die fromm gelebt haben; dabei gestaltet er sich gütig nach dem Bilde Gottes, indem er für andere ebenso wie für sich selbst Gaben und Gnaden erbittet; und da er weiß, daß Gottes Verheißungen unfehlbar sind, erklärt er den Anwesenden ganz augenscheinlich, daß, was er nach heiligem Recht er-

[77] ⟨Dies meint: von Gott erleuchtet; Gott geweiht.⟩
[78] ⟨Vgl. Mal 2, 7. Gemeint ist der Bischof als Bote Gottes.⟩

bitte, jenen voll zuteil werde, die ihr Leben im Einklang mit Gott vollendet haben.

VII 15 – Denn der Bischof, als der vorzügliche Verkündiger der göttlichen Gerechtigkeit, würde niemals um etwas bitten, was Gott nicht ganz angenehm wäre und nicht nach seinen Verheißungen von Gott gewährt werden müßte. Deshalb betet er für die in Sünden Verstorbenen keineswegs in dieser Weise; nicht nur, weil er damit gegen seine Prophetenpflicht verstoßen würde und sich etwas von den Aufgaben des Bischofs anmaßte, ohne von dem Urheber der Geheimnisse im mindesten dazu angeregt zu sein; sondern auch, weil sein gottloses Gebet nicht erhört würde und er von dem gerechten Wort der Schrift verdientermaßen vernähme: *Ihr bittet und empfangt nicht, weil ihr schlecht bittet.*[79] Der heilige Bischof bittet also um das, was von Gott verheißen und vor Gott angenehm ist und durchaus Gewährung verdient. Und indem er seine eigene Güte Gott, der das Gute liebt, und allen Anwesenden augenscheinlich beweist, läßt er erkennen, welche Güter die Heiligen erlangen werden.

VII 16 – Ebenso haben die Bischöfe die Gewalt auszuscheiden, als Künder der göttlichen Urteile; nicht als ob die weiseste Gottheit sich ihren unvernünftigen Regungen dienstbar machte (um es in geziemender Form zu sagen), sondern weil sie selbst auf Anregung des Geistes, von dem alle Heiligung ausgeht, die von Gott Verurteilten nach Verdienst ausscheiden. Denn Er hat gesagt: *Empfanget den Heiligen Geist: Denen ihr die Sünden vergeben werdet, denen werden sie vergeben; und denen ihr sie behalten werdet, denen sind sie behalten.*[80] Ja, auch dem, der göttliche Offenbarung von dem höchsten Vater vernommen hatte, wird in der Heiligen Schrift gesagt: *Was immer ihr auf Erden binden werdet, das wird auch im Himmel gebunden sein; und was ihr auf Erden lösen werdet, das wird auch im Himmel gelöst sein:*[81] so daß er und jeder ihm gleiche Bischof nach den Offenbarungen väterlicher Urteile, die ihm gewährt werden, gleichsam als ihr Verkünder und Vollstrecker die Freunde Gottes zuläßt und die Gottlosen ausschließt. Denn jenes heilige Bekenntnis von Gott sprach er[82], nach dem Zeugnis der Schrift, nicht aus eigenem Antrieb und nicht auf eine Offenbarung von Fleisch und Blut[83] hin, sondern von Gott in geistiger Erleuchtung belehrt. Darum müssen die heiligen Bischöfe sowohl die Kraft auszuschließen wie andere heilige Kräfte so gebrauchen, wie es die vollendungwirkende Leitung Gottes ihnen eingibt.

---

79 Jak 4, 3.
80 Joh 20, 22 f.
81 Mt 18, 18.
82 Mt 16, 16. ⟨„Er" ist Petrus.⟩
83 ⟨Mt 16, 17.⟩

VII $_{17}$ – Die Bischöfe müssen aber von den andern in dem, was sie kraft ihres bischöflichen Amtes vollziehen, als von Gott geleitet angesehen werden. Denn Er hat gesagt: *Wer euch verachtet, der verachtet mich.*[84]

VII $_{18}$ – Doch gehen wir nun zu dem über, was auf das genannte Gebet folgt. Sobald der Bischof das Gebet beendet hat, begrüßt er selbst den Verstorbenen und dann alle Anwesenden; denn allen gottähnlichen Männern ist lieb und ehrenwert, wer ein göttliches Leben vollendet hat. Nach der Begrüßung aber gießt der Bischof Öl über den Verstorbenen. Denke hier daran, wie bei jener ersten heiligen Wiedergeburt, vor der heiligen Taufe und nach der Ablegung der alten Kleider, der Einzuweihende als erste Teilnahme am heiligen Geheimnis mit dem Öl des heiligen Chrisma[85] gesalbt wird; und hier, am Ende von allem, wird gleichfalls Öl über den Toten gegossen. Damals rief die Salbung den Täufling zu heiligen Kämpfen auf[86]; nun zeigt die Begießung mit Öl, daß der Verstorbene eben diese heiligen Kämpfe überstanden hat.

VII $_{19}$ – Danach setzt der Bischof den Leib des Verstorbenen zusammen mit den andern heiligen Leibern seines Standes in einem ehrenvollen Hause bei. Denn wenn der Verstorbene mit Leib und Seele zugleich ein heiliges Leben geführt hat, so wird auch der Leib zugleich mit der heiligen Seele Ehre und Preis erlangen, weil er in heiligem Schweiß mit ihr zusammen gekämpft hat. Darum spendet die göttliche Gerechtigkeit der Seele und dem Leib entsprechende Belohnungen als Gefährten und Genossen eines göttlichen oder eines entgegengesetzten Lebens. Darum spendet auch die göttliche Gesetzgebung über das Heilige beiden Anteil am Göttlichen; der Seele in reinster Schau und Erkenntnis des Vollkommenen; dem Leib die heilige Salbe wie in einem Abbild und die heiligsten Sinnbilder göttlicher Gemeinschaft; so heiligt sie den ganzen Menschen und wirkt sein volles Heil und verkündet durch allgemeine Weihungen, daß seine Auferstehung vollkommen sein wird.

Die weihenden Anrufungen aber darf man nicht schriftlich erklären und ihren geheimen Sinn sowie die Kräfte, die Gott in ihnen wirkt, nicht aus der Verborgenheit ans Licht der Öffentlichkeit tragen;[87] sondern, wie unsere heilige Überlieferung lehrt, wirst Du über sie in geheimen Unterweisungen

[84] Lk 10, 16.
[85] ⟨Vgl. S. 216, Anm. 33.⟩
[86] ⟨Kampf gegen das Böse, um das Heil zu erlangen.⟩
[87] ⟨Die in der alten Kirche übliche Arkandisziplin, die Geheimhaltung der tiefsten Geheimnisse des Glaubens und der liturgischen Riten vor Ungetauften und Unwürdigen, schützt sie vor Entweihung, Mißbrauch und unverständiger Neugier. Vgl. *Himmlische Hierarchie* II $_{16}$, oben S. 163.⟩

unterrichtet, und durch die göttliche Liebe und heilige Handlungen zu einer heiligeren Verfassung und umfassenderem Verständnis vollendet, wirst Du durch göttliches Licht erleuchtet und zu ihrer höchsten Erkenntnis erhoben.

VII 20 – Daß aber auch die Kinder, die Göttliches noch nicht verstehen können, Anteil an der göttlichen Wiedergeburt und den heiligsten Geheimnissen der göttlichen Kommunion erhalten, das erscheint, wie Du sagst, den Uneingeweihten mit Grund lächerlich: Wenn die Bischöfe die belehren, die nicht hören können, und heilige Überlieferungen vergeblich denen mitteilen, die Bilder nicht verstehen können; und noch lächerlicher sei es, daß andere für sie Abschwörungen und heilige Beteuerungen aussprechen. Aber Dein hierarchisches Verständnis darf sich nicht über die Irrenden empören, vielmehr mußt Du ehrfürchtig zu ihrer Belehrung in Liebe Rechenschaft geben und ihre Einwände auflösen; und nach dem heiligen Gesetz mußt Du noch dies hinzufügen, daß unser Verstehen keineswegs allem Göttlichen angemessen ist, sondern daß sehr vieles uns verborgene, Gottes würdige Ursachen hat, die wir zwar nicht kennen, die aber von uns überlegenen Ordnungen klar erkannt werden. Aber auch jenen obersten und erhabensten Wesen ist vieles verborgen, was nur die allweise und wissengebende Gottheit kennt.

VII 21 – Doch auch darüber sagen wir, was unsere heiligen Lehrer aus alter Überlieferung empfangen und uns übergeben haben. Sie sagen nämlich – und das ist wahr –, daß die Kinder, wenn sie nach dem heiligen Gesetz aufgezogen werden, zu einer heiligen Seelenverfassung gelangen, frei von allem Irrtum und aller Gefahr eines unreinen Lebens. Da unsere heiligen Führer dies erwogen, haben sie beschlossen, die Kinder auf folgende heilige Weise zuzulassen: Die leiblichen Eltern des Kindes, das dargebracht werden soll, übergeben ihren Sohn einem der Gläubigen, um ihn vorzüglich in göttlichen Dingen zu unterweisen; unter dessen Obhut steht er fortan wie unter einem himmlischen Vater, der die Sorge für sein Heil auf sich genommen hat. Er gibt das heilige Versprechen, den Knaben zu einem heiligen Leben heranzubilden, und ihn läßt der Bischof die Abschwörungen und die heiligen Beteuerungen sprechen; er läßt nämlich nicht, wie jene Spötter sagen, dem einen für den andern göttliche Dinge zuteilwerden; denn der Bürge sagt nicht: „Ich leiste für den Knaben die Abschwörungen und heiligen Beteuerungen"; sondern er versichert, daß der Knabe abschwöre und beteure, als wollte er sagen: „Ich beteure, daß ich diesen Knaben, wenn er in das Alter kommt, heilige Dinge zu verstehen, durch meine göttlichen Unterweisungen dahin bringen werde, Entgegengesetztes durchaus abzuweisen und göttliche Verheißungen zu bekennen und ihnen zu entsprechen." Es ist also nach meiner Meinung durchaus nichts Ungereimtes, einen Knaben zur göttlichen

Unterweisung zuzulassen, wenn er einen Führer und Bürgen hat, der ihn mit dem Wissen um göttliche Dinge erfüllt und vor Entgegengesetztem sicher behütet.

VII $_{22}$ – Sodann gibt der Bischof dem Knaben Anteil an den heiligen Geheimnissen, damit er darin aufwachse und kein anderes Leben führe als eines, das immer zum Göttlichen aufschaut, durch eine solche heilige Gemeinschaft vorankomme, darin eine heilige Seinsverfassung erlange und von seinem gottähnlichen Führer eifrig gefördert werde.

VII $_{23}$ – Dies sind, mein Sohn, die so großen und so herrlichen einförmigen Schauspiele unserer Hierarchie, die mir offenbar geworden sind, aber andern, durchdringenderen Geistern sind vielleicht nicht nur diese, sondern noch andere, weit lichtvollere und göttlichere erkennbar. Ja, auch Dir, glaube ich, werden noch klarere und göttlichere Schönheiten aufleuchten, wenn Du auf den Stufen, die ich Dir nannte, zu einem erhabeneren Strahl[88] aufsteigst. Teile also auch Du mir die vollkommenere Erleuchtung mit und stelle mir herrlichere Formen vor Augen, durch die die Gestalt des Einen besser zum Ausdruck kommt: Ich habe nämlich das Vertrauen, daß ich durch das Gesagte die in Dir verborgenen Funken des göttlichen Feuers hervorlocken werde.

---

[88] ⟨Strahl der Erleuchtung.⟩

Dionysius Areopagita
Mystische Theologie

Übersetzt von Edith Stein

Τοῦ ἐν Ἁγιοις
Διονυσίου Ἀρεοπαγίτου
πρὸς Τιμόθεον
περὶ μυστικῆς θεολογίας

Sancti
Dionysii Areopagitae
Ad Timotheum
De Mystica Theologia:
Interprete Balthasare Corderio
Societatis Jesu Doctore Theologo[1]
(opera Bd. II, 1 ff.)

[1] ⟨Des heiligen Dionysius Areopagita Schrift über die Mystische Theologie an Timotheus: Übersetzt von Balthasar Corderius SJ, Doktor der Theologie, Werke Bd. II, 1 ff.⟩

I.
Was die göttliche Dunkelheit ist

I 1 – Anrufung der Allerheiligsten Dreifaltigkeit[2]
Übernatürliche, übergöttliche, übergute Dreiheit, die Du über alle Gottesweisheit der Christen wachst, führe uns zum übererkennbaren und überhellen höchsten Gipfel der mystischen Worte, wo die einfachen, absoluten, unwandelbaren Geheimnisse der Theologie in dem überhellen Dunkel des in Geheimes einweihenden Schweigens enthüllt werden: In tiefster Dunkelheit leuchtet es überhell und im Unberührbaren und Unsichtbaren überfüllt es den geblendeten (= augenlosen) Geist mit überschönen Strahlen.

Dies ist nun mein Wunsch. Du aber, lieber Timotheus[3], übe Dich angespannt in mystischer Schau, verlaß die Sinneserkenntnis und die Verstandestätigkeit, alles Sinnenfällige und geistig Faßbare, alles Seiende und Nichtseiende, und erhebe Dich, soweit es möglich ist, ohne Erkenntnis zur Vereinigung mit Dem, der über allem Wesen und Wissen ist. Durch freie, vollkommene, reine Loslösung von Dir selbst und allen Dingen wirst Du zu dem über-seienden Strahl der göttlichen Dunkelheit gelangen, wenn Du alles abgestreift hast und von allem befreit bist.

I 2 – Die Geheimnisse dürfen Uneingeweihten keineswegs mitgeteilt werden
Sieh aber zu, daß kein Uneingeweihter dies höre: Ich meine aber die, die am [endlichen] Seienden hängen und denken, daß nichts über-seiend über dem Seienden sei, sondern glauben, daß sie mit ihrer natürlichen Erkenntnis von Dem wüßten, der die Dunkelheit zu Seinem verborgenen Aufenthalt gemacht hat.[4] Wenn aber die Einführung in die göttlichen Geheimnisse für sie zu hoch ist, was soll man erst von den noch weniger Eingeweihten sagen, die die höchste Ursache aller Dinge nach dem Letzten unter dem Seienden kennzeichnen und sagen, diese übertreffe in nichts ihre eigenen gottlosen, vielgestaltigen Gebilde; und man muß von ihr alles behaupten und aussagen, was von dem Seienden gilt, weil sie die Ursache von allem ist, und mit noch besserem Recht dies alles für sie verneinen, weil sie über allem über-seiend ist, und darf nicht glauben, daß Bejahendes und Verneinendes im Widerspruch stehe, sondern daß sie vor und über aller Beraubung ist, über aller Verneinung wie über aller Setzung.

---

[2] Vgl. Guéranger, ⟨Prosper, *Das Kirchenjahr*, Bd. 14: *Die Zeit nach Pfingsten*, autorisierte Übersetzung, Mainz 1898, S. 425–437, hier:⟩, S. 431. ⟨Am 9. Oktober: Der heilige Bischof und Märtyrer Dionysius.⟩

[3] ⟨Adressat der beiden Paulusbriefe an Timotheus im Neuen Testament. Vgl. S. 86, Anm. 2.⟩

[4] Ps 17 (16), 12.

I 3 – Die kurz zusammengefaßte Theologie

So sagt denn der göttliche Bartholomäus[5], die Theologie sei zugleich vielumfassend und ganz klein, das Evangelium zugleich weit und groß und kurz zusammengefaßt. Mir scheint, in ausgezeichneter Erkenntnis dessen, daß die gütige Erkenntnis aller Dinge zugleich vielsagend ist und sich kurz faßt und doch wiederum ohne Sprache ist, weil ohne Wort und Erkenntnis in ihrem über-seienden Vorrang vor allen Dingen; und unverhüllt und wahrhaft zeigt sie sich nur denen, die alles Unreine und Reine durchschritten haben und über den Aufstieg aller heiligen Gipfel hinausgehen, alles göttliche Licht, alle himmlischen Klänge und Worte hinter sich lassen und sich in die Dunkelheit versenken, in der, wie die Schrift sagt, Der wahrhaft ist, Der über allem ist.[6] Denn nicht so einfachhin hier erhält der göttliche Moses den Befehl, selbst erst sich zu reinigen und dann von den Ungereinigten sich abzusondern, und nach der ganzen Reinigung hört er die vieltönigen Trompeten und sieht viele Lichter, die reine und mannigfaltige Strahlen aussenden; dann trennt er sich von der Menge und gelangt mit auserwählten Priestern zum höchsten Gipfel der göttlichen Aufstiege.[7] Und damit verkehrt er noch nicht mit Gott selbst, er schaut Ihn nicht (Er ist ja unsichtbar), sondern [nur] den Ort, wo Er ist. Dies bedeutet, glaube ich, daß das Höchste von dem, was geschaut und erkannt wird, nur angesetzte Begriffe für das sind, was Dem unterworfen ist, der alles überragt; durch sie wird Seine Gegenwart angezeigt, die über alle Erkenntnis ist, als daherschreitend auf den höchsten geistigen Gipfeln der heiligsten Orte: Und dann löst er sich von allem Geschauten und allen Schauenden und taucht unter in das wahrhaft geheimnisvolle Dunkel der Unerkennbarkeit; demgemäß schaltet er alle Erkenntnishilfen aus und verweilt in dem ganz Unfaßbaren und Unsichtbaren, ganz Dem eigen, der über allem ist, er gehört keinem an, weder sich selbst noch einem andern; dem ganz Unerkennbaren ist er geeint durch das Ruhen aller Erkenntnis, mit dem besseren Teil seiner selbst; und dadurch, daß er nichts erkennt, erkennt er über allen Verstand.

II.
Wie man dem Urheber aller Dinge, der über allem ist, geeint werden und Lobgesänge darbringen muß

Zu diesem überhellen Dunkel wünschen wir zu gelangen und durch Nicht-Sehen und Nicht-Erkennen zu schauen und zu erkennen, was das Schauen

---

5 ⟨Eine theologische Position, die Dionysius dem Apostel Bartholomäus zueignet.⟩
6 ⟨Vgl. 1 Tim 6, 16.⟩
7 ⟨Ex 24, 1.⟩

und Erkennen übersteigt, das Nicht-Schauen und Nicht-Erkennen selbst; denn dieses ist das wahre Schauen und Erkennen und der überwesentliche Lobpreis des Überwesentlichen durch Ausschaltung alles [endlichen] Seienden, ähnlich denen, die ein naturgewachsenes Götterbild bearbeiten und alles darum Gelagerte entfernen, was die reine Schau der verborgenen Gestalt hindert, und durch bloßes Entfernen die verborgene Schönheit, die ihm an sich eigen ist, an den Tag bringen. Ich glaube, man muß das Verneinen auf entgegengesetzte Weise rühmen wie das Setzen: Die Behauptungen stellten wir auf, indem wir mit dem Ersten begannen und über das Mittlere zum Letzten hinabstiegen; hier aber steigen wir vom Letzten zum Ersten auf, entfernen alles, um jene Unerkennbarkeit unverhüllt zu erkennen, die von allem Erkennbaren in allem Seienden verhüllt wird, und jene überwesentliche Dunkelheit zu schauen, die von allem Licht im Seienden verdeckt wird.

III.
Die bejahenden und verneinenden Aussagen über Gott

Gegenstand der *Theologischen Grundlinien*[8]

In den *Theologischen Grundlinien* haben wir das Wesentliche der positiven Theologie ausgeführt: In welchem Sinn die göttliche und gute Natur eine einzige genannt wird und in welchem Sinn dreifaltig; was demgemäß Vaterschaft und Sohnschaft besagt und was das Gotteswort vom Geist offenbaren will; wie aus dem stofflosen und ungeteilten Guten die Herzenslichter der Güte ausgeströmt sind und wie jedes in sich und alle in sich und ineinander in gleichewigem Verweilen beharren, ohne zur Ausbreitung aus sich herauszugehen; wie der überwesentliche Jesus in wahrhafter Menschennatur wirklich geworden ist, und was sonst in den *Theologischen Grundlinien* nach den Worten der Schrift dargelegt worden ist. – In dem *Buch über die Göttlichen Namen* aber: in welchem Sinn Er der Gute genannt wird, der Seiende, Leben, Weisheit und Kraft, und was sonst noch an geistig faßbaren Gottesnamen genannt wird. In der *Symbolischen Theologie* aber[9], welche Benennungen von den sinnenfälligen Dingen auf das Göttliche übertragen sind: Was die göttlichen Formen und göttlichen Gestalten sind, die Teile, die Werkzeuge, die göttlichen Orte, der Schmuck, die Gemütsbewegungen, Trauer und Zorn, Trunkenheit und Rausch, Eide, Flüche, Schlaf und Erwachen und andere heilige Bildungen sinnbildlicher Gottesdarstellung. Ich glaube, auch Du wirst bemerkt haben, wieviel ausgedehnter die letzten Dinge sind als das

[8] ⟨Nicht erhaltene Schrift des Dionysius.⟩
[9] ⟨Randnotiz:⟩ Symbolische Theologie. ⟨Nicht erhaltene Schrift des Dionysius.⟩

Erste: Die *Theologischen Grundlinien* und die *Erklärung der göttlichen Namen* durften kürzer behandelt werden als die *Symbolische Theologie*. Je höher wir nämlich hinaufsteigen, desto mehr lassen sich die Worte wegen der Zusammenschau des Erkannten beschränken.[10] So werden wir jetzt, beim Eintauchen in die Dunkelheit über allen Verstand, nicht nur Wortkargheit, sondern vollständige Wortlosigkeit und Verständnislosigkeit treffen. Denn dort, beim Abstieg vom Höchsten zum Niedersten, breitete sich die Rede nach dem Maße des Abstiegs zu einer entsprechenden Weite aus. Nun aber, beim Aufstieg vom Niedersten zum Höchsten, zieht sie sich nach dem Maß des Aufstiegs zusammen, und nach dem ganzen Aufstieg wird sie ganz verstummt sein und ganz mit dem Unaussprechlichen vereint. Wozu aber, wirst Du sagen, unternehmen wir überhaupt diese göttliche Verneinung, von dem Niedersten ausgehend, wenn wir göttliche Behauptungen für das Erste aufstellen? Als wir das, was über alle Setzung ist, feststellten, mußten wir den Grund für die Behauptung mit Hilfe dessen festlegen, was ihm näher verwandt ist. Wenn wir aber verneinend von dem sprechen, was über alle Verneinung ist, müssen wir mit der Verneinung bei dem beginnen, was größeren Abstand von Ihm hat; ist Er denn nicht in höherem Grade Leben und Güte als Luft oder Stein? Und gilt es nicht in höherem Maß, daß Er nicht trunken ist oder nicht zürnt, als daß Er nicht genannt und nicht erkannt wird?

IV.
Nichts von dem Sinnenfälligen ist der überragende Urheber alles Sinnenfälligen

Wir sagen nun, die Ursache alles Seienden, die über allem Seienden ist, ist weder ohne eignes Sein, noch ohne Leben, Vernunft oder Verstand; sie hat aber auch nicht Körper, Gestalt oder Form, nicht Beschaffenheit, Größe oder Masse, sie ist auch an keinem Ort, wird nicht gesehen noch mit dem Tastsinn wahrgenommen, sie nimmt nicht sinnlich wahr und wird nicht mit den Sinnen erfaßt, sie erfährt keine Unordnung und Verwirrung durch stoffliche Leidenschaften, sie ist nicht kraftlos und sinnlichen Zufällen unterworfen; sie ermangelt nicht des Lichtes; sie ist weder noch hat sie Veränderung oder Vergehen, Teilung oder Beraubung, noch sonst etwas von dem Sinnenfälligen.

[10] Vgl. Guéranger, a. a. O., S. 432.

V.
Nichts von den geistig faßbaren Dingen ist der überragende Urheber alles Geistigen

Wiederum aufsteigend sagen wir, Er ist weder Seele noch Geist; hat weder Einbildung noch Meinung, Vernunft- oder Verstandeserkenntnis; Er ist weder Wort noch Verstehen, wird weder ausgesprochen noch erkannt; Er ist weder Zahl noch Ordnung, weder Größe noch Kleinheit, weder Gleichheit noch Ungleichheit, weder Ähnlichkeit noch Unähnlichkeit; Er steht weder noch ist Er in Bewegung oder ruht, Er hat weder Vermögen noch ist Er Vermögen oder Licht; Er lebt nicht, noch ist Er Leben; Er ist kein Einzelwesen (οὐσία), nicht Aion oder Zeit, Er ist nicht geistig berührbar, nicht Wissen oder Wahrheit, nicht Königtum oder Weisheit, weder Eines noch Einheit noch Gottheit noch Güte, nicht Geist, wie wir ihn verstehen; nicht Sohnschaft noch Vaterschaft noch sonst etwas von dem, was wir erkennen oder was ein anderes Seiendes erkennt; Er ist nichts vom Nichtseienden oder vom Seienden: Weder erkennt Ihn das Seiende als seiend noch erkennt Er das Seiende als seiend; es gibt für Ihn weder Begriff noch Namen noch Erkenntnis; Er ist weder Dunkelheit noch Licht noch Irrtum noch Wahrheit: Und es gibt für Ihn allgemein weder Behauptung noch Verneinung. Und wenn wir von dem, was nach Ihm kommt, etwas behaupten oder verneinen, setzen wir Ihn weder noch leugnen wir Ihn; denn Er ist über jeder Setzung als die vollkommene und einzige Ursache aller Dinge und über jeder Verneinung als die Überlegenheit des schlechthin Abgelösten von allem und jenseits des Alls.

Dionysius Areopagita
Briefe

Übersetzt von Edith Stein

I. *Brief (an den Mönch Caius*[1] *)*[2]

Die Dunkelheit schwindet (wird aufgehoben) durch das Licht, in höherem Grade durch viel Licht. Erkenntnisse lassen die Unwissenheit schwinden, in höherem Grade viele Erkenntnisse. Dies verstehe in überragendem Sinn, nicht im Sinn der Beraubung, und behaupte überwahr, daß verborgen ist denen, die das seiende Licht haben und die Erkenntnis des Seienden, das Nicht-Erkennen, das Gott gemäß ist; und die ihm überlegene Dunkelheit wird verdeckt durch alles Licht und entzieht sich aller Erkenntnis. Und wenn jemand, nachdem er Gott gesehen hat, erkennt, was er gesehen hat, hat er nicht Ihn gesehen, sondern etwas von Seinem Seienden (αὐτοῦ ὄντων) und Erkannten. Er selbst aber verbleibt über allem Geist (νοῦν) und allem Seienden[3] (οὐσία); und eben durch dies allgemein Nicht-Erkanntwerden und Nichtsein *ist* Er überseiend und wird Er über-geistig (ὑπὲϱ νοῦν) erkannt. Und das in gutem Sinne vollkommene Nicht-Erkennen ist das Erkennen dessen, der über allem Erkennbaren ist.

(Erläuterung zum „Nicht-Erkennen“ Gottes in ⟨der⟩ *M*⟨ystischen⟩ *Th*⟨eologie⟩*)*

II. *Brief (an Caius)*[4]

Gott über dem Ursprung der Gottheit und des Guten

Wie ist Der, der über allem ist, auch noch über dem Ursprung der Gottheit und dem Ursprung des Guten? Wenn man unter Gottheit und Güte den Gehalt (αὐτὸ τὸ χϱῆμα = ipsam rem) der gutmachenden und göttlichmachenden Gabe versteht und die unnachahmliche Nachahmung des Übergöttlichen und Überguten, gemäß der wir göttlich werden und gut werden; und wenn dies der Anfang des Göttlichwerdens und Gutwerdens wird für die, die göttlich und gut werden: So ist Der, der Über-Ursprung alles Ur-

[1] ⟨Vgl. Apg 19, 29. Dort wird Caius = Gaius, der Empfänger der ersten vier Briefe des Dionysius, als Begleiter des Paulus in Ephesus belegt. Dionysius sieht in ihm einen Mönch. Zu den fiktiven Briefadressaten des Dionysius und deren Bezügen zum Neuen Testament und zur frühchristlichen Literatur vgl.: Pseudo-Dionysius Areopagita, *Über die Mystische Theologie und Briefe*, eingeleitet, übersetzt und mit Anmerkungen versehen von Adolf Martin Ritter, (Bibliothek der griechischen Literatur 40), Stuttgart 1994, S. 20–24 und 63–73. ⟩

[2] *MPG* 3, S. 1063. Cf. Ep⟨istola⟩ V. *Mystisches Dunkel.*

[3] ⟨eigentlich: Wesen.⟩

[4] ⟨*MPG* 3,⟩ S. 1068 f.

sprungs ist, über die sogenannte Gottheit und Güte als Ursprung der Gottheit und Güte hinaus; als unnachahmlich und unbegreiflich überragt Er alles Nachahmen und Haben (σχέσεων) und die, die nachahmen und teilhaben.

(Zu ⟨De⟩ D⟨ivinis⟩ N⟨ominibus⟩ 6 u⟨nd⟩ 11, 6, wo Gott Urheber der Güte an sich und Gottheit an sich genannt wird.)

III. *Brief (an Caius)*[5]

Geheimnis der Menschwerdung

Plötzlich ist, was wider Erwarten aus der Verborgenheit ins Offenbarsein herausgeführt wird. Im Hinblick auf Christus aber bezüglich der Menschenliebe (= Menschwerdung), glaube ich, will die Heilige Schrift auch dies dunkel andeuten, daß Er, der Über-Seiende, aus der Verborgenheit hervorgekommen ist in die Sichtbarkeit für uns, in menschliche Seinsweise versetzt (ἀνθρωπικῶς οὐσιοθέντα). Verborgen ist Er aber auch noch nach dem Offenbarwerden oder, um es auf göttlichere Weise auszudrücken, im Offenbarwerden selbst: Denn dies Geheimnis Jesu ist verborgen und durch kein Wort und keinen Geist ihm gemäß ausdrückbar (o⟨der⟩ ausgedrückt, ἐξῆκται), sondern indem es ausgesprochen wird, bleibt es ungesagt, und indem es erfaßt wird, unerkannt.

(Corderius, S. 1071f., deutet es als Anspielung auf Mal 3,1.*)*

IV. *Brief (an Caius)*[6]

Gott-menschliches Sein

Wie, sagst Du, ist Jesus, der über allem ist, allen Menschen in der Seinsweise eingeordnet worden? Er wird ja nicht als Urheber der Menschen dort Mensch genannt, sondern als selbst dem ganzen Wesen nach (οὐσία) wahrhaft Mensch seiend. Wir definieren aber Jesus nicht auf menschliche Weise; denn Er ist nicht ein bloßer Mensch (Er wäre nicht überseiend, wenn Er bloßer Mensch wäre); sondern wahrhaft Mensch, hat Er in außerordentlicher Menschenliebe, über Menschenart und nach Menschenart, aus dem menschlichen Sein (οὐσία) Er, der Über-Seiende, das Sein angenommen

[5] S. 1069.
[6] S. 1071f.

(οὐσιωμένο). Er ist aber nichtsdestoweniger übervoll vom Über-Sein, der immer Über-Seiende, wahrlich durch den Überfluß daran. Und so wahrhaft zum Sein (οὐσία) kommend, trat Er überseiend ins Sein und wirkte, was menschlich ist, auf übermenschliche Weise. Das zeigt die Jungfrau, die auf übernatürliche Weise empfängt[7], und das Wasser, das nicht standfest ist und doch das Gewicht der Füße trägt[8], die aus Stoff und Erde bestehen, und nicht nachgibt, sondern durch übernatürliche Kraft zusammenhält und nicht auseinanderfließt. Wer möchte wohl noch alles andere durchgehen, da es sehr viel ist? Wer es auf göttliche Weise betrachtet, der wird übergeistig (ὑπὲρ νοῦν) erkennen auch, was von der Menschennatur (= Menschenfreundlichkeit) Jesu behauptet wird und die Kraft einer überragenden Verneinung hat. Um es kurz zusammenfassend zu sagen: Er war nicht Mensch, nicht als Nicht-Mensch, sondern als aus den Menschen stammend über den Menschen und als auf übermenschliche Weise wahrhaft Mensch geworden. Im übrigen tat Er weder das Göttliche auf göttliche Weise noch das Menschliche auf menschliche, sondern als menschgewordener Gott lebte Er unter uns in einem *gottmenschlichen Tätigsein* (… ἀνδρωθέντος Θεοῦ, καινήν τινα τὴν θεανδρικὴν ἐνέργειαν πεπολιτευμένος).

(Corderius – S. 1073f. – : Xs ⟨= Christus⟩ *wird nicht so Mensch genannt wie Gott in* ⟨De⟩ *D*⟨ivinis⟩ *N*⟨ominibus⟩ *Licht, Leben, Weisheit.)*

V. *Brief (an den Diakon Dorotheus*[9]*)*[10]

(Das *mystische Dunkel*, von dem in ⟨*De*⟩ *M*⟨*ystica*⟩ *Th*⟨*eologia*⟩ gesprochen wird. cf. *ep*⟨*istola*⟩ I.)

Das göttliche Dunkel ist das unzugängliche Licht, in dem Gott wohnt[11], wie man sagt. Und da Er unsichtbar ist wegen des übermäßigen Offenbarseins und ebenso unzugänglich wegen des Übermaßes der überseienden Lichtergießung, so kommt es, daß jeder, der gewürdigt wird, Gott zu schauen und zu erkennen, gerade durch Nichtsehen und Nichterkennen wahrhaft zu Dem gelangt, der über Schauen und Erkennen ist: eben dies erkennend, daß Er über allem Sinnlichen und Geistigen ist, und mit dem Propheten sprechend: *Wunderbar ist Dein Wissen über mich hinaus geworden; es ist stark geworden,*

---

[7] ⟨Jungfrauengeburt nach Lk 1, 34 f. und Jes 7, 14.⟩
[8] ⟨Mt 14, 25.⟩
[9] ⟨Unbekannter Adressat. Auch Ritters Einleitung und Anmerkungen zur Übersetzung der Briefe, a. a. O., klären die Identität nicht.⟩
[10] S. 1073 ff.
[11] ⟨1 Tim 6, 16.⟩

und ich vermag nicht dahin zu gelangen.[12] So wird auch von dem göttlichen Paulus gesagt, er habe Gott erkannt, indem er erkannte, daß Er über allem Wissen und Erkennen ist. Darum sagt er auch, daß Seine Wege unerforschlich sind und unergründlich Seine Urteile,[13] unaussprechlich Seine Gaben und Sein Frieden über alles Begreifen: da er Den gefunden hatte, der über allem ist, und dies über alles Erkennen erkannt hatte, daß Er, der Urheber alles Seienden, über alles hinaus ist.

(Corderius – S. 1075f. – : zu 1 Tim 6, 16.)

VI. *Brief (an den Priester Sosipater*[14]*)*[15]

Nicht andere widerlegen, sondern die Wahrheit unwiderleglich beweisen

Halte nicht dies für einen Sieg, heiliger Sosipater, gegen einen Glauben oder eine Meinung loszufahren, die einem nicht gut scheinen; denn wenn Du sie auch ausgezeichnet widerlegst, so steht es damit nicht schon um die Sache des Sosipater gut; es ist nämlich möglich, daß sowohl Dir als anderen unter vielem trügerischen Schein das Wahre, das eines und verhüllt ist, verborgen bleibt. Denn wenn etwas nicht rot ist, so ist es damit noch nicht weiß; und wenn einer kein Pferd ist, so ist er nicht notwendig ein Mensch. Wenn Du also auf mich hörst, wirst Du folgendermaßen handeln: Du wirst davon ablassen, gegen andere zu sprechen, wirst aber über die Wahrheit so sprechen, daß das Gesagte völlig unwiderleglich ist.

(Corderius: vgl. Tit 3, 9.)

[12] Ps 139 (138), 6.
[13] Röm 11, 33.
[14] ⟨Auch Sopater, vgl. Apg 20, 4. Begleiter des Paulus in Ephesus, neben anderen auch Caius und Timotheus.⟩
[15] S. 1077.

VII. *Brief (an den Bischof Polykarp*[16]*)*[17]

§ I *(Wie ep.* VI)[18]

Ich wüßte nicht, daß ich gegen Hellenen oder andere gesprochen hätte; denn für rechtschaffene Menschen scheint es mir genügend, die Wahrheit in sich zu erkennen und zu sagen, wie es sich in Wahrheit verhält. Wenn nämlich etwas, was immer es sein mag, nach dem Gesetz der Wahrheit bewiesen und in lauterer Klarheit festgestellt ist, dann wird alles, was sich anders verhält und die Wahrheit vortäuscht, auch widerlegt sein als etwas von dem wahrhaft Seienden Abweichendes und Unähnliches, was mehr scheint als ist. Es ist also überflüssig für den, der die Wahrheit aufweist, gegen diese oder jene zu kämpfen. Es behauptet nämlich jeder von sich selbst, er besitze die Königsmünze[19], und hat vielleicht ein täuschendes Bild von einem echten Teil davon; hast Du diesen widerlegt, dann wird immer wieder ein anderer auf derselben Sache bestehen. Wenn aber der[20] wahre Sachverhalt (λόγος ἀληθός) richtig festgestellt ist und gegenüber allen andern unwiderleglich besteht, dann wird alles, was damit nicht vollständig übereinstimmt, durch das unüberwindliche Feststehen des durchaus Wahren zu Fall gebracht. Da ich dies, wie ich glaube, recht erkannt habe, habe ich mich durchaus nicht bemüht, gegen die Hellenen oder andere zu sprechen; vielmehr genügt es mir – und das gebe mir Gott! –, zuerst über die Wahrheit Bescheid zu wissen und dann als Sachkundiger zu sprechen, wie es sich gehört.

§ II[21]
Auseinandersetzung mit Apollophanes: Wunderbare Himmelserscheinungen als Zeichen für das Dasein Gottes

Du sagst aber, der Sophist Apollophanes schmähe mich und nenne mich einen Vatermörder[22], weil ich in pietätloser (unlauterer) Weise die Hellenen

---

[16] ⟨Polykarp von Smyrna († 167), Schüler des Apostels Johannes.⟩
[17] S. 1077 ff.
[18] ⟨Ep. VII behandelt nahezu denselben Inhalt wie ep. VI. Vgl. Ritters Einleitung, a. a. O., S. 66.⟩
[19] ⟨Das Bild des Königs oder Kaisers auf der Münze bürgt für deren Echtheit. Dionysius verwendet den Vergleich für die Überzeugung, die Wahrheit zu kennen. Vgl. Mt 22, 19–21.⟩
[20] S. 1079.
[21] S. 1080 f.
[22] ⟨Ritters Einleitung und Anmerkungen zur Übersetzung der Briefe, a. a. O., S. 124, Anm. 38, verweisen auf Platons *Sophistes* 241 d. Sophisten sind im 5. und 4. Jahrhundert v. Chr. bezahlte philosophische Wanderlehrer. Ihre individualistisch-skeptischen Positionen wurden von Platon in seiner Gestalt des Sokrates bekämpft.⟩

gegen die Hellenen benützte. Jedoch wir könnten ihm mit größerer Wahrheit sagen, die Hellenen benützten in pietätloser Weise Göttliches gegen Göttliches, da sie versuchen, durch Gottes Weisheit die Gottesverehrung auszutreiben. Und ich spreche nicht von der Meinung der Menge, die den Erfindungen der Dichter am Stoff klebend und leidenschaftlich anhängt und der Schöpfung mehr als dem Schöpfer dient, sondern auch Apollophanes selbst benützt pietätlos Göttliches gegen Göttliches; denn durch die Erkenntnis des Seienden, die er selbst gut Philosophie nennt und die von dem göttlichen Paulus als Gottesweisheit bezeichnet wurde,[23] hätten sich wahre Philosophen zum Urheber des Seienden selbst und der Erkenntnis des Seienden hinaufführen lassen müssen. Und um nicht entgegen meinem Vorsatz mehr die Meinung der anderen als die seine zu widerlegen: Apollophanes als ein Weiser mußte wissen, daß sich niemals etwas an der himmlischen Ordnung und Bewegung ändern konnte, es sei denn, daß Der sie dahin lenkte, von dem sie das Sein und Zusammenstimmen hat, Er, der nach der Heiligen Schrift alles vollbringt und abwandelt.[24] Warum verehrt er also nicht Den, von dem wir auch daraus erkannt haben, daß Er wahrhaft der Gott des Alls ist – staunend über Ihn wegen Seiner alles wirkenden und unaussprechlichen Macht? Da doch von Ihm Sonne und Mond zufolge einer ganz außerordentlichen Kraft und Stellung zugleich mit dem All zu völliger Bewegungslosigkeit bestimmt worden sind und das Weltall für einen vollen Tag unter diesen Zeichen stand[25], ja, was noch mehr ist als dies: Da selbst beim Kreisen aller stärkeren und umfassenden [Sphären] die umfaßten nicht in die Umdrehung miteinbezogen wurden und noch ein anderer Tag durch Ausdehnung fast verdreifacht wurde und ganze zwanzig Stunden hindurch das All den entgegengesetzten Lauf zurücklegte und im wunderbarsten Gegenschwung zurückkehrte, während die Sonne in ihrem eigenen Lauf ihre fünffache Bewegung in zehn Stunden zusammenzog und wiederum dieselbe in weiteren zehn Stunden rückwärts durchlief und, sich in einem neuen Weg übend, zurückging; das versetzte auch die Babylonier gebührend in Schrecken und unterwarf sie ohne Kampf dem Ezechias[26] wie einem gottähnlichen Übermenschen.[27] Ich übergehe die Großtaten in Ägypten und andere gottgewirkte Zeichen, die anderswo geschehen sind, und erwähne nur die allgemeinen, am Himmel geschehenen Zeichen, die allenthalben und von allen gerühmt werden. Aber Apollophanes wird jedenfalls behaupten, das sei nicht wahr; nun wird dies freilich in den heiligen Überlieferun-

[23] 1 Kor 4, 7.
[24] Dan 2, 21.
[25] Jos 10, 12.
[26] ⟨= Hiskija, Sohn des Achas, König von Juda 716–687 v. Chr., vgl. 2 Kön 18, 1–8.⟩
[27] 2 Kön 20, 11.

gen der Perser vorgetragen, und auch die Magier des dreifachen Mithras[28] pflegen noch die Erinnerung daran. Doch es mag ihm freistehen, diesen Dingen aus Unwissenheit oder Unkenntnis den Glauben zu versagen; sage ihm aber: Was sagst du zu der Sonnenfinsternis, die beim heilbringenden Kreuz geschah?[29] Damals waren wir nämlich beide zusammen bei Heliopolis und standen beieinander und sahen, wie der Mond in unbegreiflicher Weise mit der Sonne zur Deckung kam (es war nicht der Zeitpunkt für ein Zusammentreffen); und wie er wiederum von der neunten Stunde bis zum Abend sich der Sonne auf übernatürliche Weise diametral gegenüberstellte. Rufe ihm auch noch etwas anderes in Erinnerung: Er weiß nämlich, daß wir diese Verdeckung von Osten her beginnen sahen und bis an den Rand der Sonne gelangen, dann wieder rückwärts gehen und wiederum nicht an derselben Seite die Verdeckung und Aufhellung geschehen, sondern auf der entgegengesetzten. Das ist es, was damals übernatürlich geschah und allein durch Christus, den Urheber aller Dinge, möglich war, der Großes und Staunenswertes ohne Zahl vollbringt.

§ III[30]

Staunender Ausruf des A⟨pollophanes⟩. *Möglichkeit, ihn zu bekehren*

Dies sage, wenn es Dir erlaubt ist; und Du, Apollophanes, widerlege es, wenn Du kannst; und das mir gegenüber, der ich damals mit Dir zusammen zugegen war und zusammen schaute, zusammen fragte und zusammen staunte. Übrigens begann damals auch Apollophanes – woher [er es hatte], weiß ich nicht – zu weissagen und sprach zu mir, als erriete er, was geschah: O bester Dionysius, das geschieht auf Grund göttlicher Dinge (ταῦτα … θείων ἀμοιβαὶ πραγμάτων = das ist die Gegengabe oder die Antwort auf …). Soviel soll Dir nun brieflich von mir gesagt sein. Du bist ja fähig, das Fehlende zu ergänzen und den Mann vollends zu Gott zu führen, der in vieler Hinsicht weise ist; und vielleicht wird er es nicht verschmähen, die überweise Wahrheit unseres Glaubens *willig* zu lernen (πρᾴος, sanft).

[28] ⟨Mithraskult: Im römischen Reich verbreitete Mysterienreligion.⟩
[29] ⟨Mt 27, 45; Mk 15, 33.⟩
[30] S. 1081.

VIII. *Brief (an den Mönch Demophilos*[31] *)*[32]

§ I

Beispiele der Milde aus dem AT und Xs⟨= Christus⟩ *selbst. Unmenschliches Vorgehen des D*⟨emophilos⟩. *Wahrung der gottgesetzten Ordnung*

Die Geschichtsbücher der Hebräer berichten, edler Demophilos, auch jener hl. Moses sei wegen seiner großen Milde der Gotteserscheinung würdig erachtet worden. Und wenn sie einmal erwähnen, daß er der Gottesschau beraubt worden sei, so trennen sie ihn von Gott[33], nicht aber ab von der Milde. Sie sagen nämlich, der Herr sei im Zorn ergrimmt gegen ihn, weil er sich sehr überheblich betrug und den göttlichen Ratschlüssen widerstrebte. Wenn sie ihn aber rühmen als ausgezeichnet durch göttliche Würden, dann wird er gepriesen auf Grund der hervorragenden Nachahmung des gütigen Gottes. Denn er war sehr sanft, und deshalb wird er Diener Gottes genannt und würdiger als die übrigen Propheten, Gott zu schauen. Ja, als gegen ihn und Aaron einige unverschämte Menschen Streit anfingen wegen des Hohenpriestertums und der Volksführung, zeigte er sich erhaben über alle Ehr- und Herrschsucht und übertrug die Führung des Volkes dem von Gott Erwählten.[34] Als sie sich aber gegen ihn verschworen, ihn wegen des Vergangenen schmähten und bedrohten und schon beinahe tätlich angriffen, da rief jener Sanftmütige den guten [Gott] zur Rettung herbei, bekannte aber freimütig in aller Bescheidenheit, daß er unschuldig sei an allen Übeln, die die Unterworfenen träfen; er wußte nämlich, daß der, der mit Gott vertraulich verkehrt, sich nach Kräften bemühen muß, Ihm soweit möglich ähnlich zu werden und in seinem Gewissen der Liebe zum Guten in seinen Werken sicher zu sein. Was hat sodann David, Gottes Ahnherrn, zum Freund Gottes gemacht? Doch wohl, daß er gut war und auch gegen die Feinde gut: Ich habe, sagte der Über-Gute und Gutes Liebende, einen Mann nach meinem Herzen gefunden.[35] Ja, eine gütige Bestimmung hatte ihm gewährt, auch für

[31] ⟨Unbekannter Mönch. Ritters Einleitung und Anmerkungen zur Übersetzung der Briefe, a. a. O., S. 21, weisen Demophilos als einzigen nicht aus dem Neuen Testament oder der Väterzeit belegten Adressaten dionysischer Schriften aus.⟩
[32] S. 1083 ff.
[33] S. 1085.
[34] Num 16⟨, 4–6.⟩
[35] Ps 89 (88), 21.

das Vieh seines Feindes Sorge zu tragen.[36] Auch Job wurde als festhaltend an der Unschuld gerechtfertigt.[37] Und Joseph rächte sich nicht an seinen heimtückischen Brüdern[38], und Abel ging einfältig und arglos mit dem Brudermörder.[39]

Und alle rühmt die Heilige Schrift als gut, die das Böse weder vorher befürchteten noch vorgaben und nicht einmal angesichts der Schlechtigkeit anderer vom Guten abließen, im Gegenteil gottähnlich selbst den Bösen Gutes erwiesen und ihre ganze Güte über sie ergossen und sie freundlich zu Ähnlichem aufriefen. Doch wir wollen das Haupt zur Höhe erheben; nicht die Milde heiliger Menschen wollen wir verkünden noch die Güte der menschenfreundlichen Engel, die Mitleid haben mit den Völkern und Gutes für sie erbitten (oder: den Guten – ἀγαθοῦ)[40], der Menge der Unheilstifter und Übeltäter Vorwürfe machen,[41] unser Unglück mitempfinden und sich freuen über die Rettung derer, die sich zum Guten bekehrt haben,[42] und was sonst noch die Heilige Schrift von den wohltätigen Engeln berichtet;[43] sondern wir wollen die wohltätigen Strahlen des wahrhaft guten und überguten Christus in Ruhe empfangen und uns durch sie zu seinen göttlichen Wohltaten ins Licht führen lassen. Nun denn – ist es nicht unaussprechliche und unbegreifliche Güte, daß Er das, was ist, sein macht und all das zum Sein geführt hat und will, daß alles Ihm stets ähnlich werde und an Ihm teilhabe nach der Fassungskraft eines jeden? Ferner, daß Er selbst nach denen, die von Ihm abfallen, liebend verlangt und eifrig um sie bedacht ist und bittet, daß Er nicht verschmäht werde[44], wenn sie sich abwenden und spröde tun (τῶν ἐρωμένων καὶ θρυπτομένων αὐτῶν); ja, Er erträgt sie auch, wenn sie Ihm grundlos Vorwürfe machen[45] und entschuldigt sich selbst; und Er erbietet sich noch mehr, sie zu heilen. Und wenn sie noch entfernt sind, aber doch zugleich schon sich nähern, eilt Er ihnen entgegen und begegnet ihnen, umarmt sie innigst (ganz die ganzen) und küßt sie und wirft ihnen das Vergangene nicht mehr vor, sondern liebt das Gegenwärtige und feiert ein Fest, ruft die Freunde zusammen, die Guten nämlich, damit eine Wohnung sei für alle, die sich freuen.[46] Nun denn, Demophilos, und wenn noch jemand anders den Guten feindselig entgegentritt, wird er mit Recht getadelt und über das Gute belehrt und dazu aufgemuntert (ἀγαθύνεται). Mußte

[36] Ex 23, 4.
[37] Ijob 1, 8; 42, 7.
[38] Gen 50, 20; ⟨vgl. Gen 45, 5.⟩
[39] Gen 4, 8.
[40] Sach 1⟨, 9–15⟩; Dan 10⟨, 9–21.⟩
[41] Offb ⟨14, 6–11⟩.
[42] Lk 15⟨, 10.⟩
[43] Tob 8 – 9⟨, 6.⟩
[44] Mt 11⟨, 28.⟩
[45] S. 1088.
[46] Lk 15, 10; ⟨vgl. Joh 14, 2⟩.

sich denn nicht, [sagt er],[47] der Gute über die Rettung der Verlorenen freuen und über das Leben der Verschiedenen? Wenn Er doch den auf seine Schultern hebt, der sich gerade erst vom Irrweg zurückgewendet hat, und die guten Engel zur Freude aufruft, ja, auch gütig ist gegen die Undankbaren und *Seine Sonne aufgehen läßt über Gerechte und Ungerechte*[48] und selbst Sein Leben einsetzt für die Fliehenden. Du aber stürztest Dich, wie Dein Brief zeigt, auf den Priester und verjagtest den, den Du einen Gottlosen und Sünder nennst, in eigener Person (= persönlich zugegen), ich weiß nicht wie. Danach bat er und versicherte, er sei zur Heilung der Schlechten gekommen; Du aber schmähtest noch, ohne Scheu, keck den guten Priester, weil er sich des Reumütigen erbarmte und den Gottlosen rechtfertigte; und endlich sagtest Du zu dem Priester: Geh hinaus, mit Deinesgleichen bist Du zu Unrecht ins Heiligtum eingebrochen und hast das Allerheiligste verunreinigt; und Du schreibst uns, Du hättest das Heiligtum, das verletzt werden sollte, vorsorglich gerettet und bewahrtest es noch jetzt unversehrt. Nun also höre unsere Meinung. Es wäre unrecht, wenn ein Priester von Diakonen, die an Rang über Dir stehen, oder von Mönchen, die Deines Standes sind, getadelt würde, wenn er auch gegen das Göttliche zu freveln schiene oder wenn er einer andern verbotenen Handlung überführt würde. Denn wenn Unordnung und Ununterwürfigkeit eine Überschreitung der göttlichsten Bestimmungen u⟨nd⟩ Satzungen ist, so hat es (gibt es) keinen Sinn (Grund), um Gottes willen die gottgegebene Ordnung umzustoßen. Denn Gott ist nicht in sich selbst geteilt – wie könnte sonst Sein Reich bestehen?[49] Denn wenn das Urteil bei Gott steht[50], wie die Schrift bezeugt, die Priester aber Engel sind und nächst den Bischöfen Ausleger der göttlichen Urteile[51], so lerne von ihnen, wie es Dir geziemt, durch Vermittlung der Diakone, das Göttliche, wenn es an der Zeit ist – von ihnen, durch die Du gewürdigt wurdest, Mönch zu sein. Verkündigen nicht eben dies auch heilige Symbole? Denn das Allerheiligste ist nicht einfach von allen abgesondert; sondern der Stand der Bischöfe nähert sich ihm am meisten, sodann der Priesterstand, ihnen folgend sodann der der Diakone; der Mönchsordnung sind die Türen des Heiligtums zugewiesen, bei denen sie auch geweiht werden und Aufstellung genommen haben; nicht um sie zu bewachen, sondern der Ordnung wegen und damit sie erkennen, daß sie sich mehr als[52] die Priester dem Volk nähern. So hat denn die heilige Leitung der heiligen Dinge heilig festgesetzt,

---

[47] ⟨Über:⟩ [sagt er] ⟨steht:⟩ Hinzufügung. ⟨Nach der kritischen Edition von Ritter ist dieser Einschub jedoch Bestandteil des Textes.⟩
[48] Mt 5, 45.
[49] Mt 12, 25.
[50] Jes 30, 18; Röm 2, 16.
[51] Mal 2, 7.
[52] S. 1089.

daß sie am Göttlichen teilhaben sollen, anderen aber, nämlich denen, die weiter innen stehen, hat sie das Anteilgeben übertragen; die aber, die sinnbildlich immer den Altar umstehen, sehen und hören das Göttliche, das ihnen, von fernher strahlend, enthüllt wird, und gütig vorschreitend zu denen, die außerhalb der Vorhänge des Heiligtums sind, zu den ihnen untergeordneten Mönchen und dem heiligen Volk und den Ordnungen, die in der Reinigung sind, machen sie das Heilige bekannt je nach der Würdigkeit: Das wurde unverletzt bewahrt, bis Du, selbstherrlich dahin einbrechend, Dir erzwungen hast, daß das Allerheiligste Dir wider Willen preisgegeben wurde; und Du behauptest, Du hättest das Heiligtum zu bewachen; und dabei siehst und hörst und hast Du nichts von dem, was den Priestern geziemt; denn Du erkennst ja nicht die Wahrheit der Heiligen Schrift, da Du sie täglich mit Worten bekämpfst zum Verderben der Hörer. Denn hätte jemand die Führerstellung im Volk an sich gerissen, ohne daß sie ihm der König übertragen hätte, würde er mit Recht gestraft. Und wenn ein Fürst über Menschen Recht spräche oder sie verurteilte und einer der ihm untergebenen Dabeistehenden es wagte, sein Urteil anzugreifen, würde er ihn nicht, sage ich, beschimpfen und der Herrschaft berauben? Du aber, Mensch, bist so verwegen in den Sachen des Milden und Gütigen und gegenüber dem von ihm eingesetzten Priestertum. Und dies müßte man sagen, wenn jemand sich etwas über seinen Rang anmaßte, aber dabei etwas Richtiges zu tun glaubte; denn auch dies ist niemandem erlaubt. Denn was tat Ozias Verkehrtes, als er dem Herrn räucherte?[53] Was Saul, als er opferte?[54] Was die tyrannischen bösen Geister, als sie der Wahrheit entsprechend Jesus verkündigten?[55] Aber in der Hl. Schrift wird jeder hinausgewiesen, der sich um fremde Angelegenheiten kümmert, und jeder soll in der Ordnung seines Dienstes stehen,[56] und allein der Hohepriester soll in das Allerheiligste eintreten, und das einmal im Jahr, und in der vollkommenen priesterlichen Reinheit, die das Gesetz vorschreibt.[57] Und die Priester tragen Sorge für das Heilige, und die Leviten dürfen das Heilige nicht berühren, damit sie nicht sterben.[58] Und der Herr entbrannte in Zorn wegen Ozias' Verwegenheit[59] und schlug Maria mit dem Aussatz, da sie es versuchte, dem Gesetzgeber ein Gesetz zu geben:[60] Und gegen die Söhne Scevas[61] gingen Dämonen an,

[53] ⟨= Usija, König von Juda,⟩ 2 Chr 26, 19.
[54] 1 Sam 13, 10; 15, 12.
[55] Mk 3, 11 f.
[56] 1 Kor 14, 23.
[57] Lev 16, 2; Hebr 9, 7.
[58] Num 4, 20.
[59] 2 Chr 26, 19.
[60] Num 12, 10. ⟨Mirjam, die Schwester von Mose und Aaron.⟩
[61] ⟨Sieben Söhne eines Hohenpriesters namens Sceuas.⟩ Apg 19, ⟨14–16.⟩

und Er sagt: *Ich habe sie nicht gesandt und sie sind* (καί αὐτοῦ) *gelaufen; ich habe nicht zu ihnen gesprochen, und sie haben geweissagt;*[62] und: *Der Gottlose, der mir ein Kalb opfert, ist wie einer, der einen Hund tötet.*[63] Um es einfach zu sagen: Gottes vollkommene Gerechtigkeit erträgt die Übertreter des Gesetzes nicht; wenn sie aber sagen: *In Deinem Namen haben wir vieles Große gewirkt* (δυνάμεις πόλλας), antwortet Er: *Ich kenne euch nicht. Weichet von mir alle, die ihr Böses tut.*[64] Es ist also unrecht, wie die Hl. Schrift sagt, selbst das, was recht ist, gegen die Würde zu tun.[65] Es muß also jeder auf sich selbst achten, daß er nicht verstehen will, was zu hoch oder zu tief für ihn ist, sondern nur das, was ihm seiner Würde entsprechend zugeordnet ist.[66]

§ II[67]
Unwürdige Priester

Wie?, sagst Du, muß man denn nicht gottlose Priester oder solche, die man auf einer andern Verkehrtheit ertappt hat, zurechtweisen, und wird es denen allein, die sich im Gesetz rühmen, erlaubt sein, durch Übertretung des Gesetzes Gottes Ehre zu kränken?[68] Und wie sind die Priester Ausleger Gottes? Wie verkünden sie denn dem Volk die göttlichen Tugenden, da sie deren Kraft nicht erkennen? Oder wie werden die erleuchten, die in der Dunkelheit sind? Wie werden die den göttlichen Geist mitteilen, die nicht in der Tat und Wahrheit (ἕξει καὶ ἀληθείᾳ) an den Heiligen Geist glauben?[69] Darauf werde ich Dir selbst antworten; denn Demophilos ist nicht mein Feind, noch werde ich dulden, daß Satan Dich umgarnt. Denn die Ordnungen, die um Gott sind, sind um so göttlicher, je weiter sie entfernt sind; und zugleich heller leuchtend und lichtreicher (φωτεινότερα καὶ φωτιστικότερα) sind, die sich dem wahren Licht mehr nähern. Du sollst aber die Nähe nicht im Sinne des Ortes verstehen, sondern im Sinne der Fähigkeit, Gott aufzunehmen. Wenn nun der Priesterstand die Kraft zu erleuchten hat, so ist der, der nicht Licht verleihen kann, vom Priesterstand und der priesterlichen Kraft gänzlich abgefallen; um so mehr der, der [selbst] nicht erleuchtet ist. Und ich für meinen Teil halte einen solchen Menschen für sehr verwegen, wenn er sich priesterliche Amtsleistungen anmaßt und sich weder fürchtet noch schämt, göttlichen Dingen über sein Vermögen hinaus nachzujagen, und wenn er

---

62 Jer 23, 21.
63 Jes 66, 3.
64 Mt 7, 23.
65 1 Sam 15, 22.
66 Röm 11, 20; 12, 3.
67 S. 1092.
68 Röm 2, 23.
69 Apg 19, 2.

meint, wessen er sich selbst bewußt sei, das bleibe Gott verborgen, und wenn er Den zu täuschen glaubt, den er mit falschem Namen Vater nennt; und wenn er es wagt, seine frevelhaften Lästerworte (denn Gebete möchte ich sie nicht nennen) über die göttlichen Symbole nach Christi Art auszusprechen. Das ist kein Priester, nein, sondern ein Feind, ein Arglistiger, einer, der sich selbst betrügt, und ein Wolf, der sich gegen das Volk Gottes mit einem Schafsfell ausgerüstet hat.[70]

§ III[71]

D⟨emophilos⟩ *wird in seine Grenzen verwiesen und zur Selbstbeherrschung ermahnt*

Aber Demophilos steht es nicht zu, dies zu rügen. Denn wenn die Hl. Schrift befiehlt, das Gerechte auf gerechte Weise zu verfolgen (das Gerechte auf gerechte Weise verfolgen heißt aber, jedem das ihm Gebührende zuerteilen wollen), so müssen es alle auf gerechte Weise verfolgen, nicht anders, als es ihrer Würde und Ordnung entspricht. Denn es ist auch gerecht, wenn den Engeln das ihrer Würde Entsprechende zuerteilt und bestimmt wird, aber nicht von uns, o Demophilos, sondern uns durch sie von Gott und ihnen von den höheren Engeln. Und um es[72] einfach zu sagen, in allen Dingen wird den Zweiten durch die Ersten von der alles wohlordnenden und höchst gerechten Vorsehung das ihrer Würde Entsprechende zuerteilt. Denen es nun von Gott auferlegt ist, über andere zu gebieten, die teilen denen, die nach ihnen kommen und ihnen unterworfen sind, das ihnen Gebührende zu. Demophilos soll also seine Rede, seinen Zorn und seine Begierde gebührend mäßigen, soll die für ihn festgesetzte Ordnung nicht verletzen, sondern die übergeordnete Vernunft soll das ihr Untergeordnete beherrschen. Denn wenn wir auf dem Markt sehen, daß ein Diener seinen Herrn, ein junger Mensch einen älteren oder ein Sohn seinen Vater schmäht, ihn zugleich auch angreift und ihm Schläge versetzt, so werden wir offenbar Unrecht tun, wenn wir nicht hinzueilen und uns bemühen, denen zu helfen, denen der Vorrang zukommt, mögen sie auch vielleicht zuerst Unrecht getan haben; wie sollten wir uns nicht schämen, wenn wir sehen, daß die Vernunft von Zorn und Begierde verletzt wird und aus der ihr von Gott gegebenen Herrschaft vertrieben, und wenn wir in uns selbst gottlose und gesetzwidrige Unordnung, Aufruhr und Verwirrung erwecken? Mit Recht verbietet unser seliger, gottgegebener Gesetzgeber, der Kirche Gottes jemanden zum Vorste-

[70] Mt 7, 15.
[71] S. 1092.
[72] S. 1093.

her zu geben, der nicht vorher seinem eigenen Hause gut vorgestanden hat;[73] denn wer sich selbst beherrschen kann, wird auch einen andern im Zaum halten; und wer einen andern, auch ein Haus; wer ein Haus, auch eine Stadt; wer eine Stadt, auch ein Volk; kurz gesagt, nach den Worten der Schrift: *Wer in Wenigem getreu ist, wird auch in Vielem getreu sein, und wer in Wenigem ungetreu ist, wird auch in Vielem ungetreu sein.*[74]

§ IV[75]

Die gebührende Ordnung. Die Unmenschlichkeit des D⟨emophilos⟩

Du nun bestimme selbst der Begierde, dem Mut und der Vernunft, was einem jeden zukommt, Dir aber [bestimmen es] die Diakone, diesen die Priester, den Priestern die Bischöfe und den Bischöfen die Apostel und Nachfolger der Apostel. Und wenn irgendwo einer unter ihnen vom Geziemenden abirren sollte, wird er von den Heiligen seines Standes zurechtgewiesen werden, und es werden nicht die verschiedenen Stände durcheinandergewürfelt werden, sondern jeder wird in seinem Stande und in seinem Dienst bleiben. Dies habe ich Dir gesagt, damit Du weißt und tust, was Dir zukommt. Was aber die Unmenschlichkeit gegen den Mann betrifft, der – wie Du sagst – ein Gottloser und Frevler ist, so weiß ich nicht, wie ich die Betrübnis (σύντριμμα = contritio) meines Geliebten beweinen soll. Denn als wessen Diener glaubst Du von uns aufgestellt zu sein? Wenn nicht als dieses höchsten Gutes Diener, dann bist Du wahrhaftig uns und unserm ganzen Gottesdienst notwendig fremd; und es ist Zeit, daß Du Dir einen [andern] Gott und andere Priester suchst und bei ihnen nicht so sehr eingeweiht wirst als verwildert und ein unerbittlicher Diener Deiner Freundin, der Unmenschlichkeit, (wirst). Sind denn wir zu vollkommener Heiligkeit vollendet und bedürfen für uns der göttlichen Menschenfreundlichkeit nicht mehr? Oder begehen wir doppelte Sünde, wie die Hl. Schrift sagt[76], nach der Weise der Gottlosen, indem wir nicht wissen, worin wir gefehlt haben, sondern uns selbst rechtfertigen, und zu sehen glauben, obwohl wir in Wahrheit nicht sehen? Darüber geriet der Himmel außer sich, und ich entsetzte mich und kann mir selbst kaum[77] glauben. Glaube mir, wenn ich Deinen Brief nicht gelesen hätte (o hätte ich es doch nicht getan!), so hätten mich andere nicht davon überzeugen können, wenn sie es gewollt hätten, daß Demophilos glaube, der über alles gute Gott sei nicht auch menschenfreundlich und

[73] 1 Tim 2, 2; Tit 1⟨, 7.⟩
[74] Lk 16, 10.
[75] S. 1093 ff.
[76] ⟨Vgl. Mt 7, 3–5.⟩
[77] S. 1096.

er selbst bedürfe des Erbarmenden und Erlösenden nicht. Ja, er verwirft die Priester, die es ihrer würdig hielten, die Unwissenheit des Volkes zu ertragen, wohl wissend, daß auch ihnen Schwäche anhaftet. Doch der urgöttliche Heiligvollender[78] ist einen anderen Weg gegangen, denn er war einerseits, wie die Hl. Schrift sagt, von den Sündern abgesondert,[79] andererseits machte er es zum Beweis der Liebe zu Ihm, den Schafen die mildeste Hirtensorge zu widmen.[80] Und nichtswürdig nennt er den, der seinem Mitknecht nicht die Schuld erläßt[81] und ihm keinen Bruchteil der Güte erweisen will, die ihm selbst in aller Fülle gewährt wurde; mit Recht wird ihm zuteil, was ihm gebührt, und das müssen auch Demophilos und ich fürchten. Denn Er bat selbst für die, die gegen ihn frevelten, noch im Leiden den Vater um Vergebung,[82] Seine Jünger aber schalt Er, weil sie Ihn ohne Mitleid baten, die Samariter, die Ihn vertrieben, für ihre Gottlosigkeit zu verurteilen.[83] Das aber wiederholst Du tausendmal in Deinem dreisten Brief und versicherst es wieder und wieder, Du hättest nicht Dich selbst, sondern Gott gerächt. Durch Schlechtigkeit, sage mir, den Guten?

§ V[84]

Die Milde des Guten Hirten. Los der Guten und Bösen

Weg damit! Wir haben keinen Hohenpriester, der nicht mitempfinden könnte mit unserer Schwäche,[85] sondern – selbst schuldlos – ist Er barmherzig. Er wird nicht streiten noch schreien[86]; Er selbst ist milde und ist auch die Versöhnung für unsere Sünden.[87] Darum werden wir Deine keineswegs beneidenswerten Angriffe durchaus nicht billigen, wenn Du auch tausendmal Pinchas[88] und Elias[89] anführst: Denn die Jünger, die damals noch keinen Anteil am guten Geist hatten, gefielen Jesus nicht, als Er dies [von ihnen] hörte[90]. Und auch unser göttlicher Lehrer in d⟨er⟩ Heiligkeit (ἱεροθέτης) belehrt in Milde die Gegner der Lehre Gottes[91]; denn es ziemt sich, die Un-

---

78 ⟨Christus.⟩
79 Hebr 7, 26.
80 Joh 10, 14; Lk 15, 5.
81 ⟨Mt 18, 33.⟩
82 Lk 23, 34.
83 Lk 9, 54.
84 S. 1096.
85 Hebr 4, 15.
86 ⟨Jes 42, 2.⟩
87 1 Joh 2, 2.
88 ⟨Num 25, 7–13.⟩
89 ⟨1 Kön 18, 40.⟩
90 ⟨Lk 9, 54 f.⟩
91 1 Tim 1, 10.

wissenden zu belehren, nicht zu züchtigen, wie wir ja auch die Blinden nicht bestrafen, sondern an der Hand führen. Du aber hast dem Mann, der gerade anfing, am Licht aufzuatmen, eins hinter die Ohren versetzt und ihn zurückgetrieben, und als er mit großer Scheu hinzutrat, ihn dreist verjagt! (schauderhaft ist das!) – ihn, den Christus, weil Er gütig ist, aufsucht, wenn er in den Bergen herumirrt, zurückruft, wenn er flieht, und auf Seine Schultern hebt, wenn Er ihn endlich gefunden hat.[92] Ich bitte Dich, so schlecht wollen wir nicht für uns selbst sorgen und nicht[93] das Schwert auf uns selbst lenken: Wenn man nämlich bestrebt ist, andern Schaden zuzufügen oder im Gegenteil Wohltaten zu erweisen, aber was man wollte, ihnen gegenüber nicht zur Ausführung bringt, so zieht man sich doch bei sich selbst Schlechtigkeit oder Güte zu und wird entweder von göttlichen Tugenden oder ungezähmten Leidenschaften erfüllt. Und die einen werden als Gefolgsleute und Weggenossen der guten Engel hier und dort in allem Frieden und frei von allen Übeln für alle Ewigkeit die seligsten Anteile erlosen und immer bei Gott sein: das größte aller Güter; die andern aber, die zugleich den Frieden mit Gott und mit sich selbst preisgaben, werden hier wie nach dem Tode bei den schrecklichen Dämonen sein. Darum müssen wir uns alle Mühe geben, zu dem guten Gott zu gelangen und immer bei dem Herrn zu sein und nicht mit den Bösen durch Gottes höchst gerechtes Gericht abgesondert zu werden und auf Grund eigner Schuld das uns Gebührende zu erleiden – das fürchte ich am meisten von allem und wünsche von allem Schlechten frei zu sein. Wenn es Dir recht ist, will ich auch noch das göttliche Gesicht eines heiligen Mannes erwähnen, und lache nicht, denn ich werde die Wahrheit sprechen (etwas Wahres erzählen.)

§ VI[94]
Die Vision des Karpos[95]

Als ich einmal nach Kreta kam, nahm mich der hl. Karpos gastfreundlich auf, ein Mann, der wie irgendeiner durch die große Reinheit seines Geistes zur Gottesschau geeignet war. Er trat nämlich nicht zur heiligen Feier der Geheimnisse hinzu, wenn ihm nicht vorher bei den heiligen Vorbereitungsgebeten ein günstiges Gesicht zuteil wurde. Er erzählt nun, daß ihn einst ein Ungläubiger betrübt habe; Ursache der Trauer war, daß jener einen zur Kirche Gehörigen zur Gottlosigkeit verführt hatte, als noch die „heiteren Tage" (Fest der Tag- und Nachtgleiche) gefeiert wurden. Es hätte sich geziemt, für

[92] Joh 10, 14; Lk 15, 5 f.
[93] S. 1097.
[94] Ebd.
[95] ⟨Mitarbeiter oder Schüler des Paulus in Troas, 2 Tim 4, 13.⟩

beide gütig zu beten und Gott den Heiland als Beistand zu nehmen, um den einen zu bekehren, den andern durch Güte zu besiegen; und er hätte das ganze Leben nicht ablassen sollen, sie zu ermahnen, bis er sie heute und auf solche Weise zur göttlichen Erkenntnis führen konnte, so daß ihnen das, was ihnen zweifelhaft schien, deutlich würde und sie durch gesetzmäßige Weisung genötigt würden, von dem, womit sie unvernünftig geprahlt hatten, zur Vernunft zu kommen. Aber was ihm früher niemals begegnet war – ich weiß nicht, wie es kam –, er war damals in sehr feindseliger und bitterer Stimmung zur Ruhe gegangen und in so schlechter Verfassung eingeschlafen (es war nämlich Abend); um Mitternacht (er pflegte nämlich um diese Zeit von selbst zu den Göttlichen Hymnen zu erwachen) stand er auf nach nicht ungestörtem, immer wieder unterbrochenem Schlaf. Da er nun ebenso bei der Zwiesprache mit Gott stand, unheilig betrübt und bedrückt, sagte er, es sei nicht recht, wenn gottlose Menschen lebten, die die geraden Wege des Herrn verdürben (verkehrten).[96] Und indem er das sagte, bat er den Herrn, Er möge durch einen Blitz unbarmherzig beider Leben ein Ende machen. Als er das sagte, so berichtete er, habe er plötzlich gesehen, wie das Haus, in dem er stand, zuerst erschüttert wurde und vom höchsten First an mitten durchgespalten, und vor sich einen helleuchtenden Scheiterhaufen und diesen vom Himmel zu ihm herabgelassen (der Ort schien nämlich unter freiem Himmel zu liegen); den Himmel selbst aber geöffnet und auf dem Rücken des Himmels (ἐπὶ τῷ νώτῳ) Jesus umgeben von zahllosen Engeln in Menschengestalt. Das hätte er in der Höhe gesehen und hätte sich verwundert. Als Karpos aber nach unten schaute – so sagte er –, da sah er auch den Fußboden gleich einem weitklaffenden, dunklen Schlund gespalten und jene Männer, die er verflucht hatte, vor sich stehen am Rand des Schlundes, zitternd und erbarmungswürdig, schon fast hinunterstürzend, weil ihre eigenen Füße sie nicht mehr tragen wollten; unten aber sah er aus dem Schlund Schlangen heraufkriechen und sich um ihre Füße bewegen, sie bisweilen ziehen, indem sie sich heranschlängelten und sie belästigten und gegen sie angingen, bisweilen auch sie mit den Zähnen oder Schwänzen reizten (entzündeten = ὑποτυφόντας) oder kitzelten und sich auf alle Weise bemühten, sie in den Schlund hineinzustürzen; es waren aber auch Männer mitten unter den Schlangen, die mit ihnen gegen jene Männer vorgingen, sie schüttelten (διαδονοῦντας), stießen und schlugen; jene Männer aber schienen schon fast zu fallen, halb wider Willen, halb freiwillig, von dem Übel allmählich zugleich bezwungen und mürbe gemacht (überredet). Karpos sagte aber, er habe nach unten gesehen und sich gefreut, um das oben aber habe er sich nicht gekümmert. Er sei aber unzufrieden gewesen, weil sie immer noch nicht fielen, und dazu habe er sich oft hinabgebückt, und weil

[96] S. 1099.

er nichts tun konnte, habe er sich geärgert und es herbeigewünscht. Und kaum hatte er den Kopf gehoben, da sah er wieder den Himmel, wie er ihn zuvor gesehen hatte; Jesus aber, voll Erbarmen mit dem, was geschah, sei von seinem überhimmlischen Thron aufgestanden und, bis zu ihnen herabsteigend, reichte Er ihnen die gütige Hand, und die Engel leisteten mit Ihm zusammen Beistand und stützten die Männer, der eine von hier, der andere von da, und Jesus sprach zu Karpos: Nun strecke die Hand aus und schlage auch Mich; denn Ich bin bereit, wiederum für die Rettung der Menschen zu leiden, und Ich will es sehr gern, damit nur die andern Menschen nicht sündigen. Sieh nur, ob es Dir mehr ansteht, in diesem Schlund und bei den Schlangen zu sein als bei Gott und den guten und menschenfreundlichen Engeln. Das ist es, was ich gehört habe; und ich glaube, daß es wahr ist.

IX. *Brief (an den Bischof Titus*[97]*)*[98]

§ I
Beispiele gewagter Symbole aus der Schrift. Zwei Arten der Theologie

Ich weiß nicht, bester Titus, ob der hl. Timotheus[99] etwas von meinen Ausführungen über die Symbole der Hl. Schrift nicht gehört hatte, als er schied. Denn in der *Symbolischen Theologie* hatte ich ihm deutlich alle jene Ausdrükke der Schrift auseinandergesetzt, die der Menge absonderlich scheinen. Denn bei den unvollkommenen Seelen erwecken die Väter den Eindruck einer großen Ungereimtheit, wenn sie die göttliche, geheimnisvolle und den Ungeweihten unzugängliche Wahrheit der unaussprechlichen Weisheit durch verborgene und gewagte Rätselbilder darstellen. Deshalb können wir oft den Worten über die hl. Geheimnisse kaum Glauben schenken, denn wir schauen sie nur durch die sinnenfälligen Symbole, die damit zusammenhängen. Man muß sie aber auch entblößt, wie sie in sich selbst sind, nackt und rein sehen. So nämlich könnten wir den Quell des Lebens schauend verehren, der sich in sich selbst ergießt, und würden ihn sehen, wie er in sich selbst besteht, und die eine einfache Kraft, die sich selbst bewegt, durch sich selbst wirksam ist, sich selbst nicht verläßt, sondern als Erkenntnis aller Erkenntnisse ursprünglich besteht und stets sich selbst durch sich selbst schaut. Wir hielten es also für gut, für uns selbst und für andere, soweit möglich, die Gestaltungen aller Art auseinanderzusetzen, die die heilige Sinnbildformung

---

[97] ⟨Schüler und Mitarbeiter des Paulus, wurde von diesem auf Kreta zurückgelassen nach Tit 1, 4 f.⟩
[98] S. 1103.
[99] ⟨Vgl. S. 86, Anm. 2.⟩

(συμβολικὴ ἱεροπλαστία) im Hinblick auf Gott bietet; denn wie ist sie, ihrem Äußeren nach, voll unglaublicher und täuschender (πλασματώδους) Absonderlichkeit! Z.B. wenn sie bei der überseienden Gottesgeburt den Schoß Gottes in leiblichem Sinn gottgebärend darstellt[100] oder das Wort als in die Luft hinausgeströmt aus dem Herzen des Menschen, das es ausspeit,[101] und den Geist als aus dem Mund ausgehaucht beschreibt und den[102] gotterzeugenden Schoß als den Gottessohn umfassend uns nach Art eines Leibes besingt oder dies nach Art einer Pflanze beschreibt (φυτικῶς statt φυσικῶς zu lesen?)[103] und uns Bäume und Zweige, Blüten und Wurzeln vorführt oder Quellen, die Wasser hervorsprudeln, oder strahlenaussendende Lichterzeugungen oder andere erklärende Beschreibungen des überwesentlichen Gotteswortes. Bezüglich der geistig zu verstehenden Vorsehung Gottes aber, oder Seiner Gaben, Offenbarungen, Kräfte, Eigenschaften, Anteile, Aufenthalte, Hervorgänge, Scheidungen oder Vereinigungen umhüllt es Gott deshalb mit Mannes- oder wilden Tier- oder vielfältigen Gestalten von anderen Lebewesen, Pflanzen und Tieren; ja, es legt ihm auch weiblichen Schmuck um und barbarische Waffenrüstung und schreibt ihm Töpfer- und Schmelzgießerkunst zu wie einem Handwerker und gibt ihm Pferde und Wagen und Throne zum Sitz und rüstet ihm Gastmähler mit allerhand Speisen zu und stellt ihn essend und trinkend, schlafend und berauscht dar. Was soll man noch reden von Zorn und Leid, von den verschiedenen Eidschwüren, Reue, Flüchen und Groll, von den vielfältigen und gewundenen Scheingründen für das Abweichen von den Verheißungen; von dem Gigantenkampf in der Genesis[104], wo erzählt wird, daß Er aus Furcht mit List gegen jene gewaltigen Männer vorgegangen sei, die übrigens jenen Bau nicht, um anderen zu schaden, sondern zu ihrer eigenen Rettung ins Werk gesetzt hatten, und von dem Rat, der im Himmel ersonnen wurde, um Achab zu überlisten und zu täuschen;[105] und den vielfachen Erregungen sinnlicher Liebe im Hohenliede[106] und was sonst noch alles an heiligen Zeichen gewagter Gottesdarstellung vorgeschoben und angehäuft ist, um das Verborgene zu zeigen; Geteiltes für das Einfache und Ungeteilte, Gestaltetes und Vielförmiges für das Form- und Gestaltlose; wer ihre im Innern verborgene Schönheit zu schauen vermag, der wird finden, daß alles geheimnisvoll und gottförmig ist und von theologischem Licht erfüllt. Glauben wir also nicht, daß das, was an Zeichen in Er-

[100] Ps 110 (109), 3.
[101] Ps 45 (44), 2.
[102] S. 1105.
[103] ⟨Hier bedenkt Edith Stein eine Lesart des griechischen Textes, die nur um einen Buchstaben differiert. Die kritische Edition von Ritter entscheidet sich für φυτικῶς: nach Art einer Pflanze, statt φυσικῶς: nach Art eines Leibes.⟩
[104] ⟨Gen 6, 4 und 11, 1–9.⟩
[105] 1 Kön ⟨22, 20–23.⟩
[106] Hld 4 und 5.

scheinung tritt, um seiner selbst willen gebildet ist; es ist vielmehr hingestellt für eine unaussprechliche und für die Menge unsichtbare Erkenntnis, damit das Hochheilige den Ungeweihten nicht leicht zur Hand sei, sondern nur den wahren Liebhabern der Heiligkeit enthüllt werde, die sich freigemacht haben von allen kindischen Vorstellungen bezüglich der heiligen Symbole und fähig sind, durch Einfachheit des Geistes und Tauglichkeit der Schaukraft zur einfachen, übernatürlichen, über die Symbole erhabenen Wahrheit zu gelangen. Man muß übrigens auch dies bedenken, daß die Überlieferung der Theologen eine doppelte ist: die eine unaussprechlich und verhüllt (= mystisch), die andere offenkundig und leichter faßlich; die eine symbolisch und die Geheimnisse betreffend, die andere philosophisch-beweisend, und das Sagbare ist mit dem Unsagbaren verflochten. Und die eine überzeugt und legt die Wahrheit des Gesagten fest, die andere handelt und befestigt in Gott durch unlehrbare Einführung in die Geheimnisse (ἀδιδάκτοις μυσταγωγίαις). Und in der Tat haben für die Einweihung in die heiligsten Geheimnisse sowohl unserer[107] als der Gesetzesüberlieferung heilige Führer (ἱερομύσται) die gottgeziemenden Symbole nicht vermieden; ja, wir sehen sogar die hochheiligen Engel durch Rätselbilder das Göttliche geheimnisvoll vortragen, und Jesus selbst in Parabeln von Göttlichem sprechen (θεολογοῦντα) und die Göttliches wirkenden Geheimnisse im Bild des Gastmahls übergeben. Denn es war geziemend, nicht nur das Allerheiligste unversehrt vor der Menge zu bewahren, sondern auch das menschliche Leben, das ungeteilt und geteilt zugleich ist, in ihm entsprechender Weise das Licht göttlicher Erkenntnisse empfangen zu lassen: einerseits den Teil der Seele, der keine Eindrücke erleidet, für die einfache, innerliche Schau göttlicher Bilder zu bestimmen; andererseits den Teil, der den Eindrücken unterworfen ist, zugleich in der seiner Natur entsprechenden Weise zu heilen und emporzurichten zum Göttlichen durch kunstvoll gebildete Symbolgestalten, da ihm solche Hüllen naturgemäß sind; und alle, die auch das offenkundige Gotteswort ohne Hüllen vernommen haben, gestalten doch offenbar in sich ein Bild (τύπος), das sie zum Verständnis des genannten Gotteswortes führt.

§ II[108]

Die sichtbare Welt als Symbol der unsichtbaren. Zwei Gesichtspunkte der Theologie. Feuersymbol. Kraft der Nahrung

Ja, auch die ganze sichtbare Weltschöpfung ist vor das Unsichtbare Gottes hingestellt, wie es Paulus sagt,[109] und auch die wahre Vernunft. Darum be-

[107] S. 1108.
[108] Ebd.
[109] ⟨Vgl. Kol 1, 16.⟩

trachten auch die Theologen das eine im Hinblick auf bürgerliche und gesetzliche Verhältnisse, das andere rein und unberührt, das eine auf menschliche und mittlere Weise, das andere überirdisch und Vollkommenheit wirkend. Und bald auf Grund der augenscheinlichen Gesetze, bald auf Grund verborgener Satzungen, wie es den ihnen unterworfenen heiligen Dingen (oder der Hl. Schrift – γράμμασι oder πράγμασι)[110], Geistern und Seelen angemessen ist. Denn nicht eine bedeutungslose Geschichte, sondern lebenweckende Vollendung enthält ein jedes Wort, das ihnen vor allen dargeboten wird. So ziemt es sich auch für uns, entgegen der Auffassung, die das Volk davon hat, ins Innere der heiligen Symbole einzudringen, wie es den Heiligen angemessen ist, und sie nicht zu entehren, da sie Sprößlinge und Nachbildungen göttlicher Eigenschaften sind und sichtbare Bilder unsagbarer und übernatürlicher Schauspiele. Denn nicht nur die überseienden, geistigen und schlechthin göttlichen Lichter werden durch nachbildende Symbole mannigfach dargestellt, wie der überseiende Gott Feuer genannt wird[111] und das geistige Gotteswort feurig[112], sondern außerdem werden auch die gottähnlichen Ordnungen der zugleich geistigen und geistig erkennbaren Engel durch mannigfaltige und vielgestaltige Formen und Feuergestalten dargestellt. Und dasselbe Bild des Feuers muß anders aufgefaßt werden, wenn es von Gott gesagt wird, der das Erkennen übersteigt, als wenn es von den geistig faßbaren Fügungen der Vorsehung oder den (hl.) Worten gebraucht wird, und wieder anders von den Engeln. Jenes muß im Sinn der Ursache verstanden werden, das andere im Sinn des Seins, das dritte im Sinn des Teilhabens; und anderes wieder anders, je nachdem ihre Schau und erkenntnismäßige Ordnung es vorschreibt. Und man darf die heiligen Symbole nicht aufs Geratewohl mischen, sondern muß[113] sie vielmehr entsprechend den Ursachen oder dem Sein (ὑπάρξεσιν), den Kräften oder Ordnungen oder Würden entfalten, denn für dies alles gibt es erklärende Zeichen. Übrigens wollen wir, um den Brief nicht über Gebühr auszudehnen, nun zu der Untersuchung kommen, die wir uns vorgenommen haben. Und wir sagen: Jede Nahrung hat die Kraft, zur Vollendung zu führen, was sie nährt, indem sie ausfüllt, was daran unvollkommen ist und mangelt, und das Schwache zu pflegen und sein Leben zu bewahren, es zum Aufblühen zu bringen und zu erneuern, ihm das Wohlbehagen der Lebensfrische (vitales Wohlbefinden) zu geben, kurz gesagt: Mißbehagen und Unvollkommenheit zu vertreiben und ihnen Freude und Vollkommenheit zuzuführen.

---

[110] ⟨Hier bedenkt Edith Stein eine Lesart des griechischen Textes. Die kritische Edition von Ritter entscheidet sich für γράμμασι: Schrift.⟩

[111] Dtn 4⟨, 12.24.⟩

[112] Ps 18 (17), 31.

[113] S. 1109.

§ III[114]

Der Mischkrug als Bild der göttlichen Vorsehung. Hausbau, flüssige und feste Speise

Treffend wird also in der Hl. Schrift von der überweisen und gütigen Weisheit gesagt, daß sie einen geheimnisvollen Mischkrug aufstelle und seinen hl. Trank ausspende[115]; davor aber lege sie feste Speisen vor und mit erhabener Stimme lade sie freundlich die ein, die ihrer bedürfen. Also legt die göttliche Weisheit zweierlei Speise vor, die eine fest und dauerhaft; die andere flüssig und ausgegossen; und im Mischkrug spendet sie ihre vorsorgende Güte. Der Mischkrug nun, der rund und offen ist, ist das Sinnbild der zugleich ausfahrenden und alles umfassenden (= zu allem umherfahrenden) anfangs- und endlosen allgemeinen Vorsehung. Wenn sie aber zu allem hinausgeht und dabei doch in sich selbst bleibt und feststeht in unbeweglicher Selbigkeit und völlig, ohne aus sich herauszugehen, an ihrem Platz beharrt, so steht auch der Mischkrug beharrlich und fest angefügt. Es wird aber von der Weisheit auch gesagt, daß sie sich ein Haus baue und darin sowohl feste Speisen als ⟨auch⟩ Getränke und den Mischkrug vorsetze,[116] damit es denen, die göttliche Dinge in ihnen angemessener Weise in Verbindung bringen, klar sei, daß die Vorsehung für alle Dinge der Urheber ihres Seins wie ihres Wohlseins ist, sich auf alles erstreckt und in allem wird und alles umfaßt; und daß Er wiederum in sich selbst ist in ausgezeichnetem Sinne und darum in keiner Weise in irgendeinem Dinge, sondern getrennt ist von allem, Er selbst in sich selbst auf dieselbe Weise ewig, stehend und beharrend, sich stets im Hinblick auf dasselbe in derselben Weise verhaltend, auf keine Weise aus sich selbst herausgehend, niemals seinen heimischen Sitz und seine unbewegliche Wohnung und seinen Herd verlassend, sondern in sich selbst alles vollkommene Gute seiner Vorsehung wirkend, zugleich vorschreitend zu allem und in sich bleibend, immer stehend und bewegt und doch weder stehend noch bewegt, sondern sozusagen sein Vorsorgen-Wirken ⟨sic!⟩ im Beharren und sein Beharren im Vorsorgen zugleich naturgemäß und übernaturgemäß habend.

---

114 S. 1109.
115 ⟨Spr 9, 2.⟩
116 ⟨Spr 9, 1 f.⟩

§ IV[117]
Bedeutung der festen und flüssigen Speise

Doch welches ist die feste und welches die flüssige Speise? Denn es wird gesagt, daß die gütige Weisheit beides spende zugleich und vorsehe.[118]

Ich glaube also, daß die feste Speise die geistige und dauernde Vollendung bedeute, gemäß der in steter und kraftvoller, einheitlicher und ungeteilter Erkenntnis am Göttlichen Anteil haben die geistigen Sinne jener, denen der hl. Paulus, aus der Weisheit schöpfend, an der wahrhaft festen Speise Anteil gibt[119]. Die flüssige Speise aber [glaube ich] bedeutet jene zugleich ausgebreitete und ausströmende [Lehre], die bestrebt ist, zu allem hinauszugehen, und durch Mannigfaltiges, Vielerlei und Geteiltes diejenigen, die sie ernährt, durch eine ihnen angemessene Güte zur einfachen und unbewegten Gotteserkenntnis führt. Darum werden auch die göttlichen und geistigen Worte mit Tau und Wasser verglichen und mit Milch, Wein und Honig, weil lebenerzeugende Kraft in ihnen ist wie im Wasser und wachstumfördernde wie in der Milch und wiederbelebende wie im Wein und zugleich reinigende und bewahrende wie im Honig; dies nämlich schenkt die göttliche Weisheit ihren Anhängern und verschafft ihnen Überfluß an reichen und unvergänglichen Genüssen (Mahl) und überschüttet sie damit (ὑπερβλύζουσα). Das nämlich heißt wahrhaft Mahl halten, und darum wird sie als lebenerzeugend zugleich und männer-(oder kinder-)ernährend, als erneuernd und vollendend gepriesen.

§ V[120]
Trunkenheit Gottes. Das göttliche Mahl

Gemäß dieser heiligen Erklärung des Mahles wird auch von Gott, dem Urheber alles Guten, gesagt, daß Er trunken sei, wegen des überreichen, die Erkenntnis übersteigenden, ganz vollkommenen und unsagbaren Übermaßes des göttlichen Mahles oder, besser gesagt, Wohlbefindens. Bei uns zwar wird die Trunkenheit in schlechtem Sinn genommen und ist eine unmäßige Anfüllung, ein Von-Verstand- und Von-Sinnen-Kommen; bei Gott aber ist die Trunkenheit in gutem Sinn zu verstehen und nichts anderes [darunter zu denken] als das überfließende Übermaß alles Guten, das in ihm im Sinne der Ursache vorausexistiert. Aber auch das Von-Sinnen-Kommen, das die Trunkenheit begleitet, ist zu verstehen als das Überragen Gottes, das über alles

---

[117] S. 1109.
[118] S. 1112.
[119] ⟨Hebr 5, 12–14.⟩
[120] S. 1112.

Begreifen ist, demgemäß Ihm das Erkennen abgesprochen wird, weil Er über alles Erkennen und Erkanntwerden ist, ja, über das Sein selbst; und einfach von allem, was immer es Gutes gibt, trunken ist Gott und zugleich alles übersteigend, als übervoll von allem und zugleich alles Übermaß überragend und wiederum außerhalb und jenseits aller Dinge wohnend; davon ausgehend werden wir auch das Gastmahl der Heiligen im Reich Gottes auf dieselbe Weise verstehen. Denn Er sagt: Der König selbst wird hindurchgehen und sie heißen, sich niederzulegen, und Er selbst wird ihnen dienen.[121] Das weist aber hin auf ein gemeinsames und einmütiges Anteilhaben der Heiligen an den göttlichen Gütern und auf die Gemeinde der Erstgeborenen, die im Himmel aufgeschrieben sind, und daß die Geister der Gerechten durch alles Gute vollendet und mit allen Gütern erfüllt sind. Und unter dem Niederliegen verstehen wir das Ausruhen von den[122] vielen Mühen und das unversehrte Leben und den göttlichen Wandel (Staatswesen, πολιτείαν) im Licht und Land der Lebendigen, erfüllt von vollkommenem Wohlbefinden, und die reichliche Spende von allerhand seligen Gütern, wodurch sie mit aller Freude erfüllt werden, da Jesus sie erfreut und niederliegen heißt und sie bedient, ihnen ewige Ruhe schenkt und ihnen die Fülle alles Schönen zuerteilt und zuströmen läßt.

§ VI

Schlaf und Erwachen Gottes. Verweisung auf die „S⟨ymbolische⟩ Th⟨eologie⟩“

Du wirst verlangen, ich weiß es wohl, daß Dir auch der gepriesene Schlaf Gottes und das Erwachen erklärt werde; und wenn wir sagen, Gottes Schlaf sei das, was an Gott ausgesondert sei und woran das keinen Anteil haben könne, was der Vorsehung unterworfen ist; Sein Erwachen aber die Aufmerksamkeit, womit Er Seine Vorsehung denen zuwendet, die der Erziehung und Erlösung bedürftig sind – dann magst Du zu den andern Symbolen der Hl. Schrift übergehen. Deshalb halten wir es für überflüssig, dasselbe mit denselben Worten zu wiederholen und dabei den Anschein zu erwecken, als ob wir etwas anderes lehrten; zugleich sind wir uns bewußt, Euch gebührend gefällig gewesen zu sein; den Brief aber schließen wir mit dem Gesagten – ich glaube, wir haben mehr erklärt, als Du in Deinem Brief verlangtest. Wir schicken aber unsere ganze *Symbolische Theologie*; darin wirst Du zugleich mit dem Haus der Weisheit auch die sieben Säulen[123] erklärt finden und ihre feste Speise, in Opfergaben und Brote geteilt; auch

---

121 Lk 12, 37.
122 S. 1113.
123 ⟨Spr 9, 1⟩.

was das Mischen des Weins bedeutet, was der Rausch, der vom Trinken Gottes herkommt; und dasselbe, was soeben gesagt wurde, wirst Du dort ausführlicher behandelt finden. Es ist nämlich, glaube ich, eine gute Auffinderin alles Symbolischen und übereinstimmend mit den heiligen Überlieferungen und Wahrheiten der Schrift.

X. *Brief*[124]
(an Johannes, den Theologen, Apostel und Evangelisten während seiner Verbannung auf Patmos[125]*)*[126]

Ich begrüße Dich als heilige Seele, Geliebter, und dies tue ich Dir gegenüber besonders, mehr als gegenüber den meisten [anderen]. Sei gegrüßt, Du, der Du in Wahrheit geliebt wirst von Dem, der wahrhaft geliebt und erstrebt und hochgeschätzt werden muß. Was ist es zu verwundern, wenn Xs. ⟨Christus⟩ die Wahrheit spricht und die Ungerechten die Jünger aus den Städten vertreiben und sich selbst das ihnen Gebührende zuziehen, indem sie, die Schuldbeladenen, sich von den Heiligen zurückziehen und absondern? In Wahrheit ist das Sichtbare deutliches Bild des Unsichtbaren; denn in künftigen Weltaltern wird nicht Gott Urheber der gerechten Trennung von Ihm sein, sondern jene, die sich selbst völlig von Gott getrennt haben; wie wir andererseits die andern schon hier bei Gott sehen, da sie als Liebhaber der Wahrheit sich von der Neigung zu stofflichen Dingen entfernt haben und in vollkommener Freiheit von allem Bösen und in göttlicher Liebe den Frieden mit allen Guten hochschätzen und die Heiligung; die schon im gegenwärtigen Leben das künftige beginnen, indem sie engelgleich inmitten der Menschen wandeln, in vollkommenem Gleichmut, in Gotteslob und Güte und allen andern Gütern. Ich bin also nicht so unverständig zu glauben, daß Du etwas leidest; ich glaube vielmehr, daß Du die körperlichen Leiden nur soweit empfindest, daß Du sie wahrnimmst. Die aber, die Euch Unrecht tun und meinen, sie könnten frevelhaft die Sonne des Evangeliums einsperren, tadele ich nach Gebühr und wünsche, sie würden von dem ablassen, was sie zu ihrem eigenen Schaden verüben, und sich dem Guten zuwenden, Euch an sich ziehen und am Licht Anteil gewinnen. Und dagegen soll nichts den hellleuchtenden Strahl[127] des Johannes rauben; denn gegenwärtig frischen wir im Gedächtnis Deine wahrhaftige Theologie auf, ein wenig später aber (ich wage es zu sagen, wenn es auch etwas kühn ist) werden wir mit Euch selbst ver-

[124] S. 1117.
[125] ⟨Offb 1,9.⟩
[126] ⟨Dionysius Areopagita, *Opera Omnia*, hrsg. v. Balthasar Corderius, griech. Text,⟩ Ausgabe der Werke, Venedig 1755⟨–1756⟩, t. II, S. 99.
[127] S. 1120.

einigt sein. Denn ich bin völlig glaubwürdig, wenn ich erfahre und sage, was für Dich von Gott voraus bekanntgemacht wurde: Du wirst aus dem Gefängnis in Patmos befreit werden und nach Asien[128] zurückkehren und dort als Ebenbild Gottes leben und es denen, die nach Dir kommen, hinterlassen.

XI. *Brief (an Apollophanes)*[129] *(apokryph, nur lat*⟨einisch⟩ *erhalten, Maximus*[130] *scheint nach Lansselius*[131] *ein griech*⟨isches⟩ *Exemplar gesehen zu haben, das dann verlorenging)*

Glückwunsch zu seiner Konversion

Erinnert an ihre früheren Diskussionen, des A⟨pollophanes⟩ Widerstreben gegen Moyses[132] (er wisse nicht, ob es ein Weißer oder ein Schwarzer sei), Christus, Paulus; an die Sonnenfinsternis, die sie in Heliopolis erlebten, als sie beide etwa 25 J⟨ahre⟩ waren; sie hatten festgestellt, daß es nicht die Zeit zu einer Sonnenfinsternis war. Als Paulus ihm später erzählte, was sich gleichzeitig ereignet hatte[133], hätte es ihn [D⟨ionysius⟩] zur Erkenntnis der Wahrheit geführt.

[128] ⟨Gemeint ist die römische Provinz Asia, wohl Ephesus als Wohnsitz des mit dem Seher von Patmos identifizierten Apostels Johannes.⟩
[129] S. 1119ff.
[130] ⟨Maximus Confessor, vgl. S. 24, Anm. 9, verfaßte *Scholien* (= Kommentare) zu den Schriften des Dionysius (vgl. S. 85, Anm. 1).⟩
[131] ⟨Petrus Lansselius, Herausgeber einer griechisch-lateinischen Dionysius-Ausgabe nach der Erstausgabe von 1516 und vier Pariser Handschriften. Sie erschien in Paris 1615, in Köln 1618 und erneut in Paris 1625. Vgl. Ritter, a. a. O., S. 42, Anm. 143.⟩
[132] ⟨Die Thora oder fünf Bücher Mose als Inbegriff der alttestamentlichen Offenbarung.⟩
[133] ⟨Die Kreuzigung Jesu.⟩

Literaturverzeichnis

1. Edith Stein: Werke (Teil I, WGE)

- *Des hl. Thomas Untersuchungen über die Wahrheit,* Bd. I, in deutscher Übertragung von Edith Stein, Breslau 1931 (ESW III, Freiburg 1952) [ESGA 23]
- *Des hl. Thomas Untersuchungen über die Wahrheit,* Bd. II, in deutscher Übertragung von Edith Stein, Breslau 1932 (ESW IV, Freiburg 1952) [ESGA 24]
- „Rezension: Die Deutsche Summa. Gottes Dasein und Wesen, Bd. 1 der Deutschen Thomas Ausgabe", in: *Die christliche Frau* 32 (1934) 245–252 und 276–281 [ESGA 9]
- „Rezension: Die Deutsche Summa. 25. Band: Die Menschwerdung Christi", in: *Die christliche Frau* 33 (1935) 26–28 und 118–120. [ESGA 9]
- „Wege der Gotteserkenntnis", in: *Tijdschrift voor Philosophie* 8, 1 (Feb. 1946) 27–74, mit einer Vorbemerkung von Lucy Gelber (27–31)
- „Natur, Freiheit und Gnade" *(NFG)*. Bisher unter dem falschen Titel „Die ontische Struktur der Person und ihre erkenntnistheoretische Problematik", in: *Welt und Person*, ESW VI, Freiburg 1962, 137–197 [ESGA 9]
- *Psychische Kausalität (PK)*, in: *Beiträge zur Begründung der Psychologie und der Geisteswissenschaften*, Tübingen ²1970, 1–116 (Orig.: *Jahrbuch für Philosophie und phänomenologische Forschung – JPPF –* 1922, Bd. 5) [ESGA 6]
- *Individuum und Gemeinschaft (IG)*, in: *Beiträge zur philosophischen Begründung der Psychologie und der Geisteswissenschaften,* Tübingen ²1970, 116–283 (Orig.: *Jahrbuch für Philosophie und phänomenologische Forschung – JPPF –* 1922, Bd. 5) [ESGA 6]
- *Zum Problem der Einfühlung (PE)*, München 1980, Orig. 1917 [ESGA 5]
- *Kreuzeswissenschaft. Studie über Johannes vom Kreuz (KW),* ESGA 18, Freiburg 2003
- *Endliches und ewiges Sein. Versuch eines Aufstiegs zum Sinn des Seins (EES)*, ESW II, Freiburg 1986 [ESGA 11/12]
- „Elisabeth von Thüringen. Natur und Übernatur in der Formung einer Heiligengestalt", in: *Ganzheitliches Leben*, ESW XII, Freiburg 1990, 126–138 [ESGA 19/20]

– *Einführung in die Philosophie (EPh)*, ESW XIII, Freiburg 1991 [ESGA 8]
– „Was ist Philosophie? Ein Gespräch zwischen Edmund Husserl und Thomas von Aquino“, in: *Erkenntnis und Glaube*, ESW XV, Freiburg 1993, 19–48 [ESGA 9]
– *Aufbau der menschlichen Person*, ESW XVI, Freiburg 1994 [ESGA 14]
– *Potenz und Akt (PA)*, ESW XVIII, Freiburg 1998 [ESGA 10]
– *Selbstbildnis in Briefen II* (*SBB* II), ESGA 3, Freiburg ²2003
– *Aus dem Leben einer jüdischen Familie (LJF)*, ESGA 1, Freiburg 2002 (früher ESW VII, Freiburg 1985)

2. Dionysius Areopagita: Quellen (Teil II)

– Dionysius ⟨Areopagita⟩, Opera omnia. Griech. Text, hrsg. v. Balthasar Corderius, Venetia 1755–56
Opera, in: *Patrologiae cursus completus. Series Graeca, tom. III*, ed. Migne, Jacques-Paul, Paris 1857 ff., 120–1048
Pseudo-Dionysius Areopagita, *De divinis nominibus*, ed. Beate Regina Suchla, *Corpus Dionysiacum* I, Berlin 1990 (Patristische Texte und Studien = PTS 33) 107–231
– *De coelesti hierarchia*, ed. Günter Heil, in: Ders. / Adolf Martin Ritter, *Corpus Dionysiacum* II, Berlin 1991 (PTS 36) 7–59
– *De ecclesiastica hierarchia*, ed. Günter Heil, in: Ders. / Adolf Martin Ritter, *Corpus Dionysiacum* II, Berlin 1991 (PTS 36) 63–132
– *De mystica theologia*, ed. Adolf Martin Ritter, in: Günter Heil / Adolf Martin Ritter, *Corpus Dionysiacum* II, Berlin 1991 (PTS 36) 139–150
– *Epistulae*, ed. Adolf Martin Ritter, in: Günter Heil / Adolf Martin Ritter, *Corpus Dionysiacum* II, Berlin 1991 (PTS 36) 155–210

3. Dionysius-Übersetzungen

Chevallier, P., *Dionysiaca. Recueil donnant l'ensemble des traductions latines des ouvrages attribués à Denys l'Aréopagite, 2 Bde, Bruges 1937–1950, Faksimile-Neudruck in vier Bänden, mit einem Nachwort von M. Bauer, Stuttgart 1989*
Engelhardt, Johann Georg Veit, *Die angeblichen Schriften des Areopagiten Dionysius übersetzt und mit Abhandlungen begleitet*, Sulzbach 1823
Storf, Remigius, *Kirchliche Hierarchie*, Bibliothek der Kirchenväter, (= BKV), Kempten 1877
Stiglmayr, Josef, *Des heiligen Dionysius Areopagita angebliche Schriften über*

die beiden Hierarchien aus dem Griechischen übersetzt, BKV II, Kempten / München 1911
– *Des heiligen Dionysius Areopagita angebliche Schriften über „Göttliche Namen". Angeblicher Brief an den Mönch Demophilus aus dem Griechischen übersetzt,* BKV II, 2, München 1933
Tritsch, Walther, *Die Hierarchien der Engel und der Kirche,* Einführung von Hugo Ball, München 1955
– *Mystische Theologie. De mystica theologia,* dt., und andere Schriften, mit einer Probe aus der *Theologie* des Proklus, aus dem Griechischen übersetzt mit Einleitung und Kommentar versehen von W. Tritsch, (Weisheitsbücher der Menschheit 6), hg. von Jean Gebser, München 1956
Ivánka, Endre von, *Von den Namen zum Unnennbaren,* Auswahl und Einleitung (Sigillum 7), Einsiedeln (1959) [2]1981
Heil, Günter, Pseudo-Dionysius Areopagita: *Über die himmlische Hierarchie. Über die kirchliche Hierarchie,* eingel., übers. u. mit Anm. vers., (Bibliothek der griechischen Literatur 28), Stuttgart 1986
Suchla, Beate Regina, Pseudo-Dionysius Areopagita: *Die Namen Gottes,* eingel., übers. u. mit Anm. vers., (Bibliothek der griechischen Literatur 26), Stuttgart 1988
Ritter, Adolf Martin, Pseudo-Dionysius Areopagita: *Über die Mystische Theologie und Briefe,* eingeleitet, übersetzt und mit Anmerkungen versehen, (Bibliothek der griechischen Literatur, Bd. 40 Abteilung Patristik), Stuttgart 1994

4. Von Edith Stein benutzte oder erwähnte Literatur

Albertus Magnus, *Opera omnia,* Bd. XIV, Paris 1892
Aristoteles, *Metaphysik* Δ IV, 1003b5; V 1016b
Ball, Hugo, *Byzantinisches Christentum. Drei Heiligenleben,* München / Leipzig 1923
Bardenhewer, Otto, *Geschichte der altchristlichen Literatur,* Bd. IV, Freiburg Br. 1924
Cassirer, Ernst, *Philosophie der symbolischen Formen. Die Sprache,* Berlin 1923; *Das mythische Denken,* Berlin 1925; *Phänomenologie der Erkenntnis,* Berlin 1929
Chantepie de la Saussaye, Pierre Daniel, *Lehrbuch der Religionsgeschichte,* Freiburg 1887
Dionysius Areopagita, *Opera,* in: Migne, Jacques-Paul, *Patrologia Graeca. Cursus completus. Series Graeca,* tom. III, Paris 1857 ff.
Feder, Alfred, „Des Aquinaten Kommentar zu Pseudo-Dionysius' *De Divinis*

Nominibus. Ein Beitrag zur Arbeitsmethode des hl. Thomas“, in: *Scholastik* 1 (1926) 320–351

Friedmann, Hermann, *Die Welt der Formen*, München 1930

Garrigou-Lagrange, Réginald, *Mystik und christliche Vollendung*, Augsburg 1927

– *Der Sinn für das Geheimnis und das Hell-Dunkel des Geistes*, Paderborn 1937

– *Dieu, son existence et sa nature*, Paris 1923

Guéranger, Prosper, *Das Kirchenjahr*, Bd. 14: *Die Zeit nach Pfingsten*, Mainz 1898

Hessen, Johannes, *Platonismus und Prophetismus*, München 1939

Hipler, Franz, *Dionysius der Areopagite. Untersuchungen über Echtheit und Glaubwürdigkeit der unter diesem Namen vorhandenen Schriften*, Regensburg 1861

Koch, Hugo, „Der pseudepigraphische Charakter der dionysischen Schriften“, in: *Theologische Quartalschrift* 77 (1895) 353–420

– *Pseudodionysius Areopagita in seinen Beziehungen zum Neuplatonismus und Mysterienwesen*, Mainz 1900

Lebon, Joseph, „Le pseudo-Denys l'Aréopagite et Sévère d'Antioche“, in: *Revue d'histoire ecclésiastique* 26 (1930) 880–915

Lebreton, Jules, *Histoire du dogme de la Trinité*, 2 Bde., Paris 1910–1928

Leeuw, Gerardus van der, *Phänomenologie der Religion*, Tübingen 1933

Lévy-Bruehl, Claude, *Das Denken der Naturvölker*, Wien 1921

Lieske, Aloisius, *Die Theologie der Logosmystik bei Origenes*, Münster 1938

– *Die Theologie der Christusmystik Gregors von Nyssa*, Münster 1943

Linhardt, Robert, *Die Mystik des hl. Bernhard von Clairvaux*, München 1924

Louis de la Trinité, „L'obscure du feu d'amour“, in: *Études Carmélitaines* 23, II (Oct. 1938) 7 ff.

Mager, Alois, *Mystik als Lehre und Leben*, Innsbruck 1934

Maritain, Jacques, *Die Zukunft der Christenheit.* Mit einem Vorwort von Balduin Schwarz, Einsiedeln 1938

Mason, Eudo Colecestra, *Lebenshaltung und Symbolik bei R. M. Rilke*, Weimar 1939

Menges, Hieronymus, *Die Bildlehre des Johannes von Damaskus*, Münster 1938

Otto, Rudolf, *Das Gefühl des Überweltlichen*, München 1932

La philosophie chrétienne, hrsg. v. der Société Thomiste, Juvisy 11. September 1933

Philosophy and Phenomenological Research, Hrsg.: International Phenomenological Society, Buffalo, New York, 1940 ff.

Prat, Ferdinand, *La théologie de Saint Paul*, Paris 1908

Przywara, Erich, *Analogia entis*, München 1932

Puech, Henri-Charles, „La ténèbre mystique chez le Pseudo Denys l'Aréopagite et dans la tradition patristique“, in: *Études Carmélitaines* 23, II (Oct. 1938) 33 ff.

Rahner, Karl, *Geist in Welt*, Innsbruck 1939

– *Hörer des Wortes*, München 1941

Roton, Placide de, *Les Habitus. Leur caractère spirituel*, Paris 1934

Santeler, Josef, *Der Platonismus in der Erkenntnislehre des Hl. Thomas v. Aquin*, Innsbruck 1939

Scheeben, Matthias, *Dogmatik*, I, Freiburg i. Br. 1873

Stephanou, E., „Compte-rendu über 3 neue Arbeiten des Mgr. Athenagoras“, in: *Échos d'Orient* XXXIII (1934) 125–127

– „Les derniers essais d'identification du pseudo-Denys l'Aréopagite“, in: *Échos d'Orient* XXXI (1932) 446 ff.

Stiglmayr, Josef, *Das Aufkommen der Pseudo-Dionysischen Schriften und ihr Eindringen in die christliche Literatur bis zum Laterankonzil 649. Ein zweiter Beitrag zur Dionysius-Frage*, IV. Jahresbericht der Stella matutina zu Feldkirch, Feldkirch 1895

– „Aszese und Mystik des sogenannten Dionysius Areopagita“, in: *Scholastik* 2 (1927) 161–207

– „Der Neuplatoniker Proclus als Vorlage des sogenannten Dionysius Areopagita in der Lehre vom Übel“, in: *Historisches Jahrbuch* 16 (1895) 253–273 und 721–748

– „Um eine Ehrenrettung des Severus von Antiochien“, in: *Scholastik* 7 (1932) 52–67

– „Der sogenannte Dionysius Areopagita und Severus von Antiochien“, in: *Scholastik* 3 (1928) 161–189

– Artikel „Dionysius“, in: *Lexikon für Theologie und Kirche*, hrsg. v. M. Buchberger, Freiburg [2]1931, Band III, 534 f.

Théry, Gabriel, *Études Dionysiennes. Hilduin Traducteur de Denys*, Paris 1932 (I. Teil) u. 1937 (II. Teil)

– „Denys au Moyen Age: L'Autre de la Nuit Obscure“, in: *Études Carmélitaines* 23, II (Oct. 1938) 68 ff.

Unger, Rudolf, *Hamanns Sprachtheorie im Zusammenhang seines Denkens*, München 1905

Usener, Hermann, *Vorträge und Aufsätze*, Leipzig [2]1914

Welty, Eberhard, *Gemeinschaft und Einzelmensch nach den Grundsätzen des hl. Thomas von Aquin*, Salzburg 1935

5. *Allgemeine Literatur*

Alberti Magni Super Dionysium de divinis nominibus, hrsg. v. Paulus Simon, Münster 1972. *Alberti Magni Super Dionysii Mysticam theologiam et Epistulas*, hrsg. v. Paulus Simon, Münster 1978. *Alberti Magni Super Dionysium de caelesti hierarchia*, hrsg. v. Paul Simon, Münster 1993. *Alberti Magni Super Dionysium de ecclesiastica hierarchia*, hrsg. v. Maria Burger, Münster 1999

Aristoteles, *Metaphysik* Δ IV, 1003b5; V 1016b

Augustinus, *Bekenntnisse*, Einsiedeln ³1994

Ball, Hugo, *Byzantinisches Christentum. Drei Heiligenleben*, München / Leipzig 1923, 1931

Balthasar, Hans Urs von, „Christliche und nichtchristliche Meditation", in: *Theologisches Jahrbuch* (1979) 78–89

– *Herrlichkeit* II. *„Fächer der Stile"*, Einsiedeln 1962

Bardenhewer, Otto, *Geschichte der altchristlichen Literatur*, Bd. IV, Freiburg Br. 1924

Beckmann, Beate, *Phänomenologie des religiösen Erlebnisses. Religionsphilosophische Überlegungen im Anschluß an Adolf Reinach und Edith Stein*, Würzburg 2003

Bruders, Heinrich, Rezension zu: „Die hl. Kirche und die Areopagitica" von P. Leonissa, in: *Zeitschrift für katholische Theologie* 35 (1911) 767–775

Buchner, Max, *Die Areopagitika des Abtes Hilduin von St. Denis und ihr kirchenpolitischer Hintergrund. Studien zur Gleichsetzung Dionysius des Areopagiten mit dem hl. Dionysius von Paris sowie zur Fälschungstechnik am Vorabend der Entstehung der Pseudoisidorischen Dekretalen*, (Quellenfälschungen auf dem Gebiet der Geschichte 3), Paderborn 1939

Cassirer, Ernst, *Philosophie der symbolischen Formen. Die Sprache*, Berlin 1923; *Das mythische Denken*, Berlin 1925; *Phänomenologie der Erkenntnis*, Berlin 1929

Chantepie de la Saussaye, Pierre Daniel, *Lehrbuch der Religionsgeschichte*, Freiburg 1887

Drobner, Hubertus R., *Lehrbuch der Patrologie*, Kap. 12: Die Literatur des griechischen Ostens. II. Pseudo-Dionysius Areopagita, Freiburg/Basel/Wien 1994, 433–436

Feder, Alfred, „Des Aquinaten Kommentar zu Pseudo-Dionysius' De Divinis Nominibus. Ein Beitrag zur Arbeitsmethode des hl. Thomas", in: *Scholastik* 1 (1926) 320–351

Friedmann, Hermann, *Die Welt der Formen*, München 1930

Garrigou-Lagrange, Réginald, *Mystik und christliche Vollendung*, Augsburg 1927

– *Der Sinn für das Geheimnis und das Hell-Dunkel des Geistes*, Paderborn 1937
– *Dieu, son existence et sa nature*, Paris 1923
Gerl, Hanna-Barbara, *Unerbittliches Licht – Edith Stein. Philosophie – Mystik – Leben*, Mainz [3]1999
Grabmann, Martin, „Die mittelalterlichen lateinischen Übersetzungen der Schriften des Pseudo-Dionysius Areopagita", in: *Mittelalterliches Geistesleben. Abhandlungen zur Geschichte der Scholastik und Mystik*, München 1926, 449–468
Guéranger, Prosper, *Das Kirchenjahr*, Bd. 14: *Die Zeit nach Pfingsten*, Mainz 1898
Hessen, Johannes, *Platonismus und Prophetismus*, München 1939
Heil, Günter, „Einleitung, B. Die historischen Voraussetzungen des Hierarchienentwurfs", in: Pseudo-Dionysius Areopagita, *Über die himmlische Hierarchie. Über die kirchliche Hierarchie*, Stuttgart 1986, 4–25
Hipler, Franz, *Dionysius der Areopagite. Untersuchungen über Echtheit und Glaubwürdigkeit der unter diesem Namen vorhandenen Schriften*, Regensburg 1861
Ignatius von Antiochien, *Die Briefe des Heiligen Ignatius von Antiochien*, aus dem Griech. übertragen und eingeleitet von Ludwig A. Winterswyl, Freiburg i. Br. [3]1942
Ivánka, Endre von, „Der Aufbau der Schrift ‚De divinis nominibus' des Pseudo-Dionysios", in: *Scholastik* 15 (1940) 386–393
– *Plato Christianus. Übernahme und Umgestaltung des Platonismus durch die Väter*, Einsiedeln 1964
Koch, Hugo, „Der pseudepigraphische Charakter der dionysischen Schriften", in: *Theologische Quartalschrift* 77 (1895) 353–420
– *Pseudodionysius Areopagita in seinen Beziehungen zum Neuplatonismus und Mysterienwesen*, Mainz 1900
Lebreton, Jules, *Histoire du dogme de la Trinité*, 2 Bde., Paris 1910–1928
Lebon, M., „Le pseudo-Denys l'Aréopagite et Sévère d'Antioche", in: *Revue d'histoire ecclésiastique* 26 (1930) 880–915
Leeuw, Gerardus van der, *Phänomenologie der Religion*, Tübingen 1933
Lévy-Bruehl, Claude, *Das Denken der Naturvölker*, Wien 1921
Lieske, Aloisius, *Die Theologie der Logosmystik bei Origenes*, Münster 1938
– *Die Theologie der Christusmystik Gregors von Nyssa*, Münster 1943
Linhardt, Robert, *Die Mystik des hl. Bernhard von Clairvaux*, München 1924
Louis de la Trinité, „L'obscure du feu d'amour", in: *Études Carmélitaines* 23, II (Oct. 1938) 7 ff.
Mager, Alois, *Mystik als Lehre und Leben*, Innsbruck 1934
Maritain, Jacques, *Die Zukunft der Christenheit*. Mit einem Vorwort von Balduin Schwarz, Einsiedeln 1938

Mason, Eudo Colecestra, *Lebenshaltung und Symbolik bei R. M. Rilke*, Weimar 1939

Menges, Hieronymus, *Die Bildlehre des Johannes von Damaskus*, Münster 1938

Migne, Jacques-Paul, *Patrologia Graeca. Cursus completus. Series Graeca, tom. III*, Paris 1857 ff.

Otto, Rudolf, *Das Gefühl des Überweltlichen*, München 1932

La philosophie chrétienne, hrsg. v. der Société Thomiste, Juvisy 11. September 1933

Philosophy and Phenomenological Research, Hrsg.: International Phenomenological Society, Buffalo, New York, 1940 ff.

Prat, Ferdinand, *La théologie de Saint Paul*, Paris 1908

Proklos Diadochus, *De malorum subsistentia – Über die Existenz des Bösen*. Übers. u. erl. v. Michael Erler, Meisenheim an der Glan 1978

Przywara, Erich, *Analogia entis*, München 1932

Puech, Henri-Charles, „La ténèbre mystique chez le Pseudo Denys l'Aréopagite et dans la tradition patristique", in: *Études Carmélitaines* 23, II (Oct. 1938) 33 ff.

Rahner, Karl, *Geist in Welt*, Innsbruck 1939

– *Hörer des Wortes*, München 1941

– „Frömmigkeit früher und heute", in: *Schriften zur Theologie* VII *(Zur Theologie des geistlichen Lebens)*, Köln [2]1971; wieder aufgenommen in: „Elemente der Spiritualität in der Kirche der Zukunft", in: *Schriften zur Theologie* XIV *(In Sorge um die Kirche)*, Köln 1980

Reinach, Adolf, *Nichtsoziale und soziale Akte* (1911) in: Reinach, Adolf, *Sämtliche Werke I*, München 1989, 355–360

– § 3 Die sozialen Akte, in: *Die apriorischen Grundlagen des bürgerlichen Rechts* (1913), in: *Sämtliche Werke I*, 158–169

Richstätter, Karl, „Der ‚Vater der christlichen Mystik' und sein verhängnisvoller Einfluß", in: *Stimmen der Zeit* 114 (1928) 241–267

Roques, René, Artikel „Dionysius Areopagita", in: *Reallexikon für Antike und Christentum*, Bd. 3, hg. von F. J. Dölger und Theodor Klauser, Stuttgart 1957, Sp. 1075–1121

Roton, Placide de, *Les Habitus. Leur caractère spirituel*, Paris 1934

Santeler, Josef, *Der Platonismus in der Erkenntnislehre des Hl. Thomas v. Aquin*, Innsbruck 1939

Scheeben, Matthias, *Dogmatik*, I, Freiburg i. Br. 1873

Semmelroth, Otto, „Der Weg der Gottesgemeinschaft nach Pseudo-Dionysius Areopagita", in: *Geist und Leben* 21 (1948) 121–131

– „Erlösung und Erlöser im System des Pseudo-Dionysius Areopagita", in: *Scholastik* 24 (1949) 367–379

– „Gottes überwesentliche Einheit. Zur Gotteslehre des Pseudo-Dionysius Areopagita“, in: *Scholastik* 25 (1950) 209–233
– „Gottes geeinte Vielheit. Zur Gotteslehre des Pseudo-Dionysius Areopagita“, in: *Scholastik* 25 (1950) 389–403
– „Die theología symboliké des Pseudo-Dionysius Areopagita“, in: *Scholastik* 27 (1952) 1–11
Stephanon, E., „Compte-rendu über 3 neue Arbeiten des Mgr. Athenagoras“, in: *Échos d'Orient* XXXIII (1934) 125–127
– „Les derniers essais d'identification du pseudo-Denys l'Aréopagite“, in: *Échos d'Orient* XXXI (1932) 446 ff.
Stiglmayr, Josef, *Das Aufkommen der Pseudo-Dionysischen Schriften und ihr Eindringen in die christliche Literatur bis zum Laterankonzil 649. Ein zweiter Beitrag zur Dionysius-Frage*, IV. Jahresbericht der Stella matutina zu Feldkirch, Feldkirch 1895
– „Aszese und Mystik des sogenannten Dionysius Areopagita“, in: *Scholastik* 2 (1927) 161–207
– „Der Neuplatoniker Proclus als Vorlage des sogenannten Dionysius Areopagita in der Lehre vom Übel“, in: *Historisches Jahrbuch 16* (1895) 253–273 und 721–748
– „Um eine Ehrenrettung des Severus von Antiochien“, in: *Scholastik* 7 (1932) 52–67
– „Die Lehre von den Sakramenten und der Kirche nach Pseudo-Dionysius“, in: *Zeitschrift für Katholische Theologie* 22 (1898) 246–303
– „Die Eschatologie des Pseudo-Dionysius“, in: *Zeitschrift für Katholische Theologie* 23 (1898) 1–21
- „Der sogenannte Dionysius Areopagita und Severus von Antiochien“, in: *Scholastik* 3 (1928) 161–189
– Artikel „Dionysius“, in: *Lexikon für Theologie und Kirche*, hrsg. v. M. Buchberger, Freiburg [2]1931, Bd. III, 534 f.
Théry, Gabriel, *Études Dionysiennes. Hilduin Traducteur de Denys*, Paris 1932 (I. Teil) u. 1937 (II. Teil)
– „Denys au Moyen Age: L'Autre de la Nuit Obscure“, in: *Études Carmélitaines* 23, II (Oct. 1938) 68 ff.
Unger, Rudolf, *Hamanns Sprachtheorie im Zusammenhang seines Denkens*, München 1905
Usener, Hermann, *Vorträge und Aufsätze*, Leipzig [2]1914
Völker, Walther, *Kontemplation und Ekstase bei Pseudo-Dionysius Areopagita*, Wiesbaden 1958
Weertz, Heinrich, „Die Gotteslehre des sogenannten Dionysius Areopagita“, in: *Theologie und Glaube* 4 (1912) 637–659 und 749–760; 6 (1914) 813–831
Welty, Eberhard, *Gemeinschaft und Einzelmensch nach den Grundsätzen des hl. Thomas von Aquin*, Salzburg 1935

Personenregister ESGA 17

Bibelstellen-Register

(Es werden sowohl die von Dionysius Areopagita, als auch die von Stein und den Bearbeiterinnen zitierten Stellen aufgeführt.)

AT

Sachregister (WGE)

FSC
www.fsc.org
MIX
Papier | Fördert gute Waldnutzung
FSC® C083411

Zeitfracht Medien GmbH
Ferdinand-Jühlke-Straße 7
99095 Erfurt, Deutschland
produktsicherheit@kolibri360.de